Sarah Schulz
Die Anhänge zum Richterbuch

Beihefte zur Zeitschrift für die alttestamentliche Wissenschaft

Herausgegeben von
John Barton, Ronald Hendel,
Reinhard G. Kratz und Markus Witte

Band 477

Sarah Schulz

Die Anhänge zum Richterbuch

Eine kompositionsgeschichtliche Untersuchung
von Ri 17–21

DE GRUYTER

G

ISBN 978-3-11-041135-5
e-ISBN (PDF) 978-3-11-041247-5
e-ISBN (EPUB) 978-3-11-041252-9
ISSN 0934-2575

Library of Congress Cataloging-in-Publication Data
A CIP catalog record for this book has been applied for at the Library of Congress.

Bibliografische Information der Deutschen Nationalbibliothek
Die Deutsche Nationalbibliothek verzeichnet diese Publikation in der Deutschen
Nationalbibliografie; detaillierte bibliografische Daten sind im Internet über
http://dnb.dnb.de abrufbar.

© 2016 Walter de Gruyter GmbH, Berlin/Boston
Druck und Bindung: CPI books GmbH, Leck
♾ Gedruckt auf säurefreiem Papier
Printed in Germany

www.degruyter.com

Meinen Eltern in Dankbarkeit

Vorwort

Diese Arbeit wurde im August 2014 am Fachbereich Theologie der Friedrich-Alexander-Universität Erlangen-Nürnberg als Dissertation mit dem Titel „Warten auf David. Der kompositionsgeschichtliche Ort der sog. Anhänge zum Richterbuch (Ri 17–21)" eingereicht und im Februar 2015 verteidigt. Für den Druck wurde sie geringfügig überarbeitet.

In den vorausgehenden Jahren der Beschäftigung mit dem Richterbuch habe ich von vielen Seiten Hilfe und Unterstützung erfahren. Dafür heute danken zu können, ist mir eine große Freude.

Mein außerordentlicher Dank gebührt meinem Betreuer und Erstgutachter Prof. Dr. Henrik Pfeiffer. Er hat die Arbeit angeregt und ihr Entstehen in allen Phasen mit wohlwollender Kritik, exegetischer Präzision und scharfsinnigem Humor begleitet. Prof. Dr. Jürgen van Oorschot danke ich herzlich für die Erstellung des Zweitgutachtens.

Von unschätzbarem Wert waren die oft leidenschaftlichen und stets fruchtbaren Diskussionen im Forschungsseminar von Prof. Dr. Henrik Pfeiffer: Für geduldige Versuche, den Schlachtverlauf in Ri 20 nachzuvollziehen oder der Verteilung von Gottesbildern in Ri 17 f. einen Sinn abzugewinnen, sowie für kritische Rückfragen, weiterführende Anregungen und hervorragende Protokolle danke ich Johannes Körner, Manuel Schäfer, Marie Schoenauer und Martin Schott. Sie waren und sind mir wertvolle Gesprächspartner in allen exegetischen Fragen und darüber hinaus.

In einem fortgeschrittenen Stadium der Dissertation durfte ich dorthin zurückkehren, wo ich mein Studium begonnen hatte. Für die Möglichkeit, meine Thesen im Göttinger Doktorandenkolloquium vorstellen zu dürfen, danke ich Prof. Dr. Reinhard Gregor Kratz, der mir in einigen intensiven Gesprächen wichtige Denkanstöße für die kompositionsgeschichtliche Beurteilung von Ri 17–21 gegeben hat, und Prof. Dr. Dr. h.c. Hermann Spieckermann, der seinerzeit mit dem Thema meiner Examensarbeit mein Interesse am Richterbuch geweckt hat. Dr. Cynthia Edenburg und Dr. Harald Samuel danke ich für die Bereitstellung (damals) unveröffentlichten Materials.

Viele Personen haben insbesondere in der Endphase des Projektes zu dessen glücklichem Abschluss beigetragen. Dr. Andrea Beyer, Dr. Delia Klingler und Dr. Gerhard Karner haben Teile der Arbeit Korrektur gelesen. Die Lektüre des gesamten Manuskripts haben meine beiden „Doktorbrüder" Manuel Schäfer und Martin Schott auf sich genommen und dabei viele hilfreiche Vorschläge zur Korrektur unterbreitet. Auch Peter Posor hat die Arbeit mit kritischem Blick gelesen und mich in Feierabenddiskussionen immer wieder zum Nachdenken und -arbeiten angeregt. Bei der Erstellung des Registers war mir Johannes Körner eine große Hilfe. Die Herausgeber ermöglichten mir schließlich die Veröffentlichung in der Reihe „Beihefte zur Zeitschrift für die Alttestamentliche Wissenschaft". Die Drucklegung wurde auf Seiten des Verlags von Sophie Wagenhofer und Johannes Parche betreut. Ihnen allen danke ich sehr herzlich!

Erlangen, im Februar 2016   Sarah Schulz

Inhalt

A Einleitung

Zu der Vielzahl an Stimmen, die sich im Alten Testament zum Thema „Königtum" äußern, gehören auch die fünf Schlusskapitel des Richterbuches: „In jenen Tagen gab es keinen König in Israel. Jeder tat, was in seinen Augen recht war" (Ri 17,6; 21,25). Dieser Kommentar führt die chaotischen Zustände, die Ri 17–21 schildern, auf das Fehlen der regulierenden Institution des Königtums zurück – und rückt Ri 17–21 damit in eine Frontstellung zu den antimonarchischen Texten in Ri 8 und 1 Sam 8–12. Der Widerstreit zwischen den verschiedenen Bewertungen des Königtums wird häufig registriert, fand bislang jedoch wenig exegetische Beachtung. Die einschlägigen Arbeiten zur institutionellen Kritik am Königtum konzentrieren sich auf die dtr. geprägten Texte in 1 Sam 8–12 und im Richterkorpus (Ri 2,6–16,31*). Werden dabei bisweilen auch Ri 17–21 einer (früheren) dtr. Hand zugeschrieben,[1] regen sich Zweifel: „Ist es überhaupt denkbar, daß sich innerhalb derselben dtr Schule – überdies in relativ kurzer Zeit – ein solch gravierender Wandel in der Beurteilung des Königtums vollzogen hat [...]?"[2] Die Frage stellt sich angesichts der benachbarten kontroversen Konzeptionen allerdings auch dann, wenn ein größerer zeitlicher Abstand zwischen den Bearbeitungen veranschlagt wird.[3]

Die anstehende Untersuchung nimmt das Phänomen aus einer ungewohnten Perspektive ins Visier, indem sie sich mit den fünf Schlusskapiteln des Richterbuches einem exegetisch bislang vernachlässigten Textbereich widmet.[4] Die theologiegeschichtliche Bedeutung dieser Erzählungen – auch und gerade im Gegenüber zu den gegenläufigen Aussagen im Korpus des Richterbuches – erschließt sich nur vor dem Hintergrund ihrer kompositionsgeschichtlichen[5] Verortung. Diese behält zum einen die entstehungsgeschichtlichen Fragen im Blick. Zum anderen berücksichtigt sie auf den verschiedenen literarhistorischen Ebenen

---

1 Vgl. VEIJOLA, Königtum, 27 ff.
2 BECKER, Richterzeit, 3 f.
3 Vgl. BECKER, Richterzeit, 301 f., der im Richterkorpus überwiegend „DtrH" am Werk sieht, die Schlusskapitel hingegen auf „DtrN" (Ri 17 f.) und einen priesterlich geprägten Autor „im Umkreis des *Pentateuchredaktors*" (302, Hervorhebung im Original) (Ri 19–21) verteilt.
4 Im Zusammenhang wurden die fünf Kapitel bis *dato* nur in Kommentaren und Überblickswerken behandelt. Sämtliche Einzeluntersuchungen beschränken sich auf ausgewählte Themen oder Passagen der Schlusskapitel; vgl. für Ri 17 f. etwa NIEMANN, Daniten; MUELLER, Story; NEEF, Kult; BAUER, Geheiß; für Ri 19 JÜNGLING, Richter 19; STIPP, Richter 19; ders., Beobachtungen; ders., Propaganda; PFEIFFER, Sodomie; für 19–21 EDENBURG, Outrage.
5 Zur Begriffsklärung s. BLUM, Komposition, 2 f.

die jeweilige durch redaktionelle Arbeit entstandene Komposition und bemüht sich um deren redaktionsgeschichtliche Beurteilung.

Der Bestimmung des kompositionsgeschichtlichen Ortes geht folglich eine detaillierte literarische Analyse der fünf Kapitel voraus (B und C). Umstritten – aber für die Form der Darstellung durchaus relevant – ist bereits die grundlegende Frage, ob sich in Ri 17 f. und Ri 19 – 21 zwei selbständige Erzählungen voneinander separieren lassen,[6] die erst redaktionell miteinander verbunden wurden, oder aber die fünf Kapitel von vornherein in einem redaktionsgeschichtlichen Zusammenhang stehen.[7] In der Analyse werden Ri 17 f. und Ri 19 – 21 – wie es seit Wellhausen üblich ist – getrennt voneinander betrachtet.[8] Da sie jedoch redaktionell enger miteinander verwoben sind als es *prima vista* scheint, kommen im Zuge der Analyse unweigerlich immer wieder auch größere Zusammenhänge des Komplexes in den Blick.

Seit jeher zentrale forschungsgeschichtliche Fragen, die in der gesamten Analyse nicht aus den Augen zu verlieren sind, betreffen die inhaltliche Bewertung der Schlusskapitel und ihre Datierung: Handelt es sich bei Ri 17 – 21 um (späte) Tendenzliteratur, die ganz allgemein das Königtum herbeisehnt[9] bzw. gegen bestimmte Königtümer polemisiert, andere hingegen glorifiziert?[10] Oder weisen die Originalität und die Brutalität der Erzählungen ihre historische Zuverlässigkeit (und ein hohes Alter) aus?[11]

---

6 Vgl. grundlegend WELLHAUSEN, Prolegomena, 232, der betont, dass es „kaum einen grösseren und lehrreicheren religionsgeschichtlichen Gegensatz im Alten Testamente" gebe als den zwischen Ri 17 f. und Ri 19 – 21; daneben BECKER, Richterzeit; GROSS, Richter.

7 Diese Sicht begegnet vor allem in der Forschung vor WELLHAUSEN. Argumentiert wird mit stilistischen (vgl. z. B. STUDER, Richter, 455; BERTHEAU, Richter I, 192) oder inhaltlichen (vgl. z. B. AUBERLEN, Anhänge, 539) Übereinstimmungen innerhalb des Komplexes. Eine besondere Bedeutung kommt dabei dem kehrversartigen Kommentar zu, der sich über beide Erzählungen verstreut in Ri 17,6; 18,1; 19,1 und 21,25 findet und somit *per se* eine verbindende Funktion einnimmt; vgl. STUDER, Richter, 361.

8 Die Untersuchung setzt mit Ri 19 als literarischem Kopfstück der Kapitel Ri 19 – 21 ein. Der Beginn mit Ri 19 – 21 empfiehlt sich zum einen aufgrund der besonders umstrittenen Einschätzung der Intention und Datierung der Erzählung. Zum anderen wird die Analyse zeigen, dass Ri 19 als einziger Text der Schlusskapitel nicht auf andere Passagen angewiesen ist: Ri 20 setzt Ri 19 voraus; Ri 21 setzt Ri 19 und Ri 20 voraus; Ri 17,1 – 6 kennen die Schilo-Episode in Ri 21; Ri 17,7 – 18,31* setzen Ri 17,1 – 6 fort.

9 Vgl. EWALD, Geschichte, 205; HERTZBERG, Bücher, 247 f.; CRÜSEMANN, Widerstand, 162 f.

10 Vgl. AUBERLEN, Geschichte; GÜDEMANN, Tendenz; ZAPLETAL, Richter, 272; HERTZBERG, Bücher, 238; BUBER, Königtum, 33 ff.; BECKER, Richterzeit, 254 f.; trotz früher Datierung von Ri 19 vgl. auch STIPP, Richter 19.

11 Vgl. z. B. STUDER, Richter, 503; WELLHAUSEN, Composition, 230 ff., votiert für ein hohes Alter von Ri 17 f., vermutet aber eine nachexilische Entstehung der Tendenzerzählung Ri 19 – 21; auch

Einen Problemkreis eigener Art stellen die vielfältigen Interdependenzen mit anderen enneateuchischen Texten dar. Die Entscheidung, ob – und falls ja, mit welcher Intention – ein Text auf einen anderen Bezug nimmt, lässt sich nur im Einzelfall und unter Berücksichtigung zahlreicher Aspekte treffen (z. B. Grad und Signifikanz der terminologischen Übereinstimmungen bei Ausschluss von formelhafter Sprache, Sprachkonventionen oder einem Rückgriff auf Quellenmaterial; strukturelle Analogien; Modifikationen oder Transformationen eines Textelements).[12]

Im Anschluss an die Rekonstruktion der Entstehungsgeschichte (D) steht ein Versuch, die Schlusskapitel innerhalb des Richterbuches kompositionsgeschichtlich zu verorten (E). Handelt es sich in literarhistorischer Hinsicht (!) um „Anhänge zum Richterbuch"[13]? Sind umgekehrt die Schlusskapitel älter als das Korpus des Richterbuches?[14] Da sich bei einer Abfassung des einen Komplexes in Kenntnis des anderen – ungeachtet der relativen Chronologie – die Abfolge der kontroversen Konzeptionen zur Bewertung des Königtums nicht ohne Weiteres erklärt, wird gelegentlich in Betracht gezogen, dass Ri 17–21* unabhängig vom Richterkorpus entstanden sind.[15] Wie lässt sich dann jedoch ihre kompositionsgeschichtliche Funktion am Ende des Richterbuches sinnvoll bestimmen? Zur Erhellung der Frage nach dem redaktionsgeschichtlichen Bezug der einzelnen Teile des Richterbuches zueinander trägt nicht zuletzt das erste Kapitel des Richterbuches bei, das große konzeptionelle Ähnlichkeiten mit den Schlusskapiteln aufweist.[16]

NOTH, System, 168, sieht in Ri 17 f. zunächst den *hieros logos* des Heiligtums in Dan, weicht später (ders., Hintergrund, 135 f.) jedoch von dieser Position ab. Vgl. für Ri 19–21 auch BUDDE, Richter und Samuel, 147; MOORE, Judges, 405.

12 (Post-)strukturalistische Intertextualitätstheorien auf der Basis des Paradigmas von Julia KRISTEVA (vgl. deren Aufsatz „Bakhtine, le mot, le dialogue et le roman"), die Intertextualität als einen Aspekt des Lesens von Texten begreifen, der sich realisieren kann oder auch nicht, sind für die historische Textarbeit tendenziell wenig brauchbar. Sie haben zur Folge, dass Textproduktion als unabgeschlossener und unabschließbarer Prozess betrachtet werden muss, innerhalb dessen die Konstitution von Sinn und Bedeutung auf Seiten des Rezipienten liegt. In Abgrenzung von dieser rezeptionsästhetischen Perspektive widmet sich die vorliegende kompositionsgeschichtliche Analyse dem Verhältnis von Text und Kontext – nicht dem von Text und Rezipient; vgl. zur Problematik EDENBURG, Outrage, 198 ff.; BEYER, Hoffnung, 8 ff.

13 Der Begriff wird bereits früh verwendet (vgl. etwa STÄHELIN, Untersuchungen, 145) und ist spätestens seit dem programmatischen Aufsatz AUBERLENS „Die drei Anhänge des Buchs der Richter" in der Forschung etabliert.

14 Vgl. STUDER, Richter, 360 f.; JEPSEN, Quellen, 68, Anm. 2; PFEIFFER, Sodomie, 285.

15 Vgl. BUBER, Königtum; GROSS, Richter.

16 Bereits in der frühen Forschung wurde ein Zusammenhang zwischen dem Beginn des Richterbuches und seinen Schlusskapiteln gesehen; vgl. STUDER, Richter, 361.450; BERTHEAU, Richter I, XXIX.193 f. Eine rezente redaktionsgeschichtliche Studie zu Ri 1,1–2,5 bietet RAKE, Juda.

Da das Richterbuch als Teil des Enneateuch – wie immer man dessen Entstehung im Einzelnen erklären mag – nicht unabhängig von seinem literarischen Kontext betrachtet werden kann, erfordert die kompositionsgeschichtliche Verortung von Ri 17–21 schließlich einen Blick auf literarische Bezugspunkte außerhalb des Richterbuches (F).[17] Auch in dieser übergreifenden Fragestellung konzentrieren sich die Überlegungen bislang auf das Korpus des Richterbuches, das (mindestens) in seiner dtr. bearbeiteten Gestalt auf einen literarischen Kontext angewiesen ist. Da das Richterbuch im Rahmen der Hypothese eines Dtn–Kön umfassenden DtrG aufgrund seiner konzeptionellen Besonderheiten ein sperriges Element darstellt, wird es vor allem in der jüngeren Forschung bisweilen als redaktionelles Bindeglied zwischen zwei eigenständigen literarischen Werken angesehen. Von diesen umspannt das hintere den Zusammenhang 1 Sam–2 Kön, das vordere umfasst entweder ein Rumpf-DtrG im Umfang Dtn–Jos[18] oder den Hexateuch. Exemplarisch sei das grundlegende Modell von KRATZ skizziert,[19] wonach das Richterkorpus als Bindeglied zwischen Ex–Jos einerseits und 1 Sam–2 Kön andererseits einen enneateuchischen Zusammenhang konstituiert.[20] Die

---

17 Damit steht die kompositionsgeschichtliche Verortung der Schlusskapitel des Richterbuches im Spannungsfeld von Einzeltextexegese und Großtheorien, wobei der Überschritt vom einen zum anderen nach Möglichkeit deutlich markiert werden sollte; vgl. zuletzt GROSS, Richterbuch, 177. Die vorliegende Arbeit konzentriert sich zunächst auf eine detaillierte Analyse des Textbereichs Ri 17–21. Wo zur kompositionsgeschichtlichen Verortung der Kapitel der Kontext mit in den Blick genommen wird, sind die literarhistorischen Erwägungen weniger tiefgreifend; entsprechend besitzen die Rekonstruktionen einen geringeren Geltungsanspruch. Dies gilt umso mehr, als die Verknüpfungen, die die Schlusskapitel zu benachbarten Texten aufweisen, „literargeschichtlich leider oft nur hypothetisch auswertbar [sind], da weder zu Jos noch zu 1+2 Sam allgemein akzeptierte Schichtenanalysen vorliegen [...]" (GROSS, Richterbuch, 178).
18 Nach GROSS, Richterbuch, 199 ff., verbindet das dtr. Richterbuch einen dtr. Zusammenhang von Dtn–Jos, der „zumindest das Josuabuch im Umfang von Jos 1–11* und das Deuteronomium in der Ausgabe mit 6,12–15 und 11,2–7" umfasst, mit der dtr. Sam-Kön-Komposition und schafft so erstmals einen Zusammenhang Dtn–2 Kön. Vgl. zu ähnlichen Abgrenzungen einer dtr. Landnahmeerzählung vor allem LOHFINK, Darstellungskunst; ders., Darstellung; daneben auch OTTO, Deuteronomium im Pentateuch; OSWALD, Staatstheorien; BRAULIK, Landeroberungserzählung.
19 S. dazu auch u. S. 207 ff.
20 Vgl. KRATZ, Komposition, 308 ff. Eine grundsätzliche Infragestellung des DtrG-Modells findet sich bereits bei WESTERMANN, Geschichtsbücher, und WÜRTHWEIN, Erwägungen. Nach KRATZ umfasst die erste dtr. Redaktion im Enneateuch nicht den Komplex Dtn–2 Kön, sondern beschränkt sich auf den Zusammenhang der Sam-Kön-Komposition. Neben dem Erzählfaden der Bücher Ex–Jos habe als dritte Ursprungslegende Israels die Ur- und Vätergeschichte (Gen 2–35*) vorgelegen. 1 Sam–2 Kön und Ex–Jos seien zunächst durch die Einschiebung der Rettererzählungen in Ri 2,6 ff.* verbunden worden, später seien dann die Vätererzählungen vorangestellt worden. Skepsis gegenüber einer gemeinsamen dtr. Bearbeitung von Richterbuch und 1 Sam–2 Kön äußerte bereits VON RAD, Theologie, 358 f.

Rettererzählungen vermitteln in dieser Sicht zwischen der im Kern heilvollen Geschichte in (Gen.)Ex–Jos, die den Weg Israels ins verheißene Land schildert, und dem drastischen Verfall Israels und Judas bis hin zum Landverlust in 1 Sam–2 Kön. Folgt man diesem Modell, stehen die Schlusskapitel (unter anderem) mit der abweichenden Bewertung des Königtums nicht nur sachlich in Spannung zum Korpus des Richterbuches, sondern unterbrechen auch einen literarischen Zusammenhang: „So als gäbe es das deuteronomistische Richterschema und die Epoche der Richter nicht, legen sich schließlich die stammesgeschichtlichen Anhänge in Jdc 1 und Jdc 17– 18.19 – 21 um die Richtererzählungen in Jdc 2 – 16."[21] Die vorliegende Arbeit nimmt sich dieses problematischen Befundes an und unterbreitet am Ende einen Vorschlag zur kompositionsgeschichtlichen Verortung der theologisch wie literarisch disparaten Texte, die gemeinsam das Richterbuch bilden.

---

21 KRATZ, Komposition, 203.

B Richter 19 – 21

1 Forschungsgeschichtliche Perspektiven auf Ri 19 – 21

Zwei Kontroversen durchziehen die gesamte Forschungsgeschichte zu Ri 19 – 21: Die Datierung des Komplexes (1) sowie seine Aussageintention (2).

    1. In engem Zusammenhang mit der Datierung steht die Frage nach der literarischen Eigenständigkeit von Ri 19. Bildet das Kapitel eine abgeschlossene Erzählung[22] oder fand es seine ursprüngliche Fortsetzung in Ri 20 f.?[23] Nimmt man einen originären Zusammenhang zwischen Ri 19 und Ri 20 an, ist die Passage aufgrund des späten priesterlichen Vokabulars in Ri 20 spät anzusetzen.[24] Steht Ri 19 literarisch für sich, ist eine frühe Entstehung zumindest nicht ausgeschlossen. Als Ahnvater einer Spätdatierung kann WELLHAUSEN gelten. Gegenüber der Erzählung Ri 17 f., die er sehr früh verortet, stellten Ri 19 – 21 „ein[en] Anhang ganz anderer Art"[25] dar. Anders als im restlichen Richterbuch erscheine Israel in Ri 19 – 21 „vollkommen centralisirt"[26], allerdings nicht als politische Einheit, sondern als eine uniformierte „Gemeinde des Bundes, die auf der Einheit des Kultes [basiere]"[27]. Eine solche Einigkeit begegne erst im nachexilischen Judentum, als es eine einheitliche Kirche gegeben habe.[28] Auf ein spätes Datum weise auch die chronistisch und priesterschriftlich beeinflusste Sprachgestalt der Erzählung.[29] Ein historisches Faktum komme als Ausgangspunkt für Ri 19 – 21 nicht in Betracht,[30] fest stehe jedoch, dass „der jüdische Hass gegen die vordavidische Hegemonie Benjamins"[31] bei der Abfassung der Texte eine Rolle gespielt habe. Die hohe Datierung wurde in der Zeit nach WELLHAUSEN literarhistorisch modifiziert.[32] So bemerkt zwar auch KUENEN, dass bestimmte Spracheigentümlichkeiten

---

22 Vgl. JÜNGLING, Richter 19, 185; BECKER, Richterzeit, 297; STIPP, Richter 19; ders., Beobachtungen; ders., Propaganda.

23 Vgl. NOTH, System, 162 ff., der einen originären Zusammenhang von Ri 19 f. annimmt, Ri 21 jedoch davon abkoppelt. Vgl. ferner EDENBURG, Outrage, 42; GROSS, Richter, 821 f.

24 S. dazu u. S. 61 ff. Vgl. auch bereits BUDDE, Richter, 125 f.; gegen BERTHEAU, Richter II, XXIVf., der in Ri 19 – 21 keinen späten Sprachgebrauch feststellen kann.

25 WELLHAUSEN, Composition, 229.

26 WELLHAUSEN, Composition, 229.

27 WELLHAUSEN, Prolegomena, 232.

28 Vgl. WELLHAUSEN, Composition, 230.

29 Für Beispiele vgl. WELLHAUSEN, Composition, 232.

30 Vgl. WELLHAUSEN, Composition, 232.

31 WELLHAUSEN, Composition, 233.

32 Vgl. neben den im Folgenden Genannten auch NÖTSCHER, Buch, 702; HERTZBERG, Bücher, 248.

sowie einige „wohlbeglaubigten historischen Thatsachen"[33] der Richterzeit zuwiderlaufende Informationen, z. B. das einheitliche Agieren Israels, in die exilische oder nachexilische Zeit weisen, führt daneben jedoch auch Verbindungen zwischen Ri 19 – 21 und der alten Erzählung Ri 17 f. an, die ebenso wie die Altertümlichkeit des Mädchenraubes in Schilo und eine gewisse Saulfeindlichkeit eher für eine Abfassung während der davidischen Herrschaft sprächen. Er erklärt den Befund redaktionsgeschichtlich. Den Grundbestand von Ri 19 – 21 bilde eine judäische Überlieferung aus der Königszeit. Sie habe „in, oder besser noch nach dem Exil eine durchgehende Bearbeitung im Sinn des Judaismus erfahren"[34] – wohl zu dem Zweck, eine für den späteren Leser anstößige Überlieferung zu entschärfen.[35]

Ähnlich votiert BUDDE: Die Begriffe קהל und עדה seien priesterlich geprägt, in der Vereinigung von „furchtbare[m] Morden mit empfindsamem Weinen"[36] spreche sich ebenfalls der „abstrakte und passive Gehorsam"[37] von P aus und auch die großen runden Zahlen wiesen in eine späte Zeit. Dies beträfe genau genommen jedoch nur den Mittelteil 20,1 – 21,14, der sich „auch durch eine lockere Sprache und unerträgliche Breite [...] von dem Übrigen grell abhebt"[38]. Da Anfang und Ende „durchaus von altem Gepräge"[39] seien, habe „nur die breite Mitte des Abschnitts"[40] eine nachexilische Bearbeitung erfahren.[41]

---

33 KUENEN, Einleitung, 30.
34 KUENEN, Einleitung, 30. Als Bestandteile dieser umfassenden Fortschreibung betrachtet er u. a. Ri 20,27b.28a*[bis ההם].36b–46 und Ri 21,5 – 14 – Passagen, die in zahlreichen redaktionsgeschichtlichen Untersuchungen, so auch in der vorliegenden, eingehend besprochen werden.
35 Vgl. KUENEN, Einleitung, 31.
36 BUDDE, Richter, 126.
37 BUDDE, Richter, 125 f.
38 BUDDE, Richter, 126.
39 BUDDE, Richter, 126. Bezüglich der literarischen Gestalt der alten Passagen in Ri 19 und 21 besteht kein Konsens. MOORE, Judges, 405, konstatiert, dass auch die alte Erzählung bereits zusammengesetzt war, und führt als Beleg Redundanzen in Ri 19,5 – 15 an. Auch NOWACK, Richter, 157, geht für Ri 19 von einer Zusammensetzung aus zwei alten Quellen aus. ZAPLETAL, Richter, 305, hingegen hält den alten Bericht für literarisch einheitlich.
40 BUDDE, Richter, 126. Vgl. auch MOORE, Judges, 404; NOWACK, Richter, 157.
41 Vgl. BUDDE, Richter, 126. Wenige Jahre darauf vertritt MOORE, Judges, XXXI, eine ähnliche Position: „The basis of the narrative, which can be discovered not only in ch. 19 and 21,15 ff., but in ch. 20, is a very old story, having an obvious affinity to the primary stratum in ch. 17,18, and in tone and language resembling the most ancient parts of the Hexateuch and the Books of Samuel. This is overlaid, especially in ch. 21,1 – 14, by a stratum akin to the latest additions to the priestly history in the Hexateuch and to the Chronicles." Die alte Grundschicht weist er J zu, die (vermutlich midraschartige) Bearbeitung verortet er im 4. Jahrhundert v. Chr; vgl. ferner ZAPLETAL, Richter, 305. Auch bereits BERTHEAU, Richter I, 215, nahm für den Bereich des Kampfberichts in Ri 20,29 – 46 sowie für Ri 21 eine Zusammensetzung aus zwei parallelen Quellen an – eine Annahme, die im folgenden Jahrhundert häufig geteilt wurde.

Auch die jüngere Forschung ist überwiegend redaktionsgeschichtlich orientiert.[42] Die große Bandbreite der Ergebnisse dokumentiert dabei die Schwierigkeit des Unterfangens: Während Ri 19 meist als literarisch weitgehend einheitlicher Text betrachtet wird, reichen die Einschätzungen bei Ri 20 von der literarischen Einheitlichkeit[43] bis hin zu Modellen komplexen literarischen Wachstums.[44] Besonders umstritten ist die Literargeschichte von 20,29 ff., die die Ereignisse am dritten Kampftag schildern. Neben vielfältigen Vorschlägen zur Rekonstruktion der Entstehungsgeschichte[45] stehen endtextorientierte Ansätze, die die Schwierigkeiten des Textes auf eine bestimmte Erzähltechnik zurückführen.[46]

Im Fall von Ri 21 ist man sich zumindest über die Uneinheitlichkeit des Kapitels einig; im Einzelnen differieren die Ergebnisse jedoch erheblich. In der älteren Exegese wurden die Schwierigkeiten durchweg quellenkritisch erklärt. Man nahm an, dass zwei[47] oder drei[48]

---

42 Einen anderen Weg schlägt dagegen JÜNGLING, Richter 19, ein, der sich aufgrund der Unzulänglichkeit bis *dato* durchgeführter literarkritischer Analysen im Textbereich Ri 19 – 21 auf einen ausschließlich formgeschichtlichen Zugang zu der Erzählung Ri 19 beschränkt. Inspiriert von der in der Homerforschung aufgestellten Theorie der „oral poetry", vor deren Hintergrund er „Formelhaftigkeit" als Charakteristikum eines mündlichen Textes betrachtet, sucht er nach formelhaftem Gut in Ri 19 (vgl. 228). Aus dem Negativbefund schließt er, dass die Erzählung von vornherein in schriftlicher Form vorgelegen haben müsse. Es handle sich bei Ri 19 um eine einheitliche und abgeschlossene Erzählung, die lediglich durch einige Glossen erweitert worden sei (vgl. 285). Der Inhalt weise in die frühe Königszeit: „Die Erzählung ist […] ein eindringliches Plädoyer für die Notwendigkeit des Königtums als innerstaatlichen Ordnungsfaktors" (292). Da das Königtum vorbehaltlos positiv geschildert werde, sei die Erzählung in die Zeit Davids oder Salomos zu datieren. Parallelen zur Strafpredigt Nathans in 2 Sam 12 ließen darauf schließen, dass der Verfasser in die „von der Weisheit beeinflußten Kreise […] des davidischen Hofes" (295) gehöre. Die saulidische Polemik bietet für Jüngling keinen Anlass, an der Faktizität des Verbrechens zu zweifeln, die schließlich schon durch die einschlägigen Stellen in Hosea verbürgt würde. „Die Polemik gegen Saul kommt dadurch zustande, daß dieses tatsächlich vorgefallene Ereignis in Gibea in einen Zusammenhang gestellt wird, der zu einer Konfrontation Saul–David geradezu zwingt. Das wohl kasuale Ereignis wird mit Kalkül ausgenutzt" (293).

43 Vgl. NOTH, System, 166; GROSS, Richter, 825 f., der lediglich die Bet-El-Redaktion in 20,18.23.26 – 27a.28b als sekundär betrachtet.

44 Vgl. etwa BECKER, Richterzeit; nach EDENBURG, Outrage, hat die Grundschicht eine alte poetische Quelle als Hypotext (nach der Definition GENETTES) aufgenommen (vgl. 81 ff.). Diese sei sodann von einem Redaktor, der Leerstellen der Erzählung habe füllen wollen, midraschartig überarbeitet worden (vgl. 50 ff.). Für eine übersichtliche Skizze des komplexen redaktionsgeschichtlichen Entwurfs s. EDENBURG, Outrage, 90.

45 Vgl. die quellenkritischen Entwürfe von BERTHEAU, Richter II, 265 ff.; RÖSEL, Studien, 31 ff.; CRÜSEMANN, Widerstand, 159 f.; JÜNGLING, Richter 19, 262 f.; SOGGIN, Judges, 294, oder die redaktionsgeschichtlichen Arbeiten von NOWACK, Richter, 166 ff.; NOTH, System, 166 f.; SCHUNCK, Benjamin, 62 ff.; BECKER, Richterzeit, 281; EDENBURG, Outrage, 71 ff.

46 Vgl. REVELL, Battle; SATTERTHWAITE, Artistry, und in ihrem Gefolge GROSS, Richter, 859 ff.

47 Vgl. BERTHEAU, Richter II, 275 ff.

48 Vgl. BUDDE, Richter, 139 ff.; NOWACK, Richter, 174 ff.; NOTH, System, 162 ff. Alle drei Positionen gehen davon aus, dass die jüngere Jabeschepisode aus zwei einzelnen Sagen besteht. Nach der einen lieferten die Jabeschiter ihre jungfräulichen Mädchen kampflos aus (in etwa

ursprünglich selbständige Einzelsagen nachträglich miteinander verbunden worden seien. An die Stelle der Quellentheorien sind in jüngerer Zeit vielfältige Modelle redaktioneller Bearbeitung getreten. Doch auch hier zeigt sich eine große Spannbreite; sie reicht von einer minimalistischen literarkritischen Variante, die nur die Bet-El-Episode in 21,2 – 4(.5) für sekundär hält,[49] bis hin zu komplexen redaktionsgeschichtlichen Entwürfen, die darüber hinaus auch das Nebeneinander zweier Frauenbeschaffungsmaßnahmen auf spätere Bearbeitung zurückführen.[50]

Ebenfalls umstritten ist das Verhältnis von Ri 21 oder einzelner seiner Bestandteile zu Ri 20. Während viele Forscher einen ursprünglichen literarischen Zusammenhang zwischen den Kapiteln entdecken,[51] geht Noth davon aus, dass beide Erzählungen erst sekundär in ihre heutige Abfolge gebracht wurden.[52]

Was die Datierung des Komplexes angeht, bietet die aktuelle Forschung nach wie vor die gesamte Palette an Möglichkeiten. Neben Frühdatierungen von Ri 19 stehen Positionen, die von einem späten Entstehungsdatum von Ri 19 – 21 ausgehen. Nach Becker dürfte die saulkritische Erzählung Ri 19 „ideelle[...] Ansprüche der davidischen Dynastie auf das Territorium des Nordreichs und dessen Königtum widerspiegeln"[53], was eine Ansetzung in der mittleren Königszeit nahelegen würde. Zu einer sehr frühen Datierung kehrt Stipp zurück, der in Teilen die These Güdemanns[54] rehabilitiert: „Ri 19* ist ein politisches Pamphlet, das den Kampf Davids um die Macht über den israelitischen Norden mit den Mitteln schriftlicher Propaganda vorantrieb."[55] Da ein Efraimit als Identifikationsfigur fungiere, seien

---

V.1.6 – 8.12 f.[14a]), nach der anderen würde analog Num 31 der Bann an Jabesch vollzogen (V.2 – 5.9 – 11.[14a]). Die folgende Analyse sollte verdeutlichen, dass diese Einteilung erhebliche Spannungen im Textverlauf ignoriert und somit unter literarkritischen Gesichtspunkten unwahrscheinlich ist. Die dritte Sage umfasste die Verse 15 – 23, deren Zusammengehörigkeit und literarische Einheitlichkeit in der Tat nicht bezweifelt werden müssen.

49 Vgl. Gross, Richter, 869 ff.

50 Vgl. Becker, Richterzeit, 287 ff. Werden die Jabesch- und die Schilo-Episode auf unterschiedliche Hände verteilt, betrachtet man zumeist den Frauenraub in Schilo als ältere Version; vgl. Budde, Richter, 139 ff.; Nowack, Richter, 174 ff. Ausnahmen zeigen jedoch, dass auch hier hinsichtlich der Chronologie Klärungsbedarf besteht; vgl. Bertheau, Richter II, 275 ff.; Becker, Richterzeit, 287 ff.

51 Vgl. u. a. Budde, Richter, 139 ff.; Wellhausen, Composition, 229 ff.; Nowack, Richter, 174 ff.

52 Vgl. Noth, System, 164.

53 Becker, Richterzeit, 265.

54 Die Absicht der Erzählung Ri 19 – 21 besteht nach Güdemann, Tendenz, 365, darin, einen Vergleich zwischen Juda und Benjamin resp. David und Saul anzuregen. Es handle sich um eine Flugschrift an die Benjaminiten aus der Zeit der Herrschaft Davids in Hebron, die das Ziel verfolge, diese von der Opposition gegen David abzubringen.

55 Stipp, Richter 19, 140. In zwei weiteren Publikationen (Beobachtungen, 2011, und Propaganda, 2012, wobei der letztgenannte Aufsatz im Wesentlichen eine Kombination der beiden älteren Publikationen darstellt) widmet sich Stipp vor allem der umstrittenen Frage nach der

die Adressaten im Nordreich zu suchen.[56] STIPP betrachtet Gibea und Bethlehem als Chiffren für Benjamin und Juda. Beide würden mit Hilfe des Themas Gastfreundschaft kontrastiert, was auf ein exaktes Datum schließen lasse, nämlich „die Zeit Davids, als der Aufsteiger aus Bethlehem mit der Sippe Sauls aus Gibea um die Krone rang."[57]

Als Beispiele einer späten Datierung können die Entwürfe EDENBURGs und GROSS' dienen. Nach EDENBURG wurde die Grundschicht von Ri 19 – 21, die bereits den gesamten Komplex Ri 19 – 21 umspannt habe, nach-dtr. für den vorliegenden Zusammenhang zwischen Ri 17 f. und 1 Sam 1 verfasst.[58] Auch GROSS geht davon aus, dass die priesterlich geprägte Grundschicht von Ri 20 f. die organische Fortsetzung von Ri 19 bildet, und datiert den ganzen Komplex nachexilisch.[59]

2. Bisweilen werden im Rahmen der Frühdatierung historische Ereignisse hinter der (untendenziösen) Erzählung vermutet. BUDDE kommt zu dem Ergebnis: Da sich in dieser frühen Zeit kaum Anlass für eine Saulpolemik böte, „[bliebe] die geschichtliche Auffassung des Stückes doch wohl im Vorteil, so bescheiden freilich auch sie aufzutreten Ursache [habe]".[60] Dafür spreche auch die Darstellung des Vergehens: „Die Ausdrücke [...] [bezeichneten] viel zu bestimmt eine *sittliche* Verirrung als daß die Annahme [...], es handle sich um die Königswahl Saul's, [...] gebilligt werden könnte."[61] Auch NOTH nimmt einen historischen Kern der Erzählung aus der vorstaatlichen Zeit an: „[W]enn man die Geschichte so nimmt, wie sie uns vorliegt, so kann sie nur verstanden werden als Bericht über einen Amphiktyonenkrieg gegen ein Mitglied der Amphiktyonie, das offenbar

---

literarischen Selbständigkeit von Ri 19, die für seine These unbedingt bejaht werden muss, bestätigt in diesem Zusammenhang aber auch noch einmal die frühe Entstehung der Erzählung auf der Grundlage von Textbeobachtungen und Überlegungen, die im Verlauf dieser Arbeit zu diskutieren sind.

56 Vgl. STIPP, Richter 19, 143.

57 STIPP, Richter 19, 141.

58 Vgl. EDENBURG, Outrage, 42.

59 Vgl. GROSS, Richter, 821 f.

60 BUDDE, Richter, 127.

61 BUDDE, Richter und Samuel, 147, Hervorhebung im Original. Auch MOORE, Judges, 405, votiert für eine frühe Entstehung von Ri 19 – 21, nimmt einen historischen Kern der Erzählung an und bestreitet deren saulkritische Tendenz. Dass „die Saulgeschichte einen gewissen Einfluss auf die Gestaltung unserer Geschichte ausgeübt hat", erwägt NOWACK, Richter, 159, erkennt aber keinen tendenziösen Charakter dieser Bezugnahme. Auch ZAPLETAL, Richter, 305, äußert sich diesbezüglich unmissverständlich: „Daß aber in den Feldzügen der Israeliten gegen Gibea, die Heimat Sauls, und gegen Jabes, die Freundin Sauls, der Haß der späteren Juden gegen Saul selbst nachklinge, ist eine unbegründete Behauptung."

gegen das Amphiktyonenrecht sich vergangen hatte."[62] Bereits früh wurden Ri 19 – 21 daneben jedoch anhand der antisaulidischen bzw. prodavidischen Prägung des Komplexes als Tendenzliteratur identifiziert. GÜDEMANN beobachtet: „In der ganzen Darstellung wechseln Bestimmtheit und Unbestimmtheit, Redseligkeit und Zurückhaltung, so auffallend mit einander ab, dass man sich darüber nur mit der Annahme beruhigen kann, der Verfasser habe aus einer gewissen Tendenz heraus eine so eigenthümliche Schreibweise wählen müssen."[63] Denn „[w]as nicht nothwendig zur Geschichte selbst gehörte, das hat der Verfasser, weil es geeignet war, die Aufmerksamkeit des Lesers von dem Kernpunkte abzulenken, weggelassen"[64]. AUBERLEN sieht die Intention der lose aneinandergereihten Erzählungen darin, das davidische Königtum als „theokratisch-messianische[n] Mittelpunct der israelitischen Geschichte"[65] darzustellen. Für die damit verbundene antisaulidische Note seien allein „jene beiden Namen [*scil.* Gibea und Bethlehem] Winkes genug."[66] Die meisten jüngeren Forschungsbeiträge rechnen ungeachtet der frühen oder späten Datierung ebenfalls mit einer polemischen Tendenz.[67] Nach BUBER zeigt sich der antisaulidische Kurs darin, dass Aktionen Sauls kopiert und gegen seinen eigenen Stamm gerichtet würden.[68] Mit dem erhofften Königtum müsse daher das davidische gemeint sein.[69] Für CRÜSEMANN liegt die antisaulidische Prägung in der Parallelisierung Gibeas mit Sodom offen zutage. Die prodavidische Tendenz als Kehrseite ergebe sich daraus, dass Jebus (!) als Ge-

---

62 NOTH, System, 169 f. Im Gefolge NOTHs führt schließlich auch SCHUNCK, Benjamin, 68, die Erzählung auf ein historisches Ereignis zurück: „Für das historische Bild ist demnach zweierlei deutlich: 1. In der vorstaatlichen Zeit ereignete sich in Gibea in Benjamin ein Vergehen gegenüber einem in Ephraim beheimateten Mann und dessen Nebenfrau; 2. Dieses Vergehen führte zu einer kriegerischen Auseinandersetzung mit dem ganzen Stamm Benjamin, die sich vor allem in und um Gibea abspielte."

63 GÜDEMANN, Tendenz, 362.

64 GÜDEMANN, Tendenz, 368.

65 AUBERLEN, Anhänge, 543.

66 AUBERLEN, Anhänge, 550.

67 Abweichend von der üblichen antisaulidischen resp. prodavidischen Deutung beurteilt EDENBURG, Outrage, 344 ff., die Tendenz der Erzählung. Zwar stellt sie bereits auf der Ebene ihrer rekonstruierten Grundschicht saulkritische Momente fest, diese seien jedoch so dezent, dass sie einen anderen Impetus für die Abfassung der Erzählung vermutet: Gibea sei als Archetyp einer in frühnachexilischer Zeit florierenden benjaminitischen Stadt stilisiert, gegen den der Verfasser, der sich wohl der Unterstützung des Wiederaufbaus des Jerusalemer Kultes verschrieben hatte, offen polemisiere. Die Erzählung fungiere somit gleichsam als Gegengewicht zu der positiven Sicht Benjamins von „DtrH".

68 Vgl. BUBER, Königtum, 29 f.

69 Vgl. BUBER, Königtum, 29.

genfolie zu Gibea fungiere.[70] Laut BECKER handelt Ri 19 vordergründig von Gastfreundschaft und ihrer Verweigerung, darüber hinaus ließen sich mit den betreffenden Orten Bethlehem und Gibea die Könige David und Saul assoziieren.[71] STIPP fasst die Sachlage pointiert zusammen: „Das Lernziel der Hasstirade liegt auf der Hand: Ein anständiger König kommt aus Juda, aber die Benjaminiter sind Schweine."[72]

Einen Gegenpol zu diesen Positionen bildet GROSS, der in der jungen Erzählung Ri 19 – 21 zunächst keine prodavidische oder antisaulidische Tendenz vernimmt. Die Gastfreundschaft in Bethlehem könne nicht ohne Weiteres positiv gewertet werden, sondern sei ambivalent.[73] Der Autor konstruiere in dieser Erzählung „sein Ideal, wie der [...] sakrale Stämmeverband auf ein durch einen ganzen Stamm gedecktes Sexualverbrechen toragemäß durch innerisraelitische Vernichtungsweihe [reagiere] und am Ende diesen Stamm durch doppelte kasuistische Umgehung eines Eides dennoch vor seiner Auslöschung [bewahre]."[74] Die Erzählung sei also zunächst vorbehaltlos positiv. Erst die Bet-El-Redaktion trübe diesen Eindruck, weil Israel Jahwe nicht für den Sieg danke, sondern sogar noch klage. Endgültig negativ konnotiert seien die Ereignisse dann schließlich durch die – vermutlich auf dieselbe Hand zurückgehende – redaktionelle Zufügung des Kehrverses, die die beiden Erzählungen Ri 17 f. und Ri 19 – 21 erstmals miteinander verbunden habe.[75] Erst auf dieser Ebene komme auch die Saulkritik ins Spiel – denn das im Kehrvers positiv gewertete Königtum könne nur das judäisch-davidische sein,[76] und zwar nicht das reale, sondern ein ideales.[77]

Der disparaten Forschungslage entsprechen unterschiedliche methodische Zugänge zum Textbereich Ri 19 – 21. In neuerer Zeit häufen sich endtextorientierte Untersuchungen zu den Schlusskapiteln (resp. dem gesamten Richterbuch[78]), die zwar der Vielschichtigkeit der Texte

---

70 Vgl. CRÜSEMANN, Widerstand, 164.
71 Vgl. BECKER, Richterzeit, 264 f.
72 STIPP, Richter 19, 143. Zur Polemik gegen Saul vgl. auch AMIT, Literature.
73 Vgl. GROSS, Richter, 821.
74 GROSS, Richter, 92.
75 Vgl. GROSS, Richter, 883 f.
76 Vgl. GROSS, Richter, 93.
77 Vgl. GROSS, Richter, 885.
78 So postuliert beispielsweise KLEIN, Triumph, eine sukzessive Deterioration innerhalb des gesamten Richterbuches. Ri 17 – 21 schilderten folglich eine Intensivierung der Schuld Israels in Ri 3 – 16: Dort dienten die Israeliten anderen Göttern, am Ende dächten sie, ihre Götzen wären Jahwe und betrieben in seinem Namen einen antijahwistischen Kult (vgl. 14 f.). Auch SWEENEY, Davidic Polemics, betrachtet Ri 3 – 21 als „account of the deterioration and increasing Canaanization of the tribes of Israel" (527). Ri 3,1 – 6 thematisierten das Grundproblem, die Fremdehen

nicht immer gerecht werden, aber einen durchaus sachgemäßen Fokus auf die Tendenz der Erzählung legen, indem sie eine mit Hilfe von Stilmitteln wie Ironie und Satire erzeugte negative Färbung der Erzählungen wahrnehmen. So nennt KLEIN das Richterbuch eine „*tour de force* of irony"[79] und WEBB konstatiert: „The treatment is satirical throughout."[80] Zu dieser Aussage verleitet ihn die Beobachtung, dass in Ri 17f. von Anfang an eine Inkongruenz von Wort und Tat auf Seiten der Protagonisten bestehe[81] und die Landnahme der Daniten eine Satire der Landnahme Israels darstelle: Während Israel große, befestigte Städte eingenommen habe, suche sich Dan eine wehrlose Stadt.[82] In Ri 19–21 lokalisiert WEBB die Ironie vor allem auf der Beziehungsebene.[83] Die davongelaufene Nebenfrau werde am Ende zerhackt, der gibeatitische Gastgeber sei bereit sie auszuliefern, ihr Ehemann kümmere sich nicht im Geringsten um sie, sobald sie in die Gewalt der Männer von Gibea geraten sei.[84] Ri 19 könne so insgesamt als Satire auf die israelitische Gastfreundschaft gelesen werden.[85]

Vor allem Ri 19 wird darüber hinaus häufig unter feministischen[86] oder allgemein gender- oder queerspezifischen[87] Gesichtspunkten exegesiert.

2 Richter 19

2.1 Übersetzung

1) Und es geschah in jenen Tagen – einen König aber gab es nicht in Israel – da war/*weilte* ein Mann, *ein Levit, (als Fremder)* im entferntesten Teil des Gebirges Efraim und er nahm sich eine geliebte Frau[a)] aus Bethlehem, Juda.

2) Aber seine geliebte (Frau) zürnte gegen ihn[b)] und ging von ihm fort zum Haus ihres Vaters nach Bethlehem, Juda. Und sie war dort eine Zeit lang, (nämlich) vier Monate.

3) Da machte sich ihr Mann auf und ging ihr nach, um zu ihrem Herzen zu reden und es umzukehren,[c)] und er hatte seinen Burschen und ein Gespann Esel mit

---

der Israeliten, Ri 3,7–16,31 illustrierten die Situation anhand von Fallbeispielen und Ri 17–21 beschrieben schließlich die Konsequenzen.

79 KLEIN, Triumph, 20, Hervorhebung im Original.

80 WEBB, Book, 183.

81 Vgl. WEBB, Book, 183.

82 Vgl. WEBB, Book, 186.

83 Vgl. auch KLEIN, Triumph, 174, die die Brutalität der zwischenmenschlichen Beziehungen als Symbol für das Verhalten Israels wertet.

84 Vgl. WEBB, Book, 189f.

85 Vgl. WEBB, Book, 190.

86 Vgl. TRIBLE, Texts; BAL, Death; EXUM, Richterbuch; dies., Richter; BACH, Body Politic; COETZEE, Outcry.

87 Vgl. NIDITCH, Theme; STONE, Gender; CARDEN, Homophobia; CHENG, Multiplicity.

sich. Und sie führte ihn in das Haus ihres Vaters. Und der Vater des Mädchens sah ihn und freute sich, ihm zu begegnen.

4) Und sein Schwiegervater, der Vater des Mädchens, hielt ihn fest.[d] So blieb er drei Tage bei ihm und sie aßen und tranken und übernachteten dort.

5) Und es geschah am vierten Tag, da standen sie früh am Morgen auf und er erhob sich, um fortzugehen. Da sprach der Vater des Mädchens zu seinem Schwiegersohn: „Stärke dein Herz mit einem Bissen Brot – danach mögt ihr gehen.“

6) So blieben sie und die beiden aßen und tranken miteinander und der Vater des Mädchens sagte zu dem Mann: „Überwinde dich doch und bleib über Nacht, damit du dein Herz erquicken kannst.“

7) Der Mann aber machte sich auf, um fortzugehen. Doch sein Schwiegervater nötigte ihn und so übernachtete er wieder dort.

8) Da machte er sich am fünften Tag früh am Morgen auf, um fortzugehen, aber der Vater des Mädchens sagte: „Stärke doch dein Herz! Wartet, bis der Tag sich ausbreitet!“ Da aßen die beiden.

9) Dann machte sich der Mann auf, um zu gehen – er, seine geliebte (Frau) und sein Bursche. Aber sein Schwiegervater, der Vater des Mädchens, sagte zu ihm: „Sieh doch, der Tag hat sich geneigt, sodass es dämmert. Bleibt doch über Nacht! Siehe, der Tag beugt sich. Übernachte hier, damit du dein Herz erquicken kannst.[e] Morgen aber mögt ihr euch früh aufmachen auf euren Weg und du wirst zu deinem Zelt gehen.“

10) Aber der Mann wollte nicht über Nacht bleiben und er machte sich auf und ging fort. Da kam er bis gegenüber Jebus, das ist Jerusalem. Mit ihm war ein Gespann gesattelter Esel und auch seine geliebte (Frau) war mit ihm.

11) Als sie bei Jebus angekommen waren, hatte sich der Tag weit geneigt.[f] Da sprach der Bursche zu seinem Herrn: „Komm doch! Wir wollen in diese Stadt des Jebusiters abbiegen und in ihr übernachten.“

12) Aber sein Herr sprach zu ihm: „Wir werden nicht in eine Stadt von Fremden[g] abbiegen, die nicht von den Israeliten sind.[h] *Wir werden vorüberziehen bis nach Gibea.*“

13) Und er sprach zu seinem Burschen: „Komm! Wir werden uns einem der Orte nähern und in Gibea oder Rama übernachten.“

14) So zogen sie vorüber und gingen weiter und der Sonnenuntergang ereilte sie neben Gibea, das zu Benjamin gehört.

15) Da bogen sie dort ab, um hineinzugelangen und in Gibea zu übernachten. Und er ging hinein und setzte sich auf den Platz der Stadt, doch es gab niemanden, der sie zu Hause zum Übernachten aufnahm.

16) Aber siehe, am Abend kam ein alter Mann von seinem Werk vom Feld. Der Mann war vom Gebirge Efraim und weilte (als Fremder) in Gibea. *Die Männer des Ortes aber waren Benjaminiten.*

17) Und er hob seine Augen und sah den wandernden Mann auf dem Platz der Stadt. Da sagte der alte Mann: „Wohin gehst du und woher kommst du?"

18) Und er sagte zu ihm: „Wir ziehen vorüber von Bethlehem, Juda, bis zum entferntesten Teil des Gebirges Efraim, von dort stamme ich. Ich ging nach Bethlehem, Juda, und nun gehe ich in mein Haus,[i] aber es gibt niemanden, der mich zu Hause aufnimmt.

19) Es gibt sogar Stroh und Futter für unsere Esel und auch Brot und Wein haben ich, deine Magd und der Bursche, der bei deinen Knechten ist. Es mangelt an nichts."

20) Da sagte der alte Mann: „Friede sei mit dir. Dein gesamter Bedarf geht jedenfalls auf mich. Keinesfalls sollst du auf dem Platz übernachten!"

21) Und er führte ihn in sein Haus und gab den Eseln Futter[j] und sie wuschen sich die Füße und aßen und tranken.

22) Als sie ihr Herz erquickten, siehe, da hatten die Männer der Stadt, schlechte Leute, das Haus umstellt – sie schlugen an die Tür und sagten zu dem Mann, dem alten Hausherrn: „Führe den Mann heraus, der in dein Haus gekommen ist. Wir wollen ihn erkennen!"

23) Da ging der Mann, der Hausherr, zu ihnen heraus und sagte zu ihnen: „Nicht, meine Brüder, tut doch nichts Böses! Nachdem dieser Mann in mein Haus[k] gekommen ist, begeht nicht diese Schandtat!

24) Siehe, meine jungfräuliche Tochter *und seine geliebte (Frau)!* Sie will ich herausführen. Demütigt sie und tut ihnen, was in euren Augen gut ist! Diesem Mann aber sollt ihr nicht diese schändliche Sache antun!"

25) Doch die Männer wollten nicht auf ihn hören. Da ergriff der Mann seine geliebte (Frau) und führte (sie) heraus zu ihnen nach draußen. Und sie erkannten sie und trieben Mutwillen mit ihr die ganze Nacht bis zum Morgen. Beim Aufgang des Morgenrotes aber verstießen sie sie.

26) Und die Frau kam beim Morgengrauen und fiel an der Türöffnung des Hauses des Mannes, in dem ihr Herr war, hin (und lag dort) bis zum Morgenlicht.

27) Und ihr Herr machte sich am Morgen auf und öffnete die Türen des Hauses und trat heraus, um seines Weges zu gehen. Und siehe, die Frau, seine geliebte (Frau), lag im Eingang des Hauses, ihre Hände auf der Schwelle.

28) Und er sagte zu ihr: „Steh auf, wir wollen gehen!" Aber niemand antwortete. Da lud er sie auf den Esel. Und der Mann machte sich auf und ging an seinen Ort.

29) Er kam in sein Haus, nahm das Messer, ergriff seine geliebte (Frau), zerlegte sie gemäß ihrer Glieder in zwölf Stücke und schickte sie ins ganze Gebiet Israels.

30) Und es geschah, dass jeder, der es sah, sagte: „Derartiges ist nicht geschehen und gesehen worden von dem Tag an, als die Israeliten aus dem Land Ägypten hinaufgezogen sind, bis auf den heutigen Tag. *Richtet euch darauf, beratet und sprecht.*[l]"

Legende[88]
Grundschicht: V.1– 30a*

<u>auf den Nahkontext von Ri 19 begrenzte Ergänzung: V.12b</u>

punktuelle Ergänzung: וּפִילַגְשֹׁהוּ *(Ri 20)/ pluralische Suffixe in V.24 (Ri 20) / punktuelle Ergänzung: V.16b (Ri 20) / punktuelle Ergänzung: V.30b (Ri 20) / punktuelle Ergänzung:* לוִֹי גֵּר *in V.1 (Ri 17,7 ff.)*

2.2 Textanmerkungen

[a)] Eine „Nebeneinanderstellung von Genus und Spezies" (EISSFELDT, Quellen, 98) wäre literarisch zwar unauffällig (vgl. 2 Sam 15,16; 20,3), die Kennzeichnung der Frau als פלגש im Sinne der geläufigen Übersetzung als „Nebenfrau" bliebe erzähltechnisch jedoch unmotiviert: Weder wird von einer Hauptfrau berichtet, noch lässt die Schilderung Besonderheiten oder eine Abstufung gegenüber einer gewöhnlichen Ehe erkennen. Die weitere Terminologie lässt in Ri 19 ebenfalls an eine vollgültige Ehe denken (חתן, לקח אשה). Auch Stellen wie 2 Sam 3,7; 16,21 f. und 20,3, die das Eingehen eines Mannes zu der פלגש eines Anderen als besonders schweres Vergehen qualifizieren, lassen auf eine große Intensität der Verbindung zwischen einer פלגש und ihrem Mann schließen. פלגש dürfte daher als relationaler Terminus aufzufassen sein, der nicht zwingend den minderen rechtlichen Rang einer Frau gegenüber einer anderen kennzeichnet; vgl. aber JOST, Gender, 296; GROSS, Richter, 828. Grundsätzlich könnte er eine Frau bezeichnen, die in einer emotionalen und sexuellen Beziehung zu einem Mann steht.

Da die Etymologie von פלגש umstritten ist, sind weitreichende Analogieschlüsse zu vermeiden. Wenigstens am Rande sei jedoch erwähnt, dass mehrere der vertretenen etymologischen Herleitungen diese Bedeutung stützen. Hier sind neben der entsprechenden Konnotation des griechischen ἡ παλλακή, ursprünglich wohl „junge, geliebte Frau" (zur Herleitung aus dem Griechischen vgl. NEUFELD, Marriage Laws, 123, Anm. 1), vor allem die Ableitungen aus einer philistäischen (vgl. RABIN, Origin) bzw. ägyptischen Wurzel (vgl. GÖRG, Experimente), jeweils in der Bedeutung „Beischläferin", zu erwähnen.

---

88 Der Zeileneinzug kennzeichnet hier und im Folgenden literarische Schichten, deren redaktionsgeschichtlicher Ort im Textganzen nicht exakt zu bestimmen ist. Es wird daher stets der frühestmögliche Zeitpunkt der Einfügung angezeigt.

Da sich die relative Chronologie der verschiedenen punktuellen Erweiterungen, die Berührungen mit anderen Teilen der Schlusskapitel aufweisen, an dieser frühen Stelle der Analyse nicht bestimmen lässt, werden sie nebeneinander aufgelistet. In Klammern wird jeweils der literarische Horizont der Fortschreibungen genannt. Im Verlauf der Analyse wird auf einige der kleinräumigen Ergänzungen in Ri 19 zurückzukommen sein.

Unter Umständen ist in Analogie zu der Grundbedeutung des griechischen Pendants ἡ παλλακή auch ein junges Alter der Person impliziert; vgl. z. B. BENFEY, Wurzellexikon, 316 f.; ROST/PALM, Handwörterbuch, Bd. 2, 1. Abtheilung, 640; RABIN, Origin, 354 f. Für ein relativ junges Alter der Frau spricht auch ihre Bezeichnung als נערה, sobald sie die Einflusssphäre ihres Gatten verlassen hat und in das Haus ihres Vaters zurückgekehrt ist (V.3.5 f.8 f.). Der gängigen Übersetzung mit „Nebenfrau" ist für Ri 19 daher die Bedeutung „geliebte (Frau)" vorzuziehen.

   [b] זנה I = huren mit der Präposition על ist ungewöhnlich (vgl. STIPP, Richter 19, 138), da der durch die Aktion benachteiligte, verlassene Part ansonsten zumeist von der Präposition מן angeführt wird. Als Wurzel ist daher eher das etymologisch mit akk. *zenûm* = zürnen verwandte *hapax legomenon* זנה II anzunehmen; vgl. auch LXX, La, T und Josephus sowie die entsprechende Erklärung bei GROSS, Richter, 806; SAMUEL, Priester, 336, Anm. 1507. Die abweichenden LXX[B]-Handschriften, die ἐπορεύθη lesen, könnten fehlerhaft sein und ursprünglich eine wörtliche Übersetzung des (missverstandenen) MT (ἐπορνεύθη) geboten haben.

   [c] Weder inhaltlich noch grammatikalisch besteht ein Anlass, das Suffix 3. *m. sg.* (*ketib*) in 3. *f. sg.* (*qere*) zu ändern, lässt sich das *ketib* doch problemlos auf das vorangehende Substantiv לב beziehen. Hinter S und T, die die *qere*-Form stützen, steht vielleicht die Version der LXX, bei der sich aufgrund des femininen Genus des Substantivs καρδία die Differenz zwischen *ketib* und *qere* im MT nicht abbilden lässt.

   [d] Mit Codex Aleppo und Codex Cairensis, denen LXX, S und T folgen, ist an dieser Stelle *hif.* zu vokalisieren. Die *qal*-Form des Codex Leningradensis wird schlicht durch Vertauschung der Vokalzeichen *patach* und *segol* entstanden sein.

   [e] Die Parallele zwischen V.9bα[1] und V.9bα[2] wird oftmals als störend empfunden und durch textkritische oder literarkritische Entscheidungen beseitigt. Eine literarkritische Lösung empfiehlt sich nicht. Der Sinn der nachträglichen Dopplung bliebe gänzlich verborgen, die Einfügung ließe sich somit kaum erklären. Auch in textkritischer Perspektive spricht einiges dafür, den MT beizubehalten. Das Fehlen von לינו־נא הנה חנות היום in LXX[B] und S lässt sich entweder auf Haplographie aufgrund von Homoioarkton (לינו und לין) oder auf eine stilistische Glättung zurückführen; vgl. BHQ. Ob sich der Text des MT sinnvoll durch Dittographie erklären ließe, wie BHK und BHS vorschlagen, ist hingegen fraglich. Denn erstens unterscheiden sich die beiden Versteile bei aller inhaltlichen Nähe im Wortlaut erheblich und zweitens erklärte sich durch Dittographie die Einfügung von לין פה nicht. Mit der Annahme einer Dittographie (הנה und חנות, vgl. RUDOLPH, Anmerkungen, 209, bzw. חנות und היום, vgl. SCHREINER, Septuaginta-Massora, 35) ließe sich höchstens der Textbestand in V.9bα[2] um חנות reduzieren. Die daraus resultierende verkürzte Form des Verses bezeugen einige LXX-Handschriften inkl. Syh (κατάλυσον δὴ ἔτι σήμερον). Die hebräische Vorlage dieser griechischen

Handschriften wäre indes merkwürdig, da es streng genommen anstatt לינו נא הנה
היום eigentlich לינו נא הנה הלילה (analog Num 22,8) heißen müsste; vgl. BURNEY,
Judges, 463. Da die Lesart zudem ihrerseits wieder auf eine Haplographie zurückgeführt werden könnte, ist MT beizubehalten.

   f) Der erste Radikal *iod* dürfte im MT durch einen Schreibfehler ausgefallen
sein (vgl. BHQ), sodass analog dem *part. perf.* der LXX[A] bzw. dem *plusquamperf.*
der LXX[B] *perf.* zu lesen ist.

   g) Wörtlich: in der Stadt eines Fremden.

   h) Trotz einiger Auffälligkeiten ist an der Integrität von V.12a MT grundsätzlich
nicht zu zweifeln; vgl. BHQ. Weder ist נכרי in נכרים zu ändern (vgl. auch den Plural
von T; LXX[B] und S bieten hingegen das Femininum als *lectio facilior*), noch ist das
Genus des Personalpronomens problematisch. נכרי wird an dieser Stelle einfach
eine kollektive Bedeutung adaptiert und somit הנה veranlasst haben (vgl. KÖNIG,
Syntax, §349 h), das analog zu Stellen wie 2 Sam 4,6 und Jer 50,5 als maskulines
Personalpronomen fungiert.

   i) Mit LXX wird die ursprüngliche Form אל ביתי gelautet haben; vgl. auch
Ri 19,29. Beim Abschreiben des MT wurde wohl das Suffix 1. *c. sg.* – eventuell
angeregt durch die Charakterisierung des Mannes als Levit (vgl. PFEIFFER, Sodomie, 271) – als Abkürzung für das Tetragramm angesehen. Ferner kann את an
dieser Stelle weder als Präposition noch als *nota acc.* fungieren und ist daher in אל
zu ändern. Allenfalls ließe sich die Konstruktion als durch *nota acc.* gekenn-
zeichnete Inversion von *acc. loci* und Subjekt verstehen. Sie ist jedoch analogielos
und daher unwahrscheinlich.

   j) Das *qere* (*imperf. cons.* im *qal*) dürfte durch eine Interpretation des *ketib* als
imperf./iuss. mit *waw-copulativum* provoziert worden sein, die natürlich möglich,
aber nicht zwingend ist. Es ließe sich alternativ als *imperf. cons.* auffassen. Entweder wäre dann das *qamäz chatuf* der Form als O-Laut mit *choläm magnum plene*
geschrieben – dies ist unüblich, aber nicht singulär (vgl. Rut 4,6) – oder es
handelte sich um eine *plene* geschriebene aramaisierende Form.

   k) אֶל ist an dieser Stelle im Codex Leningradensis falsch vokalisiert. Die kor-
rekte Form lautet mit Codex Aleppo und Codex Cairensis אֶל. Die fehlerhafte Vokalisation resultiert möglicherweise aus dem häufigen Vorkommen von אַל in
diesem Vers. Alternativ könnte die Präposition bei der Vokalisierung (oder dem
Abschreiben) versehentlich an das in späten Texten synonyme עַל angeglichen
worden sein.

   l) Es gibt verschiedene Möglichkeiten, den Überschuss der LXX[A] gegenüber
dem MT zu erklären. Klassisch ließe sich das Phänomen durch *aberratio oculi*
erschließen. Der kürzere Bestand des MT basierte dann auf einer Haplographie
aufgrund von Homoioteleuton (עד היום הזה). Allerdings füllt die Version der LXX
einige Leerstellen des MT, was unter Umständen eher für eine bewusste Glättung

spricht: 1) Die Adressatenfrage wird geklärt, da der Mann die Boten zu allen Männern Israels schickt. Damit wird 2) auch die Sprecherrolle von V.30b (MT) eindeutig besetzt und letztlich wird 3) definiert, dass die Schandtat in Gibea das Skandalon darstellt und nicht etwa die Zerstückelung der Leiche durch den Protagonisten, der die Boten wohl kaum zum Zweck der Selbstbeschuldigung aussendet. Zudem erzeugt der Überschuss, den die LXX gegenüber dem MT aufweist, hinter V.30a (MT) neue Spannungen. Zwar ist die Tempusfolge im griechischen Text wie in der rekonstruierten hebräischen Vorlage unproblematisch: Sowohl der Aorist (ἐνετείλατο) als auch das *imperf. cons.* (ויצו) sind im Sinne eines *plusquamperf.* vorzeitig aufzufassen (vgl. GK²⁸ §106 f), sodass zumindest eine logische zeitliche Abfolge der Ereignisse entsteht. Nichtsdestotrotz ist die Reihenfolge, in der diese berichtet werden, wenig sinnvoll. Nachdem die Reaktion der Empfänger mitgeteilt worden ist, erfährt der Leser, dass zuvor Boten mit einer entsprechenden (und vor allem wortgleichen!) Frage ausgesendet wurden. An einer früheren Stelle im Vers wäre der Überschuss indes keineswegs besser platziert, da er nur hinter V.30a (MT) eine sinnvolle Einbindung der Imperative in V.30b (MT) bewirkt. Insgesamt ist somit eher davon auszugehen, dass MT die ursprüngliche Lesart bewahrt hat; vgl. auch JÜNGLING, Richter 19, 246–251; BECKER, Richterzeit, 261; PFEIFFER, Sodomie, 269, Anm. 12; GROSS, Richter, 807. Gegen die Ursprünglichkeit des MT votieren BUDDE, Richter, 132; MOORE, Judges, 421; NOWACK, Richter, 165f.; BURNEY, Judges, 470f.; SCHREINER, Septuaginta-Massora, 38; BARTHÉLEMY, Critique, 120f.; STIPP, Richter 19, 133f.

2.3 Gliederung

V.1f:	Exposition
V.3 – 10aα¹:	Erste Sequenz: Weg nach Bethlehem und Gastfreundschaft
V.10aα² – 28a.bα:	Zweite Sequenz: Weg nach Gibea und Gastfeindschaft

	V.10aα² – 15a:	Weg nach Gibea
		V.10aα² – 13	Weg nach Jebus und Entscheidung für Gibea
		V.14 – 15a	Weg nach und Ankunft in Gibea
	V.15b – 21:	Quartiersuche in Gibea
	V.22 – 26:	Schandtat in Gibea
	V.27.28a.bα:	Bekanntwerden der Schandtat
V.28bβ.γ – 30:	Schluss	

Die Erzählung wird durch Verben der Bewegung und Ortswechsel der Zentralfigur strukturiert.

V.1 f. fungieren als Exposition der Erzählung. Der Protagonist wird eingeführt, das Resultat des die Ereignisse in Gang bringenden Konflikts mit seiner Gattin genannt.

Der sich anschließende Hauptteil besteht aus zwei Sequenzen: V.3 – 10aα¹ und V.10aα² - 28a.bα.

Die erste Sequenz wird in V.3a durch den ersten Ortswechsel, markiert durch die Wendung וילך (...) ויקם, eröffnet: Der Mann folgt seiner Frau und begibt sich dazu vom Gebirge Efraim nach Bethlehem. Dort angekommen, führt die Davongelaufene ihren Mann in das Haus ihres Vaters. בוא *hif.* kennzeichnet dabei das Ende und zugleich Ziel der Reise. Das beherrschende Thema der Szene ist die überaus große Gastfreundschaft des Schwiegervaters, der sich bemüht, den bevorstehenden Ortswechsel[89] der Reisegruppe so lange wie möglich hinauszuzögern.

Der Aufbruch, wiederum angezeigt durch ויקם וילך, ereignet sich schließlich in V.10aα². Damit beginnt die zweite und wesentlich umfangreichere Sequenz. Sie ist komplex aufgebaut und lässt sich insgesamt in vier Teile gliedern (V.10aα²-15a; V.15b–21; V.22–26; V.27.28a.bα). In ihrem Zentrum stehen die Ereignisse in Gibea.

Zunächst berichten V.10aα²-15a den Weg der Reisegruppe nach Gibea. Dieser Passus lässt sich wiederum in zwei Segmente unterteilen (V.10aα²-13; V.14–15a). Auf den Aufbruch (ויקם וילך) folgt die Mitteilung, dass die Reisegruppe Jebus erreicht habe (בוא). Zwischen dem Mann und seinem Burschen entspinnt sich eine Diskussion über den geeigneten Übernachtungsort. Der Mann entscheidet sich gegen Jebus und so zieht die Reisegruppe weiter (הלך in V.14a[90]). Schließlich kehren die Wandernden in Gibea ein, um sich dort für die Nacht niederzulassen (בוא in V.15a).

Die Quartiersuche (V.15b–21) gestaltet sich schwierig. Mangels Gastgebers lässt sich die Reisegruppe auf dem Platz der Stadt nieder (ויבא וישב ברחוב העיר); es vergeht einige Zeit, bis ein Ortsfremder die Obdachsuchenden in sein Haus bittet (בוא *hif.* in V.21).

Mit einem retardierenden Moment (המה מיטיבים את־לבם) und der Aufmerksamkeit erzeugenden Interjektion הנה nähert sich die Erzählung ihrem Höhepunkt: dem Bericht über die Schandtat in Gibea (V.22–26). Die Gibeatiter fordern die Herausgabe des Mannes (יצא *hif.*), doch der Gastgeber hält den Aufrührern entgegen, dass der Mann in sein Haus gekommen sei (בוא). Schließlich wird dessen Frau ausgeliefert (יצא *hif.*). Sie findet am Ende der Szene nur in äußerst derangiertem Zustand ihren Weg zurück zum Haus (בוא in V.26).

In V.27.28a.bα kommt die zweite Sequenz des Hauptteils zum Abschluss. Der Mann beabsichtigt, sein Zwischenquartier zu verlassen (קום), und findet dabei

---

89 Vgl. die auffällige Häufung von הלך und קום in V.5.7.9 f. und die Verwendung von הלך allein in V.7.9.
90 Die Wurzel קום fehlt an dieser Stelle, da zuvor kein Quartier bezogen wurde, von dem aus man nun aufbrechen könnte.

seine Frau. Er fordert sie zum Aufbruch auf (קום und הלך), doch sie antwortet nicht mehr.

Den Schluss der Erzählung bilden V.28bβ.γ–30. Der Mann macht sich mit seiner toten Gattin auf den Weg (קום und הלך) und erreicht sein Haus auf dem Gebirge Efraim (בוא). Von dort aus macht er auf eigentümliche Weise die Schandtat publik.

2.4 Analyse

2.4.1 V.1f.: Exposition

Umstritten, zugleich jedoch für eine kompositionsgeschichtliche Beurteilung von Ri 19 von großer Bedeutung ist die Frage nach der literarischen Integrität und der Funktion von V.1.

Dass V.1aα keine ursprünglich selbständige Erzählung eröffnet, da die anaphorische Deixis בימים ההם auf einen Kontext angewiesen ist,[91] ist kaum zu bezweifeln. Entgegen der Meinung einiger zeitgenössischer Exegeten ist damit jedoch keinesfalls ausgemacht, dass die Situationsangabe in 19,1aα „redaktionellen Kitt"[92] darstellt.

Jüngst hat GROSS gezeigt, dass eine literarkritische Lösung in Ri 19,1 verzichtbar ist.[93]

Der Vers weist offenkundige syntaktische Schwierigkeiten auf: 1) die untypische Inversion von Subjekt und Verneinung im Nominalsatz; 2) die Abfolge von einer mit ויהי angeführten Zeitangabe und einem syndetisch angeschlossenen (invertierten) Nominalsatz; 3) die ungewöhnliche Dopplung von ויהי in V.1a und V.1b.

Ad 1) Wie der Vergleich mit Parallelen (z. B. Gen 2,5; 19,31; Lev 11,4) zeigt, betont die Position der Satzglieder im verneinten Nominalsatz V.1aβ das Subjekt, in diesem Fall מלך, sodass dessen generelle Nichtexistenz ausgesagt wird.[94] Ad 2) Der syndetische Nominalsatz ist mit JÜNGLING und GROSS am ehesten als temporaler Umstandssatz zu deuten.[95] Ad 3)

---

91 Vgl. zur Wendung ויהי בימים ההם in dieser Bedeutung auch Ex 2,11 und 1 Sam 28,1.

92 STIPP, Richter 19, 135. Vgl. auch BECKER, Richterzeit, 258 (s. dort für weitere Vertreter dieser geläufigen Meinung).

93 Vgl. GROSS, Richter, 811 f.

94 Vgl. auch GK[28] §141,4 und §152; JÜNGLING, Richter 19, 65; RECHENMACHER, Gott, 95. Dies legt den Schluss nahe, dass Ri 19,1a von vornherein auf die staatliche Epoche in Israel und Juda zielt (1 Sam–2 Kön), da andernfalls die Betonung der Nichtexistenz eines Königtums unverständlich bliebe.

95 Vgl. JÜNGLING, Richter 19, 64; GROSS, Richter, 812. Allerdings ist damit keinesfalls erwiesen, „daß V.1a auf nichts Vorangegangenes Bezug nimmt" (JÜNGLING, Richter 19, 64). Da die ent-

Vermeintliche Parallelstellen für die doppelte Verwendung von ויהי (Rut 1,1 und 2 Sam 7,4) scheiden bei näherer Betrachtung als Analogien aus.[96] Dennoch ist die Dopplung vermutlich unanstößig, denn Ri 19,1 reiht schlicht zwei Angaben aneinander – eine Situationsangabe und einen Erzähleinstieg –, in denen ויהי nahezu stereotyp Verwendung findet. Nun stellt diese Kombination sicher kein Merkmal gehobenen literarischen Stils dar – ein zwingendes literarkritisches Indiz erwächst daraus jedoch nicht.[97]

Die Auffälligkeiten in V.1 rechtfertigen zusammengenommen einen literarkritischen Schnitt,[98] erfordern ihn aber nicht unbedingt. Die Frage nach der literarischen Integrität von Ri 19,1 wird daher zunächst offen gelassen. Sollte es sich um einen einheitlichen Einstieg in die Erzählung handeln,[99] wäre Ri 19 von vornherein auf einen vorangehenden Kontext angewiesen. Eine besonders alte, ursprünglich selbständig überlieferte Erzählung dürfte dann nicht vorliegen. Doch auch abgesehen vom Einstieg in die Erzählung finden sich einige Hinweise auf ihre späte Entstehung, die im Fortgang der Analyse der Reihe nach zur Sprache kommen werden.

V.1bα führt analog Ri 13,2; 17,1; 1 Sam 1,1; 9,1 den Protagonisten der folgenden Erzählung ein und nennt seinen Herkunftsort. Im Vergleich mit den genannten Stellen fällt die syntaktische Überfrachtung von Ri 19,1bα ins Auge. Über die übliche Einführung mit ויהי איש und knapper Ortsangabe hinaus werden die Zuge-

---

sprechende Zeitspanne doppelt determiniert ist, zum einen durch die Deixis ההם, zum anderen durch die Angabe einer königslosen Zeit, empfiehlt sich die Übersetzung als Parenthese.

96 In Rut 1,1 verläuft zwischen V.1aα und V.1aβ eine literarische Naht (vgl. u. a. ZENGER, Ruth, 14; KÖHLMOOS, Ruth, 2). Dort ist die doppelte Verwendung von ויהי zudem inhaltlich auffällig, da es sich (anders als in Ri 19) um eine doppelte Situationsangabe handelt. 2 Sam 7,4 ist zwar literarisch unauffällig, aber kaum mit Ri 19,1 vergleichbar, da das zweite ויהי Bestandteil der Wortereignisformel ist.

97 Die redaktionsgeschichtlichen Schlüsse, die GROSS aus der Annahme des kohärenten Zusammenhangs von V.1 zieht, überzeugen indes kaum. Aus der literarischen Einheitlichkeit von Ri 19,1 folgt keinesfalls ein genuiner Zusammenhang der Kapitel Ri 19 – 21 (vgl. Richter, 812). Die Argumentation beruht auf der fragwürdigen Prämisse, dass Ri 19,1a und 21,25 auf dieselbe entstehungsgeschichtliche Stufe gehören. Wenngleich die eingehende Betrachtung der relevanten Passagen erst an späterer Stelle erfolgt, fällt doch direkt auf, dass die Formulierungen in 19,1 und 21,25 stark voneinander abweichen, was eine Abfassung durch dieselbe Hand unwahrscheinlich macht. Ebenso wenig zwingend ist die Ansicht, Ri 19(–21) sei für den jetzigen Kontext verfasst worden, wenn 19,1a zum ursprünglichen Textbestand gehöre (vgl. Richter, 813). Ri 19,1a ist zwar auf einen vorausgehenden Kontext angewiesen, doch müssen dies nicht notwendig die Rettererzählungen oder Ri 17 f. sein.

98 Sollte 19,1a redaktionell sein, läge mit ויהי איש in 19,1b ein durchweg unauffälliger Erzähleinstieg vor, der sich gerade mit Blick auf 1 Sam 1,1 und 1 Sam 9,1 (s. dazu u. S. 52) stimmig in den Kontext fügte.

99 Vgl. neben GROSS, Richter, auch PFEIFFER, Sodomie.

hörigkeit des Mannes zum Stamm der Leviten und sein Fremdenstatus an dem namenlosen Ort, einem entlegenen Teil des Gebirges Efraim, mitgeteilt. Die doppelte Apposition zu איש ist nicht nur syntaktisch umständlich, sondern bereitet auch inhaltliche Probleme.[100] Die Pointe aus 19,16, dass der Mann und sein in Gibea ansässiger Gastgeber Landsmänner sind, verfängt nicht, wenn der Mann nur Wahl-Efraimit ist.[101] Weiterhin fällt auf, dass der Mann – im Gegensatz zu dem Leviten in Ri 17,9, der seinen Status in den Vordergrund stellt – seinen levitischen Stand in der gesamten Erzählung nicht erwähnt. Besonders verwunderlich ist dies, da er ihm bei der Quartiersuche sicherlich Vorteile verschafft hätte (vgl. z. B. 19,18). Dass der Mann darüber hinaus außer in Ri 20,4 an keiner weiteren Stelle als Levit bezeichnet wird – auch nicht in den Redeeinleitungen der Gesprächssequenz in 19,16 – 25, wo es die Unterscheidung der beiden Männer enorm vereinfacht hätte – stützt die Annahme, dass es sich bei לוי גר in 19,1bα um einen Nachtrag handelt.[102] Da er den Protagonisten von Ri 19 mit dem Leviten aus Ri 17 f. identifiziert, verdankt er sich wohl der Absicht, die Ereignisse aus Ri 19 mit denen aus Ri 17 f. zu verknüpfen. Die Erhebung des Mannes in den levitischen Stand mildert im Gefüge von Ri 19 f. zudem die Spannung, dass ein Verbrechen an einer einzelnen Familie begangen wurde (Ri 19), darauf aber eine Reaktion sämtlicher Israeliten erfolgt (Ri 20).[103]

Erklärungsbedürftig ist in V.1bα schließlich die Ortsangabe בירכתי הר־אפרים.[104] Der Ausdruck ירכה begegnet mit einer singularischen Ausnahme in Gen 49,13 stets im Dual und hat dort, wo er auf Orte oder Landschaften bezogen ist, die übertragene Bedeutung „am weitesten entfernt liegender Teil".[105] Somit hängt die Lokalisierung der Ortsangabe in Ri 19,1 von der Perspektive des Verfassers ab. Da

---

100 Vgl. dazu auch GROSS, Richter, 813, und PFEIFFER, Sodomie, 270 f.

101 Das Argument, der Nachtragscharakter von גר erweise sich an der Antwort des Mannes auf die Frage nach seiner Herkunft in V.18 (STIPP, Richter 19, 133), überzeugt indes allein nicht. משם אנכי gibt nur Aufschluss über den Ausgangspunkt der Reise, nicht zwangsläufig aber auch über den Herkunftsort des Sprechers. Vgl. Ri 17,7 ff., wo der Levit sich ebenfalls im גר–Status in Bethlehem befindet, aber auf die Frage Michas nach seiner Herkunft angibt, er sei מבית לחם יהודה.

102 So auch VEIJOLA, Königtum, 20 f.; JÜNGLING, Richter 19, 76 (nur für לוי); BECKER, Richterzeit, 259; GROSS, Richter, 813.

103 So auch BECKER, Richterzeit, 270. S. dazu außerdem u. S. 68.

104 Sollte die Erzählung von vornherein für einen literarischen Kontext verfasst worden sein, könnte sich die Wahl des Gebirges Efraim als Ausgangs- und Zielort der Expedition einem kompositorischen Interesse des Verfassers verdanken. Lässt man die Rettererzählungen, deren literarhistorisches Verhältnis zu Ri 17 – 21 erst im Anschluss an die Analyse bestimmt werden kann (s.u. S. 207 ff.), zunächst außer Acht, endet das voranstehende Josuabuch in Jos 24 mit Begräbnissen im Gebirge Efraim und die folgende Sam-Kön-Komposition setzt in 1 Sam 1 mit einer im Gebirge Efraim lokalisierten Erzählung ein.

105 Vgl. etwa 2 Kön 19,23/Jes 37,24; Jes 14,13.15; Jer 6,22.

die im Fortgang der Analyse zu skizzierende prodavidische und antisaulidische Tendenz der Erzählung auf einen judäischen Blickwinkel schließen lässt, dürfte der am weitesten entfernt liegende Teil des Gebirges Efraim in diesem Fall ganz im Norden desselben liegen. Der Herkunftsort des Mannes im Gebirge Efraim befindet sich somit in größtmöglicher Distanz zu den beiden Reisestationen Bethlehem und Gibea. Erzählungsintern wird dadurch auf der Rückreise von Bethlehem ein Zwischenhalt erforderlich – obwohl die Übernachtung im benachbarten Gibea freilich einige erzählerische Kunstgriffe erfordert.[106]

Der Beginn der Erzählung weist drei weitere Eigenheiten auf:

1) In V.1b.2 fällt die doppelte Nennung des Ortsnamens בית לחם יהודה ins Auge. Das große Interesse des Verfassers an den lokalen Haftpunkten der Erzählung, das im Verlauf der Analyse noch mehrfach durchscheinen wird, steht im Kontrast zum Fehlen jeglicher Personennamen oder weiterer biografischer Angaben im gesamten Komplex Ri 19 – 21. Aus zwei anderen Gründen ist die wiederholte Nennung von „Bethlehem, Juda" an dieser Stelle auffällig: Erstens wird im Alten Testament sonst nur selten überhaupt der Herkunftsort einer (israelitischen) Frau genannt.[107] Zweitens ist die weite Entfernung zwischen den Heimatorten der Ehegatten nicht in der Erzählung verankert; der Leser erfährt nicht, wie ein Mann vom entlegensten Teil des Gebirges Efraim eine Frau aus dem entfernten Bethlehem kennengelernt hat.[108] Dies spricht dafür, dass die konkreten Orte bedeutsam und keinesfalls zufällig gewählt sind.

Besonders markant ist in diesem Zusammenhang die Kontrastierung der beiden Orte Bethlehem und Gibea anhand der Vergleichsgröße Gastfreundschaft. Sie fungiert als strukturgebendes Element für die zweigipflige Anlage der Erzählung und wird daher im Verlauf der Untersuchungen an verschiedenen Stellen zur Sprache kommen. Die prominente Funktion der beiden Ortsnamen innerhalb der Erzählung scheint die häufig vertretene Sicht zu bestätigen, sie stellten Chiffren für die späteren Könige David und Saul dar, die in enger Verbindung mit diesen beiden Orten stehen.[109] Insbesondere für „Bethlehem, Juda" legt sich diese Deutung nahe, da der Geburtsort des Königs in der Davidtradition seit jeher eine

---

106 S. dazu u. S. 26 ff.

107 Wo der Heimatort genannt wird, ist er integraler Bestandteil der Erzählung, wird aber nicht betont, z. B. bei David und Abigail in 1 Sam 25. Im Falle ausländischer Abstammung wird die Herkunft hingegen häufig mitgeteilt.

108 Die sekundäre Charakterisierung des Mannes als Levit behebt diese Spannung: Sie ermöglicht die Identifizierung des Mannes vom Gebirge Efraim mit dem Leviten aus Ri 17 f., der aus Bethlehem stammt und sich nur vorübergehend im Gebirge Efraim aufhält.

109 Vgl. die oben (S. 10 ff.) skizzierten Werke von AUBERLEN, GÜDEMANN, BUBER, CRÜSEMANN, JÜNGLING, BECKER und STIPP.

große Rolle spielt:[110] In 1 Sam 17,12 wird die Herkunft Isais aus „Bethlehem, Juda" berichtet; in Rut 1,1 dürfte (angelehnt daran?) der Ortsname mit verantwortlich sein für die Ergänzung der Davidsgenealogie in Rut 4,18 ff.,[111] von der aus betrachtet sich die gesamte Novelle als Erzählung über die Vorfahren Davids liest.[112] Für „Gibea, Benjamin" gäbe es in geographischer Hinsicht wohl Alternativen,[113] doch lässt sich gerade im Kontrast zu „Bethlehem, Juda" kaum bezweifeln, dass die Residenz Sauls (= *Tell el-Ful*)[114] gemeint ist.

2) Erzähltechnisch markant ist sodann die Aktion der weiblichen Hauptfigur in V.2, denn die erste Information, die aus dem Leben des Ehepaares mitgeteilt wird, betrifft einen wohl außergewöhnlichen Zwischenfall: Wütend verlässt die Gattin ihren Ehemann.

Schon nach altorientalischem Recht war die (temporäre) Aufhebung des ehelichen Verhältnisses durch die Frau in Sonderfällen legitim.[115] Wenn in Ri 19 auch kein konkreter Grund für den Zorn der Frau genannt wird, weist die Erzählung doch in eine ähnliche Richtung: Die Ehepartner erscheinen gleichberechtigt, die von der Frau initiierte Trennung wird nicht kommentiert, geschweige denn negativ bewertet.

Das Zerwürfnis und die Trennung bleiben innerhalb der Erzählung undurchsichtig: Weder wird die funktionierende Beziehung der Eheleute geschildert, noch wird ein Grund für den Zorn der Frau genannt. Die Art der Darstellung legt

---

110 Inwiefern und aus welchem (redaktionsgeschichtlichen) Grund die mehrfache Nennung von „Bethlehem, Juda" in Ri 17,7 ff. hingegen *nicht* auf David zu beziehen sein dürfte, muss im Rahmen der Analyse der betreffenden Kapitel erklärt werden; S.u. S. 152 ff.

111 Vgl. ZENGER, Ruth, 98 ff.

112 Im Zuge der inneralttestamentlichen Entwicklung der Davidfigur vom Herrscher über den idealen König hin zum Messias verselbständigt sich die Bethlehemtradition schließlich; vgl. vor allem die Herkunft des endzeitlichen Herrschers aus Bethlehem in Mi 5,1, aber auch die Ankündigung eines Sprosses aus der Wurzel des Bethlehemiters Isai in Jes 11,1.

113 Vgl. GROSS, Richter, 816 ff.

114 Die Identifikation von Gibea und *Tell el-Ful* (u.a. ALBRIGHT, Excavations) ist archäologisch nicht unumstritten; die jüngste Ablehnung findet sich bei FINKELSTEIN, Tell el-Ful, der Gibea mit Geba identifiziert. Für den vorliegenden Zusammenhang ist die Frage zweitrangig. Bei einem späten Aufbruch aus Bethlehem wären bis zum Sonnenuntergang sowohl *Tell el-Ful* als auch das etwa 6 km nordöstlich davon entfernt liegende Geba problemlos erreichbar.

115 Vgl. Codex Hammurabi §142 (zitiert nach TUAT I, 60): „Wenn eine Frau gegen ihren Ehemann Abneigung bekommt und sagt: ‚Du sollst nicht mit mir verkehren', so soll ihre Angelegenheit von ihrer Behörde überprüft werden; wenn sie unbescholten ist und keine Schuld trägt, ihr Ehemann dagegen aushäusig ist und sie schwer vernachlässigt, so ist diese Frau schuldlos, sie darf ihre Mitgift nehmen und weggehen zum Hause ihres Vaters."

nahe, dass der Verfasser an der Beziehung des Paares kein übermäßig großes Interesse hatte.[116]

3) Schließlich gibt die Zeitangabe in V.2 Rätsel auf: Warum lässt der Ehemann vier lange Monate verstreichen, bevor er sich auf den Weg macht und seiner Gattin folgt? Psychologische Erklärungen – er sei einfühlsam und lasse ihr viel Zeit, um sich zu beruhigen, oder aber sie bedeute ihm umgekehrt nicht genug, dass er sich früher um sie bemüht hätte – bleiben naturgemäß hypothetisch, zumal sich die Erzählung selbst jeden Kommentars enthält. Die lange Zeitspanne könnte jedoch eventuell in der Anlage der Erzählung begründet liegen, in der Zeitintervalle eine strukturierende Funktion haben.

Exkurs: Die Zeitverhältnisse in Ri 19

Die Abfolge von Zeiträumen in Ri 19 unterstreicht die zunehmend dramatische Zuspitzung der Ereignisse – je weiter die Ereignisse fortschreiten, desto kürzer werden die Zeitintervalle, die das gesamte Kapitel strukturieren, und desto breiter und detailreicher wird die Erzählweise.[117]

Nachdem die Frau ihren Mann aufgrund eines Ehestreits verlassen hat, bleibt sie zunächst vier Monate im Haus ihres Vaters.[118] Der Text verliert kein Wort darüber, was in diesem längsten Zeitraum der Erzählung an den beiden Schauplätzen, Gebirge Efraim und Bethlehem, geschehen ist. Der anschließende Aufenthalt des Mannes im Haus seines Schwiegervaters dauert dann nur noch viereinhalb Tage, wobei diese Zeitspanne durch die Erzählweise noch einmal zweigeteilt ist in drei plus eineinhalb Tage.[119] An den ersten drei Tagen wird die exemplarische Gastfreundschaft in Bethlehem durch die Gewährung von Speise, Trank und Übernachtung zum Ausdruck gebracht. Als der Gast nach Ablauf von drei Tagen zum Aufbruch drängt, das Unheil somit näher rückt, wird die Erzählweise wiederum gedehnt. Schwiegersohn und Schwiegervater führen am vierten Tag einige redundante Gespräche, in denen beide offensichtlich feste Rollen bekleiden: Der Mann vom Gebirge Efraim will unbedingt aus Bethlehem aufbrechen, sein Schwiegervater setzt alles daran, ihn weiterhin zu bewirten – und zögert das Unheil somit noch etwas hinaus. Der fünfte Tag ist demgegenüber abermals kleinteiliger strukturiert – statt ganzen Tagen ist das Zeitmaß nun je eine Tageshälfte. Der Mann lässt sich noch einmal überreden, die erste Tageshälfte bei seinem Gastgeber zu verbringen und mit ihm zu essen. Nach eineinhalb Tagen gelingt es diesem letztlich nicht mehr, das Unvermeidliche hinauszuzögern – seine Gäste brechen zur letzten Etappe

---

116 Wenn es sich allenfalls vordergründig um eine Beziehungsgeschichte handelt, ist es unergiebig, das Verhalten der Charaktere und ihre Beziehungen zueinander (anhand von Genderaspekten) zu bewerten, wie es häufig in feministisch-theologisch geprägten Studien zu Ri 19 geschieht; vgl. exemplarisch JOST, Gender, 290 ff., und die dort verhandelten Forschungspositionen. Im Fortgang der Untersuchung wird sich ohnehin eine funktionale Deutung sämtlicher Figurenkonstellationen der Erzählung nahelegen.

117 Vgl. auch EDENBURG, Outrage, 43; GILLMAYR-BUCHER, Erzählte Welten, 211 ff.

118 Zur Kennzeichnung einer langen Zeitspanne begegnet die Angabe ארבעה חדשים (eventuell in Anlehnung an Ri 19) auch in Ri 20,47.

119 S.u. S. 28.

ihrer Reise auf, die insgesamt nur noch etwa einen Tag dauern wird. Wiederum verringert sich das Erzähltempo; es entspinnt sich ein Gespräch zwischen dem Burschen und seinem Herrn, der nun erstmals auch selbst das Wort ergreift. Der Vorschlag des Burschen in Jebus einzukehren zögert ähnlich wie die beharrlichen Bewirtungsversuche des Schwiegervaters das Unglück hinaus und steigert somit die Dramatik. Unwissentlich trifft der Mann erneut eine fatale Entscheidung und zieht weiter auf seinem Unglücksweg. Der letzte Abend vor der Katastrophe wird schließlich minutiös geschildert. Von sämtlichen aktiven Figuren – dem Gastgeber, seinem Gast, den Gibeatitern – ist wörtliche Rede übermittelt. Noch einmal wird die Gruppe für eine kurze Zeit vor dem Unglück bewahrt und findet Schutz im Haus eines Fremden. Die Trias des Essens, Trinkens und Schlafens wird jedoch empfindlich unterbrochen durch die pöbelnde Schar der Gibeatiter. Der Mann kann sich letztendlich vor ihr retten, seine Frau jedoch ereilt das furchtbare Schicksal, auf das die gesamte Erzählung als Finale zuläuft.

2.4.2 V.3 – 10aα[1]: Erste Sequenz: Weg nach Bethlehem und Gastfreundschaft

In V.3 bricht der verlassene Ehemann mit einem festen Ziel aus dem Gebirge Efraim auf: Er will seine Frau zur Umkehr bewegen. Die in V.3a erwähnte Ausstattung des Reisenden mit einem Gespann Esel und einem Burschen dokumentiert seine gewissenhafte Vorbereitung auf die Expedition: Er reist nicht allein und führt Lasttiere mit sich.[120] Die Ausstaffierung ist ferner sinnvoll im Erzählverlauf verankert, denn sowohl dem Burschen als auch den Eseln kommt später eine wichtige Funktion zu: Der Bursche agiert als Gesprächspartner des Mannes, sobald die Reisegruppe Bethlehem verlässt, und einer der Esel ermöglicht am Ende den Rücktransport der Frauenleiche.[121]

Die folgenden Ereignisse werden gerafft dargestellt. In V.3b beschränkt sich die Darstellung auf das Nötige; das Wiedersehen der Ehegatten wird lediglich *en passant* erwähnt. Konkret benannt wird hingegen die Begegnung zwischen dem Mann und dem Vater seiner Gattin: Der Schwiegervater erblickt seinen Schwiegersohn und freut sich ihn zu sehen.[122] Diese Akzentuierung bildet einen adäquaten Auftakt der Szene, in der allein die beiden Männer interagieren. Die Darstellung innerhalb dieser Passage, die durch die Bezeichnung des Gastgebers

---

120 Ein Vergleich mit Gen 22,3 zeigt, dass die Ausstattung mit einem Burschen und Eseln bei längeren Reisen üblich war.

121 Vgl. GROSS, Richter, 829. Den Zusammenhang zwischen der Ehefrau und den (gesattelten!) Eseln stellt V.11 noch einmal deutlich heraus.

122 Die Freude des Schwiegervaters, die dem anfänglichen Zorn seiner Tochter diametral entgegensteht, wird nicht explizit begründet. Sie leitet die Gastszene gebührend ein, ist aber auch sachlich ohne Weiteres nachvollziehbar: Der Vater könnte schlicht froh sein, dass sich sein Schwiegersohn um seine Frau bemüht und er selbst somit nicht länger finanziell für seine erwachsene Tochter aufkommen muss.

als חתנו אבי הנערה in V.4 und V.9 gerahmt und abgegrenzt ist, steigert sich sukzessiv auf den Aufbruch des Mannes als ihren Höhepunkt hin. Die ersten drei Tage des Aufenthaltes in Bethlehem werden in V.4 umrissen – mitgeteilt wird lediglich, dass die Gäste dort essen, trinken und übernachten. Zahlreiche Stellen im Alten Testament, an denen drei Tage als gewöhnlicher oder idealer Zeitraum begegnen,[123] sprechen dafür, dass die drei Tage hier ein erwartbares, gleichzeitig aber auch ausgedehntes Maß an Gastfreundschaft abbilden. Mit den darüber hinausgehenden Maßnahmen des Schwiegervaters[124] ändert sich die Erzählweise; der vierte und fünfte Tag der Gastszene (V.5 – 9) werden ausführlicher geschildert. *Imperf. cons.* von שכם mit Zeitangabe בבקר, ביום mit der entsprechenden Ordinalzahl und *inf. cstr.* von הלך mit Präposition ל begegnen sowohl in V.5 als auch in V.8, allerdings in abweichender Reihenfolge. Die Verwendung von קום und הלך sowie die Abfolge von ישב, אכל, שתה und לין wie in V.4 verleihen dem gesamten Abschnitt einen parallelen Aufbau. Die gegenüber V.4 ausführlichere Darstellung in V.5ff. zeigt sich vor allem an der wörtlichen Rede des Schwiegervaters. Sie zerteilt beide Tage in zwei Hälften. Während der ersten Tageshälfte steht jeweils die Stärkung des Herzens im Vordergrund (V.5b/V.8a). V.5 nennt ausdrücklich das Mittel zur Stärkung, לחם – der Schwiegervater bittet seinen Schwiegersohn darum, zu Beginn des Tages eine stärkende Mahlzeit einzunehmen. Klar davon abgegrenzt steht die Aufforderung zu übernachten, um das Herz zu erquicken (V.6b/V.9b). Hierbei wird eindeutig die zweite Tageshälfte fokussiert; das implizierte Prozedere bleibt jedoch undurchsichtig.

> Das Herz des Gastes könnte schlicht durch Schlaf erquickt werden, doch Vergleiche mit Stellen wie Rut 3,7; 1 Sam 25,36 oder 2 Sam 13,28 eröffnen eine alternative Deutungsmöglichkeit: Das Angebot des Schwiegervaters könnte auch auf ein gemeinsames Trinkgelage mit seinem Schwiegersohn abzielen – analog den genannten Stellen würde dieser dann sein Herz durch ausgiebigen Alkoholkonsum erquicken.

Am fünften Tag, ab V.8, wird die Erzählweise abermals gedehnt: Die Reden des Schwiegervaters werden ausführlicher, indem er die beiden Tageshälften nun mit konkreten Zeitangaben versieht. Der ganze Abschnitt läuft so linear auf V.10 als dramatischem Zielpunkt zu: Der Mann widersetzt sich der Gastfreundschaft seines Schwiegervaters und bricht in der zweiten Hälfte des Tages aus Bethlehem auf.

---

123 Vgl. etwa Jos 1,11; 2,22 oder Ri 14,14.

124 Dass damit eine negative Qualifizierung des Gastgebers verbunden sein sollte (vgl. REIS, Concubine, 131 ff.), ist unwahrscheinlich. Die Beharrlichkeit des Schwiegervaters dient wohl eher dazu, die Vorbildlichkeit der Gastfreundschaft durch Übertreibung zu exemplifizieren. STIPP, Beobachtungen, 233, verweist in diesem Zusammenhang auf die parallele und vergleichbar hyperbolische Szene der Gastfreundschaft in Gen 18.

Als sperrig wird häufig V.8a empfunden. Allerdings muss dort keinesfalls gemeint sein, dass der Schwiegervater die Gäste auffordert, bis zur Neigung des Tages, also bis zum Abend, zu bleiben.[125] Diese Deutung stünde in der Tat quer zum Erzählzusammenhang. Denn gerade der späte Aufbruch wird den Reisenden zum Verhängnis und dem gastfreundlichen Schwiegervater soll wohl kaum die Schuld hierfür angelastet werden.[126] Spannungsfrei lässt sich der Vers auch so deuten, dass der Gastgeber dazu rät, nicht direkt nach dem Aufstehen aufzubrechen, sondern zu warten, bis der Tag sich voll entfaltet hat. Nach dieser Interpretation bestünde auch keine Dopplung zwischen V.8a und V.9, da das Übernachtungsangebot des Schwiegervaters in V.9 nicht bereits mit der Zeitangabe in V.8a impliziert wäre. War ursprünglich ein Aufbruch am Vormittag interdiert, lässt sich die Offerte problemlos als Reaktion auf die weiter als geplant fortgeschrittene Tageszeit verstehen. Darüber hinaus fügt sich diese Interpretation der ungewöhnlichen Wendung עד נטות היום gut in die zunehmend kleinteiligere Gestaltung der Szene: Die ersten drei Tage werden zusammengefasst, der vierte Tag wird einzeln behandelt,[127] der fünfte Tag schließlich sogar explizit in verschiedene Tageszeiten eingeteilt.

Neben der wiederholten Bezeichnung des Schwiegervaters als חתנו אבי הנערה (vgl. V.4) signalisiert auch die Nennung der Ehefrau und des Burschen in V.9, die beide in der gesamten Szene keine Rolle gespielt haben, dass der Zeitpunkt des Aufbruchs gekommen und die Szene somit an ihr Ende gelangt ist. Der finale Versuch des Schwiegervaters, die Reisegruppe vom Aufbruch am Abend abzuhalten, scheitert dann auch an der mangelnden Bereitschaft seines Gastes, eine weitere Nacht in Bethlehem zu verbringen. Der strategisch ungünstig gewählte Zeitpunkt des Aufbruchs aus Bethlehem in der zweiten Tageshälfte ist den geografischen Gegebenheiten geschuldet: Bei einem früheren Aufbruch aus Bethlehem hätte die Reisegruppe das nahegelegene Gibea zur Zeit des Sonnenuntergangs lange passiert.

2.4.3 V.10aα^2 – 28a.bα: Zweite Sequenz: Weg nach Gibea und Gastfeindschaft
2.4.3.1 V.10aα^2 –15a: Weg nach Gibea

Die Erwähnung von Jebus in V.10 hat Konsequenzen für die Datierung der Erzählung. Da Jerusalem bereits in der Amarna-Korrespondenz als „Urusalim" be-

---

125 So aber Jüngling, Richter 19, 137 f.

126 Zur jüngeren forschungsgeschichtlichen Diskussion über die erzählungsinterne Bewertung der einzelnen Charaktere vgl. Stipp, Beobachtungen, 231 ff.

127 Auch hier ist bereits eine Zweiteilung des Berichts erkennbar, da zunächst nur eine weitere Stärkung der Gäste anvisiert wird und das Übernachtungsangebot erst mit einigem zeitlichen Abstand ergeht – im Gegensatz zum darauffolgenden Tag steht dieses hier jedoch nicht im Zusammenhang mit der fortgeschrittenen Tageszeit.

zeichnet wird,[128] ist anzunehmen, dass der Stadtname „Jebus" eine unhistorische, an den Namen der Jebusiter, eines der Vorbewohnervölker des Landes, angelehnte Wortschöpfung darstellt.[129] Die Wendung יבוס היא ירושלם in V.10aβ wäre folglich als Archaismus zu verstehen. Damit ist freilich weder über ihre Datierung noch über ihren Gehalt etwas gesagt. Da eine literarkritische Lösung durch die Tilgung des Namens „Jebus"[130] jeglicher Grundlage entbehrt, ist eine differenzierte und vornehmlich literarhistorische Beurteilung der Identifikation von Jebus und Jerusalem erforderlich.

Exkurs: Die Jebusiter, Jebus und Jerusalem

„Jebusiter" begegnen zunächst an zahlreichen Stellen im Alten Testament als Bestandteil von Völkerlisten (Dtn 7,1; 20,17 u. ö.).[131] Diese enthalten eine Aufzählung der Vorbewohnervölker des verheißenen Landes, die Jahwe vor Israel vertreiben wird und mit denen sich Israel unter gar keinen Umständen vermischen darf. Im Hintergrund steht dabei unverkennbar die dtr. Vorstellung der ethnischen und religiösen Verschiedenheit Israels von den Bewohnern des Landes.[132] Darüber hinaus werden die Jebusiter an einigen Stellen als kanaanäische Vorbewohner Jerusalems genannt (Jos 15,8.63; 18,28; Ri 1,21). Zu dieser Tradition gehört auch 2 Sam 5,6. Im Rahmen der Erzählung über die Eroberung Jerusalems wird dort erwähnt, dass sich die Bewohner des Landes, die Jebusiter, in Jerusalem befinden. Von den bislang nicht vertriebenen Vorbewohnervölkern besiedeln die Jebusiter also nach dieser dtr. Sicht zur Zeit Davids Jerusalem. Der Text trifft keine Aussage darüber, ob die Jebusiter neben Jerusalem auch andere Städte oder Gebiete besiedeln.[133]

---

128 Vgl. EA 287, Zeilen 25.46.61.63; EA 289, Zeilen 14.29; EA 290, Zeile 15.

129 Vgl. MOORE, Judges, 413; HÜBNER, Jerusalem, 31 f.; gegen MILLER, Jebus.

130 Vgl. BUDDE, Richter, 129; NOWACK, Richter, 162; LAGRANGE, Juges, 299 f.

131 Die Frage nach der vormaligen Existenz von Jebusitern (vgl. HÜBNER, Jerusalem, und zuletzt GASS, Perisiter) ist für eine adäquate Bewertung von Ri 19,10 unzureichend, da selbst ein positiver Befund weder die Residenz von Jebusitern (ausschließlich) in Jerusalem noch die diese Residenz voraussetzende Identifikation von Jebus und Jerusalem erwiese; vgl. aber STIPP, Beobachtungen, 234 ff. Von zentraler Bedeutung ist vielmehr die literarhistorische Entwicklung der Verbindung von Jebusitern und Jerusalem, die eine Voraussetzung für die Identifikation von Jebus und Jerusalem darstellt.

132 Vgl. HÜBNER, Jerusalem, 37.

133 Wie GASS, Perisiter, 333, zu der Ansicht kommt, יושב הארץ beziehe sich an dieser Stelle nur auf das Jerusalem umgebende Land, habe aber nicht wie sonst das ganze Gebiet Kanaan im Blick, ist unklar. Die genannten Stellen in Jos 15; 18 und Ri 1 sprechen eine deutlichere Sprache, sei es, dass sie die „Schulter des Jebusiters" mit Jerusalem identifizieren (Jos 15,8), die Jebusiter mit den Bewohnern Jerusalems identifizieren (Jos 15,63; Ri 1,21) oder die Jebusiter (Jos 18,28 MT) bzw. Jebus (Jos 18,28 LXX) mit Jerusalem identifizieren. Da nach dem hier vertretenen Modell sämtliche dieser Stellen in engem literargeschichtlichem Bezug zu Ri 19 stehen und höchstwahrscheinlich auch in Kenntnis des Kapitels verfasst wurden, können sie hier nicht zur Erhellung des Sachverhalts herangezogen werden. Zum redaktionsgeschichtlichen Verhältnis von Ri 1 und Ri 19 s. u. S. 222 ff.; zu Jos 14 ff. s. u. S. 231 ff.

Die engste Parallele zu Ri 19,10 bietet 1 Chr 11,4: Der Vers nennt die Jebusiter ebenfalls als Bewohner des Landes, bestimmt aber Jerusalem näher durch „das ist Jebus". Der Überschritt zur Identifikation der Jebusiter mit den Bewohnern ausschließlich Jerusalems und die Bildung des Kunstnamens ergeben sich an dieser Stelle ungezwungen aus der auf den Tempelbau und damit auch Jerusalem zentrierten Perspektive des Chronisten. 1 Chr 13,5 bringt zum Ausdruck, dass Israel bereits bei Davids Regierungsantritt von der Last der Vorbewohner befreit ist: Das Gebiet Israels umfasst die Region „von Schihor in Ägypten bis dahin, wo man nach Hamat kommt". Interessanterweise nennt Jos 13,3.5 ebenfalls diese beiden äußersten Punkte, und zwar als Grenze des nicht von Josua eroberten Gebietes. Wie immer man das Verhältnis zwischen diesen beiden Passagen bestimmen mag: Die Chronik schreibt David bereits von Anbeginn seines Königtums die Herrschaft über das größtmögliche, auch im Rahmen der Landnahme in den Blick genommene, Territorium zu und kehrt somit der Problematik der verbliebenen Vorbewohner den Rücken. Die einzige Ausnahme stellt Jerusalem dar. Die erste Amtshandlung des frisch gekrönten David besteht daher in der Eroberung der Hauptstadt der durch ihn begründeten Dynastie. Jerusalem steht in der Chronik als Eroberung Davids somit *pars pro toto* für die Gebietserweiterungen Davids. Die enge Verbindung zwischen König und Hauptstadt, die schon von den Dtr. angelegt war, wird dadurch betont.[134] Zudem stehen sowohl David als auch Jerusalem damit an herausgehobener Stelle.

Die Identifikation von Jerusalem und Jebus suggeriert, dass sich der Siedlungsbereich der Jebusiter auf Jerusalem beschränkt. Somit entsteht kein Widerspruch zu der sonstigen Ansicht, wonach die Vorbewohner zu Beginn der Herrschaft Davids keine reale Bedrohung mehr darstellten.

Aufgrund der ethnischen Differenz zwischen Israeliten und Nichtisraeliten, die V.12a auf den Punkt bringt, ist eine vor-dtr. Datierung der Passage äußerst unwahrscheinlich. Obendrein stellt auch der literarische Kunstgriff der Verbindung einer Stadt namens Jebus mit Jerusalem – unabhängig von der Frage nach der historischen Reliabilität des Gentiliz' – ein spätes Produkt theologisch motivierter Geschichtsschreibung dar,[135] sodass insgesamt eine frühestens dtr. Ansetzung naheliegt.

Mit V.10 erhärtet sich sodann der Verdacht, dass Ri 19 die Königtümer Sauls und Davids kontrastiert. Die Erwähnung Jerusalems weckt *per se* Assoziationen an die spätere davidische Herrschaft;[136] die Identifikation von Jebus und Jerusalem

---

134 Vgl. JAPHET, 1 Chronik, 242.

135 Darüber hinaus ließe sich erwägen, ob eine literarische Beziehung zwischen Ri 19,10 und 1 Chr 11,4 besteht – immerhin begegnet die Bezeichnung Jerusalems als Jebus an beiden Stellen im Zusammenhang mit der Herrschaft Davids in Jerusalem. Die literarhistorische Auswertung dieser Parallele erforderte, gerade weil sie unter Umständen weitreichende Konsequenzen für die Datierung von Ri 19 hätte, jedoch eine eingehende Beschäftigung mit den Chronikbüchern.

136 Dass Jebus anstelle von Bethlehem als Gegenfolie zu Gibea fungiere, wie CRÜSEMANN, Widerstand, 164, behauptet, ergibt sich daraus keineswegs und ist auch insgesamt nicht naheliegend.

ermöglicht überdies die terminologische Differenzierung zwischen der Zeit vor der Eroberung der Stadt durch David und der Zeit danach. Mit dem Kunstnamen „Jebus" markiert der Verfasser von Ri 19, dass seine Erzählung in eine Zeit gehört, in der Jerusalem noch nicht von David erobert ist und folglich noch zur Sphäre des Fremden gehört. Die Identifikation mit Jerusalem weist jedoch gleichzeitig über die Gegenwart hinaus: Die Stadt wird nicht immer unter der Herrschaft Fremder bleiben, sondern zur Residenzstadt König Davids aufsteigen. Während in 1 Chr 11,4 Jerusalem im Zuge der Eroberung der Stadt durch David als (vormals) Jebus bezeichnet wird (ירושלם היא יבוס), verläuft die Identifikation in Ri 19,10 somit sachgemäß umgekehrt (יבוס היא ירושלם): Jebus wird später zur Hauptstadt Davids avancieren und in diesem Zusammenhang umbenannt werden.

Die Entscheidung gegen Jebus leuchtet in diesem Sinngefüge unmittelbar ein. Warum sollten sich die Reisenden unnötig einer Gefahr aussetzen, indem sie in einer nichtisraelitischen Stadt übernachten? Dass der weitere Handlungsverlauf die Wahl des Nachtquartiers auf grausame Art als Irrtum entlarvt, entbehrt nicht einer gewissen tragischen Ironie. Das, was der Mann in Jebus befürchtet hatte, ereilt ihn in Gibea.[137] Der Spannungsbogen impliziert eine positive Wertung Jerusalems, die der Tendenz der gesamten Erzählung entspricht: Selbst in grauer Vorzeit, als die Stadt noch nicht von David erobert war, wäre Jerusalem im Vergleich zu Gibea die bessere Wahl gewesen.

Die auffällige eigenmächtige Gesprächseröffnung durch den Burschen in V.11 verdankt sich wohl der Erzähllogik. Wenn der Protagonist, der auch sonst alle folgenschweren Entscheidungen bezüglich der Reise trifft, den Vorschlag ablehnen soll, muss der Bursche ihn unterbreiten.[138]

Am Ende von V.12 formuliert der Mann das Ziel der Reise: Man wolle weiterziehen, und zwar nach Gibea. Die präpositionelle Wendung עבר עד־גבעה drückt keine Richtungsangabe („in Richtung Gibea"), sondern eine zielgerichtete Bewegung („nach Gibea") aus.[139] V.12b steht folglich in Spannung zu der Überlegung in V.13b, ob man nach Gibea oder aber Rama gehen solle. Der Zusammenhang erfordert eine literarkritische Lösung.

Hierfür kommen zwei Möglichkeiten in Betracht: Entweder löst man V.13 aus dem Zusammenhang oder V.12b.[140] Im ersten Fall trüge die Bearbeitung gegenüber

---

137 Vgl. WONG, Strategy, 29 f.; STIPP, Propaganda, 201.

138 Die Frau kommt als Gesprächspartnerin ihres Gatten nicht in Frage. Sie ist das Opfer der sich anschließenden Gewalttat und muss als solches auch die Entscheidung für den Unglücksort passiv erdulden, da andernfalls die Tendenz der Erzählung verschleiert würde.

139 Vgl. GES[18] *s.v.* עד.

140 JÜNGLING, Richter 19, 160 f., sondert allein V.12b aus, wohingegen Andere zusätzlich auch V.13a isolieren (vgl. BECKER, Richterzeit, 260; PFEIFFER, Sodomie, 271 f.). Inhaltlich unterdem Grundbestand in V.10 f. Rama als Alternative nach. Auf redaktioneller Ebene würde damit neben der Residenz Davids auch der Wohn- und Wirkort Samuels als Alternative zu Gibea eingeführt.[141] Die Ergänzung erhöhte zudem die textinterne Dramatik, indem sie zunächst eine Wahloption zwischen Gibea und Rama eröffnete – die Entscheidung würde den Reisenden jedoch letztlich durch den Sonnenuntergang abgenommen. Die Lösung krankt vor allem an der mutmaßlichen Grundschicht (V.12.14): Der Sonnenuntergang in V.14 bliebe ohne direkte Auswirkung, denn die Entscheidung, nach Gibea zu gehen, wäre ja vorher bereits getroffen worden (V.12b). Zudem fügt sich die Tendenz von V.13 stimmig in die Grundschicht von Ri 19 ein: Als Alternative zu Gibea wird neben der späteren Hauptstadt Jerusalem nun mit Rama ein weiterer positiv konnotierter Ort eingeführt.[142] Lässt sich das Problem somit nicht durch den Ausschluss von V.13 beheben, dürfte die Lösung in der Aussonderung von V.12b liegen. Der Teilvers könnte ergänzt worden sein, um den Fokus von vornherein auf Gibea zu legen, weil Rama im weiteren Verlauf der Erzählung keine Rolle mehr spielt.[143] Allerdings wird dieser Umstand erzählungsintern begründet – der Sonnenuntergang nötigt zur Übernachtung in Gibea – und bedarf daher an sich keiner redaktionellen Erklärung. Ebenjenes entscheidende Moment des Sonnenuntergangs wird nun aber durch V.12b, der von vornherein Gibea als Zielort festlegt, überflüssig.

Die Ergänzung verdankt sich demnach womöglich der Absicht, die Besiegelung des Unheils durch den Sonnenuntergang zu korrigieren und diesen seiner schicksalhaften Funktion zu entheben, indem der Protagonist in V.12b die Entscheidung für Gibea selbst trifft. Eventuell hat der Redaktor den Sonnenuntergang mit einem göttlichen Wirken in Zusammenhang gebracht; mit seiner Einfügung würde er die Erzählung dann von dem Makel befreien, dass die Schandtat von

---

scheiden sich die beiden Lösungen nicht. Je nachdem, ob man die überflüssige Redeeinleitung in V.13a als Aufmerksamkeit erregendes Mittel des Verfassers der Grundschicht oder als redaktionelle Wiederaufnahme betrachtet, wird man V.12b.13a aussondern oder sich mit der Minimallösung JÜNGLINGS begnügen. Die unterschiedliche Formulierung der Redeeinleitungen אמר אל (V.12a) bzw. אמר ל (V.13a) ist auffällig, kann aber nicht als literarkritisches Argument herangezogen werden, da der gleiche Wechsel auch innerhalb der Rede des Schwiegervaters stattfindet – V.5 f. haben אל, V.9 bietet ל. Da zudem auch der Redaktor bemerkt haben sollte, dass die zweite Redeeinleitung überflüssig ist, spricht insgesamt vielleicht mehr dafür, es bei der Aussonderung von V.12b zu belassen. Die verbreiterte Erzählweise mit zweiter Redeeinleitung und anschließendem Kohortativ markierte dann auf der Ebene der Grundschicht einen Wendepunkt in der Erzählung.

141 Vgl. SPRONK, Joshua, 141.
142 Vgl. zu dieser Wertung auch BRETTLER, Judges, 413: „Ramah and Jerusalem are the homes of the ‚good guys' – Samuel (I Sam 1:1; 25:1; and elsewhere) and the Davidic monarchy."
143 Vgl. BECKER, Richterzeit, 260; PFEIFFER, Sodomie, 272.

Gibea durch göttliches Eingreifen begünstigt wurde. Dahinter stünde, da das Schicksal in Form des Sonnenuntergangs auf den Plan tritt, die Vorstellung einer solare Züge tragenden Gottheit. Sie ist in Ri 19 alles andere als abwegig – aufschlussreich ist auch hier der in mancherlei Hinsicht interessante Vergleich mit Gen 19, wo Jahwe in das kosmische Geschehen eingreift, indem er das Schicksal Sodoms durch den Sonnenaufgang besiegelt. Mit Gen 19 im Sinn[144] könnte man Ri 19,12ff. demnach ohne Weiteres als anstößig empfinden, auch wenn hier nicht der Sonnenaufgang, sondern der Sonnenuntergang das Schicksal der Reisenden besiegelt. Der Redaktor hat somit allem Anschein nach ein ihm ungebührlich erscheinendes Moment der Grundschicht korrigiert, das im Erzählgefüge von Ri 19 ansonsten durchaus sinnvoll verankert ist: Der Schwiegervater in Bethlehem hatte seinen Gast bereits vor einem verspäteten Aufbruch gewarnt, nun wird der Sonnenuntergang den Reisenden tatsächlich zum Verhängnis.

Am Ende der Szene zeigt sich die Affinität des Verfassers für geographische Gegebenheiten auch am Beispiel Gibeas. V.14 betont analog der Zuweisung Bethlehems zum Stamm Juda (V.1 f.), dass Gibea in Benjamin liegt, V.15a wiederholt den Ortsnamen noch einmal.

2.4.3.2 V.15b–21: Quartiersuche in Gibea

Die sich anschließende Episode steht ganz im Zeichen der Diskreditierung Gibeas. Die beispiellos gastfeindliche Haltung sämtlicher Einwohner stellt die Stadt unverkennbar in Kontrast zum gastfreundlichen Bethlehem.

> Auf eine bewusste Kontrastierung der beiden Reisestationen weist schließlich auch ihre parallele Einführung. Wie nach der zweimaligen Nennung Bethlehems in V.4 die Gastfreundschaft geschildert wurde, folgt nun in V.15b auf die zweimalige Nennung Gibeas in V.14.15a die Notiz über die ausbleibende Gastfreundschaft.[145]

Die Szene lässt eine hohe narrative Originalität des Verfassers erkennen. Da die Gibeatiter ausnahmslos als gastfeindliches Gesindel qualifiziert werden sollen, die (im Folgenden zu erweisende) Gestaltung der Szene in Analogie zu Gen 19 allerdings die Übernachtung der Reisenden in einem Haus erfordert, fungiert ein alter Mann, der nicht aus Gibea stammt, schließlich als Gastgeber und damit

---

144 Ri 19 wurde vermutlich mit Blick auf Gen 19 verfasst; s. u. S. 37 ff.

145 Der Tempuswechsel in V.15 soll womöglich die Aufmerksamkeit auf den Protagonisten als Verantwortlichen der Reisegruppe lenken. Dem Singular in V.15b entsprechen dabei V.17 ff., in denen nur der Mann von dem alten Efraimiten wahrgenommen wird und als sein Gesprächspartner fungiert.

gleichzeitig als Kontrastfolie für die Gibeatiter. Nachdrücklich wird daher betont, dass er kein Gibeatiter, sondern ein Landsmann des Wanderers vom Gebirge Efraim ist.[146]

Die Differenz zwischen dem Mann und den Gibeatitern wird durch deren explizite Kennzeichnung als Benjaminiten in V.16b noch einmal verstärkt. Allerdings dürfte es sich bei dem Halbvers um einen Nachtrag handeln. Hinter V.16aβ, der Hintergrundinformationen zu dem efraimitischen Gastgeber liefert, klappt der Teilvers auffällig nach. Nach der Erwähnung Benjamins in Ri 19,14, die der genaueren Beschreibung des Ortes Gibea dient, wirkt V.16b zudem redundant. Im Unterschied zu V.14 lenkt V.16b jedoch den Blick von der konkreten Stadt weg, indem er betont, dass deren *Bewohner* Benjaminiten sind. Der Fokus liegt demnach stärker auf der Zugehörigkeit der Bewohner zum Stamm Benjamin. Dies weist voraus auf Ri 20, wo die Schandtat durch die Solidarisierung des gesamten Stammes mit Gibea auf Benjamin ausgeweitet wird. Womöglich geht die Einfügung daher auf das Konto des Verfassers der Grundschicht von Ri 20.[147]

Trotz seines hohen Alters arbeitet der Efraimit bis zum Abend auf dem Feld, wodurch eine Begegnung mit den Reisenden auf dem Marktplatz überhaupt erst möglich wird. Als er die Reisegruppe erblickt, erkundigt er sich nach dem Weg des Mannes. Dieser antwortet ausführlich und berichtet zweimal hintereinander, dass er aus Bethlehem kommt und zum Gebirge Efraim unterwegs ist.[148] Der letzte Teil der Antwort in V.18bβ geht über die Frage des alten Mannes hinaus. Mit der wörtlichen Wiederholung der Wendung ואין איש מאסף + *nota acc.* + Suffix + הביתה aus V.15 wird der spätere Gastgeber über die Problematik informiert. Gleichzeitig wird noch einmal besonderer Nachdruck auf die fehlende Bereitschaft der Gibeatiter gelegt, den Mann zu beherbergen. Die Aufzählung des Proviants in V.19 führt die ausbleibende Gastfreundschaft der Gibeatiter nachgerade *ad absurdum*: Der bescheidene Gast bringt alles zu seiner Bewirtung Erforderliche selbst mit, lediglich einen Schlafplatz muss er erbitten. Die in Bethlehem gewährten Elemente der Gastfreundschaft, אכל, שתה und לין, wären folglich bis auf Letztge-

---

146 Der Begriff גר, der hier (abweichend von נכרי in V.12a) zur Bezeichnung der Fremdheit des efraimitischen Mannes in Gibea benutzt wird, führt die Kategorie eines israelitischen Schutzbürgers ein und setzt somit, darin der Unterscheidung von Fremden und Israeliten in V.12 entsprechend, ein israelitisches Bewusstsein in Abgrenzung von den Kanaanäern voraus. Ein fremder Israelit ist auf andere Weise fremd als ein Nicht-Israelit; vgl. zur Sache KELLERMANN, Art. גור, 983; ACHENBACH, Distinctions.

147 Zum literarhistorischen Verhältnis von Ri 19 und Ri 20 s.u. S. 47.61.66 ff.

148 Die Dopplung lässt sich erklären und erfordert somit keine literarkritische Lösung: Zunächst umreißt der Mann die Route, die seine Reisegruppe gerade zurücklegt (von Bethlehem bis zum entferntesten Teil des Gebirges Efraim), dann liefert er Hintergrundinformationen, um die Situation zu erklären (er stammt vom Gebirge Efraim, war nach Bethlehem gegangen und befindet sich nun auf dem Rückweg).

nanntes gar nicht zu erbringen. Auf dieser Grundlage wird ein weiteres Mal der Kontrast zwischen dem Efraimiten und den Gibeatitern deutlich: Er erweist sich als großzügiger Gastgeber und lehnt die Selbstverpflegung seiner Gäste entschieden ab. Der anschließend beschriebene Umfang der Gastfreundschaft überbietet die Leistungen des Schwiegervaters dann sogar um Fußwaschung und Füttern der Esel.

Die Bewirtungsszene ist analog derjenigen in Bethlehem gestaltet. Die Leitwörter אכל und שתה sowie die Wendung יטב לב aus der Szene in Bethlehem begegnen auch hier in V.21 f. Ähnlich wie vormals in Bethlehem findet der Mann also schließlich auch in Gibea einen rechtschaffenen, hier freilich ortsfremden Gastgeber.[149]

2.4.3.3 V.22 – 26: Schandtat in Gibea

Auch nachdem die Reisegruppe ihr Nachtquartier bezogen hat, wissen die Bewohner Gibeas eine friedliche Übernachtung noch zu verhindern. Nach Art und Weise der Bewohner Sodoms in Gen 19 umstellen sie das Haus des Efraimiten und fordern die Herausgabe seines Gastes. Da Gen 19,2 – 8 und Ri 19,21 – 24 nicht nur bezüglich der geschilderten Ereignisse, sondern auch im Wortlaut große Übereinstimmungen aufweisen,[150] ist sicher von einer literarischen Abhängigkeit zwischen den Texten auszugehen. Da einige Indizien für eine literarische Bezugnahme von Ri 19 auf Gen 19 sprechen, wird auch die vorliegende Arbeit nicht mit der Tradition brechen, den untersuchten Text als den jüngeren zu betrachten.[151]

---

149 Es ist zu erwägen, ob mit der gleichen Herkunft von Gast und Gastgeber nicht kritisch anklingt, dass Gastfreundschaft in Israel niemals voraussetzungslos ist: In Bethlehem beruht sie auf einem Verwandtschaftsverhältnis, in Gibea auf geographischer oder auch ethnischer Verbundenheit. Für diese Lesart spräche auch die Frage des Gastgebers nach Ursprung und Ziel der Reise seines Gastes, der ein gewisser Bedingungscharakter anhaftet. Eine gesamtisraelitische Solidarität, das verdeutlicht die Episode in Gibea, gibt es hingegen nicht. Diese Deutung würde der primären Intention, Bethlehem und Gibea zu kontrastieren, nicht widersprechen, sondern sie lediglich um eine Facette erweitern: Die Familiensolidarität ist noch intakt, wie man anschaulich am Beispiel von Bethlehem erfahren kann. Die gewalttätigen Gibeatiter verdeutlichen hingegen, dass die nationale Solidarität nicht mehr funktioniert. Die positive Besetzung Bethlehems und ihr negativer Gegenpart Gibea blieben so nach wie vor im Blick; vgl. zu dieser Deutung auch REIS, Concubine, 126.

150 Da die Parallelen bereits mehrfach sorgfältig aufgelistet wurden (vgl. WESTERMANN, Genesis II, 362; EDENBURG, Outrage, 213 ff.; GROSS, Richter, 835 f.), kann auf eine erneute Gegenüberstellung verzichtet werden.

151 Genesis-Ausleger vertreten überwiegend die Priorität von Ri 19 (vgl. SEEBASS, Genesis II/I, 142 und 150; RUPPERT, Genesis 2, 405; mit einigen Zweifeln ferner WESTERMANN, Genesis II, 366;

Exkurs: Die Richtung der literarischen Abhängigkeit zwischen Ri 19 und Gen 19

Für eine Bezugnahme von Gen 19 auf Ri 19 ließen sich unter verschiedenen Gesichtspunkten nur schwer plausible Gründe vorbringen. Zwar fällt auf, dass die Belagerung des Hauses durch die Sodomiter in Gen 19 grundsätzlich verzichtbar ist, da die Verdorbenheit Sodoms und der daraus resultierende Plan Jahwes, die Stadt zu vernichten, bereits feststehen. Der Fokus liegt folglich nicht auf dem Erweis der Ruchlosigkeit der Bewohner, sondern auf dem Ausschluss Lots aus der *massa perditionis*. Da hierfür zudem allein die Gastfreundschaft Lots genügen würde, betrachten einige Genesisausleger die Schandtat in V.4–11 als Nachtrag in Anlehnung an Ri 19.[152] Mag die Demonstration der Sündhaftigkeit Sodoms grundsätzlich verzichtbar sein, fehlt allerdings neben belastbaren literarkritischen Indizien, die eine Aussonderung von Gen 19,4–11 rechtfertigen würden, vor allem eine plausible redaktionsgeschichtliche Erklärung für die nachträgliche Einfügung der entbehrlichen Gewalttat in den Erzählzusammenhang.

Für die umgekehrte Abhängigkeitsrichtung spricht sodann vor allem die jüngere Erkenntnis, dass Ri 19 nicht nur Parallelen zu Gen 19, sondern auch zu Gen 18 aufweist.[153] So entspricht zunächst die Abfolge der Ereignisse in Ri 19 derjenigen von Gen 18 *und* Gen 19: Analog den Szenen in Bethlehem und Gibea folgt in Gen auf die Gastfreundschaft in Mamre (Gen 18) die Gastfeindlichkeit in Sodom (Gen 19). Darüber hinaus zeigen Ri 19 und Gen 18 signifikante terminologische Übereinstimmungen,[154] die auf eine literarische Beziehung

---

die Priorität von Gen 19 hatte hingegen noch GUNKEL, Genesis, 216 f., behauptet), wohingegen Arbeiten zum Richterbuch meist zum entgegengesetzten Ergebnis kommen; vgl. u. a. BECKER, Richterzeit, 262; GROSS, Richter, 819 f.; daneben WELLHAUSEN, Composition, 231. Eine Ausnahme von dieser Regel stellen unter den Auslegern von Ri 19 NIDITCH, Theme, und GUILLAUME, Waiting, dar. STIPP resümiert 2006, dass die Abhängigkeitsrichtung allein durch literarkritische Betrachtung nicht zu bestimmen sei und es sich um eine literarkritische Pattsituation handele; vgl. STIPP, Richter 19, 156. Später revidiert er sein Urteil mit guten Gründen und schließt sich der Mehrheitsmeinung der Richterbuch-Ausleger an; vgl. ders., Beobachtungen, 230.

152 Vgl. SEEBASS, Genesis II/I, 150; RUPPERT, Genesis 2, 405.

153 Vgl. neben EDENBURG, Outrage, 230, auch STIPP, Beobachtungen, 230 f.

154 Allen voran ist die nahezu identisch formulierte Aufforderung der Gastgeber zur Stärkung in Gen 18,5 und Ri 19,5 zu nennen. Eine weitere Gemeinsamkeit zwischen Ri 19 und Gen 18 f. betrifft die Strukturierung der Erzählungen durch die Abfolge von Tageszeiten, wobei Tag und Nacht sinngemäß den Kategorien „Gut" und „Böse" entsprechen; vgl. für Gen 18 f. Gen 18,1; 19,1.15.23. In Ri 19,10 klingt bereits in der Aufforderung des Schwiegervaters, noch einmal über Nacht zu bleiben, anstatt bei Einbruch der Nacht aufzubrechen, die Bedrohlichkeit der Nacht an. Entgehen kann man dieser, indem man sich nicht vor die Tür begibt, sondern bis zum Morgen im Schutz des Hauses bleibt. So sind auch in Gibea während der Nacht die Sphären „Haus" und „auf der Straße" deutlich durch „Sicherheit" bzw. „Todesgefahr" gekennzeichnet. Die Frau wird die ganze Nacht hindurch auf der Straße vergewaltigt, erst beim Morgengrauen endet ihre Pein. Mit hoher Dramatik schildert V.26 anschaulich, wie für sie jede Hilfe einen Lidschlag zu spät kommt. Zwar überlebt sie die Tortur bis zum Tagesanbruch und kann sich mit letzter Kraft zurück zum Haus schleppen, doch versagen ihre Kräfte genau am Übergang zwischen Gut und Böse, auf der Schwelle des Hauses. Ihr Mann hingegen hat die Nacht unbeschadet im Haus des Gastgebers zugebracht und kann dieses am Morgen gefahrlos wieder verlassen; vgl. auch GILLMAYR-BUCHER, Erzählte Welten, 214 f.; EYNIKEL, Judges 19–21, 105 ff.

hinweisen. Weist Ri 19 literarische Beziehungen zu Gen 18 *und* Gen 19 auf, lassen sich die Ähnlichkeiten schwerlich durch die Annahme einer punktuellen Bearbeitung von Gen 19 im Horizont von Ri 19 erklären. Sollte Ri 19 die literarische Vorlage gebildet haben, müssten Gen 18 und Gen 19 mit Blick auf Ri 19 verfasst worden sein – was nicht gerade wahrscheinlich ist. Zwar ergibt sich unter dieser Bedingung die Abhängigkeitsrichtung nicht allein daraus, dass man sich „bei der Niederschrift einer Verheißungserzählung wie Gen 18* [...] kaum Ri 19 zum Vorbild ausersehen [hätte]"[155] – schließlich beschränkt sich die Bezugnahme auf die positive Szene der Gastfreundschaft in Bethlehem, sodass die zweigipflige Anlage aus Ri 19 sachgemäß auf Gen 18 (positive Wertung Abrahams) und Gen 19 (negative Wertung der Sodomiter) übertragen worden sein könnte. Die Priorität von Ri 19 ist jedoch aus einem anderen Grund unwahrscheinlich: Gen 18 f. sind Bestandteil einer zentralen Verheißungs-erzählung der Gen – und es ist grundsätzlich besser vorstellbar, dass eine (relativ abseitige) Einzelerzählung auf einen relevanten literarischen Komplex Bezug nimmt als umgekehrt.

Nach nahezu einhelliger Auffassung bilden V.1–15 bzw. V.1–16 den Grundbestand von Gen 18.[156] In dieser Episode vom Besuch dreier göttlicher Wesen bei Abraham in Mamre reagieren die Männer auf die überaus großzügige Bewirtung Abrahams mit einem ebenso großzügigen Gastgeschenk: Sie kündigen dem greisen Ahnpaar die Geburt seines Sohnes Isaak[157] an. Bei Gen 18,1–15(16) kann es sich demnach nicht um eine ursprünglich selb-ständige Erzählung handeln; zumindest Gen 21,1–7* sind bereits im Blick.

Auch Gen 19 stellt in der vorliegenden Gestalt keine selbständige Erzählung dar,[158] denn sie erklärt z. B. nicht, weshalb Lot nach 19,9 als Fremder in Sodom weilt. Der Bericht über die Vernichtung Sodoms in 19,1–29 und die Inzesterzählung in 19,30–38 lassen sich ebenfalls kaum auf verschiedene entstehungsgeschichtliche Stadien aufteilen. Die Ätiologie Ammons und Moabs setzt die Vernichtung Sodoms voraus, da sich vor diesem Hintergrund allererst erklärt, wie es zu der Notlage kommen konnte: Lots Töchter sind Jungfrauen (V.8); die Schwiegersöhne widersetzen sich der Rettung (V.12.14); Lots Frau wird zur Salzsäule (V.17.26). Da andererseits Gen 19,1–29 für sich genommen kaum überlieferungswürdig sind, ist der Zusammenhang Gen 19,1–38 als ursprünglich anzusehen.

Für die genuine Zusammengehörigkeit der Kapitel Gen 18 und Gen 19 sprechen der thematische und sprachliche Konnex gerade zu Beginn der Kapitel sowie der parallele Aufbau der Episoden.[159]

---

155 Stipp, Beobachtungen, 230.

156 Vgl. Wellhausen, Composition, 25 f.; darauf Bezug nehmend Blum, Komposition, 282; Kratz, Komposition, 276.

157 Vgl. das viermalige Vorkommen der Wurzel צחק in V.12.13.15(2x), die auf den Namen des ungeborenen Verheißungsträgers verweist.

158 Dass Gen 19 eine umfangreiche Ortsätiologie verarbeitet, die Abraham noch nicht kennt, und es sich somit bei Gen 19* um den literarischen Kern der Abraham-Lot-Erzählung handelt, ist damit nicht unbedingt bestritten; vgl. Kratz, Komposition, 276, gegen Blum, Komposition, 288, der den literarischen Kern in Gen 21,1–7* sieht.

159 Vgl. Blum, Komposition, 280 ff., und die Auflistung bei Letellier, Day, 64 f., die sicherlich einiger Einschränkungen bedarf, im Großen und Ganzen aber zutreffen sollte, sowie Kilian, Abrahamsüberlieferungen, 150 ff., der sich jedoch auf die schlagenden Parallelen zu Beginn der beiden Episoden konzentriert.

Gen 18 f.* sind ferner nicht ohne Gen 13 vorstellbar, da dort die Hintergründe der Kapitel erläutert werden.[160] Gen 13 ist wiederum in sich nicht abgeschlossen,[161] sodass von einer (mindestens) Gen 13*.18 f.* umfassenden Abraham-Lot-Erzählung als ältestem Stratum der Abrahamüberlieferung auszugehen ist.[162] Nachdem der Konflikt zwischen Abraham und Lot durch eine räumliche Trennung gelöst wurde, werden die Geschicke der beiden Parteien an ihren jeweiligen neuen Orten weiterverfolgt; anschließend laufen die Fäden der Erzählung wieder zusammen.[163]

Ri 19 erweist sich daher als späterer Text, der bereits auf einen größeren Abraham-Lot-Komplex der Gen Bezug nimmt und so Gibea mit Sodom (und Bethlehem mit Mamre) parallelisiert. Die aus Gen 19 bekannte, sich dort aber nur anbahnende Schandtat wird dabei bis zum blutigen Ende durchgehalten, anstatt in letzter Minute durch göttliches Eingreifen verhindert zu werden.

Schließlich fügt sich die literarische Anleihe aus der Abraham-Lot-Erzählung gut in das Gesamtbild von Ri 19: Sie stellt keinen Einzelfall dar, sondern dokumentiert anscheinend eine Vorliebe des Verfassers, der am Ende der Erzählung auch auf 1 Sam 11,7 Bezug nimmt.[164]

Zwei weitere literarische Dependenzen kommen in Betracht, obwohl sie weit weniger offensichtlich sind.

1) Mittels der literarischen Bezugnahme auf Gen 19 wird Gibea mit Sodom parallelisiert. Vor diesem Hintergrund erinnert der Vergleich zwischen Jebus/Jerusalem und Sodom/Gibea in Ri 19,11 ff. unweigerlich an Gen 14.[165] Dieser anerkanntermaßen sperrige Einschub innerhalb der Abrahamerzählung wirft diverse literarhistorische Fragen auf;[166] im vorliegenden

---

160 Gen 13 legt dar, warum Abraham in Mamre wohnt und Lot in Sodom. Dadurch erklärt sich auch die Fremdheit Lots in 19,9.

161 In V. 10 und V. 13 wird der Zusammenhang von Bosheit der Bewohner und Zerstörung Sodoms eingespielt, der für Gen 19 konstitutiv ist.

162 So u. a. BLUM, Komposition, 282 ff.; KÖCKERT, Geschichte, 120.

163 Ob die Geburt Isaaks in Gen 21,1 – 7* dieser Komposition vorgegeben war (vgl. BLUM, Komposition, 288) oder auf die gleiche Ebene gehört (vgl. KÖCKERT, Geschichte, 121), spielt für den vorliegenden Zusammenhang eine untergeordnete Rolle.

164 S. dazu u. S. 44 ff.

165 Weitere Vergleiche zwischen Jerusalem und Sodom finden sich in Jes 1,8 – 10; 3,9; Ez 16,46.48 f.53 – 56 und Klgl 4,6.

166 Neben der literarischen Einheitlichkeit des Kapitels (vgl. dazu GRANERØD, Abraham, 25 ff.) ist vor allem das Verhältnis zu Gen 15 umstritten. Durch den Rückbezug von Gen 15,1 f. auf Gen 14 stehen beide Texte in einem direkten Zusammenhang. Ohne den militärischen Kontext von Gen 14 würde nicht deutlich, warum Jahwe ein Schild für Abraham sein sollte, und auch der große Lohn Abrahams kann als Rekurs auf sein vorbildliches Verhalten gegenüber dem König von Sodom und seinen Beuteverzicht in 14,21 ff. gewertet werden. Die relative Chronologie der beiden Kapitel ist indes alles andere als offensichtlich. Wurde Gen 14 auf Gen 15 hin formuliert (vgl. ZIEMER, Abram, 82 f.; GRANERØD, Abraham, 77 f.), verhält es sich umgekehrt (vgl. KÖCKERT, Geschichte, 127) oder gehören beide Texte literarisch auf eine Ebene; vgl. KRATZ, Komposition, 275 ff.; CARR, Fractures, 163 ff.? Wie immer man in dieser Angelegenheit urteilen mag – in seiner jetzigen Gestalt präsentiert sich der Text als eine Art später Midrasch (vgl. KRATZ, Komposition, 263), der Leerstellen der Abrahamerzählung füllt; vgl. ZIEMER, Abram, 82 f.

Zusammenhang interessiert jedoch vor allem die Einfügung Jerusalems in die Abrahamüberlieferung. Jerusalem begegnet hier unter dem sprechenden Namen Salem (= friedlich) und fungiert als Kontrastgröße zu Sodom. Von Sodom und seinem sündigen König, der den vielsagenden Namen Bera (= im Bösen) trägt, grenzt sich Abraham entschieden ab; der König von Salem, Melchisedek (= Mein König [!] ist gerecht bzw. König der Gerechtigkeit), kommt ihm hingegen gastfreundlich und segnend entgegen. Die herausragende Bedeutung, die Jerusalem in den hinteren Teilen des Enneateuch als Hauptstadt Davids erlangt, wird damit in die Vätergeschichte verlagert. Die Bindung Israels an Jerusalem wird im Ahnvater Abraham präludiert – der Vorgang ist somit in etwa der Vorwegnahme des Exodus durch Abraham in Gen 12,10 ff. vergleichbar. Vorausgesetzt ist dabei eine gewachsene Erzvätererzählung, in der sich der Fokus bereits von Jakob als Stammvater Israels hin zu Abraham als *primus inter pares* und idealer Identifikationsfigur verschoben hat. Damit kündigt sich in Gen 14 bereits ein Phänomen an, das sich in der Abrahamrezeption sehr später Texte des Alten Testaments und schließlich der zwischentestamentlichen Literatur (z. B. Sir, Jub, CD) fortsetzt.

Eine literarische Abhängigkeit zwischen Gen 14 und Ri 19 lässt sich nicht beweisen, ist aber in beide Richtungen ohne Probleme vorstellbar. Allein die Tatsache, dass beide Erzählungen auf die gleiche Technik zurückgreifen, ist bemerkenswert. So schreibt RUPPERT zu Gen 14, was auch für Ri 19 gilt: „Wir haben es hier [...] mit theologischer ‚Geschichtsschreibung' zu tun, die sich bestimmter *Decknamen* bedient, von Städten und Großmächten, die zur Zeit der Abfassung von Gen 14 nicht mehr existierten [...]."[167] Wie immer das literarhistorische Verhältnis der beiden Texte zu bestimmen sein mag, im enneateuchischen Zusammenhang kommt man bei der Lektüre von Ri 19 kaum umhin, sich an Gen 14 zu erinnern: Während der Stammvater Abraham mit gutem Beispiel vorangegangen war – nach Jerusalem wird der Zehnte entrichtet, doch mit Sodom pflegt man besser keine Beziehung – trifft der Protagonist aus dem Gebirge Efraim die fatale Entscheidung gegen Jerusalem. Vor dem Hintergrund von Gen 14 käme sodann vor allem die Identifizierung von Gibea und Sodom in einem größeren Deutungszusammenhang zu stehen. Mit der Wahl des ersten Königs wandelte auch Israel nicht auf den Pfaden seines Erzvaters, sondern entschied sich, wie der Protagonist in Ri 19, für das Unheil aus Sodom/Gibea.

2) STIPP vermutet darüber hinaus einen literarischen Bezug zwischen Ri 19 und 2 Sam 13,1–22, der Vergewaltigung der Tamar durch Absalom.[168] Er führt den Beweis anhand weniger terminologischer Übereinstimmungen, die nicht unbedingt für eine literarische Abhängigkeit sprechen. Bis auf eine Ausnahme weichen die Stellen inhaltlich stark voneinander ab oder die Überschneidungen betreffen geläufige Wendungen. Die Anrede als „Bruder" bezeichnet in Ri 19,23 (und Gen 19,7!) eine ethnische, in 2 Sam 13,12 hingegen eine biologische Verbindung. Die Wendung שמע + אבה + לא begegnet häufig[169] – die Übereinstimmung zwischen 2 Sam 13,14 und Ri 19,25 ist daher nicht signifikant, zumal sich eine exaktere Entsprechung zu 2 Sam 13,14 in Ri 20,13 findet (לא + אבה + שמע + קול). Die mit יצא *hif.* ausgedrückte Herausbeförderung einer Frau aus dem Haus in Ri 19,25 und 2 Sam 13,18 bezeichnet schließlich verschiedene Vorgänge (Auslieferung zur Vergewaltigung bzw. Entledigung nach erfolgter Vergewaltigung). Als belastbares Indiz bliebe somit allenfalls die Übereinstimmung der Kombination אל + עשה + *nota acc.* + הנבלה הזאת in Ri 19,23 und

---

167 RUPPERT, Genesis 2, 189, Hervorhebung im Original.

168 Vgl. STIPP, Beobachtungen, 229 f.

169 Vgl. z. B. Lev 26,1; Dtn 23,6; Jos 24,10; Ri 20,13; Jes 28,12; 30,9.

2 Sam 13,12, die sich jeweils auf die bevorstehende Vergewaltigung bezieht und in diesem Wortlaut sonst nicht mehr begegnet. Obwohl die Parallele auf bloßem Zufall beruhen könnte – schließlich ist die Qualifikation einer Vergewaltigung als Schandtat so naheliegend, dass auch zwei Verfasser unabhängig voneinander darauf kommen konnten –, kann eine bewusste literarische Anleihe nicht ausgeschlossen werden. Sollte STIPPs Vermutung zutreffen, wäre die Absicht der literarischen Bezugnahme wohl darin zu suchen, die geschilderte Schandtat an ein besonders grausames vergleichbares Vergehen anzulehnen. Rückschlüsse auf die Richtung der Abhängigkeit ergeben sich daraus jedoch nicht. Die Bestimmung des Verhältnisses müsste über den Umweg der literarhistorischen Verortung beider Texte vorgenommen werden. Eine Analyse von 1 Sam 13,1–22 kann hier nicht geleistet werden; allein angesichts des in 1 Sam 13 mutmaßlich enthaltenen alten Erzählstoffs und der zahlreichen Indizien für eine späte Datierung von Ri 19 läge es im Falle einer intendierten Bezugnahme jedoch nahe, dass 1 Sam 13,1–22 die Vorlage für Ri 19 darstellte.

Eine weitere Inkongruenz in Ri 19,21–24 bedarf einer Klärung: In V.24 lehnen die Männer das Angebot des Hausherren, ihnen zusätzlich zu seiner jungfräulichen Tochter die Gattin seines Gastes auszuliefern,[170] ab, in V.25 begnügen sie sich jedoch mit der Ehefrau allein. Streicht man ופילגשהו in V.24a, das sich ohnehin bereits durch ein nicht kontrahiertes Suffix[171] verdächtig macht, und wandelt die Pluralsuffixe (אותם [2x] und להם) in Singular um,[172] ergibt sich ein reibungsloser Zusammenhang.[173]

Vordergründig gleicht die nachträgliche Einfügung der Gattin die Erzählung noch stärker an Gen 19 an, wo Lot zum Schutz seiner Gäste ebenfalls zwei Frauen, nämlich seine zwei Töchter, anbietet. In Ri 19 allerdings ist die Offerte nur einer Frau konsequent. Da die Gibeatiter (anders als die Sodomiter, die die Auslieferung der zwei Boten fordern[174]) die Herausgabe eines einzelnen Mannes ersuchen,[175]

---

170 Das unmoralische Angebot des Gastgebers an die Männer in V.24a, mit seiner Tochter zu tun, was in ihren Augen gut erscheint, bietet einen hervorragenden Anknüpfungspunkt für das zweite Glied des Kommentars in Ri 17,6 und 21,25.

171 Vgl. dagegen Ri 19,9f.25.27.29.

172 Wie bei פילגשו offenbart sich auch in den maskulinen Suffixen der Eigensinn des Glossators.

173 Vgl. NOWACK, Richter, 164; JÜNGLING, Richter 19, 211; BECKER, Richterzeit, 261; GÖRG, Richter, 99; STIPP, Richter 19, 139; PFEIFFER, Sodomie, 272. GROSS, Richter, 819, geht im Gefolge MOORES, BERTHEAUS und BUDDES davon aus, dass der komplette V.24 nachgetragen wurde. Diese maximale literarkritische Operation (die nebenbei einige signifikante Übereinstimmungen mit Gen 19 in den Bereich der Redaktion verschieben würde) schafft jedoch unnötige Probleme. Die Reduktion des Personals aus Gen 19 auf eine Tochter des Hausherren ist sinnvoll und auch die sekundäre Ergänzung der Frau des Gastes lässt sich begründen (s. im Folgenden). Warum ein und dieselbe Hand die zwei Töchter Lots auf eine Tochter reduziert und gleichzeitig die Gattin des Gastes eingefügt haben sollte, ließe sich hingegen kaum erklären.

174 Die Zahl „Zwei" ist in Gen 19 substantiell verankert. Die Ätiologie zweier Völker bedarf zweier jungfräulicher Töchter, die als Ersatzleistung für zwei göttliche Gäste angeboten werden.

wird als Ersatzleistung im Grundtext auch lediglich eine Frau angeboten. Bei dieser naheliegenden redaktionsgeschichtlichen Erklärung stellte sich jedoch die Frage, warum der Ergänzer nicht einfach eine zweite Tochter des Gastgebers hinzugefügt hat, denn diese Lösung böte drei Vorteile: Erstens würde dadurch die Parallele zu Gen 19 umso schlagender, zweitens würde die Schwierigkeit umgangen, dass der Gastgeber unbefugt über die Frau seines Gastes verfügt, und drittens würde der oben genannte Widerspruch im Text vermieden, da die Meute die Auslieferung der Töchter ablehnen, die der ortsfremden Frau aber akzeptieren würde. Der Redaktor muss daher einen anderen Beweggrund gehabt haben. Eventuell wollte er eine Lesart ermöglichen, wonach der Gast seine Gattin nicht zwingend selbst ausliefert. Wenn der Hausherr in V.24 bereits anbietet, die Frau auszuliefern, lässt sich das Subjekt אִישׁ des folgenden Verses, das sich im Grundtext sicherlich auf den auch sonst häufig als אִישׁ bezeichneten Ehemann bezieht, mit dem Gastgeber identifizieren. Die Einfügung würde also eine implizite Mitschuld des Ehemannes am Verbrechen ausräumen, die spätestens im Kontext der Anhörung des Mannes in der Versammlung in Ri 20 als problematisch erscheinen musste. Eventuell ist die Bearbeitung von V.24 daher in diesem Umfeld zu verorten.[176]

---

175 Die Wurzel יד־ע ist an dieser Stelle eindeutig sexuell konnotiert; vgl. u. a. Gen 4,1.17.25; 19,8; 24,16; Ri 21,11 f. Die damit verbundene homoerotische Prägung der Forderung ist instrumentaler Natur und ebenso wie in Gen 19 eher ein Indiz für eine xenophobe als eine homosexuelle Gesinnung. Die Männer von Gibea wollen dem Fremden schaden und geben sich daher auch mit der Schändung seiner Ehefrau zufrieden; vgl. Nissinen, Homoeroticism, 50. Dahinter steht eine in der antiken Welt verbreitete Auffassung von Sexualität; vgl. Jost, Gender, 310. Halperin, History, 418, stellt für das klassische Griechenland dar, was für andere Epochen in ähnlicher Weise gilt: „Sex is portrayed in Athenian documents not as a mutual enterprise in which two or more persons jointly engage but as an action performed by a social superior upon a social inferior. Consisting as it was held to do in an asymmetrical gesture [...] sex effectively divided and distributed its participants into radically distinct and incommensurable categories (‚penetrator' versus ‚penetrated') [...]. Insertive and receptive sexual roles were therefore necessarily isomorphic with superordinate and subordinate social status; an adult, male citizen of Athens could have legitimate sexual relations only with statutory minors [...]: the proper targets of his sexual desire included, specifically, women of any age, free males past the age of puberty [...] as well as foreigners and slaves of either sex." Die Vorstellung einer Entehrung durch Penetration hat z. B. auch in dem Machtkampf zwischen Horus und Seth und der Ikonographie des phrygischen Gottes Priapus Niederschlag gefunden, dessen enormer Phallus ursprünglich einen Garanten der Erntefülle darstellte, in der hellenistischen Zeit aber vorrangig zu einer Waffe gegen Feinde avancierte; vgl. Nissinen, Homoeroticism, 48. Wenn in bestimmten priesterlichen Kreisen in nachexilischer Zeit strenger verfahren wurde (vgl. Lev 18,22; 20,13), ist dies auf eine (theologisch motivierte) enge Verbindung von Sexualität und Fortpflanzung zurückzuführen, die gleichgeschlechtlichen Verkehr *per se* verbietet; vgl. Römer, Homosexualität, 441.

176 Zum literarhistorischen Verhältnis von Ri 20 und Ri 19 s.u. S. 47.61.66 ff.

Der Verfasser von Ri 19 könnte das anstößige Moment der Auslieferung der Frau durch ihren eigenen Ehemann hingegen mit Bedacht gewählt haben. Die Tat demonstriert die Funktionalität der Darstellung zwischenmenschlicher Beziehungen in Ri 19, in denen sich die Tendenz der Erzählung widerspiegelt. Die abartigen Verhältnisse in Gibea werfen ihre Schatten auf die Beziehung der Eheleute – der fürsorgliche Ehemann wandelt sich zu einem gefühlskalten Egoisten.[177] Die wechselnden Beziehungsebenen bilden sich auch in den verschiedenen Bezeichnungen für die weibliche Hauptperson ab.[178] Die geliebte Ehefrau des Protagonisten (פילגש) ist in Bethlehem eine gerngesehene Tochter (נערה), wird in Gibea schließlich jedoch zum bloßen Objekt (אשה) degradiert.[179]

2.4.3.4 V.27.28a.bα: Bekanntwerden der Schandtat

Am nächsten Morgen findet der Mann beim Verlassen des Hauses seine Ehefrau zusammengebrochen auf der Türschwelle vor und fordert sie zur Fortsetzung des Weges auf (קום und הלך). Der Nominalsatz ואין ענה drückt aus, dass sich die Frau in einem Zustand befindet, in dem sie nicht mehr antworten kann, und impliziert somit ihren Tod.[180] Ihr Mann lädt sie auf einen Esel und zieht mit ihrer Leiche weiter.

---

177 Neben der bereitwilligen Auslieferung der eigenen Frau an die Gewalttäter belegt dies vor allem die Reaktion des Mannes am nächsten Morgen. Er verlässt das Haus, um seines Weges zu ziehen (nicht etwa, um seine Frau zu suchen!), und findet sie dabei tot auf der Türschwelle. Insgesamt entsteht nicht der Eindruck, als hätte er die Nacht in Sorge um sie verbracht.

178 Die verschiedenen Beziehungsebenen sind konstitutiv für die Erzählung, bleiben aber meist unberücksichtigt. In feministischen Interpretationen begegnet häufig die These, die Erzählung solle die Schrecken von männlicher Gewalt an Frauen demonstrieren; vgl. z.B. TRIBLE, Texts. Vgl. ähnlich, wenngleich freilich weit weniger von feministischen Fragestellungen geleitet, die Deutung EDENBURGS, Outrage, 46 ff., wonach sämtliche männlichen Charaktere in der Erzählung (außer dem Vater der Frau) negativ dargestellt würden und an der Schändung der Frau beteiligt wären. Auch STIPPS Deutung bleibt eindimensional, wenn er – obwohl er die Funktionalität der Charakterbeschreibungen erkennt – dem Ehemann die Rolle eines „positiven Helden" (STIPP, Beobachtungen, 237) zuweist.

179 Die Objektivierung der weiblichen Figur am Ende der Erzählung wird verstärkt durch die Verben חזק und שלח: Wurde die Frau schon zu Lebzeiten von ihrem Mann ergriffen (חזק, V.25) und den Gibeatitern ausgeliefert, um dann von diesen nach einer stundenlangen Gewalttorgie wieder weggeschickt (שלח, V.25) zu werden, so ergreift der Mann am nächsten Tag ihre Leiche (חזק, V.29), um sie in Einzelteile zu zerlegen und im Gebiet Israels herumzuschicken (שלח, V.29).

180 Vgl. BUDDE, Richter, 132; NOWACK, Richter, 165; JÜNGLING, Richter 19, 227; GROSS, Richter, 844. Schon den alten Übersetzungen war der MT an dieser Stelle anscheinend zu vage. LXX^A ergänzt daher in V.28 ἀλλὰ τεθνήκει, LXX^B ergänzt ὅτι ἦν νεκρά und ähnlich präzisierend erweitert V den hebräischen Text (intellegens quod erat) – wohl um dem Missverständnis vorzubeugen, der Mann hätte seine Frau bei lebendigem Leib zerhackt. Diese Annahme findet sich auch noch in jüngeren Beiträgen; vgl. z.B. TRIBLE, Texts, 80.

2.4.4 V.28bβ.γ–30: Schluss

Die Ähnlichkeiten zwischen Ri 19,29 und 1 Sam 11,7 legen eine literarische Bezugnahme zwischen diesen beiden Texten nahe.[181] Die Verse schildern in technischer Hinsicht vergleichbare Handlungen – das Zerlegen von Rindern bzw. einer Frauenleiche – und weisen dabei große terminologische Übereinstimmungen auf. Besonders signifikant ist die Verwendung der Wurzel נתח im *pi.* (jeweils suffigiert) – sie begegnet außerhalb dieser beiden Verse ausschließlich im kultischen Kontext und bezeichnet dort das Zerteilen eines Opfertieres (Ex 29,17; Lev 1,6.12; 1 Kön 8,23.33). Relevant ist ferner die wortgleiche Wendung שלח בכל גבול ישראל, die in vergleichbarer Art neben diesen beiden Stellen nur ein weiteres Mal begegnet – und zudem im unmittelbaren Kontext (1 Sam 11,3).[182]

1 Sam 11,1–15 berichten, wie Saul nach einer erfolgreichen Schlacht gegen die Ammoniter vom Volk in Gilgal zum König erhoben wird. Wenn auch die Literargeschichte von 1 Sam 11 hier nicht *en détail* entfaltet werden kann, lassen sich zumindest einige Vermutungen anstellen: V.12–15 dürften insgesamt literargeschichtlich junge Stadien repräsentieren; vermutlich wurden sie sukzessiv (V.15; V.12–14) nachgetragen.[183] Die Grundschicht von 1 Sam 11 hätte sich demnach über die Verse 1–11* erstreckt und V.7*[184] integriert.

Die Richtung der Abhängigkeit zwischen Ri 19 und 1 Sam 11 ergibt sich aus der Bestimmung des literarhistorischen Ortes. Während 1 Sam 11,1–11* zu einem älteren wertfreien Stadium der Saulerzählungen zu rechnen sein dürfte, kennt Ri 19 nicht nur den literarischen Zusammenhang der Königtümer Sauls und Davids,

---

181 Dafür plädieren auch GRESSMANN, Anfänge, 270; BURNEY, Judges, 456; BECKER, Richterzeit, 262; PFEIFFER, Sodomie, 281 f.; GROSS, Richter, 845 f.; gegen LAGRANGE, Juges, 305; JÜNGLING, Richter 19, 237.

182 Eine weitere Übereinstimmung, die Verwendung der Wurzel לקח (in 1 Sam 11,7 allerdings bezogen auf das Gespann Rinder als das zu zerstückelnde Objekt, in Ri 19,29 hingegen auf das Messer als Werkzeug), steht aufgrund des häufigen Vorkommens der Wurzel und der unterschiedlichen Objekte in den beiden Versen hinter den anderen Beobachtungen zurück und kann allenfalls ergänzend angeführt werden.

183 Vgl. MOMMER, Samuel, 110 ff. V.15 berichtet, wie Saul zum König erhoben wird, und steht damit in Spannung zur Grundschicht, wonach Saul von vornherein als Herrscher über Gibea („Gibea Sauls") eingeführt wird. V.12–14 heben sich wiederum von V.15 ab, da sie nicht von der Einsetzung Sauls als König, sondern von der Erneuerung des Königtums sprechen. Da die Initiative hierfür bei Samuel liegt, dieser aber in V.15 weder im Zusammenhang der Krönung Sauls noch des anschließenden Opfers erwähnt wird, ist davon auszugehen, dass V.15 die ältere der beiden Ergänzungen darstellt.

184 Die ursprüngliche Form von V.7 kannte sicher noch nicht die Erwähnung Samuels, die vermutlich in engem Zusammenhang mit V.12–14 steht (vgl. MOMMER, Samuel, 113); eventuell wurde auch V.7bα, der sich mit V.7a doppelt und in ungewöhnlicher Weise ein Theologumenon in die Erzählung einbringt, sekundär hinzugefügt.

sondern allem Anschein nach auch bereits deren explizite Bewertung. Daneben ist auch die Funktion der jeweiligen Handlung aufschlussreich. In 1 Sam 11,1–11* steht sie organisch in ihrem Kontext. Ein militärischer Anführer mit den entsprechenden Kompetenzen ruft sein Volk in die Heerfolge, indem er Boten mit Teilen von zerhackten Rindern[185] als abschreckende Drohung in seinem ganzen Gebiet umhersendet. Die entsprechende Handlung in Ri 19 fügt sich im Vergleich dazu weitaus weniger kohärent in den Erzählzusammenhang ein. Sie dient der Bekanntmachung einer Schandtat an einer einzelnen Person, ohne dass sich damit eine spezielle Ordnung oder eine Aufforderung zum Handeln verbänden. Da die Leichenteile nicht einmal mit einer Botschaft versehen werden, dürfte auf Seiten der Empfänger auch der Sinn der Handlung verborgen bleiben. Zudem ist das Vorgehen des Protagonisten in Ri 19 befremdlich, da er keine Zugtiere, sondern seine eigene Ehefrau zerlegt. Er verwehrt dieser damit nicht nur die Bestattung, was im gesamten Alten Testament als äußerst unehrenhaft gilt,[186] sondern schändet sogar ihren Leichnam – ebenfalls ein Ausweis größter Missachtung (vgl. 2 Kön 9,37).[187]

Die Bezugnahme auf 1 Sam 11 ist ein weiteres Indiz dafür, dass der Verfasser von Ri 19 Saul zu diffamieren sucht: Dem Leser, der Ri 19 und die Sam-Kön-Komposition im Zusammenhang kennt,[188] wird bei der Lektüre von 1 Sam 11 die frühere, vergleichbare Tat in Erinnerung gerufen. Dass die Wiederholung nichts Gutes verheißt, liegt von Ri 19 aus betrachtet auf der Hand. Mit den Mitteln Sauls wird vorab eine Schandtat publik gemacht, die in seiner späteren Residenz begangen wurde. Obgleich die Handlung in 1 Sam 11 ursprünglich positiv konnotiert war, wird damit eine spätere Tat Sauls, die (auf der literarhistorischen Ebene von V.15)[189] den Beginn seines Königtums zur Folge hat (!), im Vorhinein in einer

---

185 Unter Verweis auf Parallelstellen wie 2 Kön 17,13; Sach 7,12; 2 Chr 36,15 bezweifelt EDENBURG, Outrage, 266, dass die Wendung שלח ביד המלאכים in 1 Sam 11,7 impliziere, die Boten seien mit den Stücken umhergesandt worden. Tatsächlich könnten sie auch lediglich mit der Botschaft von Sauls Tat losgezogen sein. Die Bezugnahme auf die Aktion durch den Verfasser von Ri 19 belegt jedoch, dass zumindest dieser die Vorlage 1 Sam 11,7 offenbar in jenem ersten, blutigen Sinn verstanden hat – der Protagonist von Ri 19 schickt jedenfalls zweifellos seine zerstückelte Gattin im Gebiet Israels umher.

186 Die Nichtbestattung eines Leichnams begegnet bisweilen sogar als Fluchformel in Verträgen; vgl. Dtn 28,26.

187 Vgl. zur Sache WENNING, Bestattungen; ders., Grab; OLYAN, Ideology.

188 Die Bestimmung der kompositionsgeschichtlichen Funktion von Ri 19 wird nahelegen, dass der Text von vornherein mit Blick auf die Sam-Kön-Komposition verfasst wurde; s.u. S. 52.

189 Auch auf der literargeschichtlichen Ebene der Ergänzung von V.15 dürfte die gesamte Erzählung noch wertfrei sein. V.15 steht vermutlich in engem sachlichen Zusammenhang mit der Salbung Sauls zum König in 1 Sam 9,1–10,16*, die der Figur Saul ebenfalls positiv gegen-

„sarkastischen Travestie"[190]verhöhnt. Ein weiterer Aspekt kommt hinzu: Hinter der großen Prominenz Bethlehems als Geburtsort Davids steht Gibea als Geburtsort Sauls – berücksichtigt man die inneralttestamentliche Wirkungsgeschichte – deutlich zurück. Die Bezugnahme auf denjenigen Text, der Saul und Gibea im Setting der Saulerzählung allererst in ein Verhältnis setzt, könnte dazu dienen, den Zusammenhang zwischen beiden zu verdeutlichen.

Die Wendung „gemäß ihrer Glieder in zwölf Stücke" in V.29 hat häufig Anlass zu literarkritischen Entscheidungen gegeben. „Gemäß ihrer Glieder" ist an dieser Stelle wohl nicht im strengen Sinn anatomisch zu verstehen, sondern eher als „vollständig" oder „bis auf die Knochen".[191] Die systematische Zerlegung des Körpers in zwölf Teile bringt demgegenüber zwar nichts Neues, steht aber auch nicht im Widerspruch dazu. Da eine Einteilung des menschlichen Körpers in zwölf Teile in der altorientalischen Welt durchaus üblich ist und sich somit traditionsgeschichtlich erklären lässt,[192] ist eine Aussonderung von לשנים עשר נתחים nicht erforderlich.[193]

Auf welche Weise der Mann die grausame Sendung im Gebiet Israels umherschickt, gibt der Text nicht eindeutig zu erkennen. Die Zerstückelung weckt spontan die Assoziation, er habe die Leichenteile einzeln versendet; andererseits sprechen einige Indizien dafür, dass er sie in einem Paket zusammengeschnürt und die komplette, in Einzelteile zerlegte Leiche verschickt hat. Würde er die abgetrennten Glieder einzeln versenden, wäre wohl eher ein pluralisches Objekt zu erwarten. Der Mann aber zerlegt seine Frau in Stücke und schickt sie (3. *f. sg.*) in Israel umher. Sodann erklärt der Empfang einer zerstückelten Frauenleiche eher die Reaktion der Empfänger in V.30. Wenn sie angesichts der Sendung die implizierte Schandtat als beispielloses Verbrechen bewerten, ist vorausgesetzt, dass die Sendung eine klare Botschaft transportiert. Dies trifft eher auf eine zerteilte Frauenleiche zu als auf ein abgetrenntes Gliedmaß, an dem im Zweifelsfall nicht einmal der Tod der Person abzulesen ist.

Die Aktion zeigt die gewünschte Wirkung; die Reaktion der Empfänger der Botschaft in Ri 19,30 könnte kaum eindeutiger sein. Obgleich sich der konkrete

---

übersteht. Die Geheimhaltung des Königtums am Ende der Episode weist über sich hinaus auf die Einsetzung zum König in 11,15.

190 STIPP, Richter 19, 141.

191 Vgl. GES[18] *s.v.* נתח.

192 Ein Beispiel hierfür findet sich im Rahmen des hethitischen *tunnawi*-Rituals; vgl. GOETZE, Ritual, 7.13.17.21.23.25. Die Zwölfteilung ergibt sich aus der Zerlegung der Gliedmaßen anhand der Gelenke, wobei Torso und Kopf bei der Zählung außer Acht gelassen werden.

193 Für einen späteren Nachtrag plädieren jedoch u. a. BUDDE, Richter, 132; NOWACK, Richter, 165; SCHUNCK, Benjamin, 64; GÖRG, Richter, 99; BECKER, Richterzeit, 261; PFEIFFER, Sodomie, 272; dagegen votiert STIPP, Richter 19, 139 f.; vgl. auch ders., Propaganda, 195.

Tathergang dem Resultat nicht entnehmen lässt, besteht für die Adressaten kein Zweifel daran, dass nur ein außergewöhnlich schreckliches Ereignis den Anlass zu dieser Sendung gegeben haben kann.[194] Das Votum der Adressaten bezieht sich somit eher auf die Schandtat von Gibea, nicht auf die Leichenschändung. Der Ehemann der Geschändeten verschickt die Leiche sicherlich nicht grundlos, sodass die gesamte Aktion von vornherein darauf zielt, eine entsprechende Reaktion hervorzurufen.

V.30a bildet daher einen gelungenen Abschluss der Erzählung, gegenüber dem V.30b markant nachklappt. Mit dem Aufruf שׂימוּ־לכם עליה עצו ודברו ist eine Handlungsebene im Blick, die erst in Ri 20 fokussiert wird. Auch der Plural erschließt sich erst aus der Perspektive der Versammlung der עדה in Ri 20,1–13. Die Auffälligkeiten ließen gegebenenfalls auf eine literarische Zusammengehörigkeit von Ri 19 und Ri 20 schließen; allerdings spricht der dürftige Anschluss des Teilverses an den vorangehenden Kontext gegen die Zugehörigkeit von V.30b zum Grundbestand von Ri 19: Erzählungsimmanent lässt sich weder eine Autorität bestimmen, die die Aufforderungen erteilen könnte, noch wird deutlich, wer deren Adressaten sind. Der literarische Bruch, der durch V.30 verläuft, ist ein erstes Indiz dafür, dass Ri 20 sekundär an Ri 19 angefügt worden sein könnte.[195]

Der Anschluss von Ri 20,1 an V.30b ist allerdings ebenfalls fragwürdig. Eventuell ließe sich der Zusammenhang folgendermaßen erklären: V.30b übernimmt die direkte Rede aus dem vorangehenden V.30a, fokussiert mit der Vorstellung einer leitenden Autorität und dem Aufruf zur Handlung jedoch bereits den Fortgang der Ereignisse in Ri 20. Der Halbvers böte damit eine inhaltlich gelungene, wenngleich syntaktisch nicht spannungsfreie Überleitung von der abgeschlossenen Erzählung in Ri 19 zu der Fortsetzung derselben in Ri 20.

Fragt man grundsätzlich nach der Motivation für die Fortsetzung von Ri 19 durch die Ahndung der Schandtat, ist unter Umständen ein weiteres Mal die Parallele zu 1 Sam 11 aufschlussreich, wo die Aktion Sauls in das Aufgebot des israelitischen Heerbanns mündet. Die geschlossene Aufbietung der Israeliten in Ri 20 (יצא כאיש אחד) vollzöge sich dann ebenfalls analog 1 Sam 11,7.

---

194 Dass daneben durch die Zerstückelung der Leiche auch auf den Ehemann des Opfers ein Schatten fällt, muss nicht in Abrede gestellt werden; vgl. auch SAMUEL, Levi, 336. In der Erzähllogik von Ri 19 führt das Grauen erregende Verhalten des Mannes eindrücklich den durch die Schandtat in Gibea ausgelösten Sittenverfall vor Augen. Die moralische Unversehrtheit des Protagonisten erfordert erst die Perspektive von Ri 20; Ri 20,4ff. halten daher fest, dass das Vergehen allein den Gibeatitern anzulasten ist, den Mann also keine Schuld trifft; s. auch die Ausführungen zu Ri 19,24 o. S. 41ff.

195 Vgl. STIPP, Richter 19, 133f.; PFEIFFER, Sodomie, 269f.

2.5 Intention, Datierung und kompositionsgeschichtliche Funktion von Ri 19

2.5.1 Intention

Die Analyse hat die häufig vorgebrachte Deutung von Ri 19 als prodavidischer und antisaulidischer Tendenzerzählung bestätigt. Die Gründe dafür seien abschließend noch einmal im Zusammenhang genannt:

- Bereits V.1a nimmt auf das Königtum Bezug und situiert (sofern er zur Grundschicht zu rechnen sein sollte)[196] die gesamte Erzählung im Horizont der sich im kanonischen Zusammenhang anschließenden Ereignisse.
- Die Erzählung ist zweigipflig angelegt und setzt die Orte Bethlehem und Gibea in ein Verhältnis zueinander. Mit beiden verbindet sich eine unmissverständliche Wertung: Der Aufenthalt in Bethlehem ist von großer Gastfreundschaft geprägt, in Gibea wird die Reisegruppe Opfer kollektiver Fremdenfeindlichkeit. Die Gegenüberstellung der beiden Ortschaften legt die Assoziation mit den Königtümern Davids und Sauls nahe, die in 1 Sam ebenfalls kontrastiert werden.
- Im Verlauf der Erzählung begegnen weitere Bezüge zu David und Saul, die diese Deutung stützen: Die Identifikation von Jebus und Jerusalem weist auf die spätere Einnahme der Stadt durch David voraus;[197] die Zerstückelung der Frauenleiche parodiert hingegen diejenige Tat, die die Königsherrschaft Sauls initiiert (1 Sam 11,7).[198]

2.5.2 Datierung

Sieht man von wenigen punktuellen Bearbeitungen ab, stellt Ri 19 eine literarisch einheitliche Erzählung dar. Während darüber in der Forschung weitgehend Einigkeit herrscht, divergieren die Vorschläge zur Datierung erheblich. Sie richten sich unter anderem danach, ob Ri 19 als eigenständige Erzählung betrachtet[199] oder von vornherein in einen literarischen Zusammenhang mit Ri 20f. gestellt wird.[200] Ist letzteres der Fall, kommt man angesichts des priesterlichen Vokabulars und der Stämmethematik in Ri 20[201] um die Annahme eines jungen Entste-

---

196 S. dazu o. S. 21 ff.
197 S. dazu o. S. 30 ff.
198 S. dazu o. S. 44 ff.
199 Vgl. Jüngling, Richter 19; Becker, Richterzeit; Stipp, Richter 19; Pfeiffer, Sodomie, und – in eine überarbeitete Argumentation eingebettet – jüngst wieder Stipp, Beobachtungen.
200 Vgl. zuletzt Gross, Richter, 820 f.
201 S. dazu u. S. 61 ff.

hungsdatums der Erzählung nicht umhin.[202] Bereits die literarische Naht, die durch Ri 19,30 verläuft, lässt jedoch vermuten, dass Ri 20 erst nachträglich an Ri 19 angefügt wurde.[203]

Der mitunter vorgebrachte Einwand gegen die Eigenständigkeit von Ri 19, die Erzählung entbehre eines sinnvollen Endes,[204] ist unbegründet. V.30a bezeichnet die Ereignisse als größtes Verbrechen seit der Frühzeit Israels und schließt die Erzählung mit dieser Bewertung sinnvoll ab. Die Pointe von Ri 19 besteht in der schockierten Reaktion der Israeliten auf die Schandtat. Dass sich den Adressaten anhand der Sendung der Tathergang nicht im Detail erschließt, steht dieser Deutung nicht entgegen, sondern befremdet erst vor dem Hintergrund der Aufbietung der Stämme in Ri 20.

Wird Ri 19 (mit guten Gründen) als selbständige Erzählung betrachtet, ist ein Trend zur Frühdatierung erkennbar.

Im Gefolge GÜDEMANNS verortet STIPP die Ereignisse in der Zeit der Regierung Davids.[205] Er leitet diesen historischen Ort aus der kaum bestreitbaren prodavidischen Tendenz der Erzählung[206] sowie einer efraimitischen Adressatenschaft ab,[207] die die werbenden Bemühungen Davids um das Nordreich zum Ausdruck bringen soll. Einen Anhaltspunkt für die Herkunft der Adressaten sieht er in der Rolle des efraimitischen Protagonisten als heldenhafter Identifikationsfigur. Diese Interpretation lässt sich allerdings kaum mit der ambivalenten Charakterisierung des männlichen Protagonisten in Einklang bringen, die in der Analyse an einigen Stellen sichtbar wurde. Schließlich führt STIPP als Beleg für das hohe Alter der Erzählung das Fehlen einer Situationsangabe zu Beginn an.[208] Da sich V.1a einer zuverlässigen literargeschichtlichen Beurteilung entzieht,[209] ist auch dieses Argument nicht belastbar. Aus der prodavidischen Tendenz allein lässt sich freilich nunmehr kaum auf eine alte Erzählung schließen.

JÜNGLING, der Ri 19 als Plädoyer für das Königtum ebenfalls in der frühen Königszeit verortet, begründet dies mit anderen Argumenten. Er rechnet den „Kehrvers" in 19,1 und 21,25 zum ursprünglichen Bestand von Ri 19[210] und meint, dessen königsfreundliche Tendenz wäre zu späterer Zeit nicht mehr vorstellbar.[211] Abgesehen davon, dass die Zugehörigkeit von

---

202 Eine Ausnahme stellt die Lösung Noths dar, dem die Amphiktyonie-Hypothese die Annahme eines frühen Entstehungsdatums ermöglichte; vgl. NOTH, System, 170.

203 S.o. S. 47. Die folgende Analyse von Ri 20 wird zudem weitere Indizien für diese Annahme zutage fördern; vgl. dazu u. S. 61.66ff.

204 Vgl. GROSS, Richter, 820f. Auch JÜNGLING, Richter 19, 275f., konstatiert, dass V.30a keinen Abschluss einer Erzählung darstelle, und rechnet daher Ri 21,25 zur Grundschicht.

205 S.o. S. 9.

206 Vgl. STIPP, Richter 19, 141ff.

207 Vgl. STIPP, Richter 19, 143.

208 Vgl. STIPP, Richter 19, 153.

209 S.o. S. 21f.

210 Vgl. JÜNGLING, Richter 19, 275ff.

211 Vgl. JÜNGLING, Richter 19, 294.

Ri 21,25 zu Ri 19, die JÜNGLING aus rein inhaltlichen Gründen postuliert, aufgrund der großen
Varianz zwischen den beiden Versen 19,1 und 21,25 nicht eben naheliegt,[212] ist damit die
Aussage des Kehrverses nicht klar erfasst: Wie an anderer Stelle zu zeigen sein wird,[213] ist
dieser nicht generell königsfreundlich, sondern ebenfalls prodavidisch zu verstehen. Ein
Argument für eine frühe Abfassungszeit lässt sich somit auch daraus nicht gewinnen.

BECKER steht einer Frühdatierung von Ri 19 etwas kritischer gegenüber. Aufgrund einiger terminologischer Charakteristika (z. B. der Heraufführungsformel in V.30a) hält er die
frühe Königszeit als Entstehungsdatum für ausgeschlossen.[214] Doch sucht und findet auch er
eine konkrete historische Situation als Entstehungsrahmen der Erzählung: Sie spiegele die
ideellen Ansprüche der davidischen Dynastie auf das Territorium des Nordreiches wider – für
BECKER ein klares Indiz für eine Entstehung in der mittleren Königszeit noch vor dem Untergang des Nordreichs.

Dieser Befund überrascht, denn die Analyse des Kapitels hat einige Indizien zu-
tage gefördert, die gegen eine Frühdatierung von Ri 19 sprechen. Die literarischen
Bezugnahmen auf andere alttestamentliche Texte legen eine Ansetzung in der
Königszeit nicht eben nahe. Zwar handelt es sich sowohl bei Gen 18 f. als auch bei
1 Sam 11 um relativ altes Material, doch ist schwer vorstellbar, dass sich der
Verfasser von Ri 19 auf zwei Einzelüberlieferungen bezogen haben soll. Beide
Texte dürften ihm vielmehr bereits als Bestandteil größerer, redaktionell ge-
wachsener Kompositionen vorgelegen haben, was wiederum ein allzu frühes
Datum ausschließt. Die Kontrastierung der Königtümer Sauls und Davids setzt
(über 1 Sam 11 hinaus) ein entsprechendes Gefälle in der frühen Königtumsgeschichte voraus. Als strukturierender Text gibt sich die Erzählung schließlich
womöglich auch vom Ende her zu erkennen. Von dem abschließenden Votum in
19,30a aus betrachtet, das die analog Gen 19 angelegte Schandtat mit dem Exodus
in Zusammenhang bringt, lässt sich in Erwägung ziehen, ob eine Verbindung von

---

212 Die Überzeugungskraft der von JÜNGLING angeführten inhaltlichen Indizien schwindet bei
näherer Betrachtung. Wie die Analyse von Ri 20 und Ri 21 zeigen wird, herrscht dort keine
Einmütigkeit aller Stämme, die das Königtum als überflüssig erweisen würde. Folglich steht
Ri 21,25 auch nicht an unpassender Stelle; vgl. aber Richter 19, 276. Mit fortschreitender Bearbeitung wird vielmehr der Verfall immer stärker ausgeweitet, bis schließlich ganz Israel davon
betroffen ist; s. dazu u. S. 117 ff. Die Frage nach der Ursprünglichkeit von Ri 19,1a trägt indes für
den redaktionsgeschichtlichen Ort von 21,25 nicht viel aus. Der Vers etabliert als Situationsangabe eine königslose Zeit. Diese Epoche erfährt durch die Erzählung selbst eine dezidierte Wertung
und bedarf dafür des abschließenden Kehrverses nicht. Ein literarischer Zusammenhang von
19,30a und 21,25 wäre zudem nicht sehr elegant, da zwei kontroverse Bewertungen der Ereignisse unmittelbar aufeinander folgen würden. Das Votum in 19,30a verurteilt eine Einzeltat und
setzt eine urteilsfähige Mehrheit in Israel voraus, sodass gerade nicht jeder Israelit tut, was ihm
gefällt.

213 S.u. S. 146 f.

214 Vgl. BECKER, Richterzeit, 264.

Gen und Ex zur Zeit der Abfassung von Ri 19 bereits bestanden hat. Die Pointe läge dann darin, dass die einzige vergleichbare Tat mit Gen 19 tatsächlich *vor* dem Datum des Exodus läge. Unabhängig von der Frage, ob die Verbindung der Gen mit dem Buch Ex vorpriesterschriftlich existiert haben oder ein Produkt von P sein mag, wäre eine Ansetzung in der Königszeit damit ausgeschlossen.

Doch auch abgesehen von dieser Deutung spricht die syntaktische Struktur von Ri 19,30 gegen eine frühe Entstehung, denn die Abgrenzung einer Zeitspanne „seit der Heraufführung aus Ägypten bis auf den heutigen Tag" begegnet ausschließlich in mutmaßlich späten Texten.[215]

In der Analyse wurden zudem an einigen Stellen Verbindungen zu späten Vorstellungen greifbar. So scheint die Bezeichnung Jerusalems als Jebus die dtr. Konzeption der feindlichen Abgrenzung der Israeliten von den Vorbewohnern des Landes vorauszusetzen.[216] Schließlich lässt sich ein impliziter Hinweis auf eine Spätdatierung auch aus der prodavidischen und antisaulidischen Tendenz gewinnen. Zwar könnte der Antagonismus zwischen Saul und David durchaus alte Wurzeln haben, doch scheinen vor allem die Deuteronomisten und Spätere ein Interesse daran gehabt zu haben, David auf- und Saul abzuwerten. So weist die Tendenz nicht zuletzt auch theologiegeschichtlich in eine späte Zeit, finden sich doch gerade in späten alttestamentlichen Texte wie den Chronikbüchern vergleichbare prodavidische bzw. proto-messianische Züge.[217] Die sich in späten Texten verselbständigende Bethlehemtradition (vgl. etwa Mi 5,1) dokumentiert darüber hinaus, dass in dieser Zeit ein Einsatz des Geburtsortes als Chiffre für David sogar besonders naheliegend gewesen sein dürfte.

---

215 Vgl. etwa 1 Sam 8,8; 2 Sam 7,6; Jer 11,7. Vgl. Gross, Herausführungsformel, 440f. Zwar rechnet er dort Ri 19,30 und 2 Sam 7,6 als vor-dtr. Belege, revidiert diese Meinung aber später; vgl. ders., Richter, 847.

216 S. o. S. 31. Sollten sich in weiteren Untersuchungen darüber hinaus literarische Bezugnahmen auf späte Stellen wie 1 Chr 11,4 (s. o. S. 31, Anm. 135) oder Gen 14 (s. o. S. 39f.) bestätigen, wäre mit der Datierung entsprechend in die nachexilische Zeit hinabzugehen.

217 Wenig überzeugend ist der Einwand Avioz' gegen diese Deutung, dass Saul in der Darstellung der Samuel-Bücher nicht durchweg negativ und David in Samuel und Könige nicht durchweg positiv gezeichnet sei; vgl. Avioz, Jebus, 252. Wenn die Beobachtung auch völlig korrekt ist, so ist damit noch lange nichts über die Intention der Erzählung Ri 19 gesagt. Sie lässt allenfalls Rückschlüsse auf das redaktionsgeschichtliche Stadium der Sam-Kön-Komposition zur Zeit der Entstehung von Ri 19 zu: Die umfassenden und bisweilen sehr subtilen Bearbeitungsprozesse von Sam und Kön müssen schon so weit fortgeschritten gewesen sein, dass ein klares prodavidisches und antisaulidisches Bewertungsmuster erkennbar war.

2.5.3 Kompositionsgeschichtliche Funktion

An der Schnittstelle zur Geschichte der Monarchie in Israel verlängert die Erzählung die Sündengeschichte des Nordreichs – als Vorläufer des späteren Nordreichs kann die Saulerzählung spätestens von der synchronistisch angelegten Geschichte der zwei Reiche Israel und Juda her gelesen werden[218] – nach vorne um eine drastische Episode. Sie beginnt nicht mehr erst mit der „Sünde Jerobeams" in 1 Kön 12 oder bahnt sich in dem Konflikt zwischen Saul und David in 1 Sam an, sondern ragt bereits in die königslose Zeit hinein, in der sich die Gibeatiter aufführen wie einst die Sodomiter.

Allerdings richtet die Erzählung ihren Blick nicht nur auf das Zukünftige – mit dem Rekurs auf Gen 18 f. hat sie auch die Vergangenheit fest im Blick. Auf die Schandtat, die sich einst in Sodom anbahnte und jetzt in Gibea in letzter Konsequenz verübt wird, ist die gesamte Erzählung ausgerichtet. Das abschließende Votum in V.30a nimmt den Exodus ins Visier. Mit der Einspielung von Gen 18 f. und der Bewertung der Ereignisse in V.30a signalisiert der Verfasser, dass man sich am Ende von Ri 19 wieder exakt dort befindet, wo man vor dem die Heilsgeschichte Israels[219] allererst begründenden Ereignis des Exodus stand, nur dass jetzt nicht mehr die fremden Sodomiter die Schandtat begehen, sondern die zur eigenen Volksgemeinschaft gehörenden Gibeatiter.[220]

Durch den Rückblick auf Gen 19 und die Abbildung der Verhältnisse der späteren Königszeit gibt sich Ri 19 als redaktionelle, aus anderen Texten konstruierte Erzählung zu erkennen. An den Beginn der nun folgenden Verfallsgeschichte stellt sie ein analogieloses Verbrechen aus der Frühzeit Israels, das das saulidische Königtum diskreditiert und eine Leseanweisung für die folgende Epoche gibt.

Ri 19 stellt somit einen Vorspann zur Sam-Kön-Komposition dar. Ob das Kapitel außerdem literarisch bereits an den Hexateuch anschloss oder aber lediglich hexateuchisches Material eingespielt wird, ohne dass eine literarische Verbindung bestand, lässt sich nicht mit Sicherheit sagen. Die Entscheidung hängt maßgeblich an der problematischen Frage nach der literarischen Integrität von Ri 19,1 und wird daher zunächst ausgesetzt. Auf die kompositionsgeschichtliche Funktion des Kapitels ist an späterer Stelle zurückzukommen.[221]

---

218 Vgl. dazu u. a. ADAM, Saul.
219 Zur Abgrenzung der alttestamentlichen Heilsgeschichte vgl. SCHMID, Erzväter, 278 ff.
220 Vgl. GILLMAYR-BUCHER, Erzählte Welten, 224 f.
221 S. dazu u. S. 207 ff.

3 Richter 20

3.1 Übersetzung

1) *Da zogen alle Israeliten hinaus und die Gemeinde versammelte sich einmütig von Dan bis nach Beer-Scheba – und das Land Gilead – zu Jahwe nach Mizpa.*
2) *Und die Anführer[a) des ganzen Volkes, aller Stämme Israels, traten zusammen in der Versammlung des Volkes Gottes, 400.000 Mann zu Fuß, die das Schwert ziehen konnten.*
3) *Da hörten die Benjaminiten, dass die Israeliten nach Mizpa hinaufgezogen waren. Und die Israeliten sagten: „Redet! Wie ist dieses Übel geschehen?"*
4) *Da antwortete der Mann, der Levit, der Mann der getöteten Frau, und sagte: „Nach Gibea, das zu Benjamin gehört, bin ich mit meiner geliebten (Frau) gekommen, um (dort) zu übernachten.*
5) *Die Herren Gibeas aber haben sich wider mich erhoben und gegen mich nachts das Haus umstellt. Mich gedachten sie zu töten und meine geliebte (Frau) haben sie misshandelt und sie ist gestorben.*
6) *Da habe ich meine geliebte (Frau) ergriffen, zerlegt und ins ganze Gebiet des Erbbesitzes Israels geschickt. Denn sie haben eine Schandtat und Schlechtigkeit verübt in Israel.*
7) *Siehe, ihr alle seid Israeliten![b) Schafft euch hier und jetzt Wort und Rat herbei!"*
8) *Da erhob sich das ganze Volk einmütig und sagte: „Keiner von uns soll zu seinem Zelt gehen und keiner von uns soll zu seinem Haus zurückkehren!*
9) *Und nun, dies ist die Sache, die wir Gibea antun wollen: Über es nach dem Los!*
10) *Wir wollen zehn Männer von 100 nehmen in allen Stämmen Israels und 100 von 1.000 und 1.000 von 10.000, um Reisekost für das Volk zu nehmen, damit sie, wenn sie hinkommen, an Geba, Benjamin, entsprechend der Schandtat handeln, die man in Israel verübt hat."*
11) *So hatten sich alle Männer Israels zu der Stadt hin versammelt, einmütig verbunden.*
12) *Und die Stämme Israels sandten Männer im ganzen Stamm Benjamin[c) umher: „Was hat es mit diesem Übel auf sich, das bei euch geschehen ist?*
13) *Und nun gebt die schlechten Männer (heraus), die in Gibea sind! Wir wollen sie töten und so das Übel[d) aus Israel wegschaffen." Aber die Benjaminiten[e) wollten nicht auf die Stimme ihrer Brüder, der Israeliten, hören.*
14) *Und die Benjaminiten versammelten sich aus den Städten nach Gibea, um hinauszuziehen zum Kampf mit den Israeliten.*
15) *Und die Benjaminiten aus den Städten wurden an jenem Tag gezählt, 26.000 Männer[f), die das Schwert ziehen konnten, abgesehen von den Bewohnern Gibeas wurden sie gezählt : 700 ausgewählte Männer*

16) Unter all diesem Volk waren 700 ausgewählte Männer, deren rechte Hand gelähmt war. Jeder von diesen schleuderte mit dem Stein auf das Haar (genau) und verfehlte (es) nicht.

17) Und die Männer Israels wurden gezählt, abgesehen von Benjamin: 400.000 Männer, die das Schwert ziehen konnten, jeder von diesen ein Kriegsmann.

18) Aber sie machten sich auf und zogen nach Bet-El hinauf und fragten Gott. Und die Israeliten sprachen: „Wer soll zuerst für uns hinaufziehen zum Kampf mit den Benjaminiten?" Und Jahwe sprach: „Juda zuerst."

19) Da machten sich die Israeliten am Morgen auf und lagerten sich gegen Gibea.

20) Und die Männer Israels rückten zum Kampf mit Benjamin aus und die Männer Israels ordneten sich zum Kampf mit ihnen, auf Gibea hin.

21) Da rückten die Benjaminiten aus Gibea aus und schlugen in Israel an jenem Tag 22.000 Mann zu Boden.

22) Das Kriegsvolk aber fasste Mut, die Männer Israels, und sie ordneten sich wieder zum Kampf an dem Ort, an dem sie sich am ersten Tag geordnet hatten.

23) Und die Israeliten zogen hinauf und weinten vor Jahwe bis zum Abend und fragten Jahwe: „Soll ich mich wieder dem Kampf mit den Benjaminiten, meinem Bruder, nähern?" Und Jahwe sagte: „Zieht gegen ihn hinauf!"

24) Und die Israeliten näherten sich den Benjaminiten am zweiten Tag.

25) Und Benjamin rückte am zweiten Tag aus Gibea aus, ihnen entgegen, und sie schlugen unter den Israeliten nochmals 18.000 Mann zu Boden; all diese zogen das Schwert.

26) Da zogen alle Israeliten hinauf und das ganze Kriegsvolk und sie kamen nach Bet-El. Und sie weinten und saßen dort vor Jahwe und fasteten an jenem Tag bis zum Abend und ließen Brandopfer und Friedensopfer aufsteigen vor Jahwe.

27) Und die Israeliten fragten Jahwe, denn dort war die Lade des Bundes Gottes in jenen Tagen.

28) Und Pinhas, der Sohn Eleasars, der Sohn Aarons, stand vor ihr in jenen Tagen: „Soll ich ein weiteres Mal hinausziehen zum Kampf mit den Benjaminiten, meinem Bruder, oder soll ich aufhören?" Da sagte Jahwe: „Zieht hinauf, denn morgen werde ich ihn in deine Hand geben."

29) Da legte Israel Hinterhalte ringsum Gibea[g].

30) Und die Israeliten zogen hinauf gegen die Benjaminiten am dritten Tag und ordneten sich gegen Gibea wie Mal um Mal.

31) Und die Benjaminiten rückten aus, dem Kriegsvolk entgegen; so waren sie von der Stadt abgeschnitten[h]. Und sie begannen, (einige) vom Volk zu schlagen, sodass sie tödlich verletzt waren, wie Mal um Mal, auf den Straßen, von denen eine hinaufführt nach Bet-El und eine nach Gibea, auf dem Feld, etwa dreißig Mann in Israel.

32) Da sagten die Benjaminiten: „Sie sind vor uns geschlagen wie zuvor!" Die Israeliten aber hatten gesagt: „Wir wollen fliehen und ihn (so) von der Stadt weglocken zu den Straßen hin."

33) Und alle Männer Israels hatten sich von ihrem Ort aufgemacht und ordneten sich nun bei Baal-Tamar, während der Hinterhalt Israels hervorbrach aus seinem Ort, aus der Lichtung$^{i)}$ von Geba.

34) Und 10.000 aus ganz Israel ausgewählte Männer kamen von der Gibea gegenüberliegenden Seite heran, während der Kampf hart war. Sie aber erkannten nicht, dass das Übel sie erreicht hatte.

35) Da schlug Jahwe Benjamin vor Israel und die Israeliten töteten in Benjamin an jenem Tag 25.100 Mann; all diese zogen das Schwert.

36) Da sahen die Benjaminiten, dass sie geschlagen waren. Und die Männer Israels gaben Benjamin Raum, denn sie vertrauten auf den Hinterhalt, den sie bei Gibea gelegt hatten.

37) Und der Hinterhalt, sie eilten und breiteten sich aus gegen Gibea, und der Hinterhalt zog hin und schlug die ganze Stadt mit der Schärfe des Schwertes.

38) Da war für die Männer Israels die mit dem Hinterhalt verabredete Zeit gekommen, um das Rauchsignal aus der Stadt hinaufsteigen zu lassen $^{j)}$.

39) Und die Männer Israels kehrten um im Kampf. Benjamin aber hatte gerade begonnen (einige) unter den Männern Israels zu schlagen, sodass sie tödlich verletzt waren, etwa dreißig Mann – ja, sie hatten gesagt: „Er ist gewiss vor uns geschlagen wie im ersten Kampf!"

40) Da begann das Signal aufzusteigen aus der Stadt als Rauchsäule. Und als Benjamin sich rückwärts wandte, siehe, da war die ganze Stadt zum Himmel aufgestiegen.

41) Die Männer Israels waren umgekehrt und die Männer Benjamins wurden erschreckt, denn sie hatten gesehen, dass das Übel sie erreicht hatte.

42) Und sie wandten sich vor den Männern Israels zum Weg der Wüste, aber der Kampf holte ihn ein, und wer aus den Städten kam, den töteten sie in seiner Mitte$^{k)}$.

43) Sie hatten Benjamin (also) umzingelt, es verfolgt$^{l)}$ und von Nucha an$^{m)}$ niedergetreten bis gegenüber von Gibea von Osten her.

44) Und es fielen von Benjamin 18.000 Mann, all diese kriegstüchtige Männer.

45) Und sie kehrten um und flohen in die Wüste zum Fels Rimmon. Sie aber hielten Nachlese an ihm auf den Straßen, 5.000 Mann. Und sie verfolgten ihn bis nach Gideom$^{n)}$ und schlugen von ihm 2.000 Mann.

46) Alle Gefallenen von Benjamin an jenem Tag waren 25.000 Mann, die das Schwert zogen, all diese kriegstüchtige Männer.

47) Und 600 Mann kehrten um und flohen in die Wüste zum Fels Rimmon und blieben vier Monate beim Fels Rimmon.

48) Und die Männer Israels waren umgekehrt zu den Benjaminiten und schlugen sie mit der Schärfe des Schwertes, von der Bewohnerschaft[o] bis zum Vieh, bis zu allem, was sich fand. Auch alle Städte, die sich fanden, steckten sie in Brand.

Legende

Grundschicht: V.1f*.3 – 14.15*.17.20 – 22.24 – 27a.28a*[ab לאמר*].b.30.31*.*
32 f.34*.35 – 36a.42 – 46

punktuelle Ergänzung: V.27b.28a*[bis ההם*] / punktuelle Ergänzung: V.2b*

Redaktioneller Abschluss: V.48

punktuelle Ergänzung: V.16

Zweiter redaktioneller Abschluss: V.1b*[nur וארץ הגלעד].29.31aβ.b*[nur בשדה
כשלשים איש בישראל].34b.36b.37– 41.47/ **Redaktion: V.18f.23**
Dittographie nach V.16: „700 ausgewählte Männer" in V.15bβ / Glosse in 20,10

3.2 Textanmerkungen

[a] Wörtlich: Eckpfeiler. Gemeint sind im übertragenen Sinn die politischen Anführer des Volkes; vgl. auch 1 Sam 14,38; Sach 10,4 sowie KOEHLER/BAUMGARTNER und GES[18] *s.v.* פנה.

[b] Mit HERTZBERG, Josua, 244; JÜNGLING, Richter 19, 272; GROSS, Richter, 852, ist davon auszugehen, dass כלכם und בני ישראל Subjekt und Prädikat eines Nominalsatzes sind und nicht etwa בני ישראל als Vokativ zu הנה כלכם fungiert, wie u. a. MOORE, Judges, 425 f.; NOWACK, Richter, 167, und BURNEY, Judges, 473, annehmen. Durch die Betonung der Geschlossenheit der israelitischen Mannschaft entspricht die erste Lösung eher dem Duktus von Ri 20,1– 11; s. dazu u. S. 69 f.

[c] Der Ausdruck שבטי בנימן begegnet außerdem noch in 1 Sam 9,21, ist dort aber ebenfalls unsicher. An beiden Stellen bezeugen die Versionen breit den Singular – in Ri 20,12 LXX, V und trotz starker Paraphrasierung wohl auch S. Da die Lesart des MT durch versehentliche Angleichung an den zuvor genannten und sachlich korrekten Plural שבטי ישראל entstanden sein könnte, ist der Singular zu bevorzugen.

[d] Der unverzichtbare Artikel wird durch Haplographie (ונבערה) weggefallen sein; vgl. MOORE, Judges, 430.

[e] Der Text ist doppeldeutig: Mit *qere we-la ketib* könnte analog LXX, S und T בני בנימן gelesen werden. Diese Variante wäre auf einen Ausfall von בני durch Haplographie (בנימן) im MT (*ketib*) zurückzuführen. In der Lesart des *ketib* würde Benjamin *ad sensum* pluralisch konstruiert als Subjekt einer pluralischen Verbform fungieren; vgl. etwa 1 Kön 20,20. In diesem Fall wäre von einer Glättung des MT durch die Versionen auszugehen. Eine Entscheidung sollte aufgrund der hohen Dichte der Bezeugung jedoch eher zugunsten des *qere we-la ketib* getroffen werden.

^{f)} Einige Exegeten folgen der Lesart der LXX^A (vgl. BUDDE, Richter, 135; NO-WACK, Richter, 168), obwohl die Angabe von 25.000 gezählten Benjaminiten den MT als *lectio difficilior* offensichtlich durch Angleichung an V.46 korrigiert.

^{g)} Die Formulierung אל הגבעה סביב wirft die Frage auf, wie das israelitische Heer die sich in der Stadt befindlichen Truppen Benjamins unbemerkt umzingelt haben sollte; vgl. RÖSEL, Studien, 42. Wahrscheinlich ist daher gemeint, dass mehrere Hinterhalttruppen an verschiedenen Orten stationiert wurden.

^{h)} Eine Korrektur des asyndetischen *perf.* in ein *imperf. cons.* analog Jos 8,16, wie sie vom textkritischen Apparat der BHQ vorgeschlagen wird, setzt eine – aufgrund der Ähnlichkeit der Konsonanten grundsätzlich plausible – Verschreibung von וי in ה voraus. Die Änderung ist jedoch unnötig, da die Form הנתקו trotz fehlender Assimilation grammatikalisch möglich ist; vgl. GK²⁸ §66 f. Eine resultative oder explikative Bedeutung des *perf.* fügt sich zudem sinnvoll in den Kontext. Merkwürdig bleibt die syntaktische Struktur; s. dazu u. S. 86.

ⁱ⁾ Die Version des MT wird von keinem Textzeugen gestützt. S setzt wohl den Konsonantenbestand des MT voraus, interpretiert ihn aber abweichend; LXX^B geht von einem Ortsnamen („Maaregabe") aus; LXX^A und Syh haben wohl ממערב übersetzt; den Übersetzern von T dürfte רעש מערבה vor Augen gestanden haben. Die abweichenden Lesarten dokumentieren die Schwierigkeiten der Übersetzer mit dem unsicheren מערה des MT. Als „freier Platz" (von ערה; vgl. GES¹⁸ *s.v.* מערה) fügt es sich indes hervorragend in den Zusammenhang ein, da 10.000 Krieger einen gewissen Raum benötigen, um sich geschlossen versammeln zu können.

^{j)} Einige griechische Handschriften übersetzen „Schwert" (חרב), was im Zusammenhang sinnfrei bleibt. Auch eine Deutung als Kurzform des *imp. hif.* von רבה ist schwierig. Erstens ergibt sich auch hier kein guter Textsinn („vermehre aufgehen zu lassen die Rauchsäule" = „lass die Rauchsäule groß [= hoch] aufgehen"?); zweitens müsste man das Suffix 3. *m. pl.* am folgenden *inf.* als Dittographie tilgen; drittens ist die Form sicher nur an dieser Stelle belegt und begegnet daneben nur noch einmal als *qere* in Ps 51,4. Deshalb kommen grundsätzlich zwei Möglichkeiten in Betracht: Entweder handelt es sich bei הרב um eine fehlerhafte, aber nicht getilgte Dublette resp. Dittographie des voranstehenden Wortes הארב oder MT ist fehlerhaft vokalisiert (vgl. BHQ): Mit *qamäz*-Vokalisation ließe sich das Wort als determiniertes Adjektiv deuten („der große Hinterhalt"). Da die Qualifizierung eines Hinterhaltes durch ein Adjektiv ansonsten in Ri 20 nirgends begegnet, könnte es sich dabei um eine Randglosse handeln, die später versehentlich in den Text geraten ist. Sie würde von mehreren Hinterhalten ausgehen und zur besseren Unterscheidbarkeit denjenigen in Gibea als den Haupthinterhalt kennzeichnen. Für beide Lösungen ließe sich anführen, dass LXX^B, S und V keine Übersetzung für הרב bieten, es folglich entweder zum Zweck der Glättung ausgelassen wurde oder aber gar nicht erst in deren hebräischer Vorlage stand.

[k)]Auf den ersten Blick verwirrt der Satz durch den Numeruswechsel. Da jedoch איש ישראל bzw. איש בנימן sowohl mit Singular als auch mit Plural konstruiert werden können, legt sich folgende Deutung nahe: Der Kampf holte sie (die Benjaminiten) ein und wer (von den Benjaminiten) aus den Städten kam, den töteten sie (die Israeliten) in ihrer Mitte; vgl. schon STUDER, Richter, 411. Inhaltlich auffällig ist der Plural ערים. Einige LXX-Handschriften und V bezeugen an dieser Stelle Singular. Die Variante ließe sich als bewusste Glättung verstehen, könnte aber auch durch Haplographie entstanden sein. Obwohl die griechischen und lateinischen Zeugen somit kaum die ursprüngliche Lesart bewahrt haben dürften, lesen viele Exegeten hier ebenfalls Singular. Spontan würde man mit einer Stadt im Kontext Gibea assoziieren, doch bliebe der Zusammenhang ohne Sinn: Der Hinterhalt hatte bereits die Stadt (= Gibea) mit der Schärfe des Schwertes geschlagen, d. h. alle Bewohner getötet (V.37). Nicht zuletzt differenziert auch V.15 zwischen den Benjaminiten aus den Städten und den Gibeatitern. Zu überlegen wäre, ob man dem Singular den Vorzug gibt, den אשר-Satz als Subjekt des Satzes betrachtet und ihn auf die Israeliten bezieht, die soeben Gibea in Brand gesteckt haben. Ganz ohne Änderung des MT lässt sich der kurze אשר-Nominalsatz als Objekt zum folgenden *part. pl.* auffassen. Die Konstruktion ist selten, aber nicht analogielos; vgl. z. B. Jes 52,15. Die suffigierte *nota acc.* qualifizierte dann noch einmal zusätzlich den אשר-Satz als Objekt. Die (ebenfalls vom Plural ausgehende) Deutung einiger älterer Kommentatoren (u. a. BERTHEAU, Richter II, 273; MOORE, Judges, 440), wonach israelitische Kämpfer aus den Städten kommen und inmitten des benjaminitischen Heeres Benjamin schlagen, ist hingegen unwahrscheinlich, da die Schlacht auf benjaminitischem Territorium stattfindet. Gänzlich unplausibel ist die Annahme, die Benjaminiten aus den Städten würden nun die Benjaminiten aus Gibea angreifen; vgl. BUDDE, Richter, 138; NOWACK, Richter, 173.

[l)] Da ein *hif.* von רדף ansonsten im Alten Testament nicht belegt ist und eine Verschreibung von וירדפהו in הרדפהו naheliegt, ist mit LXX[B] hier *imperf. cons.* im *qal* anzunehmen; vgl. MOORE, Judges, 443; BURNEY, Judges, 485.

[m)] Mit geänderter Vokalisation lässt sich מנוחה als benjaminitische Ortschaft deuten; vgl. 1 Chr 8,2, wo „Nocha" als benjaminitischer Eigenname begegnet; vgl. auch MOORE, Judges, 443, im Anschluss an LXX[B] und V.

[n)] Der Ortsname ist singulär. Alternativ kann mit MOORE, Judges, 444 (und ihm folgend NOWACK, Richter, 173; ZAPLETAL, Richter, 297), suffigierter *inf. cstr. pi.* von גדע (= bis sie sie vernichtet hatten) gelesen werden. Auch diese Form ist ohne Parallelen im Alten Testament. Dass die Stelle zumindest einst so verstanden wurde, zeigt Ri 21,6, wo die Israeliten bedauern, genau dies ihrem Bruder Benjamin angetan zu haben. Da Ri 21,6 aber – wie zu zeigen sein wird – auf einer späteren literarischen Ebene liegt als Ri 20,45, sagt dies nichts über den ursprünglichen Sinn des Textes aus. Die Stelle bleibt schwierig.

o) Statt der gängigen Übersetzung als „Männerstadt" dürfte „Bewohnerschaft" zu lesen sein. Das unüblicherweise defektiv geschriebene מתם ist wohl fehlerhaft punktiert (vgl. Dtn 2,34; 3,6; Hi 24,12 [*plene*] zur gleichen *cstr.*-Verbindung עיר מתם). Neben Ri 20,48 begegnet die defektive Schreibweise auch in Dtn 2,34 und Dtn 3,6. Beide Dtn-Stellen sind merkwürdig konstruiert. In Dtn 2,34 bildet die *cstr.*-Verbindung das erste Glied einer Aufzählung: Die Israeliten schlagen die „Männerstadt", die Frauen und die Kinder. In Dtn 3,6 (MT) stehen die Frauen und die Kinder sogar als Apposition zur „Männerstadt". Zu erwägen wäre, ob den zahlreichen hebräischen und aramäischen Varianten, die ein *waw-copulativum* bezeugen, textkritisch Vorzug zu gewähren ist. Unabhängig davon, wie man im Fall von Dtn 3,6 entscheidet, spricht dieser Befund dafür, dass die beiden letzten Glieder, „Frauen" und „Kinder", nachträglich hinzugefügt wurden, ursprünglich also nur vom Bann an der „Männerstadt" die Rede war. Möglicherweise wurde die Wendung zu einem späteren Zeitpunkt nicht mehr verstanden und daher listenartig um Frauen und Kinder ergänzt; s. dazu auch u. S. 100, Anm. 385. Dass die *cstr.*-Verbindung in späterer Zeit keinesfalls selbstverständlich war, zeigt auch die abweichende Punktierung der Wendung in Ri 20,48. Der ursprüngliche Sinn von עיר מתם ist schwer auszumachen. Ob damit eine bestimmte Bevölkerungsgruppe bezeichnet wird (vgl. LOHFINK, Art. הרם, 200), ist fraglich. Hierfür kämen allenfalls die kampffähigen Männer einer Stadt (vgl. akk. *mutum*) in Frage. Dies widerspricht allerdings der Erzähllogik von Ri 20, wonach bereits sämtliche kampffähigen Benjaminiten in die Schlacht gezogen waren. Die Tatsache, dass עיר מתם an allen drei Stellen zusammen mit Vieh und den Städten bzw. der Beute der Städte genannt wird, legt nahe, dass mit עיר מתם allgemein die Bevölkerung einer Stadt gemeint ist, von der sich das Vieh sowie die Stadt als architektonisches Gebilde abheben. Eine Stütze erführe diese Deutung durch die Herleitung der Wurzel *mutum* von einer zweiradikaligen semitischen Basis MT „sterben", sodass מתם dann einfach „Sterbliche", d. h. „Menschen" bezeichnen könnte; vgl. EILERS, Funktion, 120 f. Für eine umfassende und geschlechtsunspezifische Bedeutung sprechen u. a. Gen 34,30; Dtn 4,27; 26,5; 28,62; 33,6; Jer 44,28; Ps 17,14; 26,4; 105,12.

3.3 Gliederung

V.14 – 17: Musterung
V.18: Israel in Bet-El
V.19 – 25: Zwei Niederlagen Israels
V.26 – 28: Vorbereitung auf die dritte Schlacht
V.29 – 48: Der entscheidende dritte Kampftag
V.29 – 41: Sieg Israels
V.29 – 36a: Erste Etappe des Sieges
V.36b–41: Zweite Etappe des Sieges
V.42 – 48: Flucht Benjamins

Der spannungsreiche Erzählverlauf erschwert eine systematische Gliederung des Materials. Da sich die Struktur der Erzählung im Detail erst im Zuge der literarischen Analyse erschließt, wird der Text zunächst anhand inhaltlicher Kriterien grob in Sinnabschnitte eingeteilt.

V.1 – 11 bilden mit der Versammlung der עדה, die im Beschluss der Vergeltung an Benjamin gipfelt, den Auftakt zum folgenden dreitägigen Kriegsgeschehen. V.1 – 3a skizzieren die Ausgangslage: Die Israeliten versammeln sich in Mizpa, die Benjaminiten erfahren davon. In V.3b – 7 werden die Versammelten durch die Berichterstattung des Protagonisten aus Ri 19 über die Schandtat aufgeklärt. V.8 – 11 schließlich entfalten die Reaktion der Israeliten: Mit einem Zehntel des israelitischen Heerbanns wollen sie sich an den Übeltätern aus Gibea rächen.

V.12 – 28 berichten die Ereignisse vor dem entscheidenden dritten Kampftag. Die ausführlichen Kriegsvorbereitungen auf beiden Seiten schildern V.12 – 18. Der Abschnitt lässt sich wiederum in drei Teile gliedern. V.12f. begründen die Ausweitung der geplanten Aktion zum Bruderkrieg: Benjamin weigert sich, die Schuldigen an die Israeliten auszuliefern. V.14 – 17 behandeln die Musterung beider Parteien und in V.18 ziehen die Israeliten erstmals nach Bet-El, um vor der Schlacht ein Orakel einzuholen. V.19 – 25 umreißen im Anschluss daran die Ereignisse an den ersten beiden Kampftagen: Trotz zahlenmäßiger Überlegenheit und erneuter Befragung Jahwes im Vorfeld der zweiten militärischen Auseinandersetzung mit Benjamin erfährt Israel zwei Niederlagen. V.26 – 28 beschließen die Szene mit den Vorbereitungen auf den entscheidenden dritten Kampftag: Die Israeliten ziehen abermals zur Orakelbefragung nach Bet-El.

Der dritte Kampftag (V.29 – 48) hebt sich durch die detailreiche Darstellung der Ereignisse von den beiden vorangegangenen ab: Mit einer Hinterhalttaktik und Jahwes Beistand gelingt es Israel schließlich, Benjamin in einer dreiteiligen Verfolgungsaktion vernichtend zu schlagen. Als Sinneinheiten lassen sich V.29 – 41, der Sieg Israels über Benjamin, und V.42 – 48, die Flucht Benjamins vor Israel, abgrenzen. Der erste Teil untergliedert sich noch einmal in die Unterabschnitte V.29 – 36a und V.36b – 41, die beide von der militärischen Auseinandersetzung zwischen Israel und Benjamin berichten und am Ende den Sieg Israels konstatieren. Dadurch entsteht der Eindruck einer Dopplung, auf den in der Analyse besonderes Augenmerk zu richten sein wird.

Der Komplexität des in Ri 20 integrierten Schlachtberichts, insbesondere der Schilderung der Ereignisse am dritten Kampftag, ist mit literarhistorischen Erwägungen nicht ohne Weiteres beizukommen. In jüngerer Zeit werden daher insbesondere im englischsprachigen Raum literaturwissenschaftlich orientierte Ansätze zur Auslegung von Ri 20 herangezogen.[222] Die offenkundigen Spannungen werden dabei in der Regel auf eine mit Perspektivwechseln und Wiederholungen arbeitende narrative Technik zurückgeführt.

Gegenüber diesem auf den Endtext konzentrierten Ansatz sind jedoch Zweifel angebracht, da literarische Probleme kurzerhand mit der Annahme einer für hebräische Prosa ungewöhnlichen Technik erklärt werden. Doch auch jenseits der unkonventionellen Erzähltechnik hätte der Autor von Ri 20 ein gesundes Maß an Erzählkunst überschritten, da der Text nicht bloß einige im Zweifelsfall als kunstvoll anzusehende Wiederholungen, sondern reihenweise Brüche aufweist. Diese legen insgesamt eher eine – wenn auch notwendig komplexe – diachrone Lösung nahe.

3.4 Analyse

3.4.1 V.1–11: Israel in der Versammlung
3.4.1.1 V.1–3a: Sammlung der Gemeinde
Bereits zu Beginn des Kapitels wird ein Unterschied zu Ri 19 sichtbar: Die Szenerie ist durch und durch kultisch geprägt (קהל, עדה, עמ האלהים)[223] und hebt sich so markant von dem in Ri 19 vorherrschenden profanen Milieu ab. Dies erhärtet vorab die Vermutung, dass Ri 20 nicht die ursprüngliche Fortsetzung von Ri 19 darstellt.[224]

Trotz der einheitlich kultischen Prägung sind V.1f. häufig Gegenstand literarkritischer Operationen. Bisweilen werden V.1a*[ab ותקהל].2 als sekundär betrachtet.[225] Die Indizien sind tendenzkritischer Natur, die Gründe intentional: Die Verwendung von spätem, priesterschriftlichem Vokabular (עדה, קהל) stößt sich mit der angenommenen Frühdatierung der Verse.

BECKER beschränkt seine literarkritische Operation auf V.1 und beurteilt V.1aα*[nur ויצאו כל־בני ישראל].b als sekundär, da der kriegerische Akzent, den יצא in

---

222 S. dazu o. S. 12 f.

223 Vgl. im weiteren Verlauf der Grundschicht auch die Orakelanfrage mit Fasten und Opfern in V.26–28*.

224 Vgl. auch STIPP, Richter 19, 223 ff., der neben den sprachlichen und inhaltlichen Abweichungen von Ri 20 gegenüber Ri 19 auch auf die signifikanten syntaktischen Differenzen hinweist. Vgl. zudem die Überlegungen zu Ri 19,30b o. S. 47, und Ri 20,4–7 u. S. 66 ff.

225 Vgl. z. B. MOORE, Judges, 422; NOWACK, Richter, 166.

V.1a impliziere, im Erzählverlauf zu früh komme.[226] Jedoch lassen sich die in V.1a beschriebenen Aktionen, Auszug des Volkes und Sammlung der Gemeinde, problemlos als additive Handlungen auffassen. Abgesehen davon, dass יצא nicht zwingend militärisch konnotiert sein muss, sondern schlicht den Aufbruch des Volkes signalisieren könnte, bevor mit קהל anschließend stärker der Zweck des Aufbruchs in den Blick genommen würde, ergäbe sich nicht einmal dann eine inhaltliche Spannung, wenn man יצא mit dem militärischen Auszug des Volkes in Zusammenhang brächte. Entgegen der Meinung BECKERS kann nicht erst nach dem offiziellen Beschluss in V.8 – 10 von einer kriegerischen Initiative der Israeliten die Rede sein.[227] Die Racheaktion ließe sich als natürliche Reaktion der Israeliten auf die Bekanntmachung der Tat in 19,30a verstehen und wäre somit bereits implizit in der (sekundären) Aufforderung zur Handlung in 19,30b angelegt.[228] Diese Lesart förderte sogar die Stringenz der Erzählung, da die konstitutiven Elemente Kult und Krieg direkt zu Beginn nebeneinander eingeführt würden. Die Symbiose von kultischer und militärischer Ebene zeigt sich daneben auch in der Wahl Mizpas als Ort der Zusammenkunft sowie deren Bezeichnung als קהל und עדה.

Mizpa begegnet an mehreren Stellen des Alten Testaments als Versammlungsort der Israeliten vor militärischen Aktionen, wobei sachgemäß stets eine kultische Komponente mitschwingt. So versammeln sich die Israeliten Ri 10,17 zufolge dort gegen die Ammoniter. Nachdem Jeftah angesichts dieser militärischen Auseinandersetzung zum Oberhaupt Israels bestimmt worden ist, geht er nach Mizpa und legt alle seine Angelegenheiten vor Jahwe dar (Ri 11,11). Ähnliches weiß 1 Sam 7 im Kontext einer Philisterschlacht zu berichten. Samuel beruft eine Versammlung der Israeliten nach Mizpa ein, um dort Jahwe für Israel zu bitten (1 Sam 7,5). Nach diversen Kulthandlungen (1 Sam 7,6.9) und Jahwes rettendem Eingreifen (1 Sam 7,10) zieht Israel schließlich von Mizpa zur Verfolgung der Philister aus. Ohne direkte militärische Konnotation begegnet Mizpa in 1 Sam 10: Saul wird nach ausgiebiger Erkundung des Gotteswillens in Mizpa durch Samuel zum König über Israel eingesetzt. In exilischer und nachexilischer Zeit könnte Mizpa ein Verwaltungszentrum gewesen sein, denn nach 2 Kön 25,22 ff. (par. Jer 40 f.) residierte der babylonische Statthalter Gedalja dort.[229] Auch in späterer nachexilischer Zeit ist der Ort noch als Verwaltungsbezirk (Neh 3,7.15.19), aber auch bedeutender Gebetsort (1 Makk 3,46) bekannt.

Aufschlussreich für die Deutung von Ri 20,1 f. ist ferner die Semantik der Begriffe עדה und קהל. Beide werden in der Priesterschrift meist synonym und zur Bezeichnung einer kultischen Versammlung verwendet. Daneben begegnet קהל seiner ursprünglichen, rein technischen Bedeutung gemäß auch zur Kennzeichnung von Versammlungen ohne erkennbaren kulti-

---

226 Vgl. BECKER, Richterzeit, 268.
227 Vgl. BECKER, Richterzeit, 267.
228 Zur späten Herkunft von 19,30b s. o. S. 47.
229 Vgl. auch GÖRG, Mizpa, 826.

schen Bezug; vgl. Gen 28,3; Jer 50,9. Im Kontext des ohnehin kultisch konnotierten Jahwe-Krieges (z. B. 1 Sam 17,47) kann קהל sodann auch die militärische Versammlung bezeichnen.[230] In Ri 20,2 wird der קהל in singulärer Weise näher bestimmt als קהל עם האלהים, was die kultische Komponente der Versammlung besonders hervorhebt.

Auch עדה hatte ursprünglich die Grundbedeutung „Ansammlung", avancierte in der Priesterschrift aber zur spezifischen Bezeichnung für die Versammlung des in zwölf Stämme organisierten Gottesvolkes.[231] Als solches versammeln sich ihre Mitglieder jedoch nicht nur zu kultischen Zwecken, sondern auch zu juristischen oder militärischen.[232] In einer Ri 20 auffällig ähnlichen Weise begegnet der Begriff in Jos 22,12.16. Dort bezeichnet er einen Zusammenschluss von Israeliten, die aufgrund einer kultischen Angelegenheit (Altarbau) einigen israelitischen Stämmen (!) den Krieg erklären.

In dem Versammlungsort Mizpa und den Begriffen קהל und עדה verdichten sich zu Beginn von Ri 20 neben kultischen auch militärische Aspekte, sodass die kriegerische Dimension nicht erst nachträglich in den Erzählzusammenhang eingefügt worden sein kann. Da der Text ohnehin keinen Anlass für einen literarkritischen Schnitt zwischen V.1a und V.1b liefert, ist davon auszugehen, dass es sich bei Ri 20,1 um eine literarisch weitgehend einheitliche Einleitung in die Kriegserzählung handelt.[233]

Lediglich eine punktuelle Bearbeitung lässt sich in Betracht ziehen: Durch die Angabe וארץ הגלעד nach למדן ועד־באר שבע als formelhafter Bezeichnung für das Gebiet des davidisch-salomonischen Reiches[234] wirkt V.1aβ inhaltlich überladen. למדן ועד־באר שבע benennt die äußersten geographischen Punkte dieses Territoriums im Norden und Süden. Die Nennung des Ostjordanlandes bewirkt eine erhebliche und analogielose Ausdehnung des Territoriums: An keiner anderen Stelle im Alten Testament wird die Formel „von Dan bis nach Beerscheba" durch ein zusätzliches Glied erweitert. Die Hervorhebung des Ostjordanlandes erschließt sich zudem nicht aus der Binnenperspektive des Kampfberichts in Ri 20, der Gilead nicht erwähnt, sondern erst im Zusammenhang mit der Episode über den Bann am gileaditischen Jabesch in Ri 21.[235] וארץ הגלאד in Ri 20,1 ist daher vermutlich redaktionell. Die Ergänzung konkretisiert die formelhafte Umschreibung des Territoriums und betont, dass neben dem Westjordanland auch das Ostjordanland an

---

230 Vgl. FABRY/HOSSFELD/KINDL, Art. קהל, 1213 f.
231 Vgl. LEVY/MILGROM/RINGGREN/FABRY, Art. עדה, 1091.
232 Vgl. GROSS, Richter, 849.
233 Vgl. NOTH, System, 167.
234 Von insgesamt sechs Belegen der Wendung in Sam und Kön beziehen sich fünf auf das Herrschaftsgebiet Davids bzw. Salomos (2 Sam 3,10; 17,11; 24,2.15; 1 Kön 5,5).
235 Ri 21 stellt gegenüber der Grundschicht von Ri 20 eine Fortschreibung dar; s. dazu u. S. 101 f.108 f.

der gemeinsamen Aktion beteiligt war – und somit auch Jabesch zur Versammlung hätte erscheinen müssen.

In V.2a muss die syntaktische Zuordnung von כל שבטי ישראל geklärt werden. Eine Apposition zu פנות כל־העם ergibt keine sinnvolle Konstellation, denn die Nennung der „Ecksteine" bliebe überflüssig, wenn damit die ganze Versammlung gemeint sein sollte. Eher dürfte כל שבטי ישראל neben כל־העם als Genitivattribut zu פנות aufzufassen sein, sodass das Volk näher bestimmt würde als Zusammenschluss von Stämmen.

> Bisweilen wird פנות כל־העם als Nachtrag betrachtet.[236] Als Metapher für Personen, die an herausragender Stelle in einer Gesellschaft stehen, begegnet der Begriff außerdem noch in 1 Sam 14,38, Jes 19,13 und Sach 10,4.[237] Die größten Gemeinsamkeiten mit Ri 20,2 verzeichnet 1 Sam 14,38. Hier wie dort begegnen die פנות des Volkes als Partei in einer Entscheidungssituation, einmal im Rahmen einer demokratischen Beratung, einmal bei einem Losentscheid. Wie in Ri 20,2 treten sie auch in 1 Sam 14,38 im Fortgang der Erzählung nicht mehr auf. Da sie in 1 Sam 14 ebenfalls nicht aktiv in das Geschehen eingreifen, sondern (als Überwacher der Orakelszene?) lediglich anwesend sind, kann ihre Passivität in Ri 20 kaum als literarkritisches Indiz herangezogen werden. Ob also tatsächlich – wie GROSS meint – eine spätere Hand in Ri 20,2 die für eine gültige Rechtsberatung nötige Personenstaffage in Analogie zu 1 Sam 14,38 auffüllen wollte,[238] bleibt fraglich. Gegen die Aussonderung spricht nicht zuletzt, dass mit כל שבטי ישראל keine kleinere Einheit der Gesamtversammlung bezeichnet wird. Nachdem sich „alle Israeliten" versammelt hatten (V.1), stünden nun „alle Stämme Israels" in besagter Versammlung auf. V.2a würde gegenüber V.1 inhaltlich keinerlei Fortschritt bringen.[239]

Die durch das doppelte Genitivattribut hervorgerufene syntaktische Fülle des Verses bedarf dann jedoch einer Erklärung. Sie markiert womöglich am Übergang von V.2 zu V.3 den Ausschluss Benjamins aus der Stämmegemeinschaft: Das Kriegsvolk umfasst „alle Stämme Israels" – Benjamin ist jedoch nicht zugegen.

Problematisch ist ferner der Anschluss von V.2b an V.2a. V.2b konkretisiert die militärische Dimension der Erzählung durch die Nennung des Heerbanns, dessen Größe mit 400.000 bewaffneten Infanteristen der Angabe aus V.17 entspricht. Auch wenn die militärische Komponente in V.2b angesichts der Überlegungen zu

---

236 Vgl. GROSS, Richter, 848.

237 Ob das Bild dahingehend zu deuten ist, dass diese Personen als „Ecksteine" die Gesellschaft stabilisieren und festigen oder aber ihr als „Zinnen", d. h. als Oberste, vorstehen, ist kaum zu entscheiden; vgl. OEMING, Art. פנה, 627.

238 Vgl. GROSS, Richter, 848.

239 Die sperrige Syntax ließe sich alternativ auch erklären, indem man כל שבטי ישראל als Zusatz betrachtete. Dagegen spricht allerdings die Verankerung der Stämme Israels in der Erzählung. Sie begegnen neben V.2 noch in V.10 und V.12.

V.1a nicht als literarkritisches Kriterium gewertet werden kann,[240] weisen inhaltliche Auffälligkeiten V.2b als Nachtrag aus: 1) Die Erwähnung der Truppenstärke trägt in V.2ff. für die Erzählung inhaltlich nichts aus. 2) Sie steht in V.2 zwar in keinem Widerspruch zur Musterung des Heerbanns in V.17, nimmt diesen aber dennoch in auffälliger Weise vorweg. 3) Da sich das vorangehende Verb auf die פנות als handelndes Subjekt bezieht, würde man in V.2b eher eine Aussage über jene erwarten als über den gesamten קהל. Möglicherweise betont der redaktionelle V.2b von Beginn der Versammlung an deren militärischen Charakter, um zu demonstrieren, dass die einzig angemessene Reaktion auf die beispiellose Schandtat in einer militärischen Ahndung besteht.

Auffällig ist zudem V.3a: Da die Benjaminiten eigentlich erst in V.12 in das Geschehen integriert werden, kommt ihre Erwähnung hier überraschend früh.[241] Jedoch fehlen literarkritische Indizien, die eine Aussonderung oder Umstellung[242] von V.3a rechtfertigen würden. Die unorganische Stellung im Kontext ist daher am besten in Analogie zu dem doppelten Genitivattribut in V.2b zu erklären. Ohne V.3a wäre selbstverständlich davon auszugehen, dass Benjamin sich als Teil der Größe כל שבטי ישראל ebenfalls in Mizpa eingefunden hätte.[243] Dies stünde jedoch im Widerspruch zu V.12, wo die Israeliten eine Nachricht an die offensichtlich nicht anwesende Gegenpartei senden. V.3a definiert daher den andernorts mit der Zwölfzahl verbundenen Begriff der „Stämme Israels" für den Kontext von Ri 20 neu als „alle Stämme ohne Benjamin". Auf den ersten Blick erscheint die Formulierung וישמעו בני בנימן כי־עלו בני־ישראל המצפה merkwürdig, da nicht ausdrücklich gesagt wird, dass Benjamin nicht zur Versammlung erschienen ist. Gerade in der vagen Formulierung offenbart sich jedoch die Brisanz der Aktion: Fasst man das Perfekt in V.3aβ vorzeitig auf, hört Benjamin erst von der Zusammenkunft, nachdem Israel sich bereits versammelt hat – und zwar auf benjaminitischem Territorium![244] Das Fernbleiben Benjamins resultiert nicht etwa aus einem freien Entschluss, sondern aus der Exkommunikation des Stammes.

---

240 Vgl. aber NOWACK, Richter, 66; BECKER, Richterzeit, 267.

241 BECKER, Richterzeit, 266, betrachtet den Teilvers aus diesem Grund als sekundär.

242 Vorgeschlagen u.a. von BUDDE, Richter, 133, und MOORE, Judges, 429, die einen ursprünglichen Zusammenhang von V.3a und V.14 annehmen. EDENBURG, Outrage, 55ff., modifiziert diese quellenkritische Lösung und postuliert eine Grundschicht in V.1–3a.12ff. Sie sei sekundär von einer priesterlichen Bearbeitung (V.3b–11) erweitert worden, welche die Leerstelle zwischen der zerstückelten Leiche und dem Ultimatum Israels habe füllen wollen.

243 Vgl. zur Problematik auch HENTSCHEL/NIESSEN, Bruderkrieg, 18.

244 Gemeinhin wird Mizpa auf dem *Tell en-Nasbe* nördlich von Jerusalem zwischen Bet-El und Rama, d.h. im Gebiet Benjamins, lokalisiert; vgl. GASS, Ortsnamen, 419ff.; GROSS, Richter, 850; FINKELSTEIN, Great Wall, 14f. Alternativ käme *Nebi Samwil* in Frage (vgl. FINKELSTEIN, Great Wall, 14, und die dort genannte Literatur), allerdings bleibt eine vorbyzantinische Besiedlung vage.

3.4.1.2 V.3b–7: Berichterstattung des Geschädigten

Die Frage nach dem Tathergang in V.3b provoziert eine ausführliche Antwort des Mannes (V.4 – 6), die in zahlreichen Details von den Ereignissen in Ri 19 abweicht und in einen (stark an Ri 19,30b erinnernden) Aufruf an die Israeliten mündet (V.7). Der Befund spricht insgesamt gegen eine ursprüngliche Einheit der Kapitel, wobei die detaillierte und differenzierte Darstellung Ri 20,4 – 6 als Interpretation der Ereignisse von Ri 19 kennzeichnet.[245]

1) Gegen eine genuine Zusammengehörigkeit von Ri 19 und Ri 20 spricht zunächst der unterschiedliche Blickwinkel: Das Augenmerk des Berichtes in 20,4 f. liegt einseitig auf der Vergewaltigung und Tötung der Frau und lässt die verweigerte Gastfreundschaft, das zentrale Motiv der entsprechenden Szene in Ri 19, außer Acht.

2) Auch terminologische Differenzen zwischen den beiden Passagen weisen auf verschiedene literarische Ebenen. So heißt das Gebiet Israels in Ri 20,6 nicht einfach גבול ישראל wie in Ri 19,29, sondern שדה נחלת ישראל.[246]

Da die doppelte *cstr.*-Verbindung umständlich wirkt, wird oftmals vermutet, bei נחלה handle es sich um eine Glosse.[247] Die Entscheidung lässt sich unter literarkritischen Gesichtspunkten nicht nachvollziehen und entspringt wohl dem Interesse, allzu spätes Vokabular aus dem Grundbestand des Textes zu eliminieren. Zudem bliebe die Wendung auffällig, da sowohl שדה ישראל als auch נחלת ישראל singuläre *cstr.*-Verbindungen darstellen. Literarkritische Operationen empfehlen sich daher nicht.

Der Begriff נחלה bezeichnet im profanen Bereich die Aufteilung eines Vermögens unter den Erben, wird aber im dtr. und priesterlich beeinflussten Schrifttum auf die Verteilung des Landes an Israel durch Jahwe übertragen. Damit ist eine enge Bindung zwischen Gott und Volk – vergleichbar derjenigen zwischen Vater und erstgeborenem Sohn – impliziert. Diese dtn.-dtr. Konzeption des Landes Israel als Jahwes Erbteil für sein erwähltes Volk ist in Ri 20,6 wohl vorausgesetzt.[248] Die Wendung zielt somit auf die Solidarität aller Israeliten, die aus der gemeinsamen Teilhabe an einer נחלה resultiert.[249]

---

245 Vgl. NOWACK, Richter, 167; BECKER, Richterzeit, 270; ferner JÜNGLING, Richter 19, 273 ff., der das Ergebnis freilich auf 20,1 – 17 beschränkt und in 20,18 den Beginn eines alten Kriegsberichtes vermutet.

246 Zwei weniger relevante terminologische Abweichungen seien der Vollständigkeit halber genannt: 1) Das Ergreifen der Frau durch ihren Mann wird in 20,5 statt mit חזק mit אחז ausgedrückt. 2) In V.6 wird der Begriff נבלה aus 19,23 f. um זמה erweitert.

247 Vgl. BUDDE, Richter, 134; MOORE, Judges, 424; NOWACK, Richter, 167.

248 VGL. LIPIŃSKI, Art. נחל, 352 ff.; GROSS, Richter, 852; STIPP, Beobachtungen, 224.

Bei שׂדה handelt es sich um einen vielseitigen Begriff, der u. a. verwendet wird, um eine politische Zugehörigkeit zu kennzeichnen.[250] Im Gegensatz zu מדבר bezeichnet שׂדה kultiviertes Land. Der Terminus soll somit wohl abbilden, dass jeder bewohnte Winkel des politischen Territoriums Israel von der Botschaft erreicht wurde. Die doppelte *cstr.*-Verbindung שׂדה נחלת ישׂראל charakterisiert Israel demnach subtil als Gottesvolk, das durch die Schandtat, von der jeder einzelne Israelit gleichermaßen betroffen ist, geeint wird. Das geschlossene Einschreiten des Gottesvolkes ergibt sich als logische Konsequenz daraus.[251]

3) Die Aussparung oder Klärung anstößiger oder zweifelhafter Details aus Ri 19 weisen 20,4 – 7 zweifelsfrei als Interpretation von Ri 19 aus. Die Auslieferung der Frau an die Vergewaltiger durch ihren eigenen Mann wird ausgelassen; die vage Bitte der Gibeatiter, den Mann „erkennen"[252] zu dürfen, wird konkretisiert: Die Gibeatiter hatten vor, den Mann zu töten; schließlich räumt die Bemerkung, dass die Frau an den Folgen der Gewalttat starb, die Möglichkeit aus, dass sie bis zur Zerlegung durch ihren Mann noch am Leben gewesen sein könnte.

4) Daneben setzt Ri 20 eigene Akzente und modifiziert so die Vorlage. In terminologischer Abweichung von Ri 19 wird die Schandtat nun nicht mehr von den אנשׁי העיר, sondern von den בעלי הגבעה begangen, was das Verbrechen gegenüber Ri 19 in ein noch negativeres Licht rückt:[253] Die Schandtat wird umso verwerflicher, wenn nicht der Pöbel, sondern die Elite sie verübt.

Das literarhistorische Verhältnis von Ri 20,4 – 7 und Ri 19,30b ist schwer zu bestimmen. In Ri 19,30a wurde mittels der zerteilten Leiche zunächst lediglich kommuniziert, dass etwas

---

249 Diese Deutung des Begriffs legt sich angesichts der folgenden Verse nahe: V.6b bezeichnet die Ereignisse als „Verbrechen in Israel" und postuliert so ein maximales Ausmaß der Schandtat. Stimmig dazu fügt sich sodann die mahnende Feststellung in V.7 „Siehe, ihr alle seid Israeliten", die sämtliche Israeliten als Betroffene zur Aktion aufruft.

250 Vgl. WALLIS, Art. שׂדה, 712 f.

251 Vgl. GROSS, Richter, 852.

252 Die Wendung אותי דמו להרג interpretiert den Ausdruck ידע aus Ri 19. Dieser ist eindeutig sexuell konnotiert, wie die Bezeichnung der Vergewaltigung in 19,25 mit ידע zeigt, und bezeichnet an dieser Stelle ein gewaltsames Vergehen gegen den Leib eines anderen zum Zweck der Erniedrigung. Dies hatten die Gibeatiter zunächst mit dem Mann vor, begnügten sich dann jedoch mit seiner Gattin, wohl wissend, dass sie ihren Ehemann auch dadurch demütigen würden. Aus dem Tod der Frau als Folge der mit ידע umschriebenen Handlung schließt ihr Mann zu Recht, dass die Gibeatiter auch ihn töten wollten. Dennoch entfernen sich Ri 20,4 – 7 in diesem Punkt terminologisch weit von der Vorlage und unterziehen die Ereignisse aus Ri 19,22 ff. einer umfassenden Interpretation.

253 Vgl. GROSS, Richter, 851; GILLMAYR-BUCHER, Erzählte Welten, 234.

Schreckliches geschehen ist, die konkreten Geschehnisse blieben für die Empfänger der blutigen Botschaft jedoch verborgen. Dennoch genügte die Vorstellung, die die Adressaten von der Schandtat hatten, für das abschließende Votum. Im Anschluss eröffnet die Ergänzung um Ri 19,30b durch die Aufforderung zur Beratung einen neuen Handlungsbogen und setzt somit – wie die detaillierte Schilderung der Ereignisse in 20,4 – 7 – voraus, dass das Verbrechen noch nicht abschließend erfasst und bewertet ist. Für einen redaktionsgeschichtlichen Zusammenhang zwischen Ri 19,30b und Ri 20,4 – 7 ließen sich zudem die aussagekräftigen terminologischen Übereinstimmungen zwischen 19,30b und 20,7 (דבר und עצה) anführen.

In Ri 20,7 f. ergibt die Abfolge der Ereignisse einen organischen Zusammenhang, sodass an der Zugehörigkeit von Ri 20,7 zur Grundschicht jedenfalls kein Zweifel besteht. Ob Ri 19,30b von derselben Hand stammt oder von einem Späteren hinzugefügt wurde, um nachträglich den Übergang von Ri 19 zu Ri 20 zu strukturieren, lässt sich kaum entscheiden.

Ein weiteres Detail in diesem Abschnitt verdient aufgrund seiner redaktionsgeschichtlichen Relevanz eine Würdigung: V.4 bezeichnet den Mann analog Ri 19,1 als Leviten. Die sekundäre Erhebung des Protagonisten in den levitischen Stand zu Beginn von Ri 19 verdankt sich vermutlich der Absicht, die Erzählung mit Ri 17 f. zu verzahnen.[254] Für Ri 20,4 wird indes häufig erwogen, dass die levitische Abstammung die gesamtisraelitische Reaktion erklären solle:[255] Wenn der Mann als Levit eine Funktion für Gesamt-Israel habe, weite sich die Schandtat in Gibea automatisch zu einem Vergehen an Israel aus. Dies wiederum rechtfertige das kollektive Vorgehen gegen Benjamin und beseitige die Spannung, dass in Ri 19 Einzelpersonen, in Ri 20 hingegen die Israeliten als Kollektiv handeln.

Allerdings ist damit weder die Ursprünglichkeit der Wendung in 20,4 erwiesen noch das literarhistorische Verhältnis der beiden Stellen bestimmt.[256] Beide Entscheidungen sind redaktionsgeschichtlich bedeutsam: Die Zufügung in Ri 19,1 wurde in Kenntnis von Ri 17,7 ff. getätigt; sollte האיש הלוי in 20,4 zur Grundschicht von Ri 20 gehören, müsste diese also später entstanden sein als Ri 17,7 ff.

Belastbare Indizien für eine literarhistorische Beurteilung von האיש הלוי in Ri 20,4 gibt es jedoch kaum. Handelt es sich um eine *Erweiterung*, die in Analogie zu Ri 19,1 gestaltet wurde und dann entweder auf dieselbe[257] oder eine spätere Hand[258] zurückgeht? Wurde die Bezeichnung des Mannes als Levit zunächst in Ri 19,1 eingetragen und von dem *Verfasser der Grundschicht* von Ri 20 übernommen? Oder hat die Angabe in Ri 20 ihren ursprünglichen Ort und ist von dort nach

---

254 S.o. S. 22 f.
255 So BECKER, Richterzeit, 270 f. Vgl. auch VEIJOLA, Königtum, 21; JÜNGLING, Richter 19, 253 f.
256 Gegen BECKER, Richterzeit, 271, der aus diesem Grund von der Ursprünglichkeit der Bezeichnung in Ri 20,4 ausgeht.
257 Vgl. VEIJOLA, Königtum, 21.
258 Vgl. NOWACK, Richter, 167.

Ri 19,1 gewandert?[259] Allein die Frage nach dem literarhistorischen Verhältnis von Ri 19,1 und Ri 20,4 scheint geklärt: Bereits die Determination der Wendung spricht dagegen, dass ihr Ursprung in Ri 20,4 liegt. Zudem erklärt sich die Einfügung der levitischen Abstammung ungezwungener für Ri 19,1, wo sie eine wichtige kompositorische Funktion erfüllt. Die anderen Lösungen sind gleichermaßen vertretbar, da Ri 19,1 jeweils bereits in bearbeiteter Form im Blick ist: Derjenige, der האיש הלוי in 20,4 eingebracht hat, greift in dem Moment auf die sekundäre Charakterisierung aus Ri 19,1 zurück,[260] in dem der Mann erneut die Szene betritt. In Ermangelung literarkritisch belastbarer Indizien ist die literargeschichtliche Beurteilung von האיש הלוי in 20,4 auszusetzen und im Rahmen der Analyse von Ri 17,7 ff. erneut zu thematisieren.[261]

3.4.1.3 V.8–11: Beschluss zur Ahndung der Schandtat
Mit einer feierlichen Selbstverpflichtung, die durch einen *parallelismus membrorum* hervorgehoben wird, reagiert Israel in V.8 erwartungsgemäß als Kollektiv: Die Versammelten erheben sich einmütig „wie ein Mann".

Die Formulierung כאיש אחד findet in Ri 20 bereits drei Mal Verwendung, bevor das Kriegsgeschehen beginnt (V.1, V.8 und V.11). Daneben steht die Wendung insgesamt nur weitere sechs Male im Alten Testament.[262] Sie drückt eine große Einmütigkeit und Geschlossenheit aus (2 Sam 19,15) und bezeichnet die Gesamtheit einer Gruppe (Num 14,15; Ri 6,16). Zwei Stellen sind für den vorliegenden Zusammenhang von besonderem Interesse: Wie in Ri 20,1.8.11 agiert Israel auch in Esr 3,1 und Neh 8,1 כאיש אחד, indem es sich einmütig versammelt. An beiden Stellen bietet ein außergewöhnliches Ereignis den Anlass. In Esr 3 wird mit der Errichtung eines Brandopferaltars und der Aufnahme der Tempelbauarbeiten die Restitution des Kultes nach der Heimkehr der Exilierten angestoßen; die Verlesung des Gesetzes durch den Schreiber Esra in Neh 8 steht dem an Bedeutung nicht nach: Außergewöhnliche Anlässe erfordern volle Solidarität – in diesem Licht will wohl auch Ri 20 gelesen werden.

Wie sehr dem Verfasser daran lag, die Einheit der Gemeinschaft hervorzuheben, dokumentieren zahlreiche weitere Formulierungen, die die Gesamtheit bezeich-

---

259 Vgl. BECKER, Richterzeit, 270 f.
260 Vgl. dazu die auffällige Übereinstimmung im Wortlaut. Die syntaktisch umständliche Formulierung האיש הלוי könnte von der Vorlage in Ri 19,1 provoziert worden sein, die den Protagonisten auf redaktioneller Ebene als איש לוי qualifiziert.
261 S. dazu u. S. 152 f.
262 Num 14,15; Ri 6,16; 1 Sam 11,7; 2 Sam 19,15; Esr 3,1; Neh 8,1.

nen.[263] Die geeinte Vergeltungsaktion steht in sachlichem Zusammenhang mit der ausgedehnten Dimension des Verbrechens in Gibea. V.13 bringt diesen Sachverhalt markant zum Ausdruck: Das Übel soll aus Israel weggeschafft werden, d. h. das ganze Gebiet Israels ist durch die Schandtat kontaminiert.

> Es handelt sich um die einzige Stelle, an der die Durchführung der dtn. Forderung ובערת הרע מקרבך (Dtn 13,6; 17,7; 19,19; 21,21; 22,21.24; 24,7) bzw. ובערת הרע מישראל (Dtn 17,12; 22,22) narrativ entfaltet wird.[264] Die Formel kommentiert stets todeswürdige Verbrechen,[265] die „als Angriff auf die Volksidentität qualifiziert [werden], sowohl im Blick auf den einzelnen als Brüdergemeinschaft als auch im Blick auf das Ganze des von JHWH erwählten und exklusiv beanspruchten Volkes"[266]. Das Verbrechen (Dtn 17,4; 22,19) und dessen Ahndung (Dtn 21,21) können daher das ganze Volk betreffen. Die Formel bringt eine Art ritueller Reinigung des Gottesvolkes durch die Tötung desjenigen, der das Übel verursacht hat, zum Ausdruck. Die kollektive Ahndung der Schandtat in Ri 20 liegt demnach vollkommen auf der Linie des Deuteronomismus. Damit steht jedoch lediglich das literarische Phänomen des Deuteronomismus als *terminus post quem* fest; weitere Rückschlüsse auf die Entstehungszeit der Erzählung lassen sich daraus nicht ziehen.

Nach der Beschlussfassung in V.8 beginnen in V.9 die Vorbereitungen zur Ahndung der Schandtat. V.9 f. sind erklärungsbedürftig. Besonders schwer zu erhellen ist das Vorgehen in V.9b. Die Annahme, mittels des Loses solle die Reihenfolge bestimmt werden, in der die Stämme in die Schlacht ziehen,[267] verfängt nur vor dem Hintergrund des sekundären Verses Ri 20,18;[268] zur kollektiven Ausrichtung der Grundschicht von Ri 20 steht sie hingegen im Kontrast. Zwei alternative Deutungen kommen in Betracht: 1) Das Losverfahren bezieht sich womöglich nicht auf ein zukünftiges, sondern auf ein vergangenes Geschehen. בגורל würde entsprechend auf die Landverteilung nach dem Los, wie sie für Benjamin in Jos 18,11 ff. geschildert wird, zurückverweisen.[269] Zu übersetzen wäre dann etwa

---

263 Vgl. u. a. כל־בני ישראל in V.1, כל־העם und כל שבטי ישראל in V.2 sowie die Qualifizierung der Schandtat als זמה ונבלה בישראל in V.6.

264 Vgl. Becker, Richterzeit, 272, in Anlehnung an Jüngling, Richter 19, 265 ff.; Gross, Richter, 855. An sämtlichen Stellen im Dtn wird die maskuline Form הרע verwendet, wohingegen in Ri 20,13 die feminine Form הרעה steht. Ein Bedeutungsunterschied ergibt sich daraus nicht.

265 Diese stehen häufig im Zusammenhang mit einem Dekalog-Verstoß; vgl. Veijola, Deuteronomium, 288.

266 Dohmen, Art. רעע, 608.

267 Vgl. Gross, Richter, 853; ferner Noth, System, 166, der scheinbar beide Aktionen, den Losentscheid in V.9b und das Orakel in V.18, miteinander identifiziert.

268 S. u. S. 77.

269 Vgl. Görg, Richter, 101, der damit verbunden allerdings gleich eine Revision der Landzuweisung in Ri 20 annimmt.

„gegen es in den Losanteil"[270]. Jos 13ff.* weisen ohnehin signifikante Berührungspunkte mit Ri 20 auf, denn neben גורל begegnet dort auch נחלה regelmäßig. Ri 20,9 würde dann auf den geläufigen Zusammenhang der Verteilung des Landes durch das Los anspielen.[271] Diese Deutung fügte sich zudem gut zu der gesamtisraelitischen Perspektive von Ri 20, denn wenn sich בגורל auf die Verteilung des ganzen Landes in Jos bezöge, erforderte dies selbstverständlich eine konzertierte Aktion der Stämme zur Verteidigung des Erbbesitzes. 2) Das Losverfahren könnte sich auch auf die folgende Auswahl eines Zehntels der Truppen beziehen.[272] Diese Interpretation hätte den Vorteil, dass die ungewöhnlich ausführliche Schilderung dieses Vorgangs in V.10a kontextuell besser eingebunden wäre. Eine eindeutige Entscheidung zugunsten einer der beiden Lösungen kann nicht getroffen werden.

In V.10a überrascht die Auswahl der Proviantträger an exponierter Stelle, da diese im Verlauf der Ereignisse keine weitere Berücksichtigung finden. Ferner ist V.10b syntaktisch schwerfällig, da sich die Frage stellt, wer als Subjekt der beiden Infinitive לעשׂות und לבואם fungiert.[273] Da kein Subjektwechsel angezeigt wird, ist es streng genommen weiterhin das ausgeloste Zehntel. Da dieses jedoch kaum gleichzeitig den Proviant tragen und kämpfen kann, muss als logisches Subjekt das zuvor genannte und als Kollektivum pluralisch konstruierte Substantiv עם angenommen werden. Streicht man לקחת צדה לעם als Glosse aus dem Zusammenhang, sind sämtliche Schwierigkeiten behoben und es ergibt sich ein spannungsfreier Ablauf: Für den ursprünglich geplanten militärischen Schlag gegen die schuldigen Gibeatiter wären zehn Prozent des Heerbanns ausreichend gewesen. Erst als sich Benjamin mit Gibea solidarisiert, weitet sich die Kampagne zum Bruderkrieg aus, der das volle Kontingent der Israeliten beansprucht. Womöglich haben sich diese Abstufung und damit auch die Funktion des ausgewählten Zehntels dem Glossator nicht erschlossen. Zur Verdeutlichung hat er daher לקחת צדה לעם eingefügt und die zehn Prozent zu Proviantträgern erhoben.[274]

---

270 In dieser Bedeutung begegnet בגורל auch in Ri 1,3. Daneben spielt die Verteilung des Erbes durch das Los in Jos 13ff. eine zentrale Rolle. Zu den engen Bezügen zwischen Ri 17–21 und Ri 1 sowie Jos 13ff. s.u. S. 217ff.231ff.

271 Vgl. auch Num 26; 34; 36.

272 Vgl. BECKER, Richterzeit, 271f.; GROSS, Richter, 852f. Die Einteilung von Personen zu bestimmten Ämtern und Diensten mit Hilfe eines Losentscheids begegnet mit 1 Chr 24–26 und Neh 11,1 ansonsten nur in späten Texten. Besonders aufschlussreich ist der Vergleich mit der Neh-Stelle: Wie in Ri 20 wird auch in Neh 11 ein Zehntel der Bevölkerung ausgelost.

273 Durch Emendation oder Umstellung des Textes (vgl. BUDDE, Richter, 134; MOORE, Judges, 428; NOWACK, Richter, 167f.) lässt sich das Problem nicht beheben.

274 צידה wird meist im Zusammenhang der Vorbereitung einer Reise erwähnt (vgl. Gen 42,25; 45,21; Jos 1,11; 9,11; 1 Sam 22,10), begegnet neben Ri 20,10 aber auch in Ri 7,8 im Rahmen einer Kriegserzählung. Dort wurde zuvor ebenfalls ein geringer Teil des Heerbanns ausgewählt. Da auch

Eine weitere Auffälligkeit sei nur am Rande erwähnt: Die Bezeichnung Gibeas als „Geba, Benjamin" in V.10 weicht von V.9 ab. Dies könnte entweder auf eine versehentliche Auslassung des *he* zurückgeführt werden oder aber Ausweis eines variierenden Stils[275] sein.

Bevor die Israeliten in V.12 die Verhandlung mit den Benjaminiten aufnehmen, betont V.11 noch einmal die Einmütigkeit der Versammlung. Inhaltliche Schwierigkeiten bereitet in diesem Zusammenhang die nicht näher bestimmte Ortsangabe אל־העיר in V.11. Nach V.10 wäre eine Identifikation mit der dort genannten Stadt Geba/Gibea naheliegend. Da die Israeliten erst in V.12 Boten nach Gibea senden, käme ein Lager vor Gibea hier allerdings zu früh. Entsprechend wird ein israelitisches Lager vor Gibea auch erst in V.19 erwähnt. V.11 würde somit in dieser Deutung erhebliche Spannungen im Textverlauf produzieren. Ausleger, die העיר in V.11 mit Gibea identifizieren, plädieren daher meist für ein spätes Datum des Verses.[276] Doch abgesehen davon, dass es keinerlei literarkritische Indizien gibt, die diese Entscheidung rechtfertigen, ließe sich die Hinzufügung von V.11 auch redaktionsgeschichtlich kaum erklären.

Einige ältere Kommentatoren sind der Ansicht, statt אל habe ursprünglich על im Text gestanden bzw. anstatt אל sei על zu lesen.[277] Israel hätte sich dann in feindlicher Absicht gegen Gibea versammelt. Da kein konkreter Ort genannt würde, wäre als Aufenthaltsort Israels nach wie vor Mizpa aus V.1 anzunehmen. Dass die Kombination von אסף אל und כאיש אחד neben Ri 20,11 auch an den oben genannten Stellen Esr 3,1 und Neh 8,1 begegnet, spricht jedoch eher gegen die Änderung von אל in על.

Ohne Textänderungen ergibt sich eine schlüssige Lesart, wenn man das *imperf. cons.* in V.11 vorzeitig übersetzt und es „als abschließende Zusammenfassung eines vorangegangenen Berichts"[278] in 20,1–10 auffasst. V.11 signalisiert dann, dass die internen Vorbereitungen zum Kampf abgeschlossen sind, und greift in

---

Ri 7,8 erhebliche syntaktische Schwierigkeiten aufweist, lässt sich über einen möglichen literarischen Bezug zwischen diesen beiden Stellen nichts Zuverlässiges sagen.

275 Die Identifikation von Gibea und einem in Benjamin liegenden Geba erfolgt auch in 1 Sam 13.
276 Vgl. Moore, Judges, 427; Nowack, Richter, 168; Becker, Richterzeit, 272.
277 Vgl. Budde, Richter, 134; Nowack, Richter, 168; Soggin, Judges, 291. אסף על begegnet an fünf weiteren Stellen im Alten Testament im Sinne eines feindlichen Versammelns gegen eine gegnerische Partei (vgl. Gen 34,30; Hos 10,10; Mi 4,11; Sach 12,3; Ps 35,15). אסף אל hingegen bezeichnet niemals eine Versammlung gegen eine andere Größe. אל ist immer räumlich zu verstehen, kennzeichnet also eine Versammlung auf einen bestimmten Ort hin, oftmals zum Zweck des Schutzes; vgl. Lev 26,25; Num 11,30; 2 Sam 17,13 u.ö.
278 GK[28] §111k; vgl. auch Lettinga §72.

diesem Zusammenhang das Setting aus V.1 wieder auf: Alle Israeliten hatten sich einmütig in der Stadt, also in Mizpa, versammelt.[279]

3.4.1.4 Redaktionsgeschichtliches Fazit

Bei der Einleitung zum Schlachtbericht in V.1–11 handelt es sich um einen literarisch weitgehend einheitlichen Text, der die Erzählung Ri 19 voraussetzt und fortschreibt. Eine punktuelle Bearbeitung in V.1b (וארץ הגלעד) sowie die Ergänzung von V.2b tragen für den Aussagegehalt von Ri 20 nicht viel aus und können daher für die weitere Analyse zunächst aus dem Blick gelassen werden.

3.4.2 V.12–28: Die ersten beiden Kampftage

3.4.2.1 V.12–18: Kriegsvorbereitungen

In V.12 erfolgt erstmals eine Kontaktaufnahme zwischen Israel und Benjamin, indem die Israeliten Boten zu den noch nicht versammelten Benjaminiten senden. Die Frage nach dem Vergehen in V.12b ist als Anklage in Form einer rhetorischen Frage zu verstehen und kommt einer Kampfansage gleich: Das in Gibea geschehene Übel lässt sich nur durch die Ausrottung der Schuldigen beseitigen.

Als Objekt des Vergeltungsschlages sind zunächst nur die eigenhändig schuldig gewordenen Bewohner Gibeas im Blick (בני־בליעל; vgl. Ri 19,22). Da Benjamin sich geschlossen mit ihnen solidarisiert (V.13b), zieht die Tat einiger Individuen jedoch eine Kollektivschuld nach sich. Der anschließende Kampf gegen Benjamin wird dadurch unausweichlich. Die Aufnahme der Bruderthematik signalisiert, dass sich im folgenden Kampfgeschehen zwei Parteien des durch Teilhabe an Jahwes נחלה verbundenen Gottesvolkes gegenüberstehen.

Mit dem Truppenaufgebot bei Gibea liegt die Initiative unerwartet auf Seiten Benjamins (V.14). Womöglich soll damit verdeutlicht werden, dass Benjamin selbst für den Bruderkrieg und die letztendlich daraus resultierende radikale Dezimierung des Stammes verantwortlich ist.[280]

In V.15 f. erfordern insbesondere die Arithmetik sowie die logische Abfolge der Ereignisse eine eingehende Besprechung.

Ein philologisches Detail in V.15 ist für die Deutung des Verses konstitutiv. Die Wendung לבד מן wird gewöhnlich mit „abgesehen von" übersetzt. Die Gesamtzahl der Benjaminiten beliefe sich folglich auf 26.700 (26.000 Benjaminiten plus 700 Gibeatiter). Die Musterung Benjamins würde so allerdings zwei Mal durch dieselbe Verbform (התפקדו) ausgedrückt. Eine wörtliche

---

279 Vgl. GROSS, Richter, 854.
280 Vgl. EDENBURG, Outrage, 53.

Übersetzung („allein von")[281] würde dieses Problem beheben, da sich die zweite Musterung auf die Gibeatiter bezöge. Die Zahl der gemusterten Benjaminiten reduzierte sich dadurch auf 26.000 (26.000 Benjaminiten inklusive 700 Gibeatiter). Neben dem mageren Konkordanzbefund gibt es jedoch ein weiteres gewichtiges Argument gegen diese Lösung: V.17 ist analog V.15 konstruiert;[282] in V.17 werden die Israeliten zweifellos abgesehen von den Benjaminiten gemustert, sodass eine Übersetzung von לבד מן als „allein von" hier ausgeschlossen und infolgedessen in V.15 äußerst unwahrscheinlich ist.

Übersetzt man die Wendung לבד מן in V.15 als „abgesehen von", ist die Zahlenangabe in V.15bβ syntaktisch schlecht eingebunden, denn die nachklappende Verbform התפקדו bezieht sich noch einmal auf die Musterung Benjamins zurück und schließt diese syntaktisch ab. Alternativ ließe sich התפקדו שבע מאות איש בחור mit GROSS als asyndetischer Relativsatz betrachten.[283] התפקדו würde sich dann auf die Musterung der Gibeatiter beziehen. Die Erwähnung, dass Benjamin ohne Gibea gemustert wurde, wäre jedoch überflüssig, wenn direkt im Anschluss daran die Musterung Gibeas berichtet würde. Außerdem würde man in diesem Fall statt eines asyndetischen Nebensatzes eine stärkere Hervorhebung der Musterung Gibeas, z.B. durch einen Hauptsatz mit Wiederholung des Subjekts, erwarten.

Der Sachverhalt verkompliziert sich zunächst, wenn man V.16 hinzunimmt. Die Dopplung zwischen dem Ende von V.15 und dem Anfang von V.16 legt hier allerdings ein textgeschichtliches Wachstum nahe, das auch die Schwierigkeiten in V.15 erklärt. Die Wiederholung der Wendung שבע מאות איש בחור in V.16 bringt die 700 Elitesoldaten mit den 700 Gibeatitern in Zusammenhang. Eine Identifikation beider Größen liegt jedoch keinesfalls auf der Linie von V.16, da sich כל העם הזה nur auf die Gesamtheit der gemusterten Benjaminiten beziehen lässt. Dies spricht gleichzeitig gegen eine originäre Abfolge von V.15bβ und V.16 in der vorliegenden Form. Da eine redaktionelle Angleichung nicht plausibel ist, dürfte das Problem textkritisch zu beheben sein. Eine relativ einfache Lösung bestünde in der Annahme, dass nur eine der beiden identischen Zahlenangaben ursprünglich ist und die andere nachträglich (wohl durch Verschreiben) assimiliert wurde.[284] Fasste man התפקדו שבע מאות איש בחור dann (eingedenk der damit verbundenen Schwierigkeiten) als asyndetischen Relativsatz auf, ergäbe sich ein spannungsfreier Text.

---

281 Diese Bedeutung wäre für einige weitere Stellen, an denen לבד מן begegnet, zumindest vorstellbar; vgl. 1 Kön 10,14f.; 2 Kön 21,16.

282 Den direkten Bezug zwischen den Versen markiert die chiastische Struktur (V.15: התפקדו gefolgt von לבד מן + Objekt; V.17 לבד מן + Objekt gefolgt von התפקדו).

283 Vgl. GROSS, Richter, 802.

284 Vgl. BARTHÉLEMY, Critique I, 123.

Einen umfassenderen Eingriff, mit dem man gleichzeitig die Annahme eines asyndetischen Relativsatzes umgehen könnte, stellte die komplette Aussonderung einer der beiden Dubletten dar. Naheliegender wäre es in diesem Fall, die Zahlenangabe in V.15 als sekundär zu betrachten, da ein Anschluss von V.16aβ an V.15 nicht sinnvoll wäre.[285] Zudem begegnet איש בחור nur ein weiteres Mal in Ri 20 (V.34) und bezeichnet dort wie in V.16 eine Einheit ausgewählter Männer innerhalb eines größeren Kontingents. Die Dublette in V.15bβ ließe sich dann vielleicht – wenn die Passagen auch nicht unmittelbar aufeinander treffen – als Dittographie nach V.16 erklären.

Unabhängig davon, welcher der beiden Lösungen man den Vorzug gibt, bleibt die Arithmetik im Endtext sonderbar.

Sollten die Zahlen in einem textgeschichtlich späten Stadium angeglichen worden sein, richtete sich die Anzahl der gemusterten Benjaminiten (26.700 bzw. 26.000 + x) danach, ob die Angabe שבע מאות איש בחור in V.15 ihren ursprünglichen Ort hat oder nicht. Dies ist schlechterdings nicht zu entscheiden.

Sonderte man V.15bβ aus, wäre von ursprünglich 26.000 Benjaminiten auszugehen. Nach V.35b.46 fallen 25.100 bzw. 25.000 Benjaminiten. Da die Erwähnung von 600 geflohenen Benjaminiten in V.47b aller Wahrscheinlichkeit nach nicht zur Grundschicht gehört,[286] bleibt in jedem Fall eine Differenz von 1.000 bzw. 900 Benjaminiten (ohne Gibeatiter) oder 1.700 bzw. 1.600 Benjaminiten (mit Gibeatitern)[287] bestehen. Hinter dieser Dunkelziffer könnte sich die nach V.46 unbestimmte Anzahl Geflohener verbergen, sodass sich die Grundschicht (abgesehen von der Abweichung zwischen V.35b und V.46)[288] widerspruchsfrei interpretieren ließe. Erst durch die Zufügung von V.47 entsteht auf redaktioneller Ebene im Zusammenspiel mit V.35 bzw. V.46 eine Differenz von 400 bzw. 300 (1.100 bzw. 1.000) Benjaminiten, die (vermutlich) umkommen, ohne dass ihre Tötung eigens erwähnt wird.

Abschließend sind der literarhistorische Ort und die Aussageintention des eigentümlichen V.16 zu bestimmen. Die Eliteeinheit hat im weiteren Schlachtverlauf keine Funktion; ihre Erwähnung ist somit nicht substantiell in der Erzählung verhaftet. Zudem steht V.16 quer zur Grundschicht von Ri 20, nach welcher sich das Blatt wendet, als Israel nach zwei Niederlagen ein Jahweorakel einholt.[289] Die Erwähnung der benjaminitischen Spezialeinheit in V.16 scheint hingegen anderweitig erklären zu wollen, wie es trotz zahlenmäßiger Unterlegenheit zu den

---

285 Die entsprechende Lesart der LXX lässt sich problemlos als Haplographie aufgrund von Homoioteleuton (בחור) erklären.

286 S.u. S. 90ff.

287 Für den Fall, dass V.15bβ zur Grundschicht des Textes gehört, dort aber ursprünglich eine andere Zahl als 700 stand, lassen sich freilich keine Rechnungen aufstellen.

288 S. dazu u. S. 91.

289 S.u. S. 77.81f.

Siegen Benjamins kommen konnte. V.16 wurde daher allem Anschein nach in den Zusammenhang nachgetragen.[290]

> Die benjaminitische Elitetruppe besteht aus Männern, die „gelähmt an ihrer rechten Hand" sind und über eine besondere Begabung im Kampf verfügen – das haargenaue Schleudern eines Steines. Sicherlich ist mit dieser Qualifizierung kein physisches Defizit impliziert, da die Elitekampftruppe wohl kaum aus körperlich Versehrten (die zudem alle exakt dieselbe Behinderung aufwiesen) bestanden haben dürfte. Möglicherweise ist die Linkshändigkeit im Blick, die insbesondere für Ri 3,12 – 30* konstitutiv ist.[291] Eine alternative Deutung, die auch für Ri 20,7 nahe läge, bietet LXX. Sie übersetzt die Wendung sowohl in Ri 3,15 als auch in Ri 20,15 mit ἀμφοτεροδέξιος, „beidseitig rechts(händig)", was die besondere Fähigkeit der Betroffenen im Kampf pointiert zum Ausdruck bringt.[292] Angeregt wird die LXX-Version wohl durch 1 Chr 12,1 ff., wo von dem beidhändigen Kampf als herausragender Kampffähigkeit Benjamins berichtet wird, zumal sie die Fertigkeit des beidhändigen Schleuderns eines Steines einschließt.[293]

V.17 bringt die Kriegsvorbereitungen mit der Zählung der gegnerischen Partei zum Abschluss.[294]

In V.18 führen die Israeliten eine Orakelbefragung in Bet-El durch.[295] Nach Mizpa wird damit unvermittelt ein weiterer Kultort konsultiert.[296]

---

290 Zur redaktionsgeschichtlichen Beurteilung von V.16 s.u. S. 85.

291 Bei Ehud ist die ausgeprägte linke Hand in besonderer Weise von der Erzählung motiviert, da er den Moabiterkönig Eglon überraschend mit links erdolcht. Die Beherrschung einer besonderen Kampftechnik ist für die Erzählung irrelevant und wird folglich auch nicht erwähnt. Einige Exegeten gehen davon aus, dass V.16 sich des Materials aus Ri 3,15 bedient habe; vgl. BUDDE, Richter und Samuel, 152; MOORE, Judges, 431; BECKER, Richterzeit, 274; WONG, Strategy, 111 ff. Geht man von einer literarischen Bezugnahme auf Ri 3 aus, müsste im Rahmen der unten vorgeschlagenen Entstehung des Richterbuches die Zufügung in 20,16 entsprechend spät angesetzt werden. An sich wäre dies unproblematisch. Auf vorgegebenes Material hat der Redaktor von V.16 vielleicht auch bei der Zahlenangabe 700 zurückgegriffen, denn eine entsprechende Anzahl von Kriegern begegnet auch in 2 Kön 3,26 als Unterabteilung eines Heeres.

292 Vgl. zur Sache auch DEXINGER, Plädoyer, 269.

293 Die Tradition der besonderen Kampfbegabung der (oder einiger) Benjaminiten (= Söhne der rechten Seite) könnte aus einem Wortspiel entstanden sein.

294 BECKER, Richterzeit, 274, beurteilt V.17 als Ergänzung, da die Zahl in keinem Zusammenhang zur nachfolgenden Kriegserzählung stehe. Ohne V.17 fehlt jedoch in BECKERS Analyse die Musterung Israels. Dass an den ersten beiden Schlachttagen zehn Prozent des Heeres fallen, dokumentiert die verheerende Niederlage Israels und entspricht somit der Dimension der Erzählung. Außerdem bringt die Nennung des israelitischen Kontingents die große Differenz zwischen Israel und Benjamin zum Ausdruck – sondert man den Vers aus, beraubt man die Erzählung der Pointe, dass Benjamin trotz seiner viel geringeren Heeresstärke zunächst zwei Siege erzielt.

295 Die literarhistorische Einordnung der insgesamt vier Bet-El-Szenen in Ri 20 f. wird in der Forschung kontrovers diskutiert: BECKER, Richterzeit, rechnet sie allesamt zum Grundbestand; VEIJOLA, Königtum, und GROSS, Richter, betrachten sie insgesamt als redaktionell.

Die Orakelanfrage in V.18 unterbricht den Zusammenhang von Rüsten (V.17) und Auszug (V.20). Daneben verwundert auch der Inhalt des Orakels:[297] Da Israel bereits komplett gerüstet ist, kommt die Frage, wer zuerst in den Kampf ziehen solle, reichlich spät. Außerdem bleibt das Orakel im weiteren Verlauf unberücksichtigt, da Juda nicht an exponierter Stelle in die Schlacht zieht, sondern Israel weiterhin als Kollektiv agiert.[298] Diese Beobachtungen sprechen für eine nachträgliche Einfügung von V.18. Über die Intention der Bearbeitung gibt ein Vergleich mit Ri 1,2 Aufschluss. Die Ähnlichkeiten zwischen den beiden Versen sind so gravierend, dass eine literarische Bezugnahme auf der Hand liegt. Da sich das Orakel („Juda soll zuerst hinaufziehen") in Ri 1,2 stimmig in den Zusammenhang der Landnahme nach Stämmen einfügt und im Anschluss auch beherzigt wird, dürfte es ursprünglich dort beheimatet sein. Der Redaktor verknüpft also Ri 20 nachträglich mit Ri 1.[299] Der Rekurs auf Ri 1,2 markiert einen Verfall im Verlauf der Ereignisse: In Ri 1 wurde das Orakel noch befolgt, in Ri 20 nicht. Die Nichtbefolgung des Orakels wirkt sich nebenbei auch positiv auf die Erzähllogik von Ri 20 aus. Die Grundschicht von Ri 20 bewirbt implizit den Jahwekrieg, da sich das Blatt erst in dem Moment zugunsten Israels wendet, in dem das Volk Jahwe befragt (V.26 – 28*).[300] Durch die Einfügung von zwei Orakelszenen am ersten und zweiten Kampftag (V.18 f.23)[301] wird dieser Zusammenhang verstellt. Indem sie das Orakel missachten, tragen die Israeliten zumindest eine Mitschuld an dem überraschenden Erzählverlauf, wonach sie trotz Jahweorakel eine Niederlage erleiden.[302]

3.4.2.2 V.19 – 25: Zwei Niederlagen Israels

V.19 und V.20 berichten zweimal hintereinander, wie Israel im Zuge der Kampfvorbereitung gegen Gibea Stellung bezieht. Die Dublette legt eine literarkritische Lösung nahe. V.19 enthält mit בבקר eine Angabe der Tageszeit, wie sie sonst nur noch in den Bet-El-Szenen in V.23 und V.26 begegnet. Da die kultischen Handlungen dort jeweils bis zum Abend dauern, dürfte sich die Angabe „am Morgen" direkt auf V.18 beziehen und implizieren, dass auch die erste Orakelbefragung am

---

296 Zum Verhältnis der beiden Kultorte s.u. S. 80 f.
297 Die Befragung Elohims erinnert an Ri 18,5. Während das levitische Orakel ohne (explizit genannte) göttliche Antwort bleibt, antwortet hier jedoch Jahwe. Auch in den folgenden Orakelszenen in V.23.26 – 28 fungiert Jahwe als Gegenüber der Israeliten.
298 Mit der Aufnahme von Ri 1,2 wird also gerade nicht ausgedrückt, dass der Stamm Juda für das Massaker an Benjamin verantwortlich ist, wie Avioz, Jebus, 251, meint.
299 Zum literarhistorischen Ort von Ri 1 s.u. S. 223 f.
300 S. dazu im Folgenden.
301 S. auch dazu im Folgenden.
302 Eine ähnliche Vermutung äußern Hentschel/Niessen, Bruderkrieg, 19.23 f.

Abend stattgefunden hat.[303] Die enge Verbindung zwischen den Versen spricht für die Zusammengehörigkeit von V.18 f. Umgekehrt kann die Dublette kaum durch die Aussonderung von V.20 aufgelöst werden,[304] da die Verse 20 und 21 organisch aufeinander aufbauen. Nachdem Israel aus seinem Lager ausgezogen ist (יצא) und sich gegen Benjamin bei Gibea zur Schlacht geordnet hat, zieht auch Benjamin aus Gibea aus (יצא) – die Heere stehen einander gegenüber und der Kampf kann beginnen. Zudem bezieht sich ויספו לערך in V.22 auf ויערכו in V.20 zurück, weshalb V.20 – 22 als literarische Einheit anzusehen sind.

> Sondert man V.20 aus, muss daher zwangsläufig auch V.22 für sekundär erachtet werden.[305] BECKER begründet diese Entscheidung damit, dass V.22 vor V.23 zu früh käme und mit V.24 im Hinblick auf die Darstellung der Taktik Israels konkurriere. Ein Wechsel von einem offensiven Verhalten in V.22 zu größerer Vorsicht in V.24 lässt sich jedoch nicht feststellen, da קרב in militärischem Kontext ein geläufiger Ausdruck für eine Offensive ist.[306] Die in der Tat merkwürdige Abfolge der Verse 22 – 24 verlangt daher eine andere Erklärung.

Die Jahwebefragung in V.23 unterbricht den Zusammenhang von Sammlung (V.22) und Aufbruch (V.24) der Truppen. Das Problem lässt sich unkompliziert durch die literarkritische Aussonderung von V.23 beheben, dessen sekundärer Charakter anhand diverser Spannungen zum Kontext ersichtlich wird. Die Motivation Israels für den erneuten Angriff in V.23 steht in Kontrast zu V.22. Während Israel in V.22 die Ermutigung seiner Truppen selbst bewerkstelligt (ויתחזק), bedarf es nach V.23 erst eines positiven Orakels, damit sie sich erneut dem Kampf stellen.[307] Schließlich provoziert V.23 einen chronologischen Widerspruch. Die Angabe אשר־ערכו שם ביום הראשון in V.22 gibt zu verstehen, dass der zweite Kampftag bereits angebrochen ist. Wenn Israel anschließend bis zum Abend vor Jahwe weint, kann der Ausfall gegen Benjamin in V.24 nicht ebenfalls noch am zweiten Tag stattfinden.[308]

> Einige Spezifika lassen sich erst vor dem Hintergrund der dritten und letzten Bet-El-Szene in Ri 20,26 – 28 beurteilen. V.23 bezieht sich durch האוסיב eindeutig auf den vergangenen ersten

---

303 Der enge Bezug zwischen V.18 und V.19 manifestiert sich zudem in den parallelen Satzanfängen jeweils mit ויק(ו)מו. Gegen VEIJOLA, Verheißung, 187, Anm. 35, spricht dies nicht zwangsläufig für eine redaktionelle Wiederaufnahme.

304 Vgl. aber BECKER, Richterzeit, 275; GÖRG, Richter, 103.

305 Vgl. BECKER, Richterzeit, 275; GÖRG, Richter, 103.

306 Vgl. u. a. Dtn 20,2 f.; Jos 8,5.

307 Vgl. GROSS, Richter, 857.

308 Vgl. u. a. auch EISSFELDT, Quellen, 102; GROSS, Richter, 857. VEIJOLA, Verheißung, 187, Anm. 37, zählt V.24 zur Ergänzung, da die Angabe ביום השני die identische Formulierung in V.25 vorwegnehme. Hierzu besteht kein Anlass; der chronologische Widerspruch, den V.23 dann zwischen V.22 und V.25 hervorriefe, würde durch diese Option jedoch nicht tangiert.

Kriegstag zurück. Gegenüber der Befragung in V.18 zeigen sich jedoch einige Veränderungen: Die Ortsangabe Bet-El fehlt, statt Elohim wird nun Jahwe befragt, als neue Elemente treten das Weinen der Israeliten sowie die bereits aus V.13 bekannte Bruderthematik hinzu. Neben diesen Auffälligkeiten bleibt vor allem zu klären, warum der Redaktor seinen Einschub nach V.22 platziert hat, wo er gravierende Spannungen im Erzählverlauf bewirkt.[309]

V.25 schließt den zweiten Kampftag ab, indem analog V.21 die Niederlage Israels gegen Benjamin berichtet wird.

3.4.2.3 V.26 – 28: Vorbereitung auf die dritte Schlacht

In V.26 – 28 ziehen die Israeliten erneut nach Bet-El, um Jahwe zu befragen. Da im Gegensatz zu V.18 und V.23 jedoch kein organischer Zusammenhang unterbrochen wird, kann die dritte Orakelszene ohne Probleme zum literarischen Grundbestand gerechnet werden.[310] Während die Israeliten nach der ersten Niederlage noch aus eigener Kraft neuen Mut fassten, legen sie die weitere Kriegstaktik nach dem erneuten Misserfolg in die Hand Jahwes und holen ein Orakel ein.[311] Durch die Übereignungsformel sichert Jahwe den Israeliten den Sieg zu.

Innerhalb der Jahwebefragung sind die Verse 27b.28a*[bis הום] nachgetragen,[312] denn sie erwecken den Eindruck, dass nicht die Israeliten die mit האוסף anlautende Frage stellen, sondern der Priester Pinhas, was den Erzählfluss erheblich stört.[313] Indem die Bundeslade und ein aaronidischer Priester[314] in Bet-El

---

309 S. dazu u. S. 82 mit Anm. 329. Die Annahme einer Umstellung der Verse lässt sich kaum begründen; vgl. aber zuletzt wieder EDENBURG, Outrage, 66 f.

310 Für die Ursprünglichkeit von 20,26 – 28* plädiert auch CRÜSEMANN, Widerstand, 159. Vor der Befragung weint, fastet und opfert Israel vor Jahwe in Bet-El. Die geschilderten Tätigkeiten passen dabei gut zur priesterlich-kultischen Färbung der Grundschicht. An diese erinnern zudem die kollektive Aktion, die durch zweimaliges כל betont wird, und die Bezeichnung Israels als עם in einem kultischen Kontext, die sich ähnlich in Ri 20,2 findet. S. auch u. S. 87, Anm. 341.

311 Aus der Abfolge von einfacher Frage in V.18, vorgeschaltetem האוסיף in V.23 und האוסף עוד in V.28 folgt entgegen BECKER, Richterzeit, 274, nicht zwangsläufig, dass V.28 die beiden vorangegangenen Bet-El-Orakel kennt. Es steht lediglich fest, dass V.28 bereits auf ein erfolgtes Kriegsgeschehen zurückblickt.

312 Trotz des doppelten בימים הום in V.27b und V.28a scheint der Nachtrag literarisch einheitlich zu sein, da die Bezeichnung der Lade als ארון ברית האלהים und die Erwähnung des Pinhas' auf einen ähnlichen Kontext weisen: Ein legitimer Kult benötigt einen legitimen Kultgegenstand und einen offiziellen Priester; gegen BUDDE, Richter, 132, der in V.27b den gegenüber V.28a jüngeren Nachtrag sieht, und MOORE, Judges, 434, der von der umgekehrten chronologischen Reihenfolge ausgeht.

313 Vgl. u. a. auch VEIJOLA, Königtum, 22; CRÜSEMANN, Widerstand, 159, Anm. 29; EDENBURG, Outrage, 67 f.; THON, Pinhas, 95.

lokalisiert werden, wird das Heiligtum aufgewertet. Damit erklärt sich im Zusammenhang von Ri 20 zunächst, warum die Israeliten zum Orakel nach Bet-El gehen und nicht nach Mizpa, was nach V.1 durchaus nahe gelegen hätte.

Exkurs: Die zwei Kultorte in Ri 20

Der problematischen Nennung zweier Kultorte in Ri 20 wird meist literarkritisch begegnet. Nach Schunck sind sowohl Mizpa als auch Bet-El sekundär, gehören aber unterschiedlichen Redaktionsstufen an.[315] Becker betrachtet die Erwähnung Mizpas am Beginn von Ri 20 als Nachtrag,[316] Gross hingegen sondert Bet-El aus.[317] Noth vertritt eine kompliziertere redaktionsgeschichtliche Lösung. Mizpa gehöre zum ursprünglichen Bestand, Bet-El komme durch den sekundären V.18 in die Erzählung hinein und sei von dort auch in V.26 eingetragen worden, wohingegen die Orakelanfragen in V.23 und V.26 ursprünglich in Mizpa lokalisiert gewesen seien.[318] Keiner der Genannten äußert sich jedoch dazu, wie das Nebeneinander der Kultorte auf redaktioneller Ebene zu bewerten ist.

Nach der bisherigen Analyse gehören beide Kultorte auf die Ebene der Grundschicht, sodass eine Erklärung ohnehin jenseits literarkritischer Überlegungen zu suchen ist. Zwei Möglichkeiten sind denkbar: 1) Das Nebeneinander der Kultorte hat Erinnerungen an historische Begebenheiten bewahrt. Mizpa hätte dann, obwohl dort eine Kultstätte gewesen sein mag, als politisches und soziales Zentrum, Bet-El eher als religiöses und kultisches Zentrum fungiert.[319] Der je spezifischen Prägung der beiden Orte folgend hätte der Verfasser die Versammlung in Mizpa, die Orakelanfrage hingegen in Bet-El lokalisiert. Da die Textbasis für diese These äußerst schmal ist, kommt man über eine bloße Vermutung nicht hinaus. 2) Mit den Orten Mizpa und Bet-El verbinden sich bestimmte Tendenzen. Da beide Orte gleichermaßen als Verwaltungszentren *und* Kultstätten fungiert haben dürften, erscheint diese Annahme naheliegender. Bet-El nimmt auf der Ebene der Grundschicht von Ri 20 den Rang eines legitimen Heiligtums ein: Jahwe erteilt den Israeliten dort ein positives Kriegsorakel, das umgehend eintritt. Im Gegensatz dazu folgen auf die Versammlung Israels „zu Jahwe nach Mizpa" in V.1 zwei Niederlagen im Kampf. Innerhalb von Ri 20 könnte Mizpa folglich negativ, Bet-El hingegen positiv besetzt sein.

Diese Beurteilung ist ungewöhnlich, da Mizpa ansonsten nirgends einer expliziten, geschweige denn negativen Wertung unterzogen wird, offene Polemik gegen Bet-El hingegen vielerorts im Alten Testament begegnet.[320] Im Anschluss an die antisaulidische Tendenz in Ri 19 ist diese Ordnung jedoch durchaus plausibel, da Mizpa als Ort der Krönung Sauls nach

---

314 Auch in Num 25 und Jos 22 präsentiert sich Pinhas durch die Ahndung kultischer Vergehen als Gewährsmann eines reinen Kultes.

315 Vgl. Schunck, Benjamin, 58 ff.

316 Vgl. dazu die Argumentation zu Ri 20,1 – 3 o. S. 61 ff.

317 Vgl. Gross, Richter, 856 ff.

318 Vgl. Noth, System, 166.

319 Vgl. zu dieser These North, Rise, 194 (allerdings mit Bezugnahme auf die vorliegende Stelle), und Dumermuth, Kulttheologie, 97.

320 Vgl. neben dem dtr. Programmtext 1 Kön 12 insbesondere die prophetische Kritik u. a. in Am 3,13; Hos 10,1 – 8.

1 Sam 10,17 eng mit der Saultradition verbunden ist.[321] Die Israeliten fassen in Mizpa den weitreichenden Entschluss, militärisch gegen Sauls Stamm Benjamin vorzugehen – göttliches Wirken erwarten sie dort jedoch nicht; mit der Bitte um Beistand begeben sie sich daher an einen anderen Ort, Bet-El. Das Nebeneinander zweier Kultstätten erklärt sich somit aus der Logik der Erzählung: In Ri 20 setzt sich die antisaulidische Tendenz aus Ri 19 fort.[322]

Die Ergänzung in Ri 20,27b.28a*[bis ההם] erschließt sich am besten im Zusammenhang der dtr. Kritik an den kultischen Neuerungen Jerobeams I. in Bet-El nach 1 Kön 12, vor deren Hintergrund die Hierarchie der Kultorte zwangsläufig merkwürdig erscheinen musste. Die Verortung der Bundeslade und des Priesters Pinhas in Bet-El befreit indes nicht nur die kultischen Handlungen der Israeliten in Ri 20,26 – 28 von dem „Verdacht der Illegitimität"[323]; im gleichen Zug grenzt sie den Bet-Eler Kult in Ri 20 von dem späteren Kult unter Jerobeam I. ab. Bet-El ist nur so lange rechtmäßiges Heiligtum, wie die Lade, ein aus Jerusalemer Sicht legitimer Kultgegenstand, dort steht.[324] Die Errichtung eines Stierbildes erscheint demgegenüber unweigerlich als verwerfliche Neuerung.[325] Auch die Erwähnung des Aaroniden Pinhas steht im Kontrast zu 1 Kön 12,31f., wo Jerobeam I. unrechtmäßige, d. h. nicht-levitische Priester einsetzt.

Der Nachtrag dürfte verhältnismäßig jungen Ursprungs sein. Als „Lade des Bundes Gottes" begegnet die Bundeslade nur noch in den späten Texten 1 Sam 4,4; 2 Sam 15,24 und 1 Chr 16,6. Auch die Figur des Pinhas weist wohl auf einen priesterschriftlichen oder gar chronistischen Kontext.[326]

3.4.2.4 Redaktionsgeschichtliches Fazit
Der dreitägige Schlachtverlauf verrät eine planvolle Anlage der Grundschicht in V.12 – 14.15a.bα.17.20 – 22.24 – 26.27a.28a*[ab לאמר].b: Solange Israel auf eigene Faust in den Kampf zieht, erleidet es Niederlagen; die Wende des Kriegsgesche-

---

321 Vgl. GROSS, Richter, 850.

322 Über die kultischen Verhältnisse in Israel zur Zeit der Entstehung von Ri 20 gibt der Text unter dieser Voraussetzung freilich keine Auskunft. Mizpa und Bet-El müssen zur Zeit der Abfassung des Textes keine intakten Kultstätten gewesen sein. Die Darstellung beruht auf literarischen Zeugnissen, die die Existenz dieser Kultstätten in vorexilischer Zeit aussagen, und auf die sich die Verfasser sich berufen kann.

323 THON, Pinhas, 98; vgl. auch PORZIG, Lade, 102.

324 Da die Lade bereits in 1 Sam 1 ff. wieder in Schilo situiert ist, beschränkt sich diese Phase auf einen äußerst kurzen Zeitraum. Für eine bewusste Ausrichtung auf 1 Sam 1 ff. spricht womöglich die ungewöhnliche Bezeichnung „Lade des Bundes Gottes", die aus 1 Sam 4,4 übernommen worden sein könnte.

325 Vgl. NA'AMAN, Beth-aven, 17 f.

326 Vgl. BECKER, Richterzeit, 276.

hens erfolgt erst, als Israel sich zur Einholung eines Orakels und damit zum Jahwekrieg entscheidet. Die Übereignungsformel besiegelt Israels Triumph über die Benjaminiten.

Dieser klare Zusammenhang wird durch die Ergänzungen in 20,18 f. und 20,23 verschleiert, die eine Befragung auch vor der ersten und der zweiten Schlacht einfügen. Der Redaktor übernimmt Elemente aus der älteren Bet-El-Szene 20,26 – 28* (Orakelanfrage, Weinen, Bruderthematik, Angabe der Tageszeiten etc.) und gestaltet seine Ergänzungen sorgfältig darauf hin. Eine sukzessive Steigerung der Tätigkeiten der Israeliten in Bet-El ergibt sich dadurch, dass V.18 nur die Orakelanfrage erwähnt, V.23 hingegen aus V.26 zusätzlich das Weinen der Israeliten übernimmt. Die dritte und ursprüngliche Orakelszene erscheint demgegenüber wiederum gesteigert, da die Israeliten nicht nur bis zum Abend in Bet-El verweilen und weinen, sondern nun auch fasten und Opfer darbringen.

Was den Redaktor zu diesen Einfügungen bewogen haben könnte, ist nicht leicht auszumachen. Wie oben gezeigt wurde,[327] stören beide den logischen Ablauf der Ereignisse. Darüber hinaus verleihen die Befragungen in Bet-El dem gesamten Erzählverlauf eine eigenartige Tendenz. Jahwe antwortet zweimal mit einem positiven Orakelbescheid, der in Kontrast zu den von der Grundschicht vorgegebenen Niederlagen steht. Die zweimalige Niederlage trotz vorangegangener Orakel zielt womöglich auf eine Kritik an den entsprechenden Kulthandlungen.[328] Die sukzessive Steigerung der kultischen Bemühungen veranschaulicht, dass falsche Kultpraxis und unvollständiger Gottesdienst nicht zum Erfolg führen. In der ersten Orakelszene ist dies relativ offensichtlich: Die Israeliten befragen Elohim, eine nicht näher bestimmte, d. h. „irgendeine" Gottheit; das daraufhin ergehende Jahweorakel befolgen sie nicht. Postwendend folgt auf ein solches Kultverhalten eine Niederlage im Kampf. Am zweiten Tag ist die kultkritische Tendenz weniger augenfällig. Die Israeliten befragen dieses Mal nicht Elohim, sondern Jahwe, bezeichnend ist jedoch der Zeitpunkt des Orakels: Die Israeliten haben bereits neuen Mut gefasst und sich zum Kampf geordnet; sie sind also grundsätzlich bereit, auch ohne göttliche Weisung in die Schlacht zu ziehen. Auch ein solch halbherzig terminierter Kult führt nicht zum militärischen Erfolg.[329] Erst am dritten Tag bewirkt die *rite* durchgeführte Zeremonie mit Fasten und Opfern schließlich ein Eingreifen Jahwes zugunsten der Israeliten.

---

327 S. o. S. 77 ff.

328 Der Eindruck, dass Jahwe zweimal hintereinander viele Tausende unschuldige Israeliten in den Tod geschickt hat, wurde dadurch unvermeidbar; vgl. zur Sache Gross, Richter, 858.

329 Mit dieser Annahme lässt sich auch am ehesten erklären, warum die Orakelanfrage nach V.22 an unerwarteter Stelle in den Text eingefügt wurde.

Gelegentlich wird in Erwägung gezogen, ob die beiden Einschübe in V.18 f.23 eine dezidierte Bet-El-Kritik in den Text eintragen wollten.[330] Durch die Einfügungen sollte demnach gezeigt werden, dass die kultische Praxis am Bet-Eler Heiligtum dem Jahwe-Kult grundsätzlich nicht angemessen sei.[331] Dies schlösse eine allgemein kultkritische Deutung freilich nicht aus. Vielmehr rückt das Bet-Eler Heiligtum automatisch mit in den Fokus der Kritik, wenn der falsche Kult dort verübt wird. Der Redaktor musste somit zumindest die Möglichkeit einer Bet-El-kritischen Lesart in Kauf nehmen. Da der Ort des Geschehens in der zweiten Orakelszene gar nicht genannt wird, dürfte ihm jedoch nicht vorrangig an der Kritik am Kultort Bet-El gelegen haben. Außerdem erklären sich weder die Nichtbefolgung des ersten Orakels noch die verspätete zweite Orakelbefragung durch die Annahme einer Bet-El-kritischen Prägung.

Die Vermutung einer kultkritischen Intention der Bet-El-Redaktion muss sich letztlich in der Bestimmung ihres redaktionsgeschichtlichen Ortes innerhalb der Schlusskapitel bestätigen. Bislang steht der gesamtisraelitische Verfall, der durch die grundsätzliche Opferkritik zum Ausdruck kommt, sowohl Ri 19 als auch der Grundschicht von Ri 20 entgegen, die jeweils nur den Geburtsort bzw. den Stamm Sauls diskreditieren. Zu späteren redaktionellen Stadien der Schlusskapitel in Ri 17 f. und Ri 21 weist sie jedoch, wie sich im Lauf der Analyse zeigen wird, durchaus Analogien auf.

Die Plausibilität einer (wenn auch nur impliziten) Bet-El-kritischen Deutung hängt sodann von dem literarhistorischen Verhältnis der Bet-El-Redaktion zu Ri 18 ab.[332] Sollte die Landnahme Dans dem Redaktor bereits bekannt gewesen sein, hätte er die Kritik gegen einen Schauplatz des jerobeamischen Kultes nicht beiläufig in Ri 20 erstmals in den Zusammenhang eingetragen, sondern könnte sich bereits an die plakative Dan-Kritik in Ri 18[333] angelehnt haben.

---

330 So zuletzt GOMES, Sanctuary, 125 ff. Gegen diese Deutung spricht sich GROSS, Richter, 857, aus. Im Rahmen endtextorientierter Untersuchungen wird die Bet-El-kritische Tendenz häufig auf größere Textkomplexe übertragen. AMIT, Hidden Polemic, weitet die polemischen Züge auf Ri 17 f. aus, SWEENEY, Polemics, 526, auf Ri 17 – 21 insgesamt. Diese Deutung greift insgesamt zu kurz, da es zwar Passagen geben mag, die (einem Heiligtum in) Bet-El kritisch gegenüberstehen, dies aber kaum der Intention der gesamten Erzählung entspricht. Darin, dass der Beschluss zum Bruderkrieg in Bet-El besiegelt wird, wohingegen man in Mizpa noch zu Verhandlungen bereit gewesen sei, oder auch darin, dass Schilo als Ort des Frauenraubs in der Nähe von Bet-El lokalisiert wird, zeigt sich jedenfalls keine kritische Tendenz gegenüber Bet-El; gegen SWEENEY, Polemics, 526.
331 Eine zumindest implizite kritische Note gegenüber Bet-El könnte sich in der Tat in der Antwort Jahwes in V.18 niedergeschlagen haben. Mit der Aufforderung „Juda soll zuerst hinaufziehen" wird eine projudäische Tendenz aus Ri 1 aufgegriffen, die hier kontextuell in keiner Weise verankert ist. Die literarische Aufnahme verdeutlicht, wer nach Meinung des Redaktors an der Spitze Israels zu stehen hat: Das (ehemalige) Südreich Juda und mit ihm, wenn man dieser Logik folgen will, der entsprechende Kult in Jerusalem.
332 S. dazu u. S. 191 f.
333 S. dazu u. S. 158 ff.

Die redaktionellen Bet-El-Passagen und der ebenfalls sekundäre V.16 erklären je auf ihre Weise und gleichermaßen von der Grundschicht abweichend die überraschende Niederlage Israels an den ersten beiden Kampftagen. Da sie in keinem erkennbaren Bezug zueinander stehen, ist ihr literarhistorisches Verhältnis schwer zu bestimmen. Die Einfügung einer benjaminitischen Spezialeinheit zur Erklärung des unerwarteten Schlachtverlaufs lässt sich schwerlich als Erläuterung der Grundschicht deuten, wo der Zusammenhang von Orakelanfrage und Sieg unmittelbar einleuchtet und der Schlachtverlauf somit keiner Begründung bedarf. Es ist eher vorstellbar, dass dem Redaktor von V.16 die kritische Nuance der beiden redaktionell nachgetragenen Kulthandlungen in Bet-El und damit der Zusammenhang von (*rite* vollzogenem) Kult und militärischem Erfolg nicht einsichtig war. Mit seiner Bearbeitung wollte er dann womöglich dem überraschenden Verlauf des Kampfes Rechnung tragen.

Schließlich muss noch der literarhistorische Ort der Einfügung V.27b.28a*[bis הההם] bestimmt werden, die den Kultort Bet-El für eine begrenzte Zeit legitimiert. Die Position der Ladenotiz in der dritten Orakelszene spricht dafür, dass die Bet-El-Redaktion in V.18 f.23 dem Redaktor noch nicht bekannt war, da der Hinweis auf das am Kultort vorhandene Kultinventar andernfalls reichlich spät erfolgen würde. Zudem hätte der Redaktor wohl nicht ohne Weiteres die Bundeslade in Bet-El verortet, wenn den beiden Niederlagen jeweils bereits kultische Versammlungen am Heiligtum vorausgegangen wären und der betreffende Kult somit in direktem Zusammenhang mit den Misserfolgen stünde.[334]

Diese relative Chronologie spricht zugleich noch einmal gegen einen dezidiert Bet-El-kritischen Fokus der Bet-El-Redaktion. Wenn Bet-El durch die Präsenz der Bundeslade bereits legitimiert ist, werden die Niederlagen eher in der falschen Kultpraxis als in der generellen Untauglichkeit des Heiligtums begründet liegen.

Somit ergibt sich folgende relative Chronologie der Verse 12 – 28:
1) V.12 – 14.15a.bα.17.20 – 22.24 – 26.27a.28a*[ab לאמר].b stellen die Fortsetzung von V.1 – 11* dar. Durch die Solidarisierung des gesamten Stammes Benjamin mit den schuldigen Gibeatitern wird der Bruderkrieg, der sich in V.1 – 11* angebahnt hatte, unabwendbar: Um das Übel aus Israel wegzuschaffen, müssen die Israeliten gegen Benjamin ins Feld ziehen. Obwohl sie mit dem größeren Kontingent aufwarten, erleiden sie an den ersten beiden Kampftagen herbe Niederlagen. Vor der dritten Begegnung mit Benjamin ziehen sie daher nach Bet-El, um ein Orakel von Jahwe einzuholen. Jahwe legitimiert den Bruderkrieg durch die Übereignungs-

---

334 Die Zeitangabe בימים הההם schließt eine Beschränkung der Anwesenheit der Bundeslade auf den Vorabend des dritten Kampftages aus.

formel und positioniert sich damit eindeutig zugunsten Israels bzw. gegen Benjamin. Neben dieser benjaminkritischen Perspektive ist die Szene geprägt von einer positiven Haltung gegenüber Bet-El als Kultort.

2) V.27b.28a*[bis הֵהֵם]: Dem Redaktor dürfte die vorbehaltlos günstige Wertung Bet-Els anstößig erschienen sein. Er begründet sie daher eigens, indem er das Bet-Eler Heiligtum durch die Präsenz der Bundeslade und des Priesters Pinhas aufwertet. Diese Phase wird durch den Anschluss von 1 Sam, wo sich die Lade in Schilo befindet (vgl. 1 Sam 4,3), auf natürliche Weise limitiert. Der solcherart legitimierte Kult in Bet-El wird dadurch von dem nachmaligen Bet-Eler Kult unter Jerobeam abgegrenzt. Die bisweilen stark an die Chronik erinnernde Terminologie („Lade des Bundes Gottes"; Pinhas als Priester) legt einen späten Zeitpunkt der Einfügung nahe.

3) V.18 f.23: Die Bet-El-Bearbeitung nimmt den überraschenden Schlachtverlauf zum Anlass, eine Kritik an falscher Kultpraxis in die Erzählung einzutragen: Der laue Kult Israels führt nicht zu dem erhofften Beistand Jahwes im Krieg; Israel unterliegt zweimal dem schwächeren Kontrahenten. Die Perspektive wird dadurch ausgeweitet von einer prodavidischen/projudäischen und antisaulidischen/antibenjaminitischen Wertung zu einer Kritik am kultischen Verhalten ganz Israels. Auf das von der Grundschicht vorgegebene Heiligtum Bet-El fällt in diesem Zusammenhang allenfalls beiläufig ein negatives Licht.

4) V.16: Nachdem der klare Ablauf der Grundschicht durch die Bet-El-Redaktion verstellt wurde, erklärt V.16 durch die Einfügung einer benjaminitischen Elitetruppe, wie es zur zweimaligen Niederlage Israels kommen konnte.

5) V.15bβ stellt eine durch Dittographie entstandene Glosse dar, die daher zeitlich nach V.16 anzusetzen ist.

3.4.3 V.29 – 48: Der entscheidende dritte Kampftag
3.4.3.1 V.29 – 41: Sieg Israels

Der Zusammenhang der Verse 29 – 41 ist nicht spannungsfrei. Besonders sperrig ist V.36b: Laut V.36a hat Benjamin seine eigene Niederlage eingesehen, V.36b–41 setzen jedoch mitten im Kriegsgeschehen neu ein; sie schildern, wie die Israeliten die ahnungslosen Benjaminiten hinter das Licht führen und mit Hilfe eines Hinterhaltes den Bann an Gibea vollstrecken. Im Folgenden wird daher von einer literarischen Naht zwischen V.36a und V.36b ausgegangen.

Auch der erste Teil der Schilderung, V.29 – 36a, ist literarisch gewachsen. Bereits V.29 stört den Erzählfluss.[335] Das Legen eines Hinterhaltes[336] weicht vom

---

335 Vgl. BECKER, Richterzeit, 277. Gegen BECKER, Richterzeit, 285, gibt es jedoch keinen Grund,

bisherigen Erzählmuster ab, zumal zunächst die Gleichförmigkeit des Kampfgeschehens, in dem alles „wie Mal um Mal" (V.30) abläuft, im Vordergrund steht. Ferner unterbricht V.29 den Zusammenhang zwischen dem Auftrag Jahwes (עלו; V.28) und dessen Ausführung (ויעלו בני־ישראל; V.30). Zu V.33, der im Folgenden zur Grundschicht gerechnet wird,[337] steht der Vers schließlich in sachlicher Differenz. Während die im Hinterhalt Lauernden sich in V.29 um Gibea herum verteilen, brechen sie in V.33 geschlossen von einem Ort aus auf. V.29 dürfte daher später in den Zusammenhang eingetragen worden sein. V.31aα schließt nahtlos an V.30 an. Das Geschehen verläuft analog zu den ersten beiden Schlachttagen: Nachdem Israel kampfbereit Stellung bezogen hat, zieht auch Benjamin zur Schlacht aus (vgl. V.20 f. und V.24 f.). Terminologische Parallelen betonen die Gleichförmigkeit der Abläufe. So wird die Formierung der Truppen Benjamins immer mit יצא ausgedrückt (V.21.25.31): In V.21 und V.25 wird erwähnt, dass sie „aus Gibea" ausziehen, לקראת העם in V.31 erinnert an לקראתם aus V.25.

V.31aβ ist durch den asyndetischen Satzanschluss verdächtig. Das Abziehen der Benjaminiten von der Stadt erschließt sich nur vor dem Hintergrund von V.29.[338] Der Teilvers nimmt zudem (V.29 vergleichbar) die Pointe des Berichts vorweg, wonach zunächst der anfängliche Erfolg Benjamins geschildert wird, damit die Wende danach umso überraschender erfolgt. V.31aβ ist daher vermutlich nachgetragen. V.31b liefert zwei widersprüchliche Informationen: Haben die

---

V.29 (und V.33b) einer späteren Schicht zuzuweisen als V.36b. Die Konstruktion in V.36b, ein Relativsatz mit Perfekt, der das Präpositionalobjekt הארב näher bestimmt, legt vielmehr nahe, dass das Legen eines Hinterhaltes schon an früherer Stelle im Text erwähnt wurde.

336 Der Plural ארבים weicht auffällig von den singularisch konstruierten V.33.36b.37.38 ab. Das *part. pl.* könnte mehrere Hinterhalte bezeichnen oder sich auf die Personen („Lauernde") beziehen. Ein *part. pl.* der Wurzel ארב begegnet außerdem nur noch in Jos 8,4, wo es einen einzigen Hinterhalt kennzeichnet, und in Jer 51,12, wo es sowohl mehrere als auch einen einzelnen Hinterhalt benennen könnte. Aufschlussreich ist der Vergleich mit Jos 8, denn dort wird der Plural ebenfalls nur bei der ersten Erwähnung des Hinterhaltes gebraucht; im Fortgang der Ereignisse steht durchweg Singular. Da sich an späterer Stelle ein literarischer Bezug zu Jos 8 nahe legen wird (s. u. S. 93 ff.), könnte der Wechsel von Plural zu Singular sogar von dort übernommen worden sein.

337 S. im Folgenden.

338 Der Auszug der Benjaminiten aus der Stadt kommt dann einem Abgeschnittensein von der Stadt gleich. Die daraus resultierende Schutzlosigkeit Gibeas ist eine wichtige Voraussetzung für die Vollstreckung des Banns an der Stadt. Auf der Ebene der Grundschicht wird das Weglocken Benjamins von der Stadt in V.32 als Kriegslist Israels erwähnt. Anders als in V.31 wird hier ein Ziel der Aktion genannt: Israel will Benjamin auf das freie Feld locken. Die Motivation hierfür liegt mit V.33 vor Augen: Die Israeliten haben einen Hinterhalt gelegt, der allerdings nicht über die unbemannte Stadt herfällt, sondern den Feind zusammen mit dem Hauptheer auf offenem Feld einkesselt.

Benjaminiten einige Israeliten auf den Straßen oder auf dem Feld geschlagen? Auffällig ist zudem die geringe Anzahl an Gefallenen – „etwa 30 Mann" –, die in keinem Verhältnis zu den immensen Verlusten an den ersten beiden Kampftagen steht. Die Zahlenangabe begegnet noch ein weiteres Mal in (dem sekundären)[339] V.39, was den Zweifel an ihrer Ursprünglichkeit nährt.[340] V.32a setzt V.31 voraus und schließt nahtlos daran an, denn die Benjaminiten müssen zunächst Erfolge erzielt haben, um siegesgewiss sein zu können. V.32b markiert sodann die Wende in der Erzählung: Die Israeliten haben ihre eigene Niederlage inszeniert, um die Benjaminiten mit Hilfe einer taktischen Flucht von der Stadt wegzulocken. Die Angabe אל־המסלות korrespondiert mit V.31bα, sodass von den widersprüchlichen Ortsangaben in V.31b das ohnehin nachklappende בשׂדה sekundär sein wird.[341] V.33 schließt an V.32 an:[342] Die Männer Israels setzen den Plan in die Tat um, verlassen „ihren Ort", also das Schlachtfeld, und ordnen sich neu bei Baal-Tamar,[343] während gleichzeitig ein israelitischer Hinterhalt hervorbricht. V.34a führt die Erzählung nahtlos fort: Die 10.000 Israeliten aus dem Hinterhalt nähern sich dem Kampfgeschehen aus der Gibea gegenüberliegenden, d.h. aus entgegengesetzter Richtung, wodurch die Benjaminiten umzingelt und von Gibea abgeschnitten sind. V.34b steht unorganisch im Kontext. Unter syntaktischen Gesichtspunkten wäre es naheliegend, das Personalpronomen 3. *m. pl.* auf Israel zu beziehen; der Sache nach muss jedoch Benjamin gemeint sein. Die Notiz, dass Benjamin sich der Katastrophe noch nicht bewusst ist, bleibt zudem unmittelbar vor dem Eingreifen Jahwes in V.35 grundlos. Sinnvoll wird sie hingegen, wenn die Erzählung nicht mit V.36a endet, sondern sich eine weitere Kriegsepisode anschließt, innerhalb derer Benjamin erst nach und nach der eigenen Niederlage

---

339 S. im Folgenden.

340 Vgl. auch BECKER, Richterzeit, 277.

341 Vgl. BECKER, Richterzeit, 277. Die Nennung Bet-Els und Gibeas auf der Ebene der Grundschicht in V.31 unterstützt noch einmal die These, dass Bet-El in V.26ff. ebenfalls zur Grundschicht gehört. Ohne die vorangegangene Orakelszene bliebe unklar, warum die Israeliten von Bet-El aus in die Schlacht ziehen.

342 Gegen BECKER, Richterzeit, 278. כל איש ישׂראל meint nicht den Hinterhalt, sondern das Haupttheer, daher besteht kein Widerspruch zwischen V.32 und V.33, und es gibt keinen Anlass, V.33 als sekundär zu betrachten. Im Gegenteil: Ohne V.33 würde nicht ersichtlich, wie in V.34 der Kampf hart sein kann, obwohl Israel nach V.32 noch auf der Flucht ist. Dazwischen braucht es die Angabe, dass sich das Haupttheer Israels neu ordnet. Aus der Aussonderung von V.33 ergibt sich auch innerhalb der Argumentation BECKERs an späterer Stelle ein Problem: Der Vers muss auf zwei redaktionelle Ebenen verteilt werden, da V.33b nicht mit der erneuten Schilderung der Hinterhaltsaktion in V.36b.37 zusammen gehören kann; vgl. BECKER, Richterzeit, 285.

343 Die Ortslage wird nur an dieser Stelle erwähnt und kann nicht lokalisiert werden; vgl. GROSS, Richter, 861.

gewahr wird. Dieser Zusammenhang wird in V.36b ff. nachgetragen; folglich dürfte auch V.34b sekundär sein.[344] V.35 berichtet den Ausgang der Schlacht: Israel tötet im Kampf mit Jahwes Beistand (vgl. V.28b) einen Großteil des benjaminitischen Heeres. Die Einsicht Benjamins, geschlagen zu sein (V.36a), schließt die Kampfhandlungen vorerst sinnvoll ab.

V.36b setzt mit einem Narrativ mitten im Kriegsgeschehen neu ein und macht damit die Einsicht Benjamins aus V.36a gegenstandslos, was die folgenden Ereignisse als Nachtrag ausweist. Der Bearbeiter hat sich die grammatikalische Doppeldeutigkeit der Form נגפו (V.36a) geschickt zunutze gemacht. Nach seinem Verständnis hat Benjamin erkannt, dass Israel geschlagen ist.[345] Auf der Ebene der Grundschicht ist hingegen sicher Benjamin das erleidende Subjekt.[346] Denn erstens wird die Vernichtung Benjamins auch in V.35 mit der Wurzel נגף bezeichnet, zweitens wird die Niederlage Israels vor Benjamin in V.32 und V.39 terminologisch abweichend mit לפני + Suffix ausgedrückt. Die rekonstruierte Grundschicht ergibt (nur) so dann auch einen organischen Zusammenhang: In der Konfrontation mit dem israelitischen Hinterhalt erkennen die Benjaminiten, dass sie geschlagen sind.

V.36b–41 modifizieren die Grundschicht, indem sie nachtragen, wie der Hinterhalt die Stadt Gibea in Brand steckt.[347] Der taktische Rückzug Israels sowie die Kehrtwende des Heeres (V.32f.) werden dazu wiederholt (V.36b/39a). V.36b korrespondiert mit V.32: Israel täuscht Benjamin, indem es vorgibt, in die Defensive gedrängt worden zu sein. Die Kombination von ארב und שים erinnert an den sekundären V.29. V.37f. berichten die komplette Vernichtung Gibeas durch die Lauernden aus dem Hinterhalt (vgl. V.29). V.38 erwähnt in diesem Zusammenhang eine Vereinbarung zwischen Hauptheer und Hinterhalt, die im vorangegangenen Text nicht verankert ist.[348] V.39f. erzählen auf zwei Ebenen. V.39a macht sich den Standpunkt von V.33a zu eigen: Israel hat sich nach der strategischen Flucht neu geordnet und umgewendet und steht nun wieder in Kampfrichtung. V.39b benennt im Perfekt noch einmal den *status quo* und kostet so die verhängnisvolle Siegesgewissheit der Benjaminiten in vollen Zügen aus. Die Annahme, Israel könnte

---

344 Für ein spätes Datum plädiert auch BURNEY, Judges, 852.

345 Vgl. EDENBURG, Outrage, 72, Anm. 110.

346 Gegen REVELL, Battle, 430f., der V.36a als Rekurs auf V.32a wertet.

347 Der Abschnitt weist besonders viele Übereinstimmungen mit Jos 8 auf (zum literarhistorischen Verhältnis der beiden Texte s.u. S. 93 ff.): נכה לפי־חרב begegnet neben Ri 20,37.48 in Jos 8,24, מועד in Ri 20,38 erinnert an Jos 8,14, עלה + עשן steht in Ri 20,38.40 und Jos 8,20f. und הפך begegnet neben Ri 20,39.41 auch in Jos 8,20.

348 Auch hier könnte das literarhistorische Verhältnis zu Jos 8 aufschlussreich sein; s. dazu u. S. 97.

vor ihnen geschlagen sein, wird nun mit *figura etymologica* ausgedrückt, was die Fehleinschätzung noch einmal unterstreicht. V.40a rekurriert auf die Wende im Kriegsverlauf, die im Anschluss daran umso dramatischer wirkt: Die Rauchsäule steigt aus der Stadt auf. Nun endlich erfahren die Benjaminiten, wie es tatsächlich um sie steht. In V.40b wird die Handlung wie zuletzt in V.39a im Narrativ vorangetrieben. Zugleich schwenkt die Erzählperspektive um: Benjamin wendet sich ebenfalls, steht nun folglich als Reaktion auf den überraschenden Angriff Israels defensiv mit Blick auf Gibea und sieht die Rauchsäule aus der Stadt aufsteigen.[349] V.41 benennt die Positionen noch einmal konkret, um den Blick abermals auf die Niederlage Benjamins zu lenken. V.41aα formuliert wieder im Perfekt und schwenkt zurück auf den Standpunkt von V.39a: Die Israeliten haben sich gewendet, stehen nun also zum Angriff bereit. V.41aβ.b schildern die Reaktion Benjamins darauf: Sie erschrecken, als sie merken, dass sie von feindlichen Truppen umzingelt sind. V.41b ist dabei parallel zum sekundären V.34b formuliert: Vor der Aktion des Hinterhaltes hatten die Benjaminiten noch nicht erkannt, dass das Übel sie erreicht hatte, nun jedoch schon.[350] Damit lenkt V.41b zurück auf den Stand von V.36a (im Sinne der Grundschicht).

3.4.3.2 Redaktionsgeschichtliche Zwischenbilanz

Der komplexe literargeschichtliche Befund erfordert ein Zwischenfazit. V.30.31*.32f.34a.35.36a setzen die bisherige Grundschicht sinnvoll fort. Nachdem Jahwe die Übereignungsformel gesprochen hat, gelingt den Israeliten schließlich der Sieg, den V.35 am Ende konstatiert. Die Niederlage der Benjaminiten wird detailreich geschildert. Es wird ein Spannungsbogen eröffnet, zu dessen Beginn die Wende im Kriegsgeschehen noch nicht abzusehen ist. Sie erfolgt in V.32b durch den taktischen Rückzug der Israeliten. Als sich die Israeliten neu ordnen und gleichzeitig ein Hinterhalt hervorbricht, erkennt Benjamin schlagartig seine Niederlage. Die Hinterhalttaktik am dritten Kampftag ist somit schon auf der Ebene der Grundschicht Bestandteil der Erzählung. Gerade im geschickten militärischen Agieren Israels zeigt sich demnach der Beistand Jahwes.

Die Verse 36b–41 wurden *en bloc* nachgetragen. Die terminologischen Übereinstimmungen zwischen V.29 und V.36b (ארב + שׂים), V.31bβ und V.39 (כשׁלשׁים אישׁ)

---

349 Der Ausdruck כליל stammt vermutlich aus Dtn 13 und bezeichnet die Strafe für eine von Jahwe abgefallene Stadt. Zum literarhistorischen Verhältnis der beiden Texte s. u. S. 98 ff.

350 Interessanterweise verwenden sowohl V.34 als auch V.41 mit רעה denjenigen Begriff, der in V.3, V.12 und V.13 die Schandtat in Gibea bezeichnet. Erzählungsintern soll damit eventuell angedeutet werden, dass das Übel, das sie angerichtet haben, die Benjaminiten nun in Form der vernichtenden Niederlage selbst trifft.

sowie V.34b und V.41 (נגע + על‎ + Suffix + הרעה) weisen die sekundären Teile in V.29 – 36a (V.29.31aβ.b*[nur בשדה כשלשים איש בישראל‎].34b) derselben literarischen Ebene wie V.36b–41 zu. V.36b–41 schmücken das Kampfgeschehen gegenüber der Grundschicht erheblich aus, indem sie noch einmal detailliert berichten, wie es zur Niederlage Benjamins kam, und dabei die Vernichtung Gibeas durch den Hinterhalt ergänzen. Die punktuellen Eingriffe in den Grundbestand von V.29 – 36a bereiten diese Ergänzung vor. Mit der Nennung der Hinterhalte ringsum Gibea in V.29 wird von Anfang an der Fokus auf die spätere Vernichtung Gibeas gelegt. V.31aβ setzt V.29 voraus und nennt das Resultat der Hinterhalttaktik: Benjamin ist von der Stadt abgeschnitten, sobald es in den Kampf gezogen ist. Die Zahlenangabe am Ende des Verses identifiziert das Geschehen der Grundschicht mit der sekundären Schilderung des Kampfes, und V.34b öffnet schließlich die Grundschicht auf die Bearbeitung hin, indem er betont, dass Benjamin seine Niederlage noch nicht erkannt hat.

Der Redaktor arbeitet subtil mit dem vorgegebenen Material. Er wiederholt die Aktion der Israeliten – taktische Flucht, gefolgt von der Neuordnung des Heeres – und unterzieht dabei gewisse Teile der Grundschicht – die Einsicht Benjamins in die eigene Niederlage in V.36a sowie die Funktion des Hinterhaltes in V.33 f. – einer grundlegenden Umdeutung: Die Benjaminiten sind der Meinung, die Israeliten seien geschlagen; der Hinterhalt vollstreckt nun den Bann an Gibea. Daraus entsteht ein auf den ersten Blick ungeordnetes Geflecht von Wiederholungen, Perspektivwechseln, Vor- und Rückverweisen, das sich allerdings keiner komplizierten Erzähltechnik,[351] sondern einem redaktionellen Willen verdankt. Die Analyse von V.42 – 48 wird diese Sicht bestätigen.

3.4.3.3 V.42 – 48: Flucht Benjamins

Nach der Einsicht der Benjaminiten in die Ausweglosigkeit der eigenen Situation in V.36a (bzw. V.41) müssen nun noch die Auswirkungen der Kriegslist geschildert werden (V.42–48): Benjamin flieht vor Israel, verliert aber 25.000 Mann während der Verfolgung; 600 Fliehende können sich zum Fels Rimmon retten; die Israeliten vollziehen eine flächendeckende Vernichtung an benjaminitischen Städten.

Auch V.42 – 48 sind literarisch nicht integer. V.42 – 46 bilden einen geschlossenen Zusammenhang, von dem sich sowohl V.47 als auch V.48 markant abheben.

Als Fortsetzung der Grundschicht kämen grundsätzlich V.42 – 46 oder V.47 in Betracht, die beide von der Flucht der überlebenden Benjaminiten berichten. Im ersten Fall wäre V.35 als Vorausblick auf den späteren Schlachtverlauf konzipiert,

---

351 Vgl. die eingangs (s. o. S. 8) erwähnten Positionen von GROSS, REVELL und SATTERTHWAITE.

der dann im Folgenden erst entfaltet würde, im zweiten Fall würde die vernichtende Niederlage Benjamins direkt in V.35 berichtet.

Auch ohne eine detaillierte Analyse des Textbereiches fallen unmittelbar verschiedene Gründe ins Auge, der ersten Lösung den Vorzug zu geben.[352] V.42–46 fügen sich mit der dreiteiligen Fluchtaktion erzählrhythmisch gut zum dreitägigen Schlachtverlauf der Grundschicht. Rechnete man hingegen V.47 zur Grundschicht und V.42–46 zur Redaktion, stünde die verhältnismäßig ausführliche Schilderung der Ereignisse in V.30–36a der knappen Erwähnung der Flucht in V.47 gegenüber, und der Spannungsbogen bräche nach V.36a relativ unvermittelt ab.[353] Zudem bildet V.46 mit der summarischen Angabe der Gesamtzahl der benjaminitischen Opfer einen gelungenen Abschluss der Erzählung. Mit der Nennung des Ortes „Fels Rimmon" und insbesondere der konkreten Zeitspanne von vier Monaten scheint V.47 die Erzählung hingegen auf eine Fortsetzung hin zu öffnen. Als Abschluss einer Erzählung funktioniert der Vers jedenfalls nicht.[354]

Diese redaktionsgeschichtliche Entscheidung hat verschiedene Implikationen: 1) V.35b ist bereits ursprünglich als Vorausschau auf die folgenden Ereignisse angelegt. In dem Moment, wo die Hinterhalttaktik Israels offenbar wird, erfolgt ein Ausblick auf das Resultat des Krieges: Durch das Eingreifen Jahwes kann Israel Benjamin eine vernichtende Niederlage beibringen. Die Benjaminiten sehen ihre eigene Niederlage ein (V.36a) und fliehen (V.42). V.43 skizziert noch einmal die Situation – Israel hat Benjamin umzingelt –, bevor die dreiteilige Vernichtungsaktion erzählerisch nachgeholt wird (V.44–46). 2) In diesem Zusammenhang bleibt ein inhaltlicher Makel bestehen: V.46 und V.35 gehören auf dieselbe literarhistorische Ebene, weisen aber eine Differenz von 100 gefallenen Benjaminiten auf. Zur Erklärung dieses Befundes unterbreiteten bereits im Mittelalter Raschi und David Kimchi einen gefälligen Vorschlag, dem man sich mangels besserer Lösungen wohl auch heute noch anschließen muss: Möglicherweise wurde in V.46 zusammenfassend gerundet.

In V.42aα versuchen die Benjaminiten durch Flucht aus dem Kessel auszubrechen. Doch das Vorhaben scheitert – die Israeliten schlagen die Benjaminiten, die analog V.15 „die aus den Städten" genannt werden, und töten sie in ihrer Mitte, d. h. zwischen dem Hinterhalt und dem Hauptkontingent, die beide den Benjaminiten

---

352 Anders votieren Bertheau, Richter II, 276; Noth, System, 168; Rösel, Studien, 41; Becker, Richterzeit, 279; Görg, Richter, 107. Die Begründung für die Annahme, dass V.47 die Grundschicht fortsetze, „[a]ls einzig sachgemäße Reaktion auf die in v.36a vorliegende Einsicht in die eigene Unterlegenheit [käme] nur die Flucht in Betracht" (Becker, Richterzeit, 279), greift freilich zu kurz. Immerhin berichten auch V.42–46 von einer Flucht Benjamins. Der Wechsel in den Singular in V.42 ist auffällig, spricht aber nicht *per se* gegen einen Zusammenhang zwischen V.36a („die Benjaminiten") und V.42 („der Kampf holte ihn ein"), da der Numerus auch in V.32 unvermittelt wechselt.
353 Für weitere Detailbeobachtungen s. die nachstehende Analyse des Textbereichs.
354 Wie die folgende Analyse zeigen wird, ist die Fortsetzung von Ri 20 durch Ri 21 redaktionell.

auf dem Weg Richtung Wüste nacheilen.[355] V.43 liefert mit der Verfolgungsroute wiederum Hintergrundinformationen. Die drei asyndetisch aufgereihten Perfekta dienen wohl vor allem zur Steigerung der Dramatik.[356]

V.44 f. führen schließlich in Etappen die Niederlage Benjamins aus, die V.35 bereits angekündigt hatte. Entsprechend dem dreitägigen Schlachtverlauf wird Benjamin nun in einer dreiteiligen Verfolgungsaktion vernichtend geschlagen. Im ersten Anlauf sterben 18.000 Benjaminiten (V.44). Die Überlebenden fliehen erneut, diesmal zielgerichtet auf einen Fluchtort, „Fels Rimmon", hin. Bevor sie diesen erreichen, töten die Israeliten jedoch weitere 5.000 Mann. Von den verbliebenen Benjaminiten werden letztlich noch einmal 2.000 Mann auf dem Weg nach Gideom geschlagen (V.45).[357] V.46 schließt die Erzählung ab, indem er analog V.35b die (abgerundete) Anzahl der Geschlagenen nennt.

V.47 gehört gewiss auf eine spätere literarische Ebene. Inhaltlich wiederholt der Vers weitgehend V.45a. Der Narrativ in V.47 wirkt somit deplatziert, da die Flucht der Benjaminiten vorher bereits sukzessive erzählerisch ausgestaltet wurde. Die Aussage von V.45aα wird zugespitzt. Während der Fels Rimmon in V.45 als Richtungsangabe verstanden werden kann, setzt V.47 voraus, dass 600 Benjaminiten den Fluchtort tatsächlich erreicht haben. Der Redaktor füllt also die Leerstelle der Grundschicht, dass in V.45 Benjaminiten in Richtung Fels Rimmon fliehen, aber nicht angegeben wird, wie viele von ihnen dort tatsächlich ankommen.[358] Durch die Ergänzung von V.47 wird die Erzählung gegenüber V.42 – 46 geöffnet, da sich nun die Frage aufdrängt, wie es nach den vier Monaten am Fels Rimmon mit den 600 Überlebenden weitergeht. Ihr Schicksal wird zentral in Ri 21 behandelt, sodass ein redaktionsgeschichtlicher Zusammenhang zwischen Ri 20,47 und Ri 21 naheliegt.

V.48 gehört weder mit V.42 – 46 noch mit V.47 auf eine literarische Ebene. Die Israeliten lassen von den Fliehenden ab, um den Bann an benjaminitischen Städten zu vollstrecken. Wie bereits in V.37, dort in Bezug auf Gibea, begegnet auch hier der Ausdruck נכה לפי חרב. Anders als in V.48 ist auf der Ebene der Grund-

---

355 Zur Deutung des Verses s. auch o. S. 58.

356 Die Dramatik wird zudem durch die bildhafte Sprache in der Verfolgungsszene gesteigert. Neben der Metapher in V.42, der Krieg habe an Benjamin „geklebt" (דבק *hif.*), begegnet ein Ernte-Bild in V.45: Israel „hält Nachlese" an den überlebenden Benjaminiten.

357 Der Ortsname begegnet nur an dieser Stelle. Über Lage und Bedeutung ist nichts bekannt; vgl. Bertheau, Richter II, 274; Gross, Richter, 864 f.

358 Eine inhaltliche Spannung im Textverlauf besteht allerdings darin, dass die Bewegungsrichtung der Benjaminiten bereits in V.45 festgelegt wird und sich die Überlebenden in V.47 folglich nicht mehr eigens umdrehen müssten, um zum Fels Rimmon zu gelangen. Die wiederholte Erwähnung des Richtungswechsels könnte der redaktionellen Technik geschuldet sein – durch wörtliche Aufnahme würde an V.45a angeknüpft.

schicht noch nicht die komplette Vernichtung Benjamins im Blick, sondern nur die verheerende Niederlage des benjaminitischen Heerbanns. V.48 liefert somit gleichzeitig die Voraussetzung für den Anschluss von Ri 21,[359] denn am Ende der Grundschicht (oder nach der Hinzufügung von V.47) gäbe es keinen Frauenmangel, da nur ein Großteil des benjaminitischen Heeres (aber gerade nicht die kriegsunfähige Bevölkerung) in den Kämpfen ums Leben gekommen wäre. Da in 1 Sam vorausgesetzt wird, dass Benjamin wieder auf eine beträchtliche Stammesgröße angewachsen ist, kann die auf die anschließende Königtumsgeschichte ausgerichtete Komposition außerdem zu keiner Zeit mit Ri 20,48 geendet haben.[360] Entweder werden nur Teile Benjamins (die Kampffähigen auf der Ebene der Grundschicht bzw. die Kampffähigen mitsamt den Bewohnern Gibeas auf der Ebene der Redaktion ohne V.48) vernichtet, oder das Ganze bedarf einer Fortsetzung durch eine Wiederherstellung Benjamins, die Ri 21 liefert.

3.4.3.4 Redaktionsgeschichtliche Zwischenbilanz

V.42–46 setzen die bisherige Grundschicht in V.30.31*.32f.34a.35.36a fort. V.47 und V.48 stellen spätere Nachträge dar, deren redaktionsgeschichtlicher Ort aufgrund der sachlichen Nähe zu Ri 21 mit Gewissheit erst nach der Analyse dieses Kapitels bestimmt werden kann. Zur relativen Chronologie der Verse lässt sich daher vorab nur soviel sagen: Wenn V.47, wie vermutet wurde, redaktionelle Verstrebungen zu Ri 21 aufweist, eine Fortsetzung von Ri 20 durch Ri 21 aber erst durch V.48 ermöglicht wird, handelt es sich bei V.48 um die ältere der beiden Ergänzungen.

3.4.3.5 Die literarischen Querbezüge von Ri 20,29–48

3.4.3.5.a Jos 7f.

Vor allem die redaktionellen Teile aus Ri 20,29–41 weisen große Übereinstimmungen mit der Schlacht Israels gegen Ai in Jos 7f. auf. Doch auch auf der Ebene der Grundschicht von Ri 20 lassen sich einige Parallelen ausmachen. Die Ähn-

---

359 Vgl. Noth, System, 164.168. Becker, Richterzeit, 279, sieht den Anschluss hingegen schon durch die Erwähnung von Sela-Rimmon in V.47, dem Ri 21,13 korrespondiert. Ohne die komplette Vernichtung der kampfunfähigen Bevölkerung Benjamins fehlt jedoch der Anlass für die Maßnahmen in Ri 21. Warum nach Becker Ri 20,48 und Ri 21 nicht in Einklang zu bringen sein sollten, ist nicht ersichtlich. Auch die Erwähnung der 600 Überlebenden provoziert für sich genommen noch nicht die Fortschreibung um Ri 21, wie Görg, Richter, 108, vermutet, da die 600 Geflohenen nur die Anzahl der überlebenden Kriegsmänner ausmachen, an der sich auch in Ri 21 nichts ändert.

360 Die sachliche und inhaltliche Ausrichtung auf 1 Sam–2 Kön hat die Analyse von Ri 19 nahegelegt; s.o. S. 52.

lichkeiten zwischen den beiden Texten werden in der Forschung unterschiedlich bewertet. Im Fall der Annahme einer literarischen Abhängigkeit wird meist Ri 20 als späterer, rezipierender Text betrachtet.[361] Ob diese Annahme zutrifft, und – wenn ja – auf welche redaktionsgeschichtlichen Stadien von Ri 20,29 ff. sich die Abhängigkeit erstreckt, soll im Folgenden geprüft werden.

Im Grundbestand von Ri 20 sind die Ähnlichkeiten mit Jos 7 f. vor allem konzeptioneller Art: Beide Texte berichten von einem mehrtägigen Schlachtverlauf mit einer Wende des Geschicks durch Jahwes Eingreifen am letzten Tag; obwohl sie über das größere Kontingent verfügen, erleiden die Israeliten hier wie dort zunächst eine Niederlage im Kampf; der Sieg gelingt ihnen jeweils erst, nachdem Jahwe die Übereignungsformel gesprochen hat; im Kontext der letzten und siegreichen Schlacht wird wie in Ri 20 auch in Jos 8 ein Hinterhalt gelegt, dort allerdings auf eine entsprechende Anordnung Jahwes hin, sodass das göttliche Eingreifen und die Hinterhalttaktik sachlich enger verbunden sind. Die Berührungspunkte legen einen literarischen Bezug zwischen den Texten nahe.

Dafür spricht ferner die hohe Dichte an sprachlichen Übereinstimmungen mit Jos 7 f. im Zusammenhang der zur Grundschicht gehörenden Bet-El-Szene in Ri 20,26 – 28*.[362] Be-

---

361 Vgl. z. B. ausführlich EDENBURG, Outrage, 232 ff.; GÖRG, Richter, 105; GROSS, Richter, 869. BECKER, Richterzeit, 281 ff., nimmt eine literarische Abhängigkeit für seine Ergänzungsschicht an (V.29[?].33.36b–46.48), nicht aber für den Grundbestand; MOORE, Judges, 435, und SCHUNCK, Benjamin, 65, bestreiten eine Abhängigkeit. MOORE hält die Differenzen zwischen beiden Texten für zu groß, als dass eine direkte Bezugnahme nahe läge. SCHUNCK ist der Meinung, die Ähnlichkeiten resultierten aus der Überlieferung an ein und demselben Heiligtum. Diese Annahme, die das Problem vom literarkritischen in den überlieferungsgeschichtlichen Bereich verschiebt, bleibt naturgemäß hypothetisch. Daneben zieht er eine formgeschichtliche Erklärung der Parallele in Erwägung, denn „die alten Erzähler kleideten gern inhaltlich verwandte Stoffe in eine schablonenhafte Form" (65, Anm. 55). Gegen die literarische Abhängigkeit votiert auch BEGG, Function, der in beiden Episoden einen Allgemeinplatz des Deuteronomismus entdeckt. RÖSEL, Studien, 34, sieht in einer Vorform von Ri 20 den ursprünglichen Text. Seine Beobachtung, dass sich das gemeinsame Textgut in Ri 20 auf nur zwei Verse verteile, wohingegen es in Jos 7 f. weit verstreut sei, trifft erstens nicht zu und könnte zweitens auch nicht die Richtung der Abhängigkeit belegen, da diese umgekehrt ebenso gut vorstellbar wäre. Von der entgegengesetzten Abhängigkeitsrichtung geht ROTH, Hinterhalt, 299 ff., aus.

362 Zu nennen sind hier die Reue Josuas/Israels „bis zum Abend" (Jos 7,7/Ri 20,26), die Aufforderung Jahwes „Zieht hinauf!" (Jos 8,1/Ri 20,28) sowie die Zusage Jahwes, die Feinde in Israels Hand zu geben (Jos 8,1/Ri 20,28). Die Kombination der beiden letztgenannten Elemente begegnet außerdem in 2 Sam 5,19 par 1 Chr 14,10. Die Zeitangabe „bis zum Abend" ist typisch für kultische Zusammenhänge und steht im Kontext von Klageriten außerdem in 2 Sam 1,12. Die bei BECKER, Richterzeit, 282, aufgeführten Parallelen Bet-El (Jos 8,9.12.17/Ri 20,26) und die Darbringung von Brand- und Friedensopfern (Jos 8,31/Ri 20,26) sind hingegen von geringerer Relevanz, da der Kontext und die Funktion jeweils verschieden sind.

achtliche Ähnlichkeiten mit Jos 7f. zeigen sich schließlich auch im Bereich der literarisch ursprünglichen Passagen des dritten Kampftages in Ri 20,29 ff. Das Abziehen der Feinde von der Stadt, ausgedrückt mit der Wurzel נתק in Ri 20,32 und Jos 8,6.16, findet sich (abgesehen von der sekundären Aufnahme in Ri 20,31) an keiner weiteren Stelle im Alten Testament.[363] Aufgrund der Bündelung von Analogien weist schließlich auch das Phänomen der Wüstenflucht auf eine literarische Beziehung hin. Es begegnet nur in Jos 8,15 und Ri 20,42.45(.47). In Ri 20,45(.47) und Jos 8,15 steht in diesem Zusammenhang das Verb נוס. An den genannten Stellen in Ri fliehen jeweils die verfolgten Benjaminiten, in Jos hingegen sind es die Israeliten im Rahmen des taktischen Rückzugs. Der Fluchtort wird in Ri 20,42.45(.47) als מדבר (mit *he locale*) bezeichnet, in Jos 8,15 als דרך המדבר (*acc. loci*). דרך המדבר begegnet auch in Ri 20,42, dort jedoch ohne נוס und mit Präposition אל. Eine weitere Parallele stellt (trotz Unterschied in der Suffigierung) die Wendung בתוך dar. In Ri 20,42 und Jos 8,22 wird damit beide Male der gleiche Sachverhalt ausgedrückt: Nachdem die Bewohner aus der Stadt ausgezogen sind, finden sie sich vom gegnerischen Hinterhalt (= in dessen Mitte) umzingelt. Im Zusammenhang der Hinterhalttaktik ist diese Konstellation nicht sonderlich überraschend.[364] Schließlich ist noch die Kombination ויהי כל־הנפלים ביום ההוא in Ri 20,46 und Jos 8,25 zu nennen, die nur an diesen beiden Stellen begegnet.

Eine fundierte Klärung der Abhängigkeitsrichtung erforderte neben der literarischen Analyse von Ri 20 auch eine eingehende Besprechung der Literargeschichte von Jos 7f., die hier nicht geleistet werden kann.

Ein kurzer Überblick muss genügen: In Jos 7f. wurden offensichtlich zwei verschiedene Episoden miteinander kombiniert.[365] Zum einen eine Erzählung über einen Mann namens Achan,[366] dessen Ungehorsam bestraft wird, zum anderen ein Bericht über den Feldzug gegen

---

363 Die Signifikanz einer weiteren wörtlichen Parallele (ויפנו) verringert sich durch die stark abweichende Konnotation: In Ri 20,42.45 bringt die Verbform die Flucht Benjamins vor den Israeliten zum Ausdruck, in Jos 8,20 nehmen die Männer von Ai durch den Richtungswechsel die aus der Stadt aufsteigende Rauchsäule wahr.

364 Ohne den Ausdruck בתוך begegnet das gleiche Phänomen demnach auch in Ri 9,43ff.: Abimelech wartet, bis das Volk aus der Stadt ausgezogen ist, positioniert seine Truppen im Feld und am Stadttor (umzingelt also den Feind) und trägt so den Sieg davon.

365 FRITZ, Josua, 78 ff., betrachtet Jos 7,1 – 26 als literarisch einheitlich. Dagegen ist einzuwenden, dass die Aussendung von Kundschaftern und der Jahwes Zorn verursachende Ungehorsam Israels unverbunden nebeneinander stehen und somit ein literarischer Bruch zwischen V.1 und V.2 ff. kaum von der Hand zu weisen ist. Achans Vergehen ist gerade nicht „die Voraussetzung für das Folgende" (79), sondern ein isoliert stehender Vorbau zu einer kohärenten Kriegsschilderung.

366 Ob es sich bei der Achanepisode um ein ehemals selbständiges Stück handelt, das von einem Sammler in die Ai-Erzählung eingetragen wurde, oder ob ein dtr. Redaktor Jos 7,1.10 – 26 als Einschreibung in den bereits bestehenden Zusammenhang verfasst hat, ist nicht leicht zu entscheiden. Die Achanerzählung gibt Jos 7 f. jedenfalls eine völlig andere Stoßrichtung. Für die erste Niederlage ist nun nicht mehr das eigenmächtige Vorgehen Josuas und Israels verantwortlich, sondern der Verstoß eines Einzelnen gegen das Banngebot während der Eroberung Jerichos.

Ai. Für den vorliegenden Zusammenhang ist vor allem die Eroberungserzählung bedeutsam, da sie die größeren Übereinstimmungen mit Ri 20 aufweist. Sie dürfte sich über Jos 7,2 – 8[367] und Jos 8,1 – 29*[368] erstrecken und die literarische Grundschicht von Jos 7 f. darstellen. Josua sendet darin Kundschafter nach Ai aus. Diese raten, dass nur ein kleines Kontingent in die Schlacht ziehen solle, doch Israel erleidet eine Niederlage und flieht. Daraufhin klagt Josua bis zum Abend vor der Lade über die Flucht Israels. Schließlich wendet sich Jahwe ihm zu und kündigt einen Sieg der Israeliten über Ai an. Josua solle allerdings mit dem gesamten Kriegsvolk in die Schlacht ziehen und Ai einen Hinterhalt legen. Der Schlachtverlauf wird verhältnismäßig ausführlich geschildert. Der Plan gelingt, und Israel kann Ai eine vernichtende Niederlage beibringen.

Unter rein inhaltlichen Gesichtspunkten ist eine Bezugnahme von Ri 20 auf Jos 7 f. wahrscheinlicher als umgekehrt. Würde der Bruderkrieg zwischen Benjamin und Israel durch die Bezugnahme auf Jos 7 f. analog der Schlacht gegen Ai gestaltet, ließe sich darin unschwer ein Verfall seit der Josuazeit ablesen: Während Israel früher mit Jahwes Hilfe gegen fremde Völker gesiegt hat, würde es nun mit dem gleichen Mittel gegen den eigenen Bruder vorgehen.[369] Die implizite Kritik in Ri 20 richtete sich dabei nicht gegen die Aktion der Israeliten, sondern gegen Benjamin: Durch die Schandtat nähmen die Stadt Gibea und der gesamte solidarische Stamm Benjamin den Rang eines vernichtungswürdigen Fremdvolkes ein. Dies entspräche, nebenbei bemerkt, der Parallelisierung der Bewohner Gibeas mit den Sodomitern in Ri 19.

Klarer zu beurteilen sind die Parallelen im redaktionellen Textbereich von Ri 20,29 ff., namentlich V.29.31aβ.b*[nur איש בישראל כשלשים בשדה].34b.36b–41 (.47.48). Zum Ausweis der literarischen Beziehung zwischen den Texten genügen einige besonders aussagekräftige Übereinstimmungen.[370] In Ri 20,29.36 und Jos 8,2.12 wird das Legen von Hinterhalten berichtet. Die Kombination von שׂים und

---

367 Gegen Noth, Josua, 43 ff., sind die Verse 7,5b–8 zu dieser Schicht zu rechnen, da sonst in V.8 das Fluchtmotiv, das essentiell zur Eroberungserzählung gehört, nachträglich in den Kontext der Achanerzählung eingespielt worden sein müsste. Des Weiteren bliebe unklar, warum Jahwe sich nach der Niederlage Israels in 8,1 mit der Siegeszusage an Josua wenden sollte, wenn dazwischen die Reaktion Josuas auf die Niederlage fehlte.
368 Zu dieser Abgrenzung vgl. Görg, Josua, 32 ff. Der Zusammenhang der Verse 1 – 29 ist literarisch nicht einheitlich, was sich besonders deutlich an der Dublette von V.3 und V.12 mit der widersprüchlichen Zahlenangabe zeigt. Zu den mehr oder weniger weitreichenden literarkritischen Vorschlägen zur Lösung des Problems vgl. Fritz, Josua, 87 f. (Grundschicht bestehend aus V.10 – 12.14 f.19.21.23.29); Görg, Josua, 37 (Grundschicht in V.11.14.21.23 f.29); Noth, Josua, 27 f. (lediglich V.12 f. wurden nachgetragen).
369 Zur Sache vgl. auch Wong, Strategy, 35 ff.
370 Eine Auflistung sämtlicher Parallelen liefern Becker, Richterzeit, 282, und Wong, Strategy, 57 – 70.

ארב begegnet im Alten Testament nur an diesen beiden Stellen.[371] Auffällig sind außerdem die Parallelen in Ri 20,34 und Jos 8,14 (der Gegner „erkennt nicht" [לא ידע], wie es um ihn steht) und zwischen Ri 20,38.40 und Jos 8,20 f. („der Rauch der Stadt steigt auf" [עלה + עשׁן + עיר]). Beide Formulierungen sind im Kriegskontext an keiner weiteren Stelle belegt. Eine einschlägige Übereinstimmung besteht trotz abweichendem Numerus auch zwischen Jos 8,20 und Ri 20,40. Obwohl פנה in Jos 8,20 pluralisch, in Ri 20,40 hingegen singularisch konstruiert wird, ist die Funktion dieselbe: Die Benjaminiten bzw. die Männer von Ai nehmen durch die Kehrtwende das Werk des Hinterhaltes in Form des aufsteigenden Rauches wahr.

Eine Steigerung der Intensität und Häufigkeit der Bezugnahmen auf der Ebene der Bearbeitung in V.29 ff. ist somit insgesamt nicht von der Hand zu weisen.[372] Da sich die Übereinstimmungen signifikant auf die Ergänzungen in Ri 20,29 ff. konzentrieren, liegt auch die Richtung der Abhängigkeit auf der Hand.

Für die Originalität von Jos 7 f. spricht zudem, dass einige übereinstimmende Details in Jos 7 f. besser verankert sind als in Ri 20. So dürfte beispielsweise die angesichts der vorangehenden Verluste geradezu verschwindend geringe Anzahl von „etwa 30 Israeliten" aus Ri 20,31.39 auf Jos 7,5 zurückzuführen sein, wo von „(etwa) 36" gefallenen Israeliten[373] die Rede ist. Eine vergleichbare Anzahl von Gefallenen begegnet sonst in keinem alttestamentlichen Kriegsbericht.[374] Ferner könnte die Verabredung zwischen dem Haupttheer und dem Hinterhalt, die in Ri 20,38 dürftig eingebunden ist, aus Jos 8,14 stammen, auch wenn sie sich in Ri 20 auf den verabredeten Zeitpunkt und in Jos 8 auf den verabredeten Ort bezieht.

Der Redaktor von Ri 20,29 ff. fand demnach einen Text vor, der Jos 7 f. in der Anlage und einigen Details bereits stark ähnelte. Indem er analog dem Bann an Ai die Vollstreckung des Banns an Gibea nachtrug, baute er den Bezug aus. Durch die Solidaritätserklärung Benjamins in Ri 20,13 und den anschließenden Bruderkrieg

---

371 Vergleichbar ist allein Ri 9,25, dort steht aber das Partizip von ארב im *pi.* statt im *qal.* An dieser Stelle ist zudem noch einmal daran zu erinnern, dass das Legen von Hinterhalten sowohl auf der Ebene der Bearbeitung in Ri 20,29 ff. als auch in Jos 8 zu Beginn im Plural und später dann im Singular ausgedrückt wird; s. dazu o. S. 86, Anm. 336.

372 Auch EDENBURG, Outrage, 259 ff., sieht sowohl auf der Ebene der Grundschicht als auch der maßgeblichen Bearbeitung literarische Bezugnahmen auf Jos 7 f., wobei letztere die Interdependenzen intensiviert habe.

373 An dieser Stelle ist mit EDENBURG, Outrage, 252 f., zu erwägen, ob die Präposition כ trotz ansonsten offensichtlich umgekehrter Abhängigkeitsrichtung von Ri 20 nach Jos 7,5 gewandert ist.

374 Die 30 Erschlagenen aus Ri 14,19 sind nicht vergleichbar. Erstens ist die konkrete Zahl „Dreißig" vom Kontext gefordert, da 30 Outfits benötigt werden. Zweitens handelt es sich bei den Erschlagenen nicht um einen verschwindend geringen Teil eines Heeres, sondern um zivile Bevölkerung. Ähnliches gilt für 2 Kön 10,14, wo Jehu die 42 Brüder Ahasjas hinrichten lässt.

war Gibea in der Grundschicht von Ri 20 völlig aus dem Blick geraten. Der Redaktor von Ri 20,29 ff. hakt an dieser Stelle ein und trägt die Vernichtung der Stadt nach. Er betont damit, dass Gibea die schuldige Größe ist, die zur Ahndung der Schandtat vernichtet werden muss. Die Intention der Bearbeitung gibt Aufschluss über ihren redaktionsgeschichtlichen Ort. Sie fügt nicht bloß der Saulkritik eine weitere Episode hinzu, indem sie den Bann an seiner Geburtsstadt nachträgt,[375] sondern scheint auch den kompositionellen Zusammenhang von Ri 20 und Ri 21 im Blick zu haben. Da sich die Benjaminiten weigerten, die schuldigen Gibeatiter an Israel auszuliefern, müsste nach Ri 20,13 zur Reinigung des Gottesvolkes der komplette Stamm Benjamin vernichtet werden; eine Restitution Benjamins in Ri 21 wäre vor diesem Hintergrund folglich fragwürdig. Wenn die Forderung aus 20,13, das Böse aus Israel auszurotten, allerdings bereits durch die Vernichtung Gibeas eingelöst wird, besteht zur Ausrottung des restlichen Stammes keine Notwendigkeit mehr. Der Bruderkrieg ist nach dieser redaktionellen Lesart dann nur mehr ein Mittel zum Zweck, um an die schuldigen Gibeatiter heranzukommen. Es ist somit nicht unwahrscheinlich, dass der Redaktor die Spannungen, die durch die Restitution Benjamins in Ri 21 im Erzählverlauf entstanden waren, bereits im Blick hatte und ausgleichen wollte.

3.4.3.5.b Das dtr. Konzept der Vernichtungsweihe
Neben Jos 7 f. dürften Ri 20,29 ff. auf dtr. Bann-Texte zurückgegriffen haben. Vor allem V.40 und V.48 nehmen durch wörtliche Anleihen explizit auf Aussagen im Dtn Bezug, die sämtlich im Zusammenhang der dtr. חרם-Theologie stehen.[376]

Bevor die literarischen Querbezüge zwischen Ri 20 und einschlägigen חרם-Texten dargestellt werden, empfiehlt sich eine grobe literar- und theologiegeschichtliche Einordnung der Kriegskonzeptionen von Ri 20. Die Grundschicht von Ri 20 bewirbt den Jahwekrieg, im weitesten Sinne einen göttlich legitimierten Krieg. Die Vorstellung wurzelt in der (für altorientalische Vorstellungen selbstverständlichen) engen Verbindung von Königtum und Gottheit.[377] Diese gängige Vorstellung (wie auch das Konzept des Jahwekrieges) wird im Alten Testament – vermutlich in nachstaatlicher Zeit – von der Königsfigur gelöst und auf das Gottesvolk übertragen. Auf das Kollektiv der Israeliten übertragen kann sich der Jahwekrieg in einem überwiegend passiven Kampfverhalten der Israeliten konkretisieren,[378] muss es aber nicht, wie der Schlachtverlauf am dritten Tag in Ri 20 oder auch der entscheidende Kampf gegen Ai in Jos 7 f. zeigen. Gerade das Konzept des חרם, das bisweilen zum Jahwekrieg

---

375 Durch die Parallelisierung Gibeas mit Ai wird die Geburtsstadt Sauls zumindest beiläufig abgewertet. Immerhin erinnert ihr Schicksal an dasjenige der Ortslage Ai, die als ewiger Trümmerhaufen (vgl. Jos 8,28) in die Geschichte einging.
376 Vgl. auch GROSS, Richter, 863.865.
377 Vgl. MÜLLER, Jahwekrieg; KANG, War; WEIPPERT, „Heiliger Krieg".
378 Diese Vorstellung findet sich etwa in Ex 14,14; Jos 10,11; Ri 7,2; Jos 24,1 – 12.

hinzutreten kann, verlangt Israel *per se* hohe Aktivität ab. Die Vernichtungsweihe markiert die irreversible Vernichtung von Lebewesen oder Gütern zur Kennzeichnung des Übergangs in den unverbrüchlichen Gottesbesitz.[379] Die Beute wird der profanen Nutzung durch Eliminierung definitiv entzogen und der Gottheit (als eigentlichem Kriegsführer) zugeteilt. Der Ursprung der Tradition im Alten Testament und die Verbreitung realer חרם-Kriege in Israel liegen im Dunkeln. Literarisch greifbar ist das Phänomen erst in dtr. Texten.[380] Der חרם steht dabei von Anfang an im Zusammenhang mit dem ersten Gebot: Israel soll bei der Landnahme die Vorbewohnervölker restlos vernichten, um nicht mit deren Kult in Berührung zu kommen. Es erscheint daher konsequent, dass der חרם in der dtr. Reflexion nicht auf fremde Völker beschränkt blieb, sondern mit der Zeit – im Falle eines Verstoßes gegen das erste Gebot – auch auf Israel selbst ausgeweitet wurde (Dtn 13,13 – 18).[381] In dieser Tradition sind dann auch die חרם-Texte in Ri 20 (und Ri 21) zu verankern, obwohl dort statt eines Verstoßes gegen das erste Gebot andere Vergehen geahndet werden.

Einige sekundäre Bestandteile von Ri 20 weisen große Übereinstimmungen mit Dtn 13,13 – 18 auf. Hier wie dort wird eine Stadt (bzw. ein Stamm) kollektiv für ein Vergehen bestraft, das nur einzelne Vertreter begangen haben. Neben den strukturellen Ähnlichkeiten legen wörtliche Parallelen eine literarische Abhängigkeit nahe.[382] Besonders aussagekräftig ist eine Übereinstimmung zwischen Ri 20,40 und Dtn 13,17, denn nur an diesen beiden Stellen begegnet der Ausdruck כליל im Zusammenhang einer Vernichtungsweihe.[383] Mit Ri 20,48 teilen Dtn 13,16 f. sodann das Motiv der Vernichtung sämtlicher Lebewesen, d. h. der Bewohner der

---

379 Vgl. NELSON, Herem, 45 ff.

380 Vgl. SCHMITT, Der „Heilige Krieg", 56 f. Außerbiblisch könnte das Konzept des חרם in der Mescha-Stele (Zeile 17) sowie in einem sabäischen Dokument bezeugt sein; vgl. MONROE, War-ḥērem. Dies legt mit einer gewissen Wahrscheinlichkeit nahe, dass es auch in Israel bereits vor-dtr. bekannt gewesen sein dürfte (vgl. MONROE, War-ḥērem, 335 ff., und LOHFINK, Art. חרם, 202 f.), wenngleich es im Einzelnen auch nicht literarisch greifbar ist; vgl. KANG, Divine War, 82. Mit viel Optimismus ließen sich allenfalls noch dünne Spuren des Phänomens in einigen vor-dtr. Texten rekonstruieren; vgl. HOFFMAN, Concept, 208. Grundsätzlich ist jedoch zwischen der Kenntnis einer Bann-Ideologie und dem Vollzug desselben zu unterscheiden; vgl. SCHMITT, Der „Heilige Krieg", 58.

381 Die substantiell dtr. Prägung des Textes (vgl. OTTO, Deuteronomium, 47) belegt auch hier, dass es sich nicht um einen positiven Rechtstext handelt, sondern um eine juristisch getarnte theologische Reflexion über die Schwere eines Verstoßes gegen das erste Gebot.

382 Anklänge an dtr. Texte im Allgemeinen und Dtn 13 im Besonderen wurden auch schon auf der Ebene der Grundschicht festgestellt. Zu erinnern ist hier vor allem an die Formel „das Böse wegschaffen aus" in Dtn 13,6 und Ri 20,13. Der Ausdruck בני־בליעל begegnet wie in Dtn 13,14 auch in Ri 20,13, dürfte dort aber eher von Ri 19,22 inspiriert sein.

383 Die Verwendung dieses Terminus könnte eine späte Umdeutung der חרם-Vorstellung dokumentieren, die das Konzept nachträglich mit einem Opfergedanken in Verbindung bringt.

Stadt und des Viehs, sowie der Verbrennung der eroberten Stadt.[384] Ungeachtet der Tatsache, dass diese Reihung der Sanktionen auch noch im Zusammenhang der Eroberung Jerichos in Jos 6 begegnet, legt die Überschneidung zwischen Ri 20,48 und Dtn 13,16 f., wo je eine israelitische Stadt Objekt der Maßnahmen ist, einen intendierten literarischen Bezug nahe. Dies gilt umso mehr, als V.48 mit Dtn 2,34 f. und Dtn 3,6 f. auch auf zwei weitere dtr. חרם-Texte anzuspielen scheint – immerhin begegnet die ungewöhnliche *cstr.*-Verbindung עיר מתם im Kontext der Vernichtungsweihe neben Ri 20,48 nur noch in Dtn 2,34 und Dtn 3,6.[385]

Einen Hinweis auf die Intention der Bezugnahme liefert letztlich wohl eine Abweichung, die Ri 20,48 gegenüber den beiden letztgenannten Dtn-Stellen aufweist. In Ri 20,48, Dtn 2,34 f. und Dtn 3,7 begegnet die Kombination von בהמה und עריﬦ. Ri 20,48 unterscheidet sich von den Dtn-Stellen jedoch dadurch, dass (analog Dtn 13,13 ff.) auch das Vieh (und alles, was sich sonst noch findet) getötet wird. In Dtn 2,34 f. und Dtn 3,6 f., wo die Israeliten nicht zum Beuteverzicht gezwungen sind, ist es hingegen von der Vernichtung ausgenommen. Ri 20,48 stellt also gegenüber Dtn 2 und Dtn 3 (und Jos 8,2, wo die Israeliten analog Dtn 2 f. verfahren sollen) eine Verschärfung dar.

Die Bezugnahmen auf die dtr. חרם-Theologie in Ri 20 dürften somit in erster Linie der Profilierung der Schandtat und ihrer Ahndung dienen. 1) Die Schwere des Vergehens der Gibeatiter wird betont. In Dtn 13 ist der Bann die Strafe für eine dem Götzendienst verfallene israelitische Stadt. Das Vergehen Benjamins, die נבלה בישׂראל, kommt vor dem Horizont von Dtn 13 folglich einem Verstoß gegen das erste Gebot gleich. Gibea wird somit durch die Bezugnahme auf Dtn 13 nicht nur mit Sodom und Ai, sondern auch mit jeder beliebigen apostatischen israelitischen Stadt parallelisiert.[386] 2) Die Bezugnahme auf Dtn 2,34 f. und Dtn 3,6 f. deutet an, dass die Israeliten sich in Ri 20 gegenüber ihren eigenen Brüdern grausamer verhalten als zur Zeit der Landnahme gegenüber ihren Feinden. Dies steht wie-

---

384 In Ri 20,37.48 und Dtn 13,16a begegnet außerdem jeweils die Wendung נכה לפי חרב. Aufgrund ihres häufigen, formelhaften Vorkommens im Zusammenhang der Vernichtungsweihe ist diese Gemeinsamkeit jedoch weniger signifikant.

385 Teilt man die oben angestellte Vermutung (s. o. S. 59), dass der ursprüngliche Text in Dtn 2,34 und 3,6 nur עיר מתם kannte, die Frauen und Kinder als weitere Opfer des Banns hingegen nicht (explizit) erwähnte, erklärt sich, warum Ri 20,48 in diesem Punkt von der Vorlage abweicht: Als der Autor von Ri 20,48 die Dtn-Texte rezipiert hat, standen die Frauen und Kinder noch nicht im Text. Andernfalls ließe sich kaum begründen, warum er die Tötung der Frauen und Kinder ausgelassen haben sollte, wäre ihm diese doch gerade angesichts der redaktionellen Überleitung zu Ri 21 sicher gelegen gekommen.

386 Vgl. Edenburg, Outrage, 285.

derum in Analogie zu Dtn 13,13 ff. und ist der Schwere des Vergehens angemessen.[387]

3.4.4 Redaktionsgeschichtliches Fazit

Als literarkritisches Ergebnis lässt sich somit festhalten: V.30.31*.32 f.34a.35.36a.42–46 bilden die Grundschicht; V.29.31aβ.b*[nur בשׂדה כשׁלשׁים אישׁ בישׂראל].34b.36b.37–41 wurden in den Zusammenhang nachgetragen; die beiden Schlussverse V.47 und V.48 verdanken sich ebenfalls einer bearbeitenden Hand.

V.30.31*.32 f.34a.35.36a.42–46 setzen die bisherige Grundschicht in Ri 20,1 f*.3–14.15*.17.20–22.24–26.27a.28a*[ab לאמר].b sinnvoll fort. Die relative Chronologie der Ergänzungen am dritten Kampftag ist nicht leicht zu ermitteln. V.48 und die Redaktion in V.29.31aβ.b*[nur בשׂדה כשׁלשׁים אישׁ בישׂראל].34b.36b.37–41 gehören nicht auf dieselbe literarische Ebene, da sie einen unterschiedlichen Fokus setzen. In V.48 ist wie in der Grundschicht der gesamte Stamm Benjamin Objekt der Vernichtung, V.29.31aβ.b*[nur בשׂדה כשׁלשׁים אישׁ בישׂראל].34b.36b.37–41 hingegen richten sich gegen die Stadt Gibea. Wenn – wie oben erwogen wurde[388] – diese umfassende Redaktion in V.29 ff.* bereits auf die Restitution Benjamins angelegt ist, spricht dies eher dafür, V.48 als die ältere der beiden Ergänzungen zu betrachten. Denn die Wiederherstellung Benjamins erfolgt erst in Ri 21, die Fortsetzung von Ri 20 durch Ri 21 ist aber auf V.48 angewiesen. Folgende Entwicklung ist denkbar: Aus der Fortschreibung von Ri 20 durch die Grundschicht von Ri 21,[389] zu der auch V.48 zu rechnen ist, entsteht das Problem, dass mit Benjamin eine disqualifizierte Größe rehabilitiert wurde. Diese Spannung mildert der Redaktor von V.29.31aβ.b*[nur בשׂדה כשׁלשׁים אישׁ בישׂראל].34b.36b.37–41, indem er den Bann an Gibea nachträgt. Wenn mit Gibea der Ursprung des Bösen aus Israel ausgerottet wurde, erscheint die Wiederherstellung des restlichen Stammes, der durch Solidarisierung lediglich eine Mitschuld trug, weniger anstößig. Zu dieser zweiten

---

387 Eine literarische Parallele zwischen Ri 20 und 1 Sam 4, wie sie Becker, Richterzeit, annimmt, lässt sich darüber hinaus nicht erkennen. Die terminologischen Übereinstimmungen fallen sämtlich in den Bereich geläufiger Kriegsterminologie (חנה על, ערך und נגף [mit Jahwe als Subjekt]) und liefern somit keinen Hinweis auf literarische Abhängigkeit. Dass in beiden Texten „traditionelle Vorstellungen von der Gegenwart Jahwes korrigiert [würden]" (284), hat sich indes nicht bestätigt. Die Grundschicht von Ri 20 besagt keinesfalls, dass das militärische Vorhaben Israels trotz der Orakelanfrage nicht gelingt – im Gegenteil trifft das positive Orakel umgehend ein, indem Jahwe Benjamin vor Israel schlägt. Es handelt sich somit gerade nicht um eine „Kritik an der Verfügbarmachung Jahwes" (285).

388 S. o. S. 97 f.

389 Zu deren Abgrenzung s. im Folgenden u. S. 117 f.

Bearbeitung in V.29 ff. ist vermutlich auch V.47 hinzuzurechnen, der die Jabesch-Episode in Ri 21 vorbereitet, indem er eine konkrete Anzahl zum Fels Rimmon Geflohener einfügt.[390]

Beide Bearbeitungen in Ri 20,29 ff. greifen auf andere alttestamentliche Texte zurück und spielen mit der Bezugnahme eine bestimmte Tendenz in Ri 20 ein. Der Rückgriff auf die Dtn-Texte in V.48 führt das Ausmaß des Bruderkrieges vor Augen: Die Vernichtung benjaminitischer Städte erfolgt nach den strengen Richtlinien von Dtn 13,13 ff. Zudem veranschaulichen die Bezüge zu Dtn 2 f., dass Israel gegen Benjamin in einer Weise vorgeht, wie es im Zuge der Landnahme gegen nicht-israelitische Feinde vorgegangen ist.

Der zweiten bearbeitenden Hand in V.29 ff. lagen diese literarischen Querbezüge bereits vor. Sie übernimmt den Bezug auf Dtn 13 in den Zusammenhang der Vernichtung Gibeas und stellt damit heraus, dass Gibea behandelt wird wie eine dem Götzendienst verfallene Stadt. Stärker ausgeprägt ist der literarische Querbezug auf Jos 7 f. Dessen Tendenz deckt sich mit derjenigen der Bezugnahme von V.48 auf Dtn 2 f.: Die Parallelisierung von Gibea und Ai verdeutlicht abermals, dass Israel gegen Gibea vorgeht wie einst gegen kanaanäische Städte.

3.5 Ergebnis: Die Entstehung von Ri 20

1) Die Grundschicht von Ri 20 umfasst die Verse 1 f*.3 – 14.15*.17.20 – 22.24 – 27a.28a*[ab לאמר].b.30.31*.32 f.34*.35 – 36a.42 – 46. Sie berichtet die Ahndung der Schandtat aus Ri 19, deren Radius gegenüber der Vorlage erheblich ausgeweitet wird. Das gesamte Gottesvolk ist dadurch kontaminiert – nun ist es an Israel, das Böse aus seiner Mitte auszurotten. Hätte die Schandtat anfangs noch unkompliziert durch die Tötung der schuldigen Gibeatiter gesühnt werden können, führt die Weigerung der Benjaminiten, diese auszuliefern, unvermeidlich zum Bruderkrieg. Die militärische Auseinandersetzung zwischen Israel und Benjamin erstreckt sich über insgesamt drei Kampftage. An den ersten beiden Tagen erleiden die Israeliten verheerende Niederlagen, obwohl sie zahlenmäßig deutlich überlegen sind. Der finale Sieg gelingt Israel erst mit dem Beistand Jahwes, dessen es sich vor dem dritten Kampftag mit einem Orakel vergewissert hatte. In Anlage und Struktur ähnelt die Grundschicht auffällig dem Schlachtbericht in Jos 7 f. Eine Bezugnahme zwischen den beiden Texten liegt nahe.

---

390 Zur Literargeschichte von Ri 21 und den Gründen für diese Zuordnung s. im Folgenden, besonders S. 120 f.

Die Grundschicht wurde mehrfach sowohl punktuell als auch übergreifend bearbeitet. Da sich die Ergänzungen jedoch ungeachtet ihres Umfangs allesamt entweder auf die ersten beiden Kampftage oder auf den dritten Kampftag beziehen, lässt sich ihr relatives chronologisches Verhältnis auf der Basis der bisherigen Untersuchungen an einigen Stellen nur schwer bestimmen.

2) Die Anfügung von 20,48 öffnet Ri 20 erstmals auf eine Fortsetzung hin. Die Vernichtung Benjamins wird ausgeweitet auf Städte und die nichtkämpfende Bevölkerung. Es gibt jedoch noch wenige überlebende Benjaminiten, nämlich diejenigen, von denen Israel während ihrer Flucht Richtung Wüste abgelassen hatte, um den Bann an den benjaminitischen Städten zu vollstrecken. Damit ist der Anschluss von Ri 21 grundsätzlich möglich – Benjamin ist zwar größtenteils, aber eben nicht vollständig vernichtet. Da der Vers die Erzählung mit Blick auf 1 Sam 9 ff.* zu keinem Zeitpunkt abgeschlossen haben kann,[391] ist er zur Grundschicht von Ri 21 zu rechnen, die das Problem des Frauenmangels, das V.48 schafft, sogleich wieder behebt.

3) 20,29.31aβ.b*[nur בשדה כשלשים איש בישראל].34b.36b.37–41.47 bilden eine spätere redaktionelle Ebene. Angeregt durch den Bann an den benjaminitischen Städten in V.48 wird die Vernichtung Gibeas vorab ausführlich geschildert. Die Ergänzung verfolgt die Absicht, die Ausrottung des Bösen wieder auf Gibea und dessen Bewohner zu beziehen. Im Hintergrund steht wohl das Problem, dass die sich anschließende Rehabilitation Benjamins in Ri 21 vor dem Hintergrund des Bruderkriegs als anstößig empfunden werden konnte. Die Erwähnung der konkreten Zahl von 600 überlebenden Benjaminiten am Fels Rimmon in V.47 hat die Restitution Benjamins bereits im Blick. Sie bereitet vermutlich die innerhalb von Ri 21 sekundäre Jabesch-Episode vor, wo ebenfalls von einer konkreten Anzahl von Frauen und dem Fels Rimmon als Aufenthaltsort der Benjaminiten die Rede ist.[392] Auf die Ebene dieser Bearbeitung gehört folglich auch der Zusatz „und das Land Gilead" in 20,1,[393] der die Schuldhaftigkeit der Absenz der Jabeschiter herausstellt.

4) Das chronologische Verhältnis der Einfügung in V.27b.28a*[bis ההם] zu den beiden zuvor genannten Fortschreibungen ist zum jetzigen Zeitpunkt nicht zu bestimmen. Die Ergänzung ist auf den Horizont von Ri 20 beschränkt. Indem sie die Lade in Bet-El lokalisiert, weist sie den Ort erzählungsintern als legitimes Heiligtum aus. Die Bet-El-Redaktion dürfte noch unbekannt sein, da die Aufwertung Bet-Els durch Lade und Priester in Kenntnis dieser kultkritischen Bearbeitung kaum mehr vorstellbar wäre.

---

391 S. dazu o. S. 92 f.
392 S. u. S. 119 f.
393 S. o. S. 63 f.

5) Problematisch ist sodann die redaktionsgeschichtliche Verortung besagter Bet-El-Redaktion in Ri 20,18 f.23. Eine endgültige Entscheidung kann auch hier erst nach der Analyse von Ri 21 getroffen werden, denn wie zu zeigen sein wird, sind auch Ri 21,2–4 zur Bet-El-Redaktion zu rechnen.[394] Sie ist später anzusetzen als Ri 20,27b.28a*[bis הזה] und – da der Vers auf die Ebene der Grundschicht in Ri 21 gehört und die Bet-El-Szene in 21,2–4 eine spätere Ergänzung dazu darstellt – als 20,48.

6) Vermutlich nach der Bet-El-Redaktion wurde V.16 eingefügt, der den überraschenden Ausgang der ersten beiden Kampftage mit dem Einsatz einer benjaminitischen Spezialeinheit erklärt.

7) Kaum zu verorten ist die Glosse in 20,2b. Sie hat den Anschluss von Ri 20 an Ri 19 im Visier und betont, dass eine angemessene Reaktion auf die Gewalttat nur in einer militärischen Aktion bestehen kann.

8) Als letztes dürfte die im Lauf der Überlieferung durch Dittographie entstandene Dublette in V.15bβ in den Text gelangt sein.

4 Richter 21

4.1 Übersetzung

1) Die Männer Israels aber hatten in Mizpa geschworen: „Keiner von uns wird seine Tochter Benjamin zur Frau geben."

2) **Da kam das Volk nach Bet-El und sie saßen dort bis zum Abend vor Gott und erhoben ihre Stimme und weinten sehr.**

3) **Und sie sagten: „Warum, Jahwe, Gott Israels, ist dies geschehen in Israel, dass heute ein Stamm von Israel vermisst wird?"**

4) **Und es geschah am folgenden Tag, da machte sich das Volk früh auf und sie bauten dort einen Altar und ließen Brandopfer und Friedensopfer aufsteigen.**

5) Und die Israeliten sprachen: „Wer ist es, der nicht in die Versammlung von allen Stämmen Israels hinaufgezogen ist zu Jahwe?" Denn es war der große Schwur ergangen gegen denjenigen, der nicht zu Jahwe nach Mizpa hinaufgezogen war: „Er soll unbedingt getötet werden."

6) *Und die Israeliten hatten Mitleid mit Benjamin, ihrem Bruder. Und sie sagten: „Abgehauen wurde heute ein Stamm von Israel.*

7) *Wie sollen wir ihnen, den Übriggebliebenen, Frauen beschaffen? Wir haben bei Jahwe geschworen ihnen keine von unseren Töchtern zu Frauen zu geben."*

---

394 S.u. S. 108 f.

8) Und sie sagten: „Wer ist der eine von den Stämmen Israels, der nicht zu Jahwe nach Mizpa hinaufgezogen ist?" Und siehe, es war kein Mann aus Jabesch, Gilead, in das Lager, in die Versammlung, gekommen.

9) Und das Volk wurde gemustert und siehe, es war kein Mann dort von den Bewohnern Jabeschs, Gilead.

10) Da schickte die Versammlung 12.000 Mann von den kriegstüchtigen Männern dorthin und befahl ihnen: „Geht und schlagt die Bewohner Jabeschs, Gilead, mit der Schärfe des Schwertes mitsamt den Frauen und Kindern!

11) Dies ist die Sache, die ihr tun sollt: Jeden Mann und jede Frau, die männlichen Beischlaf kennt, sollt ihr der Vernichtung weihen."

12) Sie fanden aber von den Bewohnern Jabeschs, Gilead, 400 jungfräuliche Mädchen, die keinen Mann vom männlichen Beischlaf her kannten. Und sie brachten sie in das Lager Schilo, das im Land Kanaan war.

13) Und die ganze Versammlung schickte hin und sie redeten mit den Benjaminiten, die beim Fels Rimmon waren, und sagten ihnen Frieden zu.

14) Da kehrte Benjamin um in jener Zeit und sie gaben ihnen die Frauen, die sie leben gelassen hatten von den Frauen Jabeschs, Gilead. Aber sie reichten ihnen so nicht.

15) Und das Volk hatte es sich leid tun lassen um Benjamin, denn Jahwe hatte eine Lücke in die Stämme Israels gerissen.

16) Und die Ältesten der Versammlung sprachen: „Wie sollen wir den Übriggebliebenen Frauen beschaffen? Denn vertilgt ist die Frau aus Benjamin."

17) Und sie sagten: „Besitz zur Rettung sei für Benjamin![a] Ein Stamm soll nicht aus Israel ausgerottet werden.

18) Aber wir können ihnen keine Frauen aus unseren Töchtern geben, da die Israeliten geschworen haben: Verflucht sei, wer Benjamin eine Frau gibt."

19) Und sie sagten: „Siehe, das Jahwe-Fest ist von Jahr zu Jahr in Schilo, das nördlich von Bet-El liegt, nach Sonnenaufgang von der Straße, die von Bet-El nach Sichem hinaufführt, und südlich von Lebona."

20) Und sie befahlen[b] den Benjaminiten: „Geht und lauert in den Weinbergen!

21) Und seht, siehe, wenn die Töchter Schilos hinausgehen, um im Reigen zu tanzen, dann sollt ihr hinausgehen aus den Weinbergen und euch jeder seine Frau rauben von den Töchtern Schilos und ins Land Benjamin gehen.

22) Und es wird geschehen, wenn ihre Väter oder ihre Brüder kommen, um gegen uns zu streiten[c], dann werden wir zu ihnen sagen: Erbarmt euch ihrer um unseretwillen![d] Denn sie haben[e] ihre Frauen nicht im Kampf genommen und ihr habt sie ihnen nicht gegeben. Jetzt würdet ihr euch verschulden."[f]

23) Und die Benjaminiten taten so und nahmen Frauen nach ihrer Zahl von den Tanzenden, die sie an sich gerissen hatten, gingen und kehrten zurück in ihr Erbteil. Und sie bauten die Städte wieder auf und wohnten in ihnen.

24) Und die Israeliten gingen weg von dort in jener Zeit, jeder zu seinem Stamm und zu seiner Sippe, und sie zogen aus von dort, jeder in sein Erbteil.
25) In jenen Tagen gab es keinen König in Israel. Jeder tat, was in seinen Augen recht war.

Legende
Grundschicht: V.1.15 – 23.25 (gehört zusammen mit 20,48)
Redaktion: V.2 – 4 (gehört zusammen mit der Bet-El-Redaktion in Ri 20,18f.23)
Redaktion: V.5.9 – 14.24 (gehört zusammen mit der Redaktion in Ri 20,29ff.)
Ausgleichende Redaktion: V.6 – 8

4.2 Textanmerkungen

[a)] Die Bedeutung der *cstr.*-Verbindung יֶרֶשׁ פְּלֵיטָה ist schwer zu bestimmen. Sämtliche Versionen paraphrasieren und tragen somit nicht zur Erhellung bei. Häufig erschien daher die Konjektur als letzter Ausweg; vgl. BHK und BHS sowie MOORE, Judges, 453; BURNEY, Judges, 491f.; SCHREINER, Septuaginta-Masora, 74; SOGGIN, Juges, 256. Eine Änderung des MT ist jedoch verzichtbar. יֶרֶשׁ bezeichnet zwar in der Regel territorialen Besitz (vgl. Dtn 2,5.9.12.19; 3,20; Jos 12,6f.; Jer 32,8), wird hier jedoch eher in einem nicht-territorialen Sinn zu verstehen sein – andernfalls würde V.17a den Zusammenhang von V.16.17b.18 stören; vgl. BARTHÉLEMY, Critique I, 128. Der Teilvers antwortete dann weder auf die Frage aus V.16a noch griffe er die Frauenproblematik aus V.16b.17b auf, sondern lenkte die Aufmerksamkeit vom personalen Aspekt der Frauenbeschaffung auf den materiellen Aspekt des Landbesitzes. V.17a lässt sich in der vorgeschlagenen Deutung als Antwort auf die Frage der Ältesten in V.16a in Form einer Proklamation verstehen: Den Benjaminiten soll ein Besitz (an Frauen) zuteil werden, der sie aus der misslichen Lage rettet; vgl. auch EHRLICH, Randglossen 3, 158f.

[b)] Da ein singularisches Subjekt fehlt, ist mit den Versionen das *qere* zu favorisieren und Plural zu lesen.

[c)] Das *qere*, das von sämtlichen Versionen gestützt wird, ist zu bevorzugen. Die Kombination der Wurzel רִיב mit der Präposition אֶל ist ungewöhnlich, aber möglich. Sie begegnet außerdem noch in Jer 2,29; 12,1.

[d)] BHS und BHQ gehen von einer auf Dittographie basierenden Fehlerhaftigkeit des MT aus. Hierzu besteht jedoch kein Anlass, da חנן mit doppeltem Akkusativ stehen kann; vgl. Gen 33,5; Ps 119,29.

[e)] Mit LXX, V und S, die ebenfalls 3. *pl.* lesen, ist wohl לְקַחְנוּ in לְקְחוּ zu ändern. Die Lesart des MT könnte auf einer versehentlichen Angleichung an die vorangehenden Formen in 1. *pl.* beruhen.

f) Ein sinnvoller Zusammenhang ergäbe sich, wenn man der Konjektur von BHS (כי עת) folgte („ihr habt sie ihnen nicht gegeben, denn da würdet ihr euch verschulden"). Die Änderung bliebe freilich rein hypothetisch. Die Stelle bedarf einer eingehenden Besprechung; s. dazu. u. S. 115 f.

4.3 Gliederung

V.1 – 4:   Die Israeliten in Bet-El
    V.1:   Der Schwur der Israeliten als Auslöser des Problems
    V.2 – 4: Kultische Handlungen in Bet-El
V.5 – 14: Der Bann an Jabesch
V.15 – 24: Der Frauenraub in Schilo
V.25:   Abschließender Kommentar

In zwei Anläufen löst Ri 21 das Problem des Frauenmangels in Benjamin, das durch die Anfügung von V.48 an Ri 20 entstanden war. Eine Gliederung nach inhaltlichen Kriterien kann sich an den beiden extravaganten Maßnahmen zur Schadensbegrenzung orientieren.

V.1 – 4 bilden den Auftakt der Erzählung: V.1 umreißt die Problemlage – israelitische Männer dürfen ihre Töchter keinem Benjaminiten zur Frau geben; V.2 – 4 beschreiben analog Ri 20,18 f.23.26 – 28* sodann einen weiteren kultischen Akt in Bet-El. Anders als in Ri 20 holen die Israeliten dabei allerdings kein Orakel ein, sondern bringen nach dem vernichtenden Schlag gegen Benjamin nun eine Klage über dessen Schicksal vor.

V.5 markiert einen Einschnitt. Anstatt des „Volkes" agieren nun die „Israeliten"; als Versammlungsort ist nicht mehr Bet-El, sondern Mizpa im Blick. Mit der Frage, wer sich nicht dort versammelt habe, wird erstmals eine Lösung des in V.1 anklingenden Problems anvisiert. V.5 – 14 berichten, wie die säumige Bevölkerung Jabeschs vernichtet, sämtliche Jungfrauen hingegen verschont werden. V.15 f. wiederholen im Anschluss daran V.6 f. und leiten somit eine zweite Etappe der Problemlösung ein: den Raub tanzender Jungfrauen in Schilo. V.25 schließt die Erzählung mit einem erklärenden Kommentar ab.

Die vier Gliederungseinheiten (V.1 – 4; V.5 – 14; V.15 – 24; V.25) werden zunächst einzeln analysiert. Aufgrund der literarhistorischen Komplexität des Kapitels liegt ein besonderes Gewicht auf der anschließenden redaktionsgeschichtlichen Rekonstruktion seiner Entstehung.

4.4 Analyse

Zur Orientierung seien die Grundzüge der Entstehungsgeschichte im Voraus skizziert: Die beiden Maßnahmen zur Frauenbeschaffung lassen sich auf zwei Hände verteilen. Der Frauenraub in Schilo (V.1.15 – 23.25) stellt die ältere der beiden Versionen dar. Nachträglich wurde der Bann an Jabesch ergänzt (V.5.9 – 14.24). Mit V.2 – 4 und V.6 – 8 liegen zwei weitere Bearbeitungen vor.

4.4.1 V.1 – 4: Die Israeliten in Bet-El

Bereits der Eingang in die Erzählung hält einige Schwierigkeiten bereit. V.1 blendet zurück auf die Versammlung der Israeliten in Mizpa zu Beginn von Ri 20. Der erwähnte Schwur weckt somit den Eindruck, als hätte die Eidgemeinschaft bereits vor dem Kampf mit einem Sieg gegen Benjamin gerechnet. Auf das erbitterte und für Israel zunächst ernüchternde Kampfgeschehen in Ri 20 folgt V.1 somit ziemlich unvermittelt.

Der aus dem Schwur resultierende akute Frauenmangel setzt sodann den Ausgang der Schlacht auf der redaktionellen Ebene von Ri 20,48 voraus. Schließlich wird erst dort die Vernichtung aller benjaminitischen Städte berichtet, die auch die Tötung von Frauen und Kindern beinhaltet, wohingegen die Grundschicht von Ri 20 lediglich von der verlustreichen Niederlage des benjaminitischen Heeres zu berichten weiß. V.1 ist somit gegenüber der Grundschicht von Ri 20 nachgetragen. Er schwenkt auf die Situation vor dem Kampf zurück und lässt das für Ri 21 konstitutive Dilemma anklingen.

Wie V.1 setzt auch die folgende Bet-El-Szene in V.2 – 4 voraus, dass Benjamin zuvor im Kampf nahezu komplett vernichtet wurde: Das Fehlen eines Stammes wird beklagt; die Aktion zielt offenbar auf die Wiederherstellung Benjamins.

Zwischen V.1 und V.2 verläuft eine literarische Naht.[395] Im Gegensatz zu V.1 fokussiert V.2 nicht die Lösung des durch 20,48 aufgeworfenen Problems, sondern eröffnet ein für den weiteren Handlungsverlauf irrelevantes kultisches Intermezzo. Beklagt wird in diesem Zusammenhang auch nicht der Frauenmangel, wie es angesichts V.1 naheläge, sondern die radikale Vernichtung Benjamins. V.2 – 4 stehen somit nicht organisch im Kontext.

Meist werden V.2 – 4 mit den Bet-El-Szenen in Ri 20,18 f.23.26 – 28 in Zusammenhang gebracht.[396] Da nur die ersten beiden Orakelanfragen in 20,18 f.23 re-

---

395 Vgl. VEIJOLA, Verheißung, 188 f.; GROSS, Richter, 870 f.; ferner BECKER, Richterzeit, 288, der allerdings V.1 als Nachtrag zu V.2 – 4 betrachtet.
396 Vgl. BECKER, Richterzeit, 288.

daktionell sind, 20,26 – 28* hingegen zur Grundschicht gehören,[397] ist ein differenzierter Blick erforderlich. Die Entscheidung fällt jedoch leicht. Mit der Klage der Israeliten in V.2 – 4 ist die beinahe komplette Vernichtung Benjamins aus 20,48 vorausgesetzt und eine Verortung auf der Ebene der Grundschicht von Ri 20 somit ausgeschlossen.[398] Auch eine inhaltliche Spannung zwischen 21,2 – 4 und 20,26 – 28 spricht grundsätzlich dagegen, beide Texte auf derselben Ebene zu verorten: Angesichts der Tatsache, dass die Israeliten in Ri 20,26 in Bet-El bereits Opfer darbringen, überrascht die Altarbaunotiz in 21,2 – 4 – zumal die Übernahme der Opferarten aus Ri 20,26 – 28[399] demonstriert, dass der Verfasser durchaus sorgfältig mit der Vorlage Ri 20 umgegangen ist. Im Horizont von Ri 20 markiert die Reue Israels nach dem unerbittlichen Kampf gegen Benjamin zudem eine plötzliche Wende. Wenn 21,2 – 4 schon eine über 20,48 und 21,1 an Ri 20 angefügte partielle Restitution Benjamins kennen, mildert dies die Spannung zwar etwas; befremdlich bleibt jedoch in jedem Fall die Anklage Jahwes, den Israel in Ri 20 noch um Weisung und Beistand ersucht hatte. Gehören 21,2 – 4 somit nicht auf die Ebene der Grundschicht von Ri 20, spricht doch nichts dagegen, sie auf derselben Ebene wie 20,18 f.23 zu verorten. Die kultische Willkür aus den Bet-El-Szenen in Ri 20 führen 21,2 – 4 stimmig fort: Zunächst verfolgen die Israeliten die Kriegsorakel nicht mit der gebotenen Ernsthaftigkeit,[400] schließlich stellen sie sich sogar anklagend gegen ihren Gott.

4.4.2 V.5 – 14: Der Bann an Jabesch

In V.5 stellen die Israeliten erneut eine Frage, adressieren sie diesmal aber nicht an Jahwe. Dadurch hebt sich der Vers deutlich von der vorangehenden Szene in Bet-El ab.[401] Auch zu V.1 steht er in Spannung, da ein zweiter Schwur erwähnt wird, ohne dass zuvor die Konsequenz des ersten Schwures erläutert worden wäre.[402] V.5

---

397 S. dazu o. S. 79.

398 Gegen BECKER, Richterzeit, 287 f. Seine Annahme, dass 21,2 – 4 zur Grundschicht von Ri 21 gehören, beruht allein darauf, dass er die Bet-El-Szenen in Ri 20 sämtlich zum Grundbestand rechnet. In einer Grundschicht, die V.2 – 4.5a.9 – 14a umfasste, ließe sich (ganz zu schweigen von den Spannungen zwischen V.2 – 4 und V.5a, die auch BECKER wahrnimmt) jedoch kaum eine sinnvolle Funktion der Verse 2 – 4 angeben.

399 Die Wendung ויעלו עלות ושלמים begegnet nur an diesen beiden Stellen.

400 S. dazu o. S. 82.

401 Gegen GROSS, Richter, 824, der V.5 noch zur Bet-El-Szene rechnet.

402 Eine inhaltliche Spannung legt eine diachrone Lösung nahe, bereitet aber auch redaktionsgeschichtlich Probleme: Der zweite Schwur in V.5 wäre zur Behebung des Frauenmangels verzichtbar gewesen. Diejenigen Israeliten, die sich nicht in Mizpa versammelt hatten, sind nicht an den Schwur aus V.1 gebunden und dürften ihre Töchter folglich den Benjaminiten geben. Zur

wurde somit sicherlich in Kenntnis von V.1 verfasst, stellt aber nicht dessen ursprüngliche Fortsetzung dar.[403]

Der Auftaktvers fungiert gewissermaßen als Auslöser für alles weitere: Zwar bestünde auch ohne V.1 ein Frauenmangel (20,48), doch wäre er nicht weiter problematisch, da die Israeliten den Benjaminiten ihre Töchter aushändigen dürften. Die umständlichen Versuche, dem geschlechtlichen Ungleichgewicht abzuhelfen – sei es durch die Vollstreckung des Banns an Jabesch, sei es durch den Frauenraub in Schilo – blieben gänzlich unmotiviert.

Auch die Qualifizierung des Gelöbnisses als „großer Schwur" in V.5 stützt diese relative Chronologie. Sie dürfte im Bewusstsein der Problematik eines doppelten Schwures vorgenommen worden sein, um eine Unterscheidung der beiden Gelübde zu ermöglichen.

Schließlich bestätigt sich die Annahme darin, dass V.1 Mizpa explizit als Versammlungsort erwähnt, wohingegen V.5 keinen Ort nennt, sondern – abhängig vom literarhistorischen Verhältnis von V.5 und V.2 – 4 – als Ort der Versammlung entweder Bet-El aus V.2 – 4 oder Mizpa aus V.1 impliziert.

Zieht man V.6 ff. hinzu, vereinfacht sich die Lage kaum. V.6 wiederholt die Klage über den Verlust eines Stammes, geht im Gegensatz zu V.3 aber nicht mit einer Anklage einher. Der Schwur in V.7b entspricht inhaltlich V.1; er wird nun jedoch in V.7a von einer expliziten Problemanzeige flankiert: Da Israel geschworen hat, den Benjaminiten nicht die eigenen Töchter als Ehefrauen zu geben, sind besondere Anstrengungen vonnöten, um Frauen für Benjamin zu beschaffen. Während der Schwur in V.1 somit eher als Situationsangabe dient, wird nun die daraus resultierende konkrete Schwierigkeit fokussiert. Der gleiche Zusammenhang von Israels Mitleid und problemorientierter Erwähnung des Schwurs begegnet noch einmal in V.15 ff. Das literarhistorische Verhältnis der dublettenhaften Passagen kann erst im Zuge der Analyse von Ri 21,15 ff. bestimmt werden. Es fällt jedoch unmittelbar auf, dass V.6 – 8 den Zusammenhang von Anliegen (V.5: „Wer ist es, der nicht in die Versammlung von allen Stämmen Israels hinaufgezogen ist zu Jahwe?") und Aufklärung (V.9: „Es war kein Mann dort von den Bewohnern Jabeschs, Gilead.") unterbrechen und somit nicht organisch im Kontext stehen. Um diesen Konnex wiederherzustellen, wiederholt V.8a die Frage aus V.5a; V.8b greift indes voraus auf die Auflösung in V.9. V.8 stellt somit allem Anschein nach ein redaktionelles Scharnier dar, das die literarisch gleichzeitige Fortschreibung

---

Eliminierung der Säumigen bestünde somit gar kein Anlass. Eine zeitliche Priorität der Jabesch-Episode vor der Schilo-Episode ist dennoch auszuschließen, da sie auf einen älteren Kontext angewiesen ist; s. dazu im Folgenden.

403 Vgl. BECKER, Richterzeit, 287.

V.6 f. in den Zusammenhang V.5.9 ff. einfügt.[404] Die Intention und der redaktionsgeschichtliche Ort der Ergänzung lassen sich wiederum erst im Anschluss an die Analyse des gesamten Kapitels bestimmen. Einen ersten Hinweis liefert unter Umständen die Beobachtung, dass V.6–8 im Vergleich zu dem entstellten Erzählverlauf in V.1–5 einen besser strukturierten Zusammenhang bieten: Der Reihe nach wird berichtet, dass Israel Mitleid mit Benjamin habe, Frauen beschafft werden müssten und dies nicht unproblematisch sei. Die Frage, wer sich nicht versammelt habe, eröffnet ein erstes Lösungsangebot.

V.9–14 schildern die Vollstreckung des Banns an der gileaditischen Stadt Jabesch. Diverse Übereinstimmungen mit Num 31 weisen auf eine literarische Beziehung zwischen den Texten hin.[405] Aussagekräftig ist vor allem die Kombination von ידע und משכב־זכר, die neben Ri 21,11 f. nur noch in Num 31,17 f.35 begegnet. Ein Vergleich beider Passagen weist Ri 21 unschwer als rezipierenden Text aus. In Num 31 bringen die Krieger alle wehrfähigen Männer um, lassen Frauen und Kinder jedoch am Leben und führen sie als Gefangene zu Mose. Dieser befiehlt, die Knaben und die nicht mehr jungfräulichen Frauen zu töten, sodass am Ende ebenfalls nur die Jungfrauen überleben. Diesen gestuften Ablauf der Liquidierung scheint der Autor von Ri 21 gestrafft zu haben, indem er auch die Frauen und Kinder gleich in V.10 mit der Vernichtungsweihe anheim fallen lässt und in V.11 lediglich die Jungfrauen davon ausnimmt. Der explizite Auftrag zur Verschonung der Jungfrauen (vgl. Num 31,18) entfällt dabei. Überhaupt ist das Überleben der Jungfrauen nur in Num 31 sachlich motiviert: Nach Num 31,16 tragen alle nicht-jungfräulichen Frauen eine Mitschuld an der Verführung der Israeliten zum Götzendienst und müssen daher getötet werden. In Ri 21 hätten die Benjaminiten hingegen ebenso gut die Witwen der ermordeten Jabeschiter heiraten können. Die Verschonung der Jungfrauen in Ri 21 erklärt sich daher am besten als Übertragung aus Num 31.[406]

Auch die Zahl der entsandten Krieger dürfte aus Num 31 übernommen worden sein. Dort ergibt sich die Summe von 12.000 Kriegern aus der Addition von je 1.000 Kriegern pro Stamm. In Ri 21 würde die Rechnung indes nur 11.000 Krieger ergeben, da die Tausendschaft Benjamins im Aufgebot fehlte. Der Verfasser hat bei

---

404 Vgl. BECKER, Richterzeit, 288; GROSS, Richter, 871. Gegen die gleiche Verfasserschaft dieser Verse sprechen vielleicht auch die sachlich identischen, terminologisch aber abweichenden Bezeichnungen בקהל in V.5a und אל־הקהל in V.8b.
405 Vgl. auch GROSS, Richter, 874; STIPP, Beobachtungen, 223.
406 In V.12 überrascht die Nennung einer konkreten Anzahl von Jungfrauen, die für Benjamin ergattert werden konnten, da außer den aus Num 31 übernommenen 12.000 Kriegern Zahlen in der gesamten Erzählung keine Rolle spielen. Die weitere Analyse wird eine redaktionsgeschichtliche Erklärung für dieses Phänomen nahelegen.

der Übernahme der Zahlenangabe aus Num 31,5 somit wohl schlicht „vergessen, Benjamin davon abzuziehen".[407] Sollte die gängige Spätdatierung von Num 31 zutreffen,[408] wiese die Bezugnahme Ri 21,5.9 – 14 automatisch als sehr jungen Text aus.

> Neben Num 31 nehmen Ri 21,5.9 – 14 – der Bearbeitung in 20,29.31aβ.b*[nur בשדה כשלשים איש בישראל].34b.36b.37 – 41.47 vergleichbar[409] – auch auf die Bestimmungen zur Vernichtungs-weihe an einer israelitischen Stadt in Dtn 13,13 – 18 Bezug.[410]

Die Notiz in V.12, dass die Jungfrauen in das Lager nach Schilo gebracht worden seien, wirft die Frage auf, wie – und warum – ein Großteil der Israeliten dorthin gekommen ist, zumal die Benjaminiten sich nach V.13 immer noch am Fels Rimmon befinden. Die frühe Erwähnung Schilos steht ferner in Spannung zu der exakten Lokalisierung der Ortslage in V.19. Entgegen der Meinung GROSS'[411] funktioniert V.12 daher nicht als genuine Überleitung zur Schilo-Episode; der Bann an Jabesch und der Frauenraub entstammen offenbar verschiedenen Federn. Die Erwähnung Schilos in V.12 lässt die Jabesch-Episode am Schauplatz der an-schließenden Schilo-Episode zum Abschluss kommen. Da es keinen Grund gibt, die Zugehörigkeit von V.12 zur Jabesch-Episode zu bezweifeln, kann die redak-tionelle Überleitung als ein erstes Indiz dafür gewertet werden, dass die Schilo-Episode älter ist als die Jabesch-Episode.

> Als letztes Detail ist die Verortung Schilos „im Land Kanaan" in V.12 zu beleuchten. Ver-mutlich handelt es sich hierbei um eine rein topographische Angabe,[412] die nicht besagen soll, dass sich Schilo außerhalb des israelitischen Erbbesitzes befindet.[413] Wie „Land Gilead" in Ri 20,1b für das Ostjordanland steht, bezeichnet „Land Kanaan" hier das Westjordanland. Diese Gegenüberstellung ist nicht singulär: Als Chiffren für das Ost- und das Westjordanland begegnen „Land Gilead" und „Land Kanaan" auch in Num 32,29 f. und Jos 22,9.32. Die Zu-

---

407 Vgl. BUDDE, Richter, 140.

408 Vgl. u. a. WELLHAUSEN, Composition, 113; SCHMIDT, Numeri, 5.148.186; SEEBASS, Numeri 3, 297 f.

409 Zu den redaktionsgeschichtlichen Implikationen s.u. S. 120 f.

410 Vgl. die Verwendung von נכה לפי־חרב mit את־יושבי als Objekt in Dtn 13,16 und Ri 21,10 (sowie Ri 20,37.40) und der Wurzel חרם in Dtn 13,16.18 und Ri 21,11.

411 Vgl. GROSS, Richter, 875.

412 Vgl. u. a. auch Gen 11,31; 12,5; 13,12; 16,3; 23,2.19. Dass Schilo im Land Kanaan liegt, wissen neben Ri 21,12 auch Jos 21,2; 22,9 zu berichten.

413 Hier wäre zum Zweck der Abgrenzung von den fremden Bewohnern eher eine Bezeichnung als „Land der Kanaanäer" o. ä. zu erwarten; vgl. z.B. Ex 13,11; Dtn 11,30; Jos 13,4 und die zahlreichen Erwähnungen der Kanaanäer in den dtr. Völkerlisten, wonach das Land der Kana-anäer das verheißene, aber noch nicht eroberte Land bezeichnet.

gehörigkeit der punktuellen Bearbeitung „und das Land Gilead" in 20,1b zur Jabesch-Episode erfährt durch diese Korrespondenz eine Bestätigung.

Insgesamt präsentiert der Abschnitt V.5.9–14 einen geschlossenen Erzählzusammenhang über den Bann an Jabesch, der an seinen Rändern jedoch Spannungen zum Kontext aufweist. V.6–8 unterbrechen den Zusammenhang und wurden wahrscheinlich nachträglich eingefügt.

4.4.3 V.15–24: Der Frauenraub in Schilo

Im Zentrum der Verse 15–24 steht der Bericht über die zweite Maßnahme zur Beschaffung von Frauen, der Raub der Töchter Schilos.[414] V.15 schildert das Problem: Der Krieg hat Israel entzweit – nun tut es den Israeliten leid um ihren Bruder. In einer Versammlung ergreifen die Ältesten die Initiative und fragen, wie sich der Missstand des Frauenmangels in Benjamin beheben ließe (V.16). Zunächst wird festgehalten, dass Benjamin auf keinen Fall seinem Schicksal überlassen werden solle (V.17), dann wird das Problem unter Berufung auf den geleisteten Schwur noch einmal konkretisiert (V.18). In V.19–22 unterbreiten die Ältesten schließlich den dubiosen Lösungsvorschlag, den die Benjaminiten in V.23 in die Tat umsetzen.

V.15ff. lesen sich wie eine Variante zur vorangegangenen Jabesch-Episode. V.15–18 bilden die Einleitung dazu und sind analog V.6–8 aufgebaut.

---

414 Der Frauenraub in Schilo hat hellenistische Parallelen. Da diese für die Interpretation der Aktion in Ri 21 nicht viel austragen, standen sie bislang in der Exegese selten im Fokus der Aufmerksamkeit (vgl. aber GNUSE, Abducted Wives) und sollen auch hier nur am Rande erwähnt werden. Gravierende Ähnlichkeiten weisen vor allem der Raub der Sabinerinnen durch die jungen Römer z. B. bei LIVIUS („Ab urbe condita") sowie der Überfall der Messenier auf die Spartiatinnen bei STRABON („Geographika") und PAUSANIAS („Hellados Periegesis") auf. Die erhaltenen klassischen Quellen sind allesamt so jung, dass keine von ihnen dem Verfasser der Schilo-Episode vorgelegen haben wird. Sie sind jedoch auch so weit von den Ereignissen entfernt, die sie berichten – den Problemen nach der Gründung und raschen Expansion Roms bzw. dem 2. Messenischen Krieg –, dass sie vermutlich eine ältere Version vorliegen hatten, die auch dem Verfasser der Schilo-Episode bekannt gewesen sein könnte.

Neben der Entführung von Jungfrauen teilen alle drei Berichte das kultische Szenario der Aktionen: Während Romulus im Verlauf eines Festes für Neptun den Auftrag zum Raub der Sabinerinnen erteilt (Livius, Ab urbe condita I,9), überfallen die Messenier die spartianischen Jungfrauen, als sie der Artemis zu Ehren im Reigen tanzen (!) (Pausanias, Hellados Periegesis IV,16,9 f.). Darüber hinaus teilt Ri 21 mit dem Raub der Sabinerinnen das Motiv des Frauenmangels, das bei den Messeniern fehlt. Deren Anführer, Aristomenes aus Böotien, entführt die Töchter reicher Männer im Krieg gegen Sparta und verlangt anschließend ein Lösegeld für sie.

V.15 entspricht V.6: Die Israeliten haben Mitleid mit ihrem Bruder Benjamin, der durch den Bruderkrieg aus der Mitte der Stammesgemeinschaft ausgelöscht wurde. V.16 steht in Analogie zu der Frage aus V.7a, wie in geeigneter Weise Frauen für Benjamin beschafft werden könnten. Die Erwähnung des Schwurs in V.18 korrespondiert mit V.1 und V.7b.

Die ältere Version der Passage haben vermutlich V.15 – 18 bewahrt; die Einleitung in die Jabesch-Episode wäre entsprechend in Anlehnung daran gestaltet worden. So legt bereits die insgesamt knappere Darstellung in V.6 f. nahe, dass der Ablauf von V.15 – 18 nachträglich gestrafft wurde. Im Zuge der literarischen Übernahme wäre dann auch die Nennung der „Ältesten der Versammlung" aus V.16 ausgespart worden; vor der Jabesch-Episode, in der Israel wie in Ri 20 als militärisches Kollektiv handelt, ist sie verzichtbar. Daneben weisen inhaltliche Indizien darauf hin, dass V.15 ff. die Ereignisse aus Jabesch nicht kennen. Die verzweifelte Feststellung in V.16b, die Frau sei aus Benjamin ausgerottet, wirkt deplatziert vor dem Hintergrund der Jabesch-Episode, die das Problem für zwei Drittel der überlebenden Benjaminiten bereits behoben hätte. Auch die Parole in V.17b, dass kein Stamm aus Israel vertilgt werden solle, käme zu spät, wenn V.5.9 – 14 das grundsätzliche Überleben des Stammes durch die Beschaffung von 400 Jungfrauen bereits gesichert hätten. Die Schilo-Episode kennt somit allem Anschein nach weder die Jabesch-Episode in V.5.9 – 14 noch deren Einleitung in V.6 – 8.

Nach V.15 ist Jahwe für die Dezimierung des Gottesvolkes verantwortlich. Damit steht die Schilo-Episode grundsätzlich in Übereinstimmung mit Ri 20, wo der Bruderkrieg als Jahwekrieg qualifiziert wird. In Ri 21 begegnet Jahwe sonst nur noch in der Bet-El-Szene V.2 – 4. Da ihm auch V.3 die Verantwortung für die beinahe vollständige Vernichtung Benjamins zuschreibt, wird bisweilen angenommen, V.15 ff. hätten ursprünglich an die Bet-El-Szene angeschlossen.[415] Neben dem reibungslosen syntaktischen Anschluss von V.15 an V.1[416] spricht jedoch gegen diese Annahme, dass Ri 21,2 – 4 eine Anklage Jahwes durch Israel formulieren, wohingegen 21,15 Jahwe noch ohne explizite Wertung (und in Übereinstimmung mit Ri 20) als Urheber der Spaltung kennzeichnet. V.2 – 4 stellen somit gegenüber V.15 eine Verschärfung dar. Dies bestätigt noch einmal die Annahme, dass die Bet-El-Szene in V.2 – 4 die Schilo-Episode voraussetzt.

V.15 ff. dürften die ursprüngliche Fortsetzung von V.1 gebildet haben. Ri 20,48 und Ri 21,1 kreieren das Problem des Frauenmangels, 21,15 ff. entfalten sukzessive die Lösungsstrategie. Der syntaktische Anschluss funktioniert (nur!) an dieser Stelle reibungslos: An das vorzeitige Perfekt in V.1 schließt V.15 mit einem weiteren

---

415 Vgl. BERTHEAU, Richter II, 278, der allerdings V.5 – 14 für den gegenüber V.1 – 4.15 – 23 älteren Text hält.
416 S. dazu im Folgenden.

Perfekt an. Damit ist die Situation klar umrissen, bevor nun im Narrativ das Lösungsangebot entfaltet wird.

Auch hierbei zeigt sich deutlich der Nachtragscharakter der Jabesch-Episode gegenüber der Schilo-Episode. Der Zusammenhang von Schwur und Lösungsstrategie – da die Israeliten den Benjaminiten keine Frauen geben dürfen, müssen die Benjaminiten sie sich selbst nehmen[417] – ist in V.19 f. organischer als in der Jabesch-Erzählung. Dort haben die Jabeschiten aufgrund ihrer Abwesenheit in Mizpa den (ersten) Schwur gar nicht geleistet, dürften theoretisch also ihre Töchter hergeben, und werden somit unnötig (d. h. aufgrund eines überflüssigen zweiten Schwurs) von Israel in einer groß angelegten militärischen Aktion vernichtet.

In dieselbe Richtung weist schließlich auch die oben bereits erwähnte exakte Schilderung der geographischen Lage Schilos in V.19.[418] Sie setzt voraus, dass der Ort bislang nicht genannt wurde,[419] und wird daher kaum in Kenntnis von V.12 verfasst worden sein.

Die Lokalisierung des Schiloer Heiligtums[420] sowie die Umstände seiner mutmaßlichen Zerstörung liegen im Dunkeln.[421] Die exakte Verortung Schilos in V.19 weckt den Anschein, als habe es sich zur Zeit der Handlung um ein reales, frequentiertes Heiligtum gehandelt. Das Begängnis eines חג־יהוה in Schilo führt vor Augen, welche Bedeutung dieses Heiligtum für den Verfasser hatte.[422]

Die Aussage von V.22 erschließt sich nicht unmittelbar. Zu Beginn des Verses bringen die Ältesten der Versammlung eine mögliche Konsequenz des Frauenraubes zur Sprache: Die männlichen Verwandten der geraubten Schiloniterinnen könnten bei den Verantwortlichen gegen die Aktion protestieren. Die im Folgenden geschilderte Taktik im Umgang mit diesem Problem ist uneindeutig. Man würde die aufgebrachten Schiloniter zunächst bitten, Gnade vor Recht ergehen zu

---

417 Vgl. BECKER, Richterzeit, 290; GROSS, Richter, 875.

418 S.o. S. 112.

419 Die exakte geographische Beschreibung wurde von einigen Forschern immer wieder als sekundärer Einschub bewertet (vgl. BUDDE, Richter, 141; BECKER, Richterzeit, 290), obwohl sich diese Entscheidung redaktionsgeschichtlich nicht rechtfertigen lässt.

420 Zu Schilo vgl. auch die Ausführungen zu Ri 18,31 u. S. 184 ff.

421 Vgl. GROSS, Richter, 791 f.

422 Möglicherweise ist mit חג eines der jährlichen Wallfahrtsfeste gemeint. Im Hintergrund stünde dann eventuell die Stilisierung des Schiloer Heiligtums zum Vorläufer Jerusalems, die aufgrund der Zerstörung des Heiligtums ohnehin nahelag. An eine besonders alte Lokaltradition am Ortsheiligtum ist damit eher nicht zu denken. Die Tätigkeit der Töchter Schilos, der kreisförmige Tanz, entspricht der Grundbedeutung von חג; vgl. KEDAR-KOPFSTEIN, Art. חג, 731. Dies verleiht der Szene insgesamt einen konstruierten Charakter. Es ist gut vorstellbar, dass der Verfasser sie mit Blick auf 1 Sam 1 formuliert hat. Dort geht Elkana zu einem sich jährlich wiederholenden Anlass nach Schilo, um Jahwe zu verehren; vgl. auch EDENBURG, Outrage, 101.

lassen („Erbarmt euch ihrer") und hierfür die gesamtisraelitische Solidarität anführen („um unseretwillen"). Die anschließende Rechtfertigung der Aktion trügen die Ältesten sodann durch zwei כי-Sätze begründet vor. Zunächst wäre der Frauenraub zu legitimieren. Dazu würde man die Schiloniter darauf hinweisen, dass die Benjaminiten die Frauen nicht im Kampf genommen, d. h. auf eine militärische Offensive gegen Schilo immerhin verzichtet hätten.[423] Sodann würde die Aktion der gegnerischen Partei schmackhaft gemacht werden (V.22b): Die Schiloniter haben ihre Töchter den Benjaminiten nicht freiwillig gegeben und somit nicht gegen den Schwur verstoßen.[424] Die letzten beiden Worte des Verses ließen sich ohne Emendation eventuell folgendermaßen deuten: Sollten die Schiloniter auf das Friedensgesuch nicht eingehen, sondern weiterhin – in welcher Form auch immer – mit den Ältesten streiten, würden sie sich verschulden. Der Frauenraub präsentierte sich angesichts der Umstände so in jedem Fall als ideale Lösung des Problems.

In V.23 erweisen sich die Befürchtungen der Ältesten als unnötig; der Protest der Schiloniter bleibt aus. Der Vers bildet einen gelungenen Abschluss der Schilo-Episode:[425] Die Benjaminiten erfüllen ihren Auftrag und kehren mitsamt den geraubten Frauen[426] in ihre Heimat zurück.[427]

V.24 berichtet in zwei Anläufen die Heimkehr der Israeliten. Die Dopplung zwischen V.24a und V.24b wurde häufig literarkritisch behoben.[428] Eine Bearbeitung ließe sich jedoch kaum erklären, sodass eine literarkritische Lösung allenfalls dann verfinge, wenn man von der Kompilation zweier Quellen ausginge, wofür sich bislang keinerlei Hinweise ergeben haben. Da sich die beiden Vers-

---

423 Von V.22 aus betrachtet fällt dann ein Schatten auf die redaktionelle Jabesch-Episode: Während hier der Gewaltverzicht positiv hervorgehoben wird, vollstrecken die Israeliten dort rücksichtslos den Bann an Jabesch.

424 Vgl. GROSS, Richter, 876.

425 Vgl. BECKER, Richterzeit, 291.

426 Das Verb גזל qualifiziert die Aktion der Benjaminiten besonders negativ. Die Wurzel hat meist die Bedeutung „rauben"/„sich etwas unrechtmäßig aneignen"; vgl. etwa Gen 21,25; Lev 5,21.23; 19,13; Dtn 28,29.31; Ri 9,25. Den gewaltsamen Aspekt der Handlung betonen 2 Sam 23,21 und – gegen Menschen gerichtet – Gen 31,31 und Hi 24,9; vgl. auch WONG, Strategy, 44, der die negative Konnotation der Aktion außerdem der Wurzel חטף (21,21) entnimmt.

427 Der Verzicht auf die Nennung der konkreten Zahl „Zweihundert" oder einen Vermerk, dass einige Benjaminiten bereits vorher eine Frau hatten, verdeutlicht, dass die Jabesch-Episode noch nicht im Blick ist. Auf der Ebene des Endtextes ereilt somit auch die 400 Jungfrauen aus Jabesch ein merkwürdiges Schicksal. Im vorliegenden Textzusammenhang dürften sie mitsamt dem Heerbann der Israeliten und den übrigen Benjaminiten bis zum jährlichen Jahwefest in Schilo ausgeharrt haben. Zur Problematik vgl. GROSS, Richter, 876.

428 Vgl. BERTHEAU, Richter II, 280; BUDDE, Richter, 139; MOORE, Judges, 452; BECKER, Richterzeit, 291 f.

hälften bei näherem Betrachten zudem im Detail durchaus unterscheiden, empfiehlt sich ohnehin eine synchrone Deutung. Analog der Rückkehr der Benjaminiten in ihr Erbteil in V.23 nennt auch V.24b als Zielort der Israeliten ihren jeweiligen Erbbesitz. V.24a gibt darüber hinaus mit „Stamm" und „Sippe" die sozialen Strukturen an, in denen Israel organisiert war. Der Überschuss von V.24a gegenüber V.23 markiert den Unterschied zwischen den Israeliten und den Benjaminiten, in deren entvölkertem Erbteil diese Strukturen fehlen. V.24 stellt somit durchaus einen organischen Zusammenhang dar. Der Vers gehört jedoch nicht auf die Ebene der Grundschicht, nach der sich Israel gar nicht in Schilo befindet und folglich auch nicht von dort in die Heimat aufbrechen kann. Erst die Jabesch-Episode stationiert die Israeliten in Schilo und es spricht nichts dagegen, V.24 dieser literarischen Ebene zuzuordnen.

4.4.4 V.25: Abschließender Kommentar

V.25 schließt das Kapitel – und damit gewissermaßen auch den gesamten Komplex Ri 19 – 21 – mit einem Kommentar ab. Dessen erste Hälfte („In jenen Tagen gab es keinen König in Israel.") entspricht Ri 19,1a, die zweite („Jeder tat, was in seinen Augen recht war.") Dtn 12,8. Der Kommentar ist vermutlich zur Grundschicht von Ri 21 zu rechnen, die erstmals die Kritik gegen das gesamte Volk Israel richtet.[429] Auf den früheren literarhistorischen Ebenen von Ri 19 f.*, die jeweils nur einen Teil des Gottesvolkes in die Kritik nehmen, liefe der zweite Teil der Stellungnahme hingegen ins Leere. Der Vers findet sich identisch noch einmal in Ri 17,6. Dort bezieht er sich – wie auch Dtn 12,8 – auf einen kultischen Kontext. Das Verhältnis des Kommentars zu Dtn 12,8 (und Ri 19,1a) wird daher im Rahmen der Analyse von Ri 17,1 – 6 zu beleuchten sein.[430]

4.5 Ergebnis: Die Entstehung von Ri 21

1) Die Grundschicht von Ri 21 umfasst die Verse 1.15 – 23.25 und setzt den redaktionellen Vers 20,48 voraus. Da dieser keinen sinnvollen Abschluss von Ri 19 f. darstellt, entstammt er wohl derselben Feder wie Ri 21,1.15 – 23.25. Diese Schicht füllt keine Leerstelle in der bisherigen Erzählung, sondern verlängert die Kriegserzählung aus Ri 20 um eine weitere Episode: Benjamin wird nahezu komplett vernichtet (20,48), das Überleben des Stammes im Anschluss daran aufwändig

---

429 S. dazu im Folgenden.
430 S. u. S. 146 f.

gesichert (21,1.15 – 23). Das konkrete Problem des Frauenmangels entsteht durch die Kombination der umfassenden Vernichtung Benjamins und des Schwures der Israeliten in Ri 21,1. V.15 – 23 bieten dessen trickreiche Lösung. Dabei rekurriert V.15 auf den *status quo* von Ri 20 auf der Ebene der Grundschicht: Da der Bruderkrieg als Jahwekrieg geführt worden war, hat Jahwe „eine Lücke in die Stämme Israels gerissen". Die Reue Israels darüber bedingt alles Weitere: V.16 – 18 konkretisieren das Problem, V.19 – 22 liefern die Lösung und V.23 schildert die Umsetzung des Plans. Alle Beteiligten handeln moralisch fragwürdig: Die Ältesten der Versammlung entwerfen den kruden Plan, während eines Festes am Heiligtum Jungfrauen zu rauben, und stiften die Benjaminiten zu dessen Umsetzung an.

Da sich hinter dieser Erzählung sicherlich keine Ätiologie eines alten lokalen Festes verbirgt,[431] ist zu überlegen, warum der Verfasser gerade Schilo als Ort für den Frauenraub ausgewählt hat. Vordergründig liegt eine kompositorische Absicht nahe, denn die Episode lässt die Schlusskapitel des Richterbuches dort enden, wo die Kindheitsgeschichte Samuels im Folgenden einsetzt. Daneben scheint ein weiterer Aspekt erwägenswert: Wenn der Frauenraub während eines Jahwefestes am Heiligtum stattfindet, richtet sich die Aktion gegen Jahwe selbst und wird dadurch umso verwerflicher. Die Schicht weitet den Verfall gegenüber Ri 19 f. erheblich aus. Die Kritik zielt nicht mehr bloß auf eine einzelne Stadt (Ri 19) oder einen einzelnen Stamm (Ri 20), sondern nimmt ganz Israel ins Visier: In letzter Konsequenz vergeht sich das Volk gegen seinen Gott, der zuvor im Kampf gegen Benjamin noch klar Position für Israel bezogen hatte. Die bisherigen Ereignisse erfahren dabei teilweise eine Umdeutung. Galt der Bruderkrieg zunächst als angemessene und von Jahwe legitimierte Reaktion auf die beispiellose Schandtat einiger Individuen, erweitert ihn die Redaktion zu einer selbst verschuldeten Beinahe-Katastrophe, die die Israeliten anschließend bedauern und mit unmoralischen Mitteln rückgängig zu machen versuchen. Am Ende der Erzählung bringt der abschließende Kommentar in 21,25 den sittlichen Verfall Israels pointiert zum Ausdruck.

2) Die Verse 2 – 4 fügen sich stimmig in den Zusammenhang von V.1.15 ff. ein, da die Israeliten hier wie dort die radikale Dezimierung Benjamins bedauern. Diese Übereinstimmung spricht unter Umständen eher dafür, dass V.2 – 4 redaktionsgeschichtlich unmittelbar auf die Grundschicht folgen, zumal die Verse zur Jabesch-Episode keine erkennbare Verbindung aufweisen.

Die Bet-El-Passage in Ri 21,2 – 4 gehört auf eine literarische Ebene mit den beiden redaktionellen Bet-El-Szenen in Ri 20,18 f.23.[432] Wie an den drei Kampf-

---

431 Gegen Noth, System, 163; Becker, Richterzeit, 290.
432 S. o. S. 108 f.

tagen in Ri 20 gehen die Israeliten erneut nach Bet-El, paradoxerweise um sich nun, nach ihrem erbetenen Sieg, bei Jahwe über die nahezu vollständige Auslöschung Benjamins zu beschweren. Das ohnehin bereits absurd anmutende Mitleid der Israeliten mit Benjamin wird zur Anklage Jahwes gesteigert. Die kultische Willkür beherrscht diese Szene wie auch die Orakelanfragen in 20,18 f.23. In diesem dem Jahwekult unangemessenen Verhalten der Israeliten besteht zudem ebenfalls eine Verbindung zur Grundschicht von Ri 21.

Auf der Ebene der Bet-El-Redaktion lesen sich Ri 20 f. nicht mehr wie ein Plädoyer für den Jahwekrieg, sondern allenfalls wie eine Karikatur desselben. Entsprechend der Grundschicht von Ri 21 ist die Perspektive panisraelitisch: Das Gottesvolk wendet sich von Jahwe ab, befolgt seine Weisungen nicht mehr und klagt ihn letztlich sogar an.

3) Mit V.5.9 – 14.24 wurde der Episode vom Frauenraub in Schilo eine weitere Frauenbeschaffungsaktion hinzugefügt.[433] Die Fortschreibung ermöglicht das Nebeneinander zweier gleichgerichteter Maßnahmen durch die Nennung einer konkreten Zahl, die geringer ist als die Gesamtheit der überlebenden Benjaminiten in V.12a. V.12b–14a berichten, wie die Benjaminiten mit ihren Frauen zusammengeführt werden. Zunächst werden die Frauen nach Schilo gebracht, dann finden sich die benachrichtigten Benjaminiten dort ein, um die Beute in Empfang zu nehmen.[434] V.14b stellt durch die Notiz, dass die bisher besorgten Frauen für die Benjaminiten nicht ausreichen, eine sachliche Verbindung zwischen den beiden Episoden her.

Die Israeliten vollstrecken den Bann an Jabesch in Gilead, verschonen aber 400 Frauen. Deren jungfräulicher Status ist nicht von der Logik der Erzählung gefordert;[435] das Motiv wurde daher wahrscheinlich aus Num 31 als literarischer

---

433 Die Einfügung könnte durch V.22 angeregt worden sein. Dort wird positiv hervorgehoben, dass die Schiloniterinnen nicht im Krieg genommen wurden. Der Kampf gegen Jabesch zur Beschaffung von Jungfrauen ist damit automatisch negativ konnotiert. Durch die Ergänzung der Jabesch-Episode wird zugleich eine alternative Lesart von V.22aβ ermöglicht: Da nicht alle Benjaminiten eine Frau im Kampf genommen hatten (sondern nur 400 von 600), wurde der Frauenraub unvermeidlich; vgl. dazu EISSFELDT, Quellen, 105.

434 Auch wenn die Nennung Schilos in V.12 angesichts V.19 zu früh kommt, bietet sich dieser Ort in besonderer Weise als Umschlagplatz an, da sich auf der Ebene der Grundschicht zumindest die Benjaminiten dort zum Frauenraub versammeln.

435 Anders verhält es sich in der Schilo-Episode. Dort müssen aus rein pragmatischen Gründen Jungfrauen geraubt werden, da andernfalls die Besitzansprüche der Benjaminiten mit denen der Ehemänner kollidieren würden. Dass es sich um Jungfrauen handelt, wird aber selbst dort nicht explizit erwähnt, sondern kommt implizit in der Erwartung von Einwänden seitens der Brüder und Väter der geraubten Frauen zum Ausdruck.

Vorlage übernommen.[436] Im Vergleich zu ihrem Spendertext durchzieht die Jabesch-Episode eine negative Tendenz. Während die Jungfrauen in Num 31 ein
zufälliges Nebenprodukt eines Kampfes gegen ein Fremdvolk darstellen, sind die
Israeliten in Ri 21 von vornherein nur an der Beschaffung von Jungfrauen interessiert und bereit, dafür eine israelitische Stadt mitsamt ihren Bewohnern dem
Erdboden gleich zu machen. Der Schwur aus V.5 wird zum Vorwand für die Vernichtung Jabeschs.

Die Redaktion greift somit die kritische Bewertung des Verhaltens Israels aus
den beiden vorangegangenen Schichten auf: Nachdem die Israeliten den Stamm
Benjamin leichtfertig nahezu komplett ausgerottet und ihn durch Menschenraub
im Rahmen eines Jahwefestes (aus der Sicht der Bearbeitung partiell) restituiert
haben, wählen sie ein weiteres Vergehen, um die Konsequenzen des Bruderkrieges
abzumildern.

Gleichzeitig ist die Jabesch-Episode im Horizont der Saulkritik aus Ri 19 f. zu
deuten, da die Israeliten den Bann an einer Stadt vollstrecken, zu der Saul gemäß
1 Sam in enger Verbindung steht.[437]

Für die redaktionsgeschichtliche Verortung der Bearbeitung gibt es einige
Anhaltspunkte. Zahlreiche Übereinstimmungen zwischen der Jabesch-Episode
und der umfassenden Bearbeitung in Ri 20,29 ff., die den Bann an Gibea nachträgt
(20,29.31aβ.b*[nur בשדה כשלשים איש בישראל].34b.36b.37– 41.47), sprechen dafür,
beide Texte auf derselben literarischen Ebene zu verorten. Ein aussagekräftiger
Bezug besteht in der Korrespondenz der konkreten Anzahl überlebender Benjaminiten in 20,47 mit der Erwähnung der 400 Jungfrauen. Beide Zahlenangaben
ermöglichen zusammen genommen den Anschluss der Jabesch-Episode an die
Schilo-Episode.[438] Eine gravierende inhaltliche Gemeinsamkeit besteht sodann in
dem Bannvollzug an Städten, die in besonderem Verhältnis zum späteren König
Saul stehen, Gibea und Jabesch.[439] Schließlich sind auch stilistische Parallelen

---

436 S. o. S. 111.

437 Zur Befreiung der Bewohner Jabeschs ruft Saul in 1 Sam 11 durch die Versendung zerhackter
Rinder in die Heerfolge. In 1 Sam 31,11 – 13 wird berichtet, wie die Jabeschiter im Gegenzug die
Leichen Sauls und seiner Söhne bestatten. In 2 Sam 2,4 f.; 2 Sam 21,12 und 1 Chr 10,11 begegnet
Jabesch in Gilead ebenfalls, jedoch wiederum unter Bezugnahme auf diese Aktion. Mit der Bearbeitung verbindet sich ein interessanter kompositorischer Aspekt. Von hier aus betrachtet erklärt
sich, warum Saul in 1 Sam 11 rigoros für die Jabeschiter Partei ergreift: Seine Solidarität resultiert
aus verwandtschaftlichen Beziehungen; vgl. GROSS, Richter, 874.

438 Vgl. MILSTEIN, Ancient Texts, 241 f.

439 Durch die Fortschreibung entsteht eine Auffälligkeit, die sich in diesem späten redaktionsgeschichtlichen Stadium nicht mehr korrigieren ließ: Trotz der Vernichtung in Ri 21 ist Jabesch
in 1 Sam 11 bereits wieder eine Stadt von gewisser militärischer Bedeutung. Eventuell lässt sich
der Überschuss in 4QSam[a] als Reaktion auf diese Problematik verstehen; vgl. KRATZ, Testament,

kaum von der Hand zu weisen. Beide Fortschreibungen arbeiten mit literarischen Aufnahmen alttestamentlicher Texte. Mit dem Bann an israelitischen Städten beziehen sich beide auf Dtn 13,13 – 18, spielen darüber hinaus aber auch andere hexateuchische Texte ein – Jos 7 f. in Ri 20, Num 31 in Ri 21. Dabei wird jeweils eine im Spendertext gegen ein fremdes Volk gerichtete Handlung auf das eigene Volk bezogen.

Wie oben bereits erwähnt wurde, ist auch die Ergänzung von וארץ הגלעד in 20,1 auf die Hand dieses Redaktors zurückzuführen. Vor dem Hintergrund von Ri 21,9 wird ersichtlich, warum die Tatsache, dass sich das Land Gilead versammelt hatte, in Ri 20,1 eigens berichtet wird. Wenn sich Gilead ansonsten komplett aufbietet, vergrößert dies gleichsam die Schuld Jabeschs.

4) V.6 – 8 füllen Leerstellen, die durch die Einfügung von V.5.9 – 14 im Erzählverlauf entstanden sind.[440] Da die Jabesch-Episode die gesamte Problematik der Grundschicht von Ri 21 voraussetzt, aber an einem frühen Punkt in der Erzählung platziert wird, erschließen sich gewisse Zusammenhänge erst im Verlauf der Lektüre.[441] Der Redaktor der Verse 6 – 8 gestaltet daher analog V.15 – 18 eine Einleitung in die Jabesch-Episode, die Spannungen in der Erzählchronologie behebt. So wird das Problem des Frauenmangels durch die Einfügung der Jabesch-Episode bereits in V.10 f. teilweise gelöst, aber erst in V.16 explizit benannt. V.7

---

201 ff. Der Text erklärt eigens, wie es zur Wiederbesiedlung Jabeschs kam: Vor dem Ammoniterkönig Nahasch waren 7.000 Bewohner des Ostjordanlandes dorthin geflohen. Der Überhang wäre also nicht ursprünglich (gegen Cross, Ammonite Oppression u. a.), was sich textkritisch ohnehin nur mit größerem Wohlwollen vertreten ließe: Eine Haplographie ist so gut wie ausgeschlossen, der Beginn sowohl des Überschusses als auch von 1 Sam 11,1 (MT) mit *waw* kann kaum als Homoioarkton gelten; vgl. aber Freedman/Overton, Omitting, 103. Mit Rofé, Acts of Nahash, und Kratz, Testament, ist der Überschuss in Qumran eher als Midrasch zu sehen, der unter Aufnahme älteren Textgutes eine sinnvolle Einleitung zu 1 Sam 11 entwickelt. Josephus, Ant 6,5, kennt offenbar den Überhang aus Qumran, lässt jedoch die Flucht der 7.000 nach Jabesch aus. Dies ließe sich wiederum problemlos aus der Umstellung der Texte des Richterbuches bei Josephus erklären: Er stellt Ri 17 – 21 hinter Ri 1, sodass zwischen dem Bann an Jabesch und 1 Sam 11 einige Jahrhunderte Richterzeit liegen, in denen Jabesch wieder bevölkert werden konnte.

440 Die augenfällige Unterbrechung des Zusammenhangs von V.5 und V.9 durch V.6 – 8 charakterisiert die Passage recht deutlich als Nachtrag gegenüber der Jabesch-Redaktion. Warum der Redaktor der Jabesch-Episode diese Spannungen nicht gleich selbst ausgeglichen hat, bleibt fraglich.

441 Die Spannungen im Erzählverlauf nötigen zu der Frage, warum der Bann an Jabesch nicht einfach im Anschluss an den Frauenraub berichtet wurde. Dies wird in der Perspektive der Schilo-Episode begründet liegen, die den gesamten Stamm Benjamin im Blick hat, den Frauenmangel also endgültig beseitigt und somit keine Fortsetzung duldet. Will man eine weitere Maßnahme ergänzen, bleibt nur die Option, eine konkrete Zahl benötigter Frauen zu nennen (V.47) und die ergänzte Aktion als Teilerfolg vor der abschließenden Maßnahme einzutragen.

konkretisiert daher den Schwur aus V.1, indem er ihn in einen Zusammenhang mit der Frauenproblematik stellt. Eine weitere Korrektur erfolgt in V.6: Durch die Einfügung der Jabesch-Episode wird das Mitleid der Israeliten erst zu einem Zeitpunkt erwähnt, an dem die Benjamin durch Frauenmangel drohende Vernichtung im Grunde genommen schon abgewendet ist (V.15). Der Redaktor trägt diese Reaktion Israels deshalb an einem früheren Punkt der Erzählung nach.

C Richter 17f.

1 Forschungsgeschichtliche Perspektiven auf Ri 17f.

Wie im Bereich Ri 19 – 21 sind auch in der Forschung zu Ri 17f. die Frage nach der Intention der Erzählung sowie die ihr unter- und beigeordneten Gesichtspunkte der Datierung der Kapitel und ihrer Entstehung umstritten.

Bereits in der älteren Exegese wurde oft eine polemische Tendenz der Kapitel festgestellt. Nach BERTHEAU wolle der Verfasser darstellen, „dass solcher Cultus wie der des Stammes Dan durchaus ungesetzmässig sei und nur auf schlechte Weise von schlechten Leuten in der Verwirrung der Gemeindeverhältnisse eingerichtet werden konnte"[442]. Aus diesem Grund würden der Kultgründer Micha als Dieb charakterisiert, die heiligen Gegenstände von gestohlenem Geld gefertigt und zunächst ein (dazu nicht legitimierter) Sohn Michas und schließlich ein dahergelaufener Levit als Priester eingesetzt. Die Kritik ziele eindeutig auf den späteren jerobeamischen Kult in Dan.[443] In die gleiche Richtung weist die Einschätzung AUBERLENS: Ri 17f. erklärten die Sünde, „mit der später Jerobeam in demselben Dan Israel sündigen machte"[444] und charakterisierten somit die „Vorläufer des antidavidischen Reiches in ihrem antitheokratischen Wesen"[445]. „Wie also später, in der Zeit des getheilten Königreichs, das Heiligthum zu Dan mit seinem Bilderdienst dem Tempel zu Jerusalem gegenüberstand, so stand [...] schon in der Richterzeit an demselben Ort ein ähnliches Heiligthum der Stiftshütte zu Silo gegenüber."[446]

Die Arbeiten WELLHAUSENs setzen wie für Ri 19 – 21 auch hier deutliche Akzente. Seine Abhandlung der Kapitel in der „Composition" beginnt volltönend: „Wenn der kritische Grundsatz allgemeine Geltung hat, dass wir uns innerhalb der Tradition über die alte Zeit vorzugsweise an solche Punkte zu halten haben, welche von den späteren Vorstellungen und Gebräuchen abweichen, so ist die Erzählung Jud.17.18 eine der historisch wertvollsten im Alten Testament."[447] Die Darstellung beurteilt er als weitgehend unpolemisch, denn immerhin sei die Erzählerhaltung gegenüber dem an zahlreichen Stellen greifbaren Kultmissbrauch neutral.[448] Erst

---

442 BERTHEAU, Richter I, 198.
443 Vgl. BERTHEAU, Richter I, XXVII.
444 AUBERLEN, Anhänge, 545.
445 AUBERLEN, Anhänge, 547.
446 AUBERLEN, Anhänge, 546. In diesem Zusammenhang wird erstmals auch die prodavidische Tendenz des Kehrverses wahrgenommen; vgl. AUBERLEN, Anhänge, 551.
447 WELLHAUSEN, Composition, 227.
448 Vgl. WELLHAUSEN, Prolegomena, 231f.

einige späte Ergänzungen führt er schließlich zurück auf „Hass und Verachtung gegen den ketzerischen Kultus zu Dan"[449]. In der folgenden Zeit fand diese Sicht zunächst einige Anhänger. So stellen nach BUDDE Ri 17 f. ein Seitenstück zu anderen Erzählungen über die Gründung von Heiligtümern dar.[450] NOWACK und MOORE gehen sogar von einer wertfreien Darstellung des besonders umstrittenen Passus Ri 17,2–4 aus. Nach NOWACK werde eine Weihegabe nicht dadurch anrüchig, dass sie aus gestohlenem (aber wiedererstattetem) Geld gefertigt worden sei.[451] Und MOORE vermutet: „Chapter 17,2–4 merely explains how so costly and splendid an idol came to be in the possession of a private person; it was an *ex voto* for the recovery of the money."[452]

Schon bald stand jedoch wieder die Deutung der Kapitel als Tendenzliteratur im Vordergrund. Wurde in den folgenden Dekaden kaum an der grundsätzlich polemischen Ausrichtung der Erzählung gezweifelt, waren doch nach wie vor das Ausmaß der Feindseligkeit und ihre Funktion umstritten. Zu der nach wie vor hoch im Kurs stehenden Deutung als antidanitische Erzählung äußert sich NÖTSCHER verhalten: „[Es] klingt leiser Spott durch über einen Kult, der mit Diebstahl und daran haftendem Fluch beginnt, von einem wenig vorbildlichen Priester betreut und schließlich durch Raub und Gewalt an einen anderen Ort übertragen wird."[453] Ähnlich sieht auch HERTZBERG in Ri 17 f. „kein Ruhmesblatt für den Stamm Dan"[454]. BUBER hingegen stellt überhaupt keinen dezidiert dankritischen Fokus fest und beurteilt Ri 17 f. im Rahmen seiner (vom Kehrvers ausgehenden) promonarchischen Interpretation der Schlusskapitel[455] als „Beispiel für die Preisgegebenheit eines königlosen Gemeinwesens [...]. Volk ohne König raubt, Volk ohne König wird beraubt [...]."[456]

Diese Bewertungen der Erzählung veranlassten schließlich NOTH, nachdem auch er in Ri 17 f. zunächst den *hieros logos* des Heiligtums in Dan aus der frühesten

---

449 WELLHAUSEN, Composition, 228. Zu nennen sind hier 17,2–4; 18,15 f. und 18,30; vgl. auch KUENEN, Richter, 28.

450 Vgl. BUDDE, Richter, 111. Die Einschätzung überrascht, da BUDDE den Makel, der den gestohlenen Gottesbildern und dem untreuen Priester anhaftet, durchaus erkennt.

451 Vgl. NOWACK, Richter, 140.

452 MOORE, Judges, 370, Hervorhebung im Original.

453 NÖTSCHER, Buch, 696 f.

454 HERTZBERG, Bücher, 237. Die ganze Erzählung laufe hinaus auf die Gründung des Heiligtums in Dan, das mit dem späteren Heiligtum Jerobeams identifiziert werden könne. Trotz der Schilderung „in dunklen Farben" (238) vermutet HERTZBERG einen ätiologischen Kern der Erzählung – diese werde aber „eben nicht so überliefert, wie sie in Dan selbst erzählt worden ist, sondern so, wie man sie außerhalb des Nordreiches, etwa in Juda, berichtete" (238).

455 S. u. S. 208 f.

456 BUBER, Königtum, 31.

Zeit der Geschichte Israels vermutet hatte,[457] zu einer ausführlicheren Stellungnahme, die signifikant von sämtlichen bis *dato* vertretenen Lösungen abweicht. Wie Andere vor ihm kommt er zunächst zu dem Entschluss: „Man könnte nach dem Inhalt das Ganze als die Gründungslegende des Heiligtums von Dan bezeichnen. Aber es wäre doch nur die Karikatur einer solchen Gründungslegende; denn ein unverkennbares ‚pejoratives' Element steckt in der ganzen Erzählung".[458] Er zählt den Diebstahl und die Herstellung des Gottesbildes aus Diebesgut, das Verhalten des levitischen Priesters und (mit Vorbehalten) die Landnahme der Daniten dazu.[459] Dass die Polemik sich gegen Jerobeam I. wenden sollte, bestreitet er allerdings und sucht die Tendenz von Ri 17 f. stattdessen in umgekehrter Richtung.[460] Mit Hilfe einer komplizierten Beweisführung versucht er zu zeigen, dass der Kehrvers in Ri 17 f. zum Grundbestand der Erzählung gehöre,[461] sich beide Male auf die erwünschte Mitwirkung des Königs an der Einsetzung von Priestern beziehe und ein solches Eingreifen in kultische Belange vor allem von Jerobeam I. überliefert sei.[462] Daraus schließt er, „dass die polemische Erzählung Ri 17–18 aus dem Kreise des von Jerobeam I. begründeten königlich-israelitischen Heiligtums von Dan [stamme]"[463]. Sie richte sich gegen „Widerstände, die der Neuerung des Königs aus älteren kultischen Traditionen erwuchsen"[464].

Bei einer vergleichbaren Datierung in die frühe Königszeit[465] verortet CRÜSEMANN die Erzählung nicht in den Kreisen Jerobeams I., sondern vermutet wie Viele vor ihm wieder eine dankritische Tendenz.[466]

---

457 Vgl. NOTH, System, 168.

458 NOTH, Hintergrund, 135 f. Die Erzählung enthalte freilich „viele höchst interessante Details zur altisraelitischen Stämme- und Kultgeschichte [...], die anscheinend auf unmittelbarer Sachkenntnis beruhen" (133). Allerdings sei sie „nicht zu dem Zwecke verfasst worden [...], diese Details mitzuteilen" (133), sondern aus drei überlieferungsgeschichtlichen Strängen, dem Kultbild Dans, dem Leviten aus Bethlehem und der Landnahme der Daniten, zusammengesetzt worden, wobei – wie gesagt – die ganze Komposition karikative Züge trage.

459 Vgl. NOTH, Hintergrund, 136 ff.

460 Vgl. NOTH, Hintergrund, 140 f.

461 In Ri 19 und 21 hingegen sei der Kehrvers sekundär hinzugefügt worden, um einen engeren Zusammenhang zwischen Ri 17 f. und Ri 19 – 21 herzustellen. NOTH erklärt somit erstmals die Genese des Kehrverses redaktionskritisch (s. dazu u. S. 159), wenn er dabei auch dessen je spezifische Ausformungen außer Acht lässt.

462 Vgl. NOTH, Hintergrund, 143 f.

463 NOTH, Hintergrund, 144.

464 NOTH, Hintergrund, 144.

465 Vgl. CRÜSEMANN, Widerstand, 163.

466 Vgl. CRÜSEMANN, Widerstand, 161. Da Jerobeam mit seinem staatlichen Kult an den bestehenden Kult angeknüpft habe, wären ihm aus einer solchen Polemik sicherlich selbst Nachteile

Entgegen der frühen Ansetzung durch CRÜSEMANN und auch NOTH plädiert SOGGIN für eine Abfassung von Ri 17 f. kurz vor der Kultreform Joschijas.[467] Allenfalls seien einige alte danitische Traditionen vom Autor aufgenommen und polemisch gegen Dan gewendet worden.

Auch in neuerer Zeit zeichnet sich in keinem der Bereiche ein Konsens ab. NIEMANN kehrt zu einer Frühdatierung des ältesten literarischen Kerns zurück. Ri 17 f. enthielten demnach im Grundbestand eine wertneutrale und historisch zuverlässige Erzählung darüber, wie die Daniten im Zuge ihrer Wanderung nach Norden an ein Gottesbild und einen levitischen Priester gekommen seien.[468] Der negative Kurs verdanke sich erst der ältesten von insgesamt drei Redaktionen, der „Jerobeam-Redaktion". Sie habe (unter anderem) 17,2 – 4 eingefügt und so das Gottesbild als gestohlenes disqualifiziert.[469] Sie verfolge die Absicht – hier kommt NIEMANN zu einem ähnlichen Ergebnis wie NOTH –, „[e]ine möglichst düstere Darstellung des früheren Gottesbildes von Dan zugunsten des im Rahmen der kultpolitischen Maßnahmen Jerobeams I. dort aufgestellten neuen (Stier-)Bildes"[470] zu generieren. Die „Jerobeam-Redaktion" habe außerdem den Kommentar in Ri 17,6 und 18,1 eingefügt. Dieser kritisiere den Privatkult Michas, sodass sich der von Jerobeam rechtmäßig eingesetzte Kult automatisch positiv davon abhebe.

BECKER vertritt die entgegengesetzte Position: Ri 17 f. seien in spät-dtr. Zeit entstanden und böten von vornherein eine negative Ätiologie des danitischen Kultes. Die Erzählung liefere folglich keine historisch zuverlässigen Details über die Nordwanderung der Daniten, sondern könne als literarische Nachbildung anderer Landnahmeerzählungen mit kritischer Tendenz angesehen werden. Die Polemik sei im Horizont von 1 Kön 12 zu deuten – der illegitime Kult in Dan werde durch Ri 17 f. nach vorne verlängert.[471]

Auch GROSS vertritt eine Spätdatierung: Schon die bilderfeindliche Tendenz der Grundschicht verbiete deren historische Auswertung.[472] „Ri 17+18 ist ein nicht-dtr Text, der die dtr bearbeiteten Königsbücher voraussetzt. Die Erzählung ist so

---

erwachsen. Zudem hätten die Kreise um Jerobeam wohl kaum einen Leviten judäischer Herkunft als Protagonisten auserkoren.

467 Vgl. SOGGIN, Judges, 269.

468 Vgl. NIEMANN, Daniten, 130. Die Leerstellen in dieser Erzählung werden durch die Annahme erklärt, die damaligen Leser hätten über gewisse Detailkenntnisse verfügt.

469 Vgl. NIEMANN, Daniten, 131. Die Herstellung von Efod und Terafim, die Installation des eigenen Sohnes als Priester, der Diebstahl der Gottesbilder durch die Daniten und die Unaufrichtigkeit des levitischen Priesters gehören nach NIEMANN zur Grundschicht – und seien somit nicht negativ besetzt.

470 NIEMANN, Daniten, 131 f.

471 Vgl. BECKER, Richterzeit, 254 f.

472 Vgl. GROSS, Richter, 795.

gestaltet, dass alle Akteure und Aktionen in unvorteilhaftem Licht erscheinen."[473] Sie trage antidanitische und kultpolemische Züge, daher könne sie frühestens spätkönigszeitlich entstanden sein.[474]

Abschließend sei mit BAUER eine neuere synchrone Exegese angeführt, die sich in besonderer Weise um eine historische Verortung der Ereignisse bemüht.[475] BAUER betrachtet Ri 17 f. als kohärenten Text[476] mit zwei thematischen Schwerpunkten – Götzendienst und illegitime Landnahme –,[477] der sich durch literarische Bezugnahmen auf diverse enneateuchische Texte als „Antierzählung" auszeichne.[478] Weiter fragt er nach der historischen Situation des fiktionalen Textes und datiert ihn frühestens in das fünfte Jahrhundert v. Chr.: „Der retrospektive Charakter des Textes dient in erster Linie dazu, das assyrische und das babylonische Exil u. a. als Folge des Götzendienstes und der anti-jhwhistisch missverstandenen Landnahme [...] zu erklären und darauf hinzuweisen, dass dieser Anti-Jhwhismus durch einen König wie David hätte verhindert werden können."[479]

Neben der Intention und der Datierung der Kapitel ist auch ihre Entstehung umstritten, denn Ri 17 f. stellen Exegeten seit jeher vor literarhistorische Probleme. In der frühen Forschung dominierten analog Ri 19 – 21 quellenkritische Lösungen.[480] In neuerer Zeit basieren diachrone Ansätze vornehmlich auf der Annahme

---

473 GROSS, Richter, 765.

474 Vgl. GROSS, Richter, 92, und ders., Hauskapelle.

475 Diese erfolgt auf der Grundlage einer differenzierten Verhältnisbestimmung von Historizität und Fiktionalität. Unter Rückgriff auf Methoden der Linguistik und Literaturwissenschaft charakterisiert BAUER narrativ-biblische Texte als nicht-referentiell bzw. fiktional (vgl. Geheiß, 25 ff.). Im Vordergrund steht dabei jedoch nicht die Fiktion, sondern eben die Fiktionalität, zu welcher „die Existenz eines historischen Ortes und Zeitpunkts, an dem ein Text als Fiktion präsentiert und erlebt wird" (Geheiß, 28), dazugehöre.

476 Vgl. BAUER, Geheiß, 418 f.

477 Vgl. BAUER, Geheiß, 437.

478 Vgl. BAUER, Geheiß, 289, und ders., Judges 18. Vgl. zur Sache ferner NAʾAMAN, Campaign, 53 f.; BECKER, Richterzeit, 237; GROSS, Richter, 780.

479 BAUER, Geheiß, 443.

480 Vgl. BERTHEAU, Richter II, XXIV; BUDDE, Richter, 111; MOORE, Judges, XXX; NOWACK, Richter, X.140 f.; EISSFELDT, Quellen, 87. In seinen Nachträgen zur „Composition" schließt sich auch WELLHAUSEN, der zuvor eine Ergänzungshypothese vertreten hatte, der quellenkritischen Lösung an (vgl. 367 ff.). Dass diese Lösung kaum endgültig sein würde, kündigt sich jedoch bereits bei ihren frühen Vertretern an, die eingestehen müssen, dass eine saubere Quellenscheidung in Ri 17 f. aufgrund der hohen Ähnlichkeit der Vorlagen wohl niemals gelingen würde; vgl. BUDDE, Richter, 111. Lassen sich die beiden Kultorte Michas, die zwei Paare von Gottesbildern und die doppelte Anstellung eines Priesters noch recht sinnvoll auf zwei Quellen verteilen, muss spätestens in der zweiten Hälfte von Ri 18, in der die Erzählung linear und ohne Redundanzen verläuft, mit einem Textausfall in einer der beiden Quellen gerechnet werden.

von Fortschreibungen, doch weichen die Ergebnisse auch hierbei im Einzelnen stark voneinander ab. Das Spektrum reicht von einer weitgehend einheitlichen und „nur gelegentlich überarbeitete[n] und glossierte[n] Grunderzählung"[481] bis hin zu komplexen redaktionsgeschichtlichen Modellen.[482] Mit Neef findet sich unter den jüngeren Beiträgen sogar noch ein dezidiert quellenkritischer Ansatz.[483]

2 Übersetzung

<u>17,1) Es war ein Mann vom Gebirge Efraim und sein Name war Michajehu.
2) Der sprach zu seiner Mutter: „Die 1.100 (Stücke) Silber, die dir genommen worden sind, und (deretwegen)[a] du[b] einen Fluch ausgesprochen und (ihn) auch vor meinen Ohren gesagt hast, siehe, das Silber ist bei mir. Ich habe es genommen." Da sprach seine Mutter: „Von Jahwe gesegnet sei mein Sohn!"</u>

In späterer Zeit wird die Erzählung häufiger als literarisch einheitlich betrachtet – lediglich einige marginale Glossen werden in Betracht gezogen; vgl. Zapletal, Richter, 272, der Ri 17f. als „eigenartigen" Text keiner der gängigen Quellenschriften zuweist. Auch für Nötscher, Buch, 969, erweckt die Erzählung insgesamt einen einheitlichen Eindruck – allenfalls 17,2–4 und 18,14.18.30 schienen „etwas durcheinander geraten zu sein". Buber, Königtum, 28, konstatiert, dass Ri 17f. aus „von alters her geformtem Material, das nur im Umguß irgendwie verunglückte" bestünden, und Hertzberg, Bücher, 238, begnügt sich mit dem Hinweis, dass eine Annahme von zwei Quellen für die Erzählung Ri 17f. nicht notwendig sei. Auch Noth, Hintergrund, 33, äußert sich schließlich zur literarischen Gestalt von Ri 17f. und folgt der zeitgenössischen Forschung in der Annahme der literarischen Einheitlichkeit; vgl. im Gefolge Noths dann auch Crüsemann, Widerstand, 156f.

481 Becker, Richterzeit, 253. Allenfalls habe dem Verfasser dabei die Tradition von Micha und seinem Kultbild vorgelegen, die eventuell der mittleren Königszeit entstamme (vgl. 255f.). Wie Becker betrachtet auch Gross, Richter, 763f., Ri 17f. als literarisch überwiegend einheitliche Erzählung, die nur an einigen Stellen punktuell bearbeitet wurde.

482 Vgl. etwa den oben skizzierten Entwurf Niemanns.

483 Er beobachtet, dass in Ri 17f. zwei Themen miteinander verknüpft seien: Michas Götzendienst (17,1–18,1a) und die Landsuche der Daniten (18,1b–31). Der Götzendienst setze dabei die Landnahme nicht voraus, diese offenbare in einigen Teilen (18,2b–6.13–26.30f.) jedoch die Kenntnis der Micha-Episode (vgl. Kult, 219). Ri 17,1–18,1a stellen Neef zufolge eine alte efraimitische Lokaltradition dar, Ri 18,1b–31 integrieren eine danitische. Beide hätten eventuell zunächst unabhängig voneinander existiert, bevor sie dann durch o.g. Verse aneinandergefügt worden seien. Der Zeitpunkt der Zusammenfügung dürfte nicht allzu früh anzusetzen sein, da die Bearbeitung „die fehlende göttliche Legitimität des Kultes und die fehlende Kultaufsicht durch den König" (Kult, 220) kritisiere und eine negative Perspektive auf den danitischen Kult bereits voraussetze. Eine Verbindung sei somit erst in exilischer Zeit denkbar. Auf der Ebene des Endtextes kritisierten Ri 17f. den „kultischen Pluralismus der Richterzeit, der als Verstoß gegen die Alleinverehrung und Alleinwirksamkeit Jahwes gedeutet [werde]" (Kult, 221).

3) Und er gab die 1.100 (Stücke) Silber seiner Mutter zurück und seine Mutter sagte: „Ich weihe das Silber nachdrücklich Jahwe, aus meiner Hand für meinen Sohn, um Pesel und Massecha[c] anzufertigen. Somit gebe ich es dir zurück."

4) Also gab er das Silber seiner Mutter zurück und seine Mutter nahm 200 (Stücke) Silber und gab es dem Goldschmied. Der verarbeitete es zu Pesel und Massecha und es war im Haus Michajehus.

5) Und der Mann Micha hatte ein Gotteshaus. Er stellte Efod und Terafim[d] her und füllte die Hand[e] eines seiner Söhne und der wurde für ihn Priester.

6) In jenen Tagen gab es keinen König in Israel. Jeder tat, was in seinen Augen recht war.

7) Und es war ein junger Mann aus Bethlehem, Juda, aus der Sippe Judas. Er war Levit und weilte dort.

*8) Und **der Mann(?)** ging fort aus der Stadt, aus Bethlehem, Juda, um zu weilen, wo er (etwas) fände. Und er kam ins Gebirge Efraim bis zum Haus Michas, um seinen Weg zu machen.*

9) Und Micha sagte zu ihm: „Woher kommst du?" Er sagte zu ihm: „Ich bin ein Levit aus Bethlehem, Juda, und ich bin unterwegs, um zu weilen, wo ich (etwas) finde."

10) Da sagte Micha zu ihm: „Bleib doch bei mir und sei mir Vater und Priester! Dann werde ich dir zehn (Stücke) Silber für ein Jahr geben und eine Ausstattung mit Kleidern und deinen Lebensunterhalt." Aber der Levit ging fort.

11) Der Levit überwand sich aber, bei dem Mann zu bleiben, und der junge Mann war für ihn wie einer von seinen Söhnen.

12) Und Micha füllte die Hand[e] des Leviten und der junge Mann wurde für ihn Priester. Und er war im Haus Michas.

13) Und Micha sagte: „Nun weiß ich, dass Jahwe mir Gutes tun wird, denn der Levit ist Priester für mich geworden."

18,1) In jenen Tagen gab es keinen König in Israel. Und in jenen Tagen suchte sich der Stamm des Daniten einen Erbbesitz zum Wohnen, denn bis zu jenem Tag war ihm nichts als Erbbesitz zugefallen inmitten der Stämme Israels.[f]

*2) Und die Daniten schickten aus ihrer Sippe fünf Männer aus ihrer Gesamtheit, tapfere Männer[g], **aus Zora und aus Eschtaol**, um das Land auszukundschaften und es zu erforschen. Und sie sagten zu ihnen: „Geht! Erforscht das Land!" Da kamen sie ins Gebirge Efraim bis zum Haus Michas und übernachteten dort.*

3) Als sie beim Haus Michas waren, erkannten sie die Stimme des jungen Mannes, des Leviten. Da bogen sie dorthin ab. Und sie sagten ihm: „Wer hat dich hierher gebracht? Was tust du hier? Was hast du hier verloren?"

4) Und er sagte zu ihnen: „So und so[h] hat Micha mir getan. Er hat mich angeworben und ich bin für ihn Priester geworden."

5) Da sagten sie ihm: „Befrage doch Gott, damit wir erfahren: Lässt du unseren Weg, den wir gehen, gelingen?"[i]

6) Und der Priester sagte zu ihnen: „Geht in Frieden. Vor Jahwe ist euer Weg, auf dem ihr geht."

7) Und die fünf Männer gingen und kamen nach Lajisch und sahen das Volk, das in seiner Mitte war, ^in Sicherheit wohnend,j)^ *nach Sitte der Sidonier, ruhig und sorglos. Es gab niemanden, der einer Sache Schande machte im Land und Eigentum mit Gewalt in Besitz nahm*^k)^*. Sie waren fern von den Sidoniern und sie hatten mit keinem Menschen*^l)^ *etwas zu tun.*

8) Und sie kamen zu ihren Brüdern **nach Zora und Eschtaol** *und ihre Brüder sagten ihnen: „Was habt ihr?"*

9) Da sagten sie: „Auf!^m)^ *Wir wollen gegen sie hinaufziehen! Denn wir haben das Land gesehen und siehe, es ist sehr gut. Und ihr seid untätig! Zögert nicht, euch aufzumachen, hineinzugehen und das Land einzunehmen.*

10) Wenn ihr hinkommt, werdet ihr zu einem sorglosen Volk kommen und das Land ist weit nach zwei Seiten. Ja, Gott hat es in eure Hand gegeben – einen Ort, an dem es keinen Mangel an irgendetwas gibt, was auf der Erde ist."

11) Da brach(en) auf von dort die/aus der Sippe des Daniten, **aus Zora und aus Eschtaol, 600 Mann, gegürtet mit Kriegsgeräten.**

12) Und sie zogen hinauf und lagerten in Kirjat-Jearim in Juda, daher nennt man jenen Ort Lager Dans bis zum heutigen Tag. **Siehe, er ist hinter Kirjat-Jearim.**

13) Und sie zogen von dort hinüber zum Gebirge Efraim und kamen zum Haus Michas.

14) Und die fünf Männer, die gegangen waren, um das Land ^Lajisch^ *auszukundschaften, hoben an und sagten zu ihren Brüdern: „Wisst ihr, dass es in diesen Häusern* **Efod und Terafim und** *Pesel und Massecha gibt? Und nun bedenkt, was ihr tun werdet!"*

15) Da bogen sie dorthin ab und kamen zum Haus des jungen Mannes, des Leviten, dem Haus Michas und fragten ihn nach seinem Wohlergehen.

16) Sechshundert Mann aber, gegürtet mit ihren Kriegsgeräten, stellten sich in die Öffnung des Tores, **die von den Daniten waren** ^n)^.

17) Und die fünf Männer, die gegangen waren, um das Land auszukundschaften, stiegen hinauf, kamen dorthin, nahmen den Pesel und den Efod und den Terafim und die Massecha. Der Priester aber stellte sich in die Öffnung des Tores und die 600 Männer, die mit Kriegsgeräten gegürtet waren.

18) Diese aber waren in das Haus Michas hineingegangen, und sie nahmen **den** ^Pesel^**-Efod**^o)^ **und den Terafim und** *die Massecha. Da sagte der Priester zu ihnen: „Was tut ihr?"*

19) Und sie sagten ihm: „Schweig! Leg deine Hand auf deinen Mund! Geh mit uns und werde uns zum Vater und zum Priester. Ist es besser, dass du Priester für das Haus eines Mannes bist oder dass du Priester für einen Stamm und eine Sippe in Israel bist?"

20) Da wurde das Herz des Priesters froh und er nahm <u>**den Efod und den Terafim**</u> <u>**und**</u> *den Pesel und ging in die Mitte des Volkes hinein.*

21) Und sie wandten sich und gingen und stellten die Kampfunfähigen und das Vieh und den wertvollen Besitz vor sich.

22) Sie hatten sich vom Haus Michas entfernt, da wurden die Männer, die in den Häusern waren, die bei dem Haus Michas waren, zusammengerufen und sie verfolgten die Daniten.

23) Und sie riefen zu den Daniten. Da wandten sie sich um und sagten zu Micha: „Was hast du, dass du dich aufbietest?"

24) Und er sagte: „Meinen Gott, den ich gemacht habe, und den Priester habt ihr genommen und seid gegangen. Was habe ich noch? Und warum sagt ihr da zu mir: Was hast du?"

25) Die Daniten aber sagten zu ihm: „Lass deine Stimme nicht bei uns hören, damit nicht Männer bitteren Wesens[p] *über euch herfallen und du dein Leben und das Leben deines Hauses verlierst."*

26) Und die Daniten gingen ihres Weges und Micha sah, dass sie stärker waren als er. Da wandte er sich um und kehrte in sein Haus zurück.

27) Nachdem jene aber genommen hatten, was Micha gemacht hatte, und den Priester, der ihm gehörte, kamen sie über Lajisch, über ein ruhiges und sorgloses Volk, und sie schlugen sie mit der Schärfe des Schwertes. Und die Stadt verbrannten sie mit Feuer.

28) Und es gab keinen Retter, denn sie war fern von Sidon und sie hatten mit keinem Menschen etwas zu tun – sie war in der Ebene, die nach Bet-Rehob führt. Sie bauten aber die Stadt wieder auf und wohnten in ihr.

29) Und sie nannten den Namen der Stadt Dan nach dem Namen Dans, ihres Vaters, der Israel geboren worden war. Früher dagegen war Lajisch der Name der Stadt.

30) Und die Daniten richteten sich den Pesel auf, und Jonathan, der Sohn Gerschoms, der Sohn Moses[q]**, er und seine Söhne, waren Priester für den Stamm des Daniten bis zum Tag der Wegführung des Landes.**

31) Und sie stellten sich den Pesel Michas auf, den er gemacht hatte, alle Tage, in denen das Haus Gottes in Schilo war.

Legende

Grundschicht: 17,1– 4.6

Redaktion: 17,7 – 18,16*.18 – 29*.31

<u>**punktuelle Ergänzung: 17,5 + „Efod und Terafim" in 18,14.18.20 + האיש in 17,8(?)**</u> /
<u>**punktuelle Ergänzung: 18,30**</u>

<u>*punktuelle Ergänzung: 18,17*</u> / *punktuelle Ergänzung: Zora und Eschtaol, 600 Kriegsgerüstete in 18,11 + 12bβ + 16b*

Glossen in 18,7.14.18

3 Textanmerkungen

[a)] Der Relativsatz wird in V.2aβ fortgesetzt, ohne dass dies im Hebräischen durch einen pronominalen Rückbezug kenntlich gemacht würde; vgl. GROSS, Richter, 752.

[b)] Das *qere* glättet das ungewöhnliche *ketib* אתי zu der geläufigen Form des Personalpronomens 2. *f. sg.* את. Aufgrund des (noch zu erweisenden) jungen Entstehungsdatums der Tendenzerzählung ist eine archaische Form (GK²⁸ §32 h) ausgeschlossen. Sollte sich mit אתי an anderen Stellen (z. B. 1 Kön 14,2; 2 Kön 4,16.23; 8,1; Jer 4,30; Ez 36,13) eine besonders alte Sprachtradition bewahrt haben, bliebe für Ri 17,2 allenfalls zu überlegen, ob es sich um einen Archaismus handelte. Alternativ könnte man mit RENDSBURG, Hebrew, 37 f., in der ungewöhnlichen Form einen Hinweis auf einen Dialekt des Nordreichs sehen. Sprachliche Parallelen finden sich immerhin im samaritanischen Hebräisch und in einigen aramäischen Dialekten, und die Annahme eines nördlichen Dialekts fügte sich gut zum Lokalkolorit der Erzählung. Aufgrund der prodavidisch-judäischen Perspektive ist zwar kaum mit einem Verfasser aus dem Norden Israels zu rechnen, doch unter Umständen ließe sich der Dialektmarker in der wörtlichen Rede des Efraimiten Micha als Karikatur des Norddialekts deuten.

[c)] Da sich über die Form und die Funktion der mit Pesel und Massecha bezeichneten Kultgegenstände wenig Sicheres sagen lässt, bleiben die Termini unübersetzt. Zur Problematik s.u. S. 140 f.

[d)] Auch über die Kultrequisiten Efod und Terafim lässt sich kaum Eindeutiges sagen (s.u. S. 143 ff.); von einer Übersetzung wird ebenfalls abgesehen.

[e)] So die wörtliche Übersetzung des *terminus technicus* für die Anstellung eines Priesters, vgl. u. a. Ex 28,41; 29,9.29.33.35; 32,29; Lev 8,33; 16,32; 21,10; Num 3,3. Im Kontext der Einsetzung illegitimer Priester begegnet die Wendung außerdem an zwei Stellen im Zusammenhang mit dem Kult Jerobeams I. (1 Kön 13,33 und 2 Chr 13,9).

[f)] Da in V.1bβ ein explizites Subjekt fehlt, ist „etwas" als logisches Subjekt (wörtlich: „nicht war ihm bis zu jenem Tag etwas zugefallen ...") zu ergänzen. Bei der Präposition ב vor נחלה handelt es sich entsprechend um ein *beth essentiae*; vgl. JENNI, Präpositionen I, 86.

[g)] In LXX^B, V und S fehlt מקצותם אנשים. Der Aussagegehalt bleibt davon unberührt, lediglich die Syntax vereinfacht sich. Da sich eine spätere Einfügung als Glosse kaum erklären ließe, wird MT die ursprüngliche Lesart bewahrt haben. Die Variante der LXX ist entweder auf eine bewusste Glättung der Vorlage oder auf eine Haplographie aufgrund von Homoioteleuton (אנשים) zurückzuführen.

h) Ähnlich wie bei dem Personalpronomen אתי in V.2 wird auch hinter der ungewöhnlichen femininen Form des Demonstrativpronomens זה bisweilen eine dialektale Prägung des israelitischen Nordens vermutet; vgl. BURNEY, Notes, 208; KUTSCHER, History, 31; RENDSBURG, Hebrew, 105. Tatsächlich steht die Form, wo sie allein begegnet, fast immer im Kontext von Nordreichsepisoden (gehäuft in Koh, daneben auch Hos 7,16; 2 Kön 6,19 und wohl auch Ps 132,12). Allerdings lässt sich die Kombination mit dem maskulinen Demonstrativpronomen (vgl. außerdem 2 Sam 11,25 und 1 Kön 14,5) kaum mit der Annahme einer dialektalen Färbung nur einer Hälfte der Wendung erklären. Zudem wird die Form mit dem Leviten einer im Gebirge Efraim fremden Person in den Mund gelegt, was eine Einsetzung als Nordreichsdialekt nicht unbedingt nahelegt. Mit RENDSBURG ist daher eine Art umgangssprachliche Redewendung in Erwägung zu ziehen, „a colloquialism that permeated spoken Hebrew irrespective of geography" (Hebrew, 105).

i) Die häufig anzutreffende Änderung in *qal* (vgl. den Herausgebervorschlag in BHS) ist nicht notwendig. Als 3. *f. sg.* könnte das *hif.* eine elative Funktion haben; vgl. den Kommentar in BHQ. Alternativ ließe sich die Form auch als 2. *m. sg.* deuten. Die *hif.*-Form mit Gott als Subjekt und דרך als Objekt ist auch andernorts belegt; vgl. Gen 24,21.40.42.56. LXX stützt *qal*, doch ist fraglich, ob dies auf eine entsprechende hebräische Vorlage oder nicht vielmehr auf eine gezielte Glättung des Textes zurückzuführen ist. Die defektive Lesart mehrerer Handschriften aus der Kairoer Geniza sowie des Codex Aleppo trägt nicht zur Klärung bei; sie kann gleichermaßen als *qal* oder defektiv geschriebenes *hif.* verstanden werden.

j) Als Bezugswort des femininen Partizips kommt nur das mit der Nennung Lajischs assoziierte Substantiv עיר in Betracht, das unmittelbar zuvor auch durch das Suffix 3. *f. sg.* vertreten ist. Da die Syntax in jedem Fall unbequem bleibt, ist abzuwägen, ob יושבת-לבטח ursprünglich eine Glosse zu Lajisch war, die versehentlich und an falscher Stelle in den Text gelangt ist; vgl. GROSS, Richter, 785. Alternativ könnte es sich um ein feminines Kollektivum handeln, das dann als Parenthese zu lesen wäre; vgl. GK[28] §122 s; BAUER, Geheiß, 317. Die Fortführung des Satzes mit den maskulinen Partizipien שקט ובטח spricht jedoch gegen eine ursprüngliche Zugehörigkeit der Wendung zum Text. Auch in diesem Fall wäre daher eher von einer Glosse auszugehen. Was deren Intention angeht, unterscheiden sich die beiden Vorschläge nicht: Die Glosse hebt die unbehelligte Lebensweise der Bevölkerung Lajischs hervor.

k) Die asyndetische Stellung der kryptischen Wendung יורש עצר ist auffällig. Eine textkritische Lösung des Problems bietet sich nicht an, da sich aus den Versionen von LXX, T und S keine vom MT abweichende Vorlage rekonstruieren lässt; vgl. BARTHÉLEMY, Critique I, 113. Zudem ist die Wendung durch die Aufnahme der Wurzel ירשׁ in V.9 hinreichend im Kontext verankert. Daher ist auch von Konjekturen, wie sie zahlreich vorgeschlagen wurden (vgl. die Zusammenstellung von BAUER, Geheiß, 321 f.), abzuraten. Ist MT somit unverändert beizubehalten, spricht die parallele Konstruktion je mit Partizip in V.7bα² am ehesten dafür, dass עצר יורשׁ den voranstehenden verneinten Nominalsatz weiterführt. Eine solche gespaltene Koordination im Nominalsatz ist im Hebräischen geläufig (vgl. z. B. auch Ri 19,3 [Prädikat עמו] oder Jer 50,22, wo ebenfalls בארץ als gespaltenes Prädikat fungiert) und wird bisweilen sogar als Regelfall (vgl. MICHEL, Theologie, 16) oder – wie zahlreiche Gegenbeispiele allerdings belegen zu Unrecht – als ein „muß" (sic!) (GESE, Lebensbaum, 78) bezeichnet. Problematisch ist die vorliegende Stelle somit allenfalls aufgrund der Asyndese, die im gespaltenen Nominalsatz zwar ungewöhnlich, aber ebenfalls nicht analogielos (vgl. Spr 8,18) ist.

Die Semantik von עצר ist unsicher. Übersetzt man in Übereinstimmung mit mehreren LXX- und V-Handschriften „Besitz" (BUDDE, Richter, 119, der vermutet, dass die Übersetzer wohl אצר oder auch עשׁר im Sinn hatten, geht von einer Verschmelzung beider Begriffe zu עצר aus), fügt sich die Wendung immerhin gut zur Aussage des restlichen Verses: Ein יורשׁ עצר wäre folglich „jemand, der Eigentum an sich reißt", ein habgieriger oder gar gewalttätiger Zeitgenosse.

[l)] Es besteht kein Anlass, mit der älteren Kommentarliteratur sowie BHK und BHS אדם in ארם zu ändern. Die entsprechende Lesart einiger LXX-Handschriften beruht offensichtlich auf einer Verschreibung von ד in ר, denn in dem parallelen Vers 18,28 bezeugen die entsprechenden Handschriften אַרם.

[m)] Sinngemäß wäre statt eines *adh.* ein *imp. pl.* zu erwarten; vgl. LXX, V, S, T, denen sich die Herausgeber von BHK und BHS anschließen. קומה kann jedoch einfach als Interjektion verstanden werden; vgl. BERTHEAU, Richter II, 248; BURNEY, Judges, 429; BHQ.

[n)] Als Bezugsgröße des Relativsatzes kommen nur die 600 gegürteten Männer in Frage. Allerdings hätte der אשׁר-Satz seinen organischen Ort dann hinter V.16aα. Die auffällige Position im Vers lässt sich nicht durch die Annahme einer Glossierung erklären, da eine Randbemerkung dieser Art von V.11 her gesehen, der die danitische Abstammung der 600 Krieger explizit erwähnt, überflüssig wäre. Es wird sich daher um eine Fortschreibung handeln; vgl. BECKER, Richterzeit, 239; s. dazu auch u. S. 178.

[o)] Obwohl die LXX den schwierigen MT offensichtlich geglättet hat, folgen ihr BAUER, Geheiß, 358, und GROSS, Richter, 754, mit der Begründung, MT sei kein Sinn abzugewinnen. Zur Erklärung des MT s. jedoch u. S. 173 ff.

[p)] Die im Alten Testament mehrfach begegnende Wendung מר נפשׁ kann neben einer Betrübnis oder Niedergeschlagenheit (1 Sam 1,10; Jes 38,15; Hi 3,20; 7,11) auch eine gewalttätige Neigung bezeichnen. In diesem Zusammenhang drückt sie entweder einen aus großer Not resultierenden Zustand aus, in dem jemand zu allem bereit ist (1 Sam 22,2), oder aber eine Verfassung höchster emotionaler Erregtheit im Sinne von „blinder Wut" (2 Sam 17,8). Die vorliegende Stelle gehört zweifellos der zweiten Kategorie an.

q) Das *nun suspensum* korrigiert die theologisch anstößige Vorstellung, die götzendienerischen Daniten hätten einen Mose-Enkel als Priester gehabt. Als ursprünglich ist die Lesart משה zu betrachten, die u. a. noch von LXX und V bezeugt wird.

4 Gliederung

Die Erzählung gliedert sich grob in drei Teile: Ri 17,1 – 6; 17,7 – 13 und 18,1 – 31. Durch die Übernahme der Figuren aus den ersten beiden Gliederungseinheiten – Michas und des Leviten – in den dritten Abschnitt entsteht ein geschlossener Zusammenhang. Die einzelnen Teile werden außerdem durch das Motiv des Raubes, das die Ereignisse um Micha, den Priester und die Daniten durchzieht, miteinander verflochten. Da 17,13 obendrein nicht als Abschluss einer Erzählung funktioniert,[484] werden Ri 17 f. in der Analyse (wie üblich) als zusammenhängende Narration behandelt.

---

484 S. dazu u. S. 158.

Die Einteilung in drei Abschnitte ergibt sich anhand von Akteurwechseln. Aufgrund formaler wie inhaltlicher Kriterien lassen sich die Einheiten jeweils weiter unterteilen.

17,1–6 thematisieren den Frevelkult Michas auf dem Gebirge Efraim. V.1–4 schildern kleinteilig einen Konflikt zwischen Micha und seiner Mutter sowie dessen Lösung. 17,1 bildet mit der Einführung des Protagonisten den Auftakt der Erzählung. V.2–4 umreißen anschließend den innerfamiliären Konflikt, seine Lösung und seine Konsequenz, die Herstellung von Gottesbildern. V.5 hebt mit der nochmaligen Nennung Michas neu an und liefert weitere Details zu dessen Kult. Ein abschließender Kommentar in 17,6 markiert das Ende dieses Abschnitts.

In 17,7–13 ändert sich die Figurenkonstellation. Michas Mutter scheidet aus der Erzählung, dafür wird eine weitere Hauptperson eingeführt. Micha gerät zufällig an einen Leviten aus Bethlehem und überredet ihn, sein Priester zu werden. Der neue Handlungsträger wird in 17,7 analog dem Protagonisten Micha in 17,1 eingeführt. Gerahmt durch die Wurzel הלך schildern V.8–10 den Weg des Leviten. In V.11–13 ist dieser beendet: Der Levit beabsichtigt, dauerhaft als Priester bei Micha zu bleiben.

Ri 18 weitet den Blickwinkel aus auf die landlosen Daniten. 18,1a leitet dabei mit der Wiederholung von 17,6a zu einer neuen Situation über, 18,1b–2a führen in die Thematik der danitischen Landnahme ein. Das restliche Kapitel lässt sich anhand von Ortswechseln gliedern. In V.2b–6 halten sich die Kundschafter bei Micha im Gebirge Efraim auf, in V.7 kommen sie nach Lajisch und in V.8–11 befinden sie sich wieder inmitten ihrer daheimgebliebenen Brüder. V.12.13a notieren eine Station der Daniten auf dem Weg zum Gebirge Erfraim. Da nur hier im Rahmen eines Ortswechsels die Wurzel בוא fehlt, hebt sich die kurze Passage von dem ansonsten gleichförmigen Aufbau des Kapitels ab. V.13b–21 schildern den Aufenthalt der Daniten bei Micha sowie den Raub der Götterbilder und des Priesters. V.22–27aα bilden ein retardierendes Moment innerhalb der Erzählung: Micha bündelt noch einmal seine Kräfte und nimmt die Verfolgung der Daniten auf; die verbale Auseinandersetzung zwischen den Parteien demonstriert eindrücklich die Überlegenheit der Daniten. V.27aβ–31 schließen die Erzählung mit der Einnahme Dans und der Gründung des dortigen Kultes ab.

5 Analyse

5.1 Ri 17,1–6: Diebstahl und Götzendienst

5.1.1 V.1–4: Ein innerfamiliärer Diebstahl

Mit ויהי und dem indeterminierten Subjekt איש beginnt in Ri 17,1 analog Ri 19,1b eine eigenständige Erzählung. Der Protagonist trägt den Namen Michajehu („Wer ist wie Jahwe"), der angesichts der folgenden Ereignisse um diesen Dieb und Kultfrevler vom Gebirge Efraim nachgerade ironisch wirkt.[485]

Gleich zu Beginn der Erzählung in V.2 wird besagter Michajehu als Betrüger charakterisiert, der seiner Mutter eine beträchtliche Menge Geld gestohlen hat: Die Präposition ל drückt im Anschluss an das passive *qal* von לקח im Sinne eines *dat. incommodi* aus, dass der Mutter etwas zu ihrem Nachteil genommen wurde,[486] was ihr früher folglich einmal gehört haben muss.[487] Bei dem Fluch handelt es sich vermutlich um einen bedingten Fluch, der öffentlich ausgesprochen wird, um Eigentum zu schützen. Er entfaltet nur dann seine Wirksamkeit, wenn der Dieb die

---

485 Sollten Ri 17 f.* mit Blick auf Ri 19 oder sogar Teile von Ri 20 f. entstanden sein, wo Personennamen (im Gegensatz zu Ortsangaben) komplett fehlen, erhärtete dies die Vermutung, dass der Name Michajehu mit Bedacht gewählt wurde und hier als (pervertierter) sprechender Name zu verstehen ist.

486 Vgl. BUDDE, Richter, 114; BAUER, Geheiß, 203.

487 Gegen WILLI-PLEIN, Opfer, 9, und NEEF, Kult, 209 f., die meinen, es könne sich aus grammatikalischen und inhaltlichen Gründen nicht um einen Diebstahl handeln. Stattdessen händige der Sohn der Mutter als eine Art Rechtsvertreter eine ihr zustehende Summe aus, die sie durch einen Fluch vor unerlaubtem Zugriff schützen wollte. Nach beiden könne „die Passivkonstruktion mit lᵉ im Gegensatz zum deutschen ‚es ist dir genommen worden' nicht so verstanden werden" (WILLI-PLEIN, Opfer, 9); sie übersetzen sie daher als *dat. commodi*. Dann ist es aber ebenso gut möglich, die Präposition als *dat. incommodi* zu übersetzen. Dadurch ergibt sich in jedem Fall eine gefälligere Aussage, denn bei einer Deutung als *dat. commodi* fehlte die Pointe der Erzählung. Die inhaltlichen Gründe, die NEEF gegen diese Deutung anführt, überzeugen nicht: 1) Der Ausspruch der Mutter „Von Jahwe gesegnet sei mein Sohn!" ist nicht überraschend, wenn man den Vorgang als Diebstahl interpretiert, sondern erklärt sich aus der Erzähllogik heraus: Sie reagiert damit auf die Erkenntnis, ihren eigenen Sohn verflucht zu haben; mit dem Segen bezweckt sie, dem Fluch etwa Positives entgegenzusetzen. 2) Ein Diebstahl müsste nicht durch das Verb גנב ausgedrückt werden; לקח kann ebenso wie גנב eine Entwendung bezeichnen. Zu vergleichen ist beispielsweise der Diebstahl der Daniten, der im Folgenden auch immer mit לקח ausgedrückt wird. 3) Auch die Straffreiheit des Sohnes spricht nicht *per se* gegen einen Diebstahl; sie resultiert aus dem Geständnis, das den bedingten Fluch rückgängig macht. 4) Wenngleich in V.2 mit הנה ein unbekannter Tatbestand eingeführt wird, spricht dies nicht gegen die Annahme eines Diebstahls. Für die Mutter erfolgt die Information, dass ihr eigener Sohn sie bestohlen hat, durchaus überraschend.

Tat nicht rückgängig macht, wird hingegen aufgehoben, wenn er sie gesteht.[488]
Wohl um dem durch Michas Geständnis entkräfteten Fluch zusätzlich etwas
Wirkmächtiges entgegenzusetzen, artikuliert die Mutter einen Segenswunsch für
ihren Sohn.[489]

Der sich anschließende, komplizierte Erzählablauf in V.3 f. wird in der Regel
folgendermaßen gedeutet: In V.3a händigt Michajehu seiner Mutter das Geld aus.
Diese weiht es daraufhin in V.3b Jahwe, um פסל ומסכה daraus herstellen zu lassen,
und gibt es in V.3bβ ihrem Sohn zurück.[490] In V.4a erhält die Mutter abermals das
gestohlene Geld von ihrem Sohn und überreicht es in V.4b schließlich dem
Goldschmied, damit dieser פסל ומסכה daraus fertige.

Die inhaltlichen Schwierigkeiten konzentrieren sich auf V.3bβ und V.4a. Der
mehrfache Austausch des Diebesgutes zwischen Mutter und Sohn wirkt unmotiviert. Er hat oftmals zu literarkritischen Entscheidungen geführt, die bei näherer
Betrachtung jedoch allesamt nicht befriedigen.

BECKER betrachtet V.2b–3a.bα als Nachtrag.[491] Damit wird das Problem freilich nur um eine
literarhistorische Stufe verschoben, aber nicht gelöst. Die Entscheidung zieht zudem inhaltliche Schwierigkeiten für die Grundschicht nach sich. Eine Reaktion der Mutter auf das
Geständnis ihres Sohnes würde ausbleiben, die Erzählung damit einiges an Spannung und
Brisanz einbüßen. Da außerdem die Absichtserklärung der Mutter fehlte, aus dem gestohlenen Geld Kultbilder fertigen zu lassen, erfolgte deren Herstellung in V.4 reichlich überraschend. Zudem ließe sich die Einfügung redaktionsgeschichtlich kaum erklären. Ob sie
tatsächlich, wie BECKER meint, eine negative Tendenz aus V.2a abschwächen würde, indem
sie dem Fluch einen Segen beiordnete, ist fraglich. Immerhin wird der Fluch durch das
Geständnis Michas in V.2a bereits abgewendet, die Ergänzung brächte gegenüber der
BECKER'schen Grundschicht demnach nicht allzu viel Neues. Selbst wenn man jedoch an-
nähme, dass V.2b–3a.bα den Zusammenhang in irgendeiner Weise entschärften, müsste
erklärt werden, warum jemand in einer negativen Tendenzerzählung – und als solche betrachtet auch BECKER Ri 17,1–6[492] – zu späterer Zeit die Intention der Erzählung durch einen
Nachtrag korrigiert haben sollte.

Auch andere literarkritische Ansätze befreien den Text von der Schwierigkeit des
mehrfachen Wechsels des Diebesgutes zwischen Sohn und Mutter, rechnen dabei aber nur
mit geringfügigen Bearbeitungen. BUDDE behebt das Problem kurzerhand durch die (weder

---

488 Vgl. SCHARBERT, Art. אלה, 280, und im Anschluss daran GROSS, Richter, 767.

489 Als Parallelstellen kommen vor allem Ex 12,32 und 2 Sam 21,3 in Betracht; vgl. MYERS,
Judges, 800. Eine Not, offenbar als Folge eines Fluchs verstanden, kann durch den Segen der
geschädigten bzw. der verfluchenden Partei rückgängig gemacht werden. ברך und אלה als kon-
trastives Begriffspaar begegnen u. a. auch in Dtn 29,18.

490 Da לך in *pausa* steht, kann das Suffix als 2. *m. sg.* gedeutet werden.

491 Vgl. BECKER, Richterzeit, 230.

492 Vgl. BECKER, Richterzeit, 231.

text- noch literarkritisch gestützte) Eliminierung von V.4a und V.3bβ.[493] Häufig anzutreffen ist auch die Umstellung von V.3bβ hinter V.2a.[494] Micha würde dann bereits vor der eigentlichen Rückgabe des Geldes seinen Entschluss, dies zu tun, mitteilen. Der Eingriff glättet den Ablauf, ist jedoch literarkritisch nicht indiziert. Die in diesem Zusammenhang vorgeschlagene Streichung von V.4a als spätere Glosse[495] verdankt sich den durch die Streichung bzw. Umstellung von ועתה אשיבנו לך bewirkten Unklarheiten im Textverlauf.

Formal wirkt der Abschnitt V.2 – 4 geschlossen. Die Erwähnung von לקח in Vers 2 und 4, beide Male auf die Mutter Michajehus bezogen, eröffnet und schließt die Diebstahl-Szene. Auch der Austausch des Diebesgutes ist gleichförmig strukturiert: Die Übergabe durch Micha an seine Mutter wird mit שוב + Akkusativobjekt + לאמו konstruiert (וישב את־הכסף לאמו/וישב את־אלף־ומאה הכסף לאמו). Jedes Mal, wenn die Mutter im Besitz des Geldes ist, kommt die Sprache effektiv auf פסל und מסכה, die daraus gefertigt werden (V.3b und V.4b).

Doch auch synchrone Deutungen der geschlossenen Abfolge sind häufig verdächtig kompliziert.

So sieht z. B. Gross[496] die Funktion des doppelten Geldaustauschs darin, das Geschehen durch Wiederholung umzuwidmen. Dazu würden zunächst Fluch und Diebstahl in der oben geschilderten Weise aufgehoben: Durch die Formulierung eines Segenswunsches für den Dieb verkehre Michas Mutter den Fluch in sein Gegenteil. Mit der Rückgabe des Geldes an die Mutter würde nach dem Fluch schließlich auch der Diebstahl rückgängig gemacht. Bis hierhin bietet der Text in der Tat kaum Interpretationsspielraum. Dann erfolgt jedoch in V.3bβ und V.4a der wiederholte Austausch des Geldes, mit dem Micha und seine Mutter Gross zufolge beabsichtigten, den Diebstahl und die durch den Fluch erzwungene Rückgabe des Geldes in einen freiwilligen Austausch von Geschenken umzudeuten. Dieser Prozess beginne in V.3b, indem die Mutter die Funktion des Geldes, Weihe für Jahwe zur Herstellung von פסל ומסכה, bestimme und es anschließend, dieses Mal freiwillig, Michajehu aushändige. Micha gebe es ihr nun wiederum zurück und die Mutter nehme das Geld, um es schließlich seiner Bestimmung zuzuführen. Da eine Imitation der Ereignisse unter anderen Vorzeichen in keiner Weise von der Erzählung motiviert ist, sind gegenüber dieser komplexen Lösung Zweifel angebracht.

Das Dilemma lässt sich beheben, indem man den doppelten Austausch auf einen einfachen reduziert, ohne literarkritisch zu verfahren. Bereits Studer lieferte hierfür einen ansprechenden Vorschlag:

„Da vorher nicht gesagt ist, dass ihm die Mutter das Geld wirklich eingehändigt habe, so scheinen diese Worte nicht sowol von einem abermaligen und, da er doch nachher die daraus

---

493 Vgl. Budde, Richter und Samuel, 138 f.
494 Vgl. Boling, Judges, 255 f.; Görg, Richter, 88; BHS.
495 Vgl. Neef, Kult, 211.
496 Vgl. Gross, Richter, 769 ff. Er folgt darin weitgehend Marx, Sacrifice, 195 ff.

verfertigten Bilder annahm, auch ganz zwecklosen Zurückgeben desselben verstanden werden zu müssen, als vielmehr eine blosse Recapitulation des schon im vorigen Verse Gesagten zu sein: er gab also das Geld seiner Mutter zurück, damit er nämlich, was er früher gewaltsam sich zugeeignet, nun als Geschenk aus ihrer Hand empfange."[497]

Demnach löst sich das Problem, wenn man V.4a als literarische Bezugnahme auf V.2f. deutet und V.3bβ wie folgt übersetzt: „Somit (d. h. in Form der Gottesbilder) gebe ich es dir zurück."[498] V.2–4 bieten in dieser Deutung einen spannungsfreien Zusammenhang. Die dargestellten Ereignisse offenbaren chaotische Zustände im Gebirge Efraim: Ein Sohn bestiehlt seine Mutter, der Diebstahl wird auf engagierte Weise rückgängig gemacht, schließlich wird das Diebesgut benutzt, um einen Kult zu etablieren.

Die polemische Note wird durch die Verwendung der zwei Gottesbildtermini פסל und מסכה in V.4 untermauert. Geht man von zwei distinkten Gottesbildern aus,[499] korrespondiert der Zweizahl der Bilder mit ויהי in V.4b ein Verb im Singular. Bisweilen wird die Inkongruenz durch die Aussonderung von Massecha literarkritisch beseitigt.[500] Diese Lösung zieht jedoch weitere Probleme nach sich – z. B. müsste Massecha neben V.4 dann auch in V.3 ausgesondert werden, obwohl dort keinerlei literarische Auffälligkeit besteht.

פסל ist der häufigste Götterbildterminus im Alten Testament. Er ist negativ konnotiert und begegnet daher oft in polemischen Kontexten. Dabei ist grundsätzlich zwischen der Bilderverehrung im Jahwekult und der Verehrung von Götzenbildern zu unterscheiden.[501] Ri 17,3 f. hat die Bildverehrung im Jahwekult im Blick und ist darin etwa der Verwendung von פסל in Dtn 5,8 par Ex 20,4 vergleichbar.

מסכה bezeichnet ein gegossenes Gottesbild oder die am Kultbild vollzogene Goldschmiedearbeit.[502] Neben dem häufigen Vorkommen im Kontext der Fremdgötterverehrung[503] dient מסכה, wie neben Ri 17 f. prominent Ex 32 zeigt, auch zur Bezeichnung eines Jahwebildes. Im Kontext des Jahwekultes begegnet מסכה besonders häufig als das „gegossene Kalb" (עגל מסכה). Damit verbinden sich die Herstellung eines Gottesbildes durch Israel am Sinai (Ex 32) und – spätestens von dort aus betrachtet – die „Sünde Jerobeams", der Verstoß gegen das Kultzentralisationsgebot durch die Errichtung zweier goldener Kälber (1 Kön 12).[504]

---

497 STUDER, Richter, 366.
498 In ähnlicher konkludierender Funktion begegnet עתה z. B. in Gen 4,11 und Gen 11,6.
499 Vgl. zu dieser Kontroverse den Überblick bei GROSS, Richter, 758 ff.
500 Vgl. z. B. NIEMANN, Daniten, 98; GROSS, Richter, 771; ders., Hauskapelle.
501 Vgl. DOHMEN, Art. פסל, 692 ff.
502 Vgl. DOHMEN, Art. מסכה, 1010 f.
503 Vgl. etwa Num 33,52; Hos 13,2; Nah 1,14; 2 Chr 28,2; 2 Chr 34,3 f.
504 Vgl. Ex 32,4.8; Dtn 9,16; 2 Kön 17,16.

Die Wendung פסל ומסכה kommt an insgesamt fünf Stellen im Alten Testament vor (Dtn 27,15; Ri 17,3.4; 18,14; Nah 1,14)[505] und ist immer negativ konnotiert. Die genannten Ri-Stellen haben zweifellos das Bilderverbot im Visier. Dasselbe gilt wohl auch für Dtn 27,15,[506] wie die Qualifizierung von פסל ומסכה durch die *cstr.*-Verbindung תועבת יהוה zeigt.[507] Wo die Glieder nicht im *parallelismus membrorum* getrennt voneinander stehen, liegt es nahe, die Wendung als Hendiadyoin zu verstehen.[508]

Gegen Dohmens These, wonach פסל ומסכה als feststehende Wendung am Beginn der terminologischen Entwicklung gestanden hätten und Pesel später „quasi elliptisch" allein die Bedeutung des Hendiadyoin übernommen habe,[509] spricht das seltene Vorkommen des Hendiadyoin. Eher wurde ein Götterbildterminus, der verstärkt im Kontext des (Bet-Eler) Jahwe-Stierkultes Verwendung fand, zu einem späten Zeitpunkt mit dem häufigsten alttestamentlichen Götterbildterminus im Sinne eines Pleonasmus kombiniert, um besonders scharf gegen die Verehrung von Bildern zu polemisieren. An die konkrete Gestalt der Gottesbilder muss dabei nicht mehr unbedingt gedacht sein, weshalb sich für das Hendiadyoin die Bedeutung „jedwedes Gottesbild" nahelegt.

Die Wendung פסל ומסכה ist somit als ursprünglich zu betrachten. Die Numerusinkongruenz erklärt sich dadurch, dass פסל ומסכה als Hendiadyoin nur ein einziges Gottesbild bezeichnet.[510]

Dieser Deutung widersetzen sich allerdings die durch Efod und Terafim getrennte Aufzählung von Pesel und Massecha in Ri 18,17f. sowie die alleinige Nennung von Pesel in Ri 18,20.30f. Dort ist jeweils von einzelnen Gottesbildern die Rede. Wie die Analyse der entsprechenden Passagen erweisen wird, liegen die genannten Stellen jedoch sämtlich auf einer jüngeren literarischen Ebene als Ri 17,4. Der Befund spricht also nicht gegen die

---

505 Darüber hinaus findet sich die Wendung an einigen Stellen aufgesprengt, sodass die beiden Glieder einander im *parallelismus membrorum* gegenüber gestellt sind: Jes 30,22; 42,17; Jer 10,14=51,17; Hab 2,18. Auch hier stehen פסל und מסכה jeweils in einem polemischen Kontext, wobei mal das Fremdgötter- und mal das Bilderverbot im Blick ist.

506 Dtn 27,15 bildet den Auftakt einer Fluchreihe in Dtn 27,15 – 26*. Der Vers dürfte nachgetragen worden sein, denn er unterscheidet sich sowohl inhaltlich als auch formal vom Kontext: Während sich die übrigen Flüche mit zwischenmenschlichen Vergehen beschäftigen, zielt V.15 auf den kultischen Bereich. Auch stilistisch weicht der Vers von den übrigen Flüchen ab; er ist nicht partizipial konstruiert und die Abschlussbemerkung über die Reaktion des Volkes ist vergleichsweise ausführlich gestaltet; vgl. Dohmen, Bilderverbot, 232f.

507 Der Kontext in Nah 1,14 verweist hingegen deutlich auf den Fremdgötterkult.

508 Aufschlussreich ist in diesem Zusammenhang vor allem die konsequent singularische Formulierung in Dtn 27,15. Ri 18,14 stellt eine Ausnahme dar, die sich jedoch erklären lässt; s. dazu u. S. 173 ff.

509 Vgl. Dohmen, Art. פסל, 692.

510 So auch Noth, Hintergrund, 136, Anm. 12; Becker, Richterzeit, 230.

Deutung der Wendung als Hendiadyoin in Ri 17,3 f., sondern zeigt lediglich, dass der Verfasser der späteren Passagen in 17,7 ff. פסל und מסכה als zwei distinkte Gottesbilder verstanden und sie dementsprechend auch getrennt voneinander verwendet hat.[511]

Daraus ergeben sich Konsequenzen für den Aussagegehalt von 17,1–4. Ist die Kombination von Pesel und Massecha ursprünglich, verstößt Micha mit seinem Privatkult bereits auf der Ebene der Grundschicht gegen das Pesel- und Massechaverbot aus Dtn 27,15. Der Protagonist entpuppt sich nicht nur als Dieb, sondern auch als Kultfrevler, der gemäß Dtn 27,15 durch seinen Bilderkult einen Fluch auf sich lädt. Die engagierten Bemühungen seiner Mutter, den bedingten Fluch nachträglich zu relativieren, rehabilitieren bestenfalls Micha als Dieb, sind aber angesichts des folgenden Kultverstoßes letztlich vergeblich. Vom Ende her betrachtet zeigt sich die bereits vermutete Polemik der Passage 17,1–4 somit noch einmal besonders deutlich.

5.1.2 V.5: Kultfrevel

Die exponierte Bezeichnung Michajehus als האיש מיכה zu Beginn von V.5 markiert einen narrativen Einschnitt.[512]

Der Verseingang ist in zweierlei Hinsicht auffällig: 1) Das dem Eigennamen vorangestellte Appellativum האיש verkompliziert die Syntax unnötig. 2) Der Protagonist hat gegenüber V.1 und V.4 eine Umbenennung erfahren. Ungeachtet der literarhistorischen Beurteilung dieses Übergangs[513] wäre eine inhaltliche Erklärung der Spezifika wünschenswert. Da der Text selbst jedoch keine eindeutigen Signale liefert, lassen sich nur Vermutungen anstellen. Ad 1) Die umständliche Formulierung gewinnt vor dem Hintergrund des Kommentars in 17,6 Kontur. Ihre Absicht könnte darin bestehen, Micha als exemplarischen איש zu charakterisieren, der das in seinen Augen Rechte tut.[514] Entsprechend ließe sich in V.5 das Verb עשה deuten: Was in Michas Augen gut ist, konkretisiert sich in diesem Fall in der Herstellung von Gottesbildern. Ad 2) Die Kurzform des Namens demonstriert womöglich, dass der Protagonist das theophore Element seines Namens (aufgrund seiner gottlosen Taten) eingebüßt hat.[515]

---

511 S. dazu u. S. 173 ff.

512 Vgl. auch Seidl, Vermittler, 15, der zudem auf den gegenüber V.2–4 veränderten Handlungskontext hinweist: Die Kultgründung erfolgt durch Micha allein und ergibt sich nicht im Aktions- und Redewechsel mit seiner Mutter.

513 S. dazu u. S. 147 ff.

514 Vgl. Gross, Richter, 775.

515 Vgl. Satterthwaite, Narrative Artistry, 82; Bauer, Geheiß, 177. Allerdings ist Vorsicht geboten: Eine unmotivierte Verkürzung des Namens Michajehu in Micha ist mit 2 Chr 18,14 an immerhin einer weiteren Stelle im Alten Testament belegt (auch wenn sie dort mit einem Wechsel von Erzählung zu direkter Rede einhergeht), sodass sich in Ri 17 mit der Namensänderung zumindest nicht zwangsläufig eine kritische Tendenz verbindet.

V.5 wartet gebündelt mit weiteren Details zu Michas Kult auf: Er besitzt ein privates Gotteshaus, stellt Efod und Terafim her und beschäftigt einen seiner Söhne als Priester. Die Aufzählung der Kultelemente wirkt konstruiert und dürfte von den realen kultischen Gepflogenheiten in der vorexilischen Zeit weit entfernt sein. Nirgends im Alten Testament wird ein Tempel einer Privatperson erwähnt und auch in religionsgeschichtlicher Hinsicht ist nichts Vergleichbares bekannt. Zwar hatte der Ahnenkult, mit dem der Terminus Terafim häufig in Verbindung gebracht wird, seinen Sitz im Leben in der familiären Religion, doch braucht es dafür weder einen Tempel noch einen Efod. Die Künstlichkeit der Szenerie demonstriert auch die Kombination von Efod und Terafim, denn beide Kultrequisiten dürften ursprünglich nichts miteinander zu tun gehabt haben.

So umstritten wie die Etymologie der beiden Begriffe „Efod" und „Terafim" sind die Gestalt und die Funktion der durch sie bezeichneten Kultobjekte. Bei der traditions- oder religionsgeschichtlichen Beurteilung ist die Bewertung von Efod und Terafim in bestimmten literarischen Kontexten zu berücksichtigen. Setzen die Belege die an Verstößen gegen Zentralisationsgebot, Fremdgötter- und Bilderverbot orientierte dtn.-dtr. Kultpolemik bereits voraus, besteht die Möglichkeit, dass auch sie ihrerseits eine negative Wertung transportieren.

a) Der Ausdruck Terafim begegnet insgesamt 15 mal im Alten Testament. Der ursprünglichen Bedeutung nach könnte es sich um schützende Hausgötter (im Falle der etymologischen Herleitung von hurr.-heth. *tarpis*) oder heilende Ahnenfiguren (im Falle der Ableitung von רפא) gehandelt haben.[516] Möglicherweise ist auch beides miteinander verwandt.[517]

Nur an wenigen Stellen wird der Terminus eindeutig neutral gebraucht, u. a. in Ez 21,26. Ob und inwiefern der Begriff in den beiden prominenten Erzählungen, die Terafim erwähnen, Gen 31 und 1 Sam 19, negativ belegt ist, bleibt ungewiss.

In eindeutig negativer Konnotation findet Terafim außerhalb von Ri 17 f. an zwei weiteren Stellen im Alten Testament Verwendung, 1 Sam 15,23 und 2 Kön 23,24. In 1 Sam 15,23 steht der Terminus im Kontext der Verwerfung Sauls, dessen Ungehorsam mit קסם, און und תרפים verglichen wird. Während קסם eher in die Kategorie Götzendienst zu gehören scheint,[518] begegnet און, dem תרפים in V.23aβ beigeordnet ist, vor allem im Zusammenhang des Jah-

---

516 Zu diesen beiden am häufigsten vertretenen Deutungen sowie weniger geläufigen Alternativen vgl. Tropper, Nekromantie, 332 ff.; Loretz, Teraphim; van der Toorn/Lewis, Art. תרפים, 766; Lewis, Teraphim, 844 ff.; Görg, Terafim.
517 Willi-Plein, Anmerkungen, 174, hat den etymologisch ebenfalls unklaren griechischen Stamm θεραπ- in die Diskussion eingebracht, dessen Ähnlichkeit mit Terafim auf der Hand liegt. Eine Deutung im Sinne von „Kultobjekt mit heilender und/oder schützender Wirkung" ist somit ungeachtet der exakten etymologischen Ableitung wahrscheinlich.
518 Vgl. u. a. Num 22,7; 23,23; Dtn 18,10.14.

wekultes.[519] In 2 Kön 23,24 steht תרפים als mittleres Glied in einer Reihe mit גללים, ידענים, אבות und שקצים. Die ersten beiden Glieder der Aufzählung stehen mehrfach zusammen,[520] stets in negativer Konnotation, oftmals im Zusammenhang mit Götzenkult.[521] Ähnliches gilt für שקץ.[522] Allem Anschein nach gehören die תרפים in 2 Kön 23,24 demnach stärker in den Zusammenhang der Götzenverehrung. Aus diesen späten, kultpolemischen Texten geht demnach nicht eindeutig hervor, ob תרפים als Kultrequisiten in den Bereich der Götzenverehrung oder des illegitimen Jahwekultes gehören.

Insgesamt lässt sich auf der Basis der alttestamentlichen Belege keine einheitliche Funktion oder Gestalt eines Terafim angeben. Zweifelsfrei handelt es sich jedoch um einen Gegenstand der Divination. Als solcher kann Terafim neutral oder, in dtr. und späteren Texten, in kultkritischen Zusammenhängen verwendet werden – dann meist in Verbindung mit weiteren Kultgegenständen.[523]

b) Was die Gestalt eines Efods angeht, sind grundsätzlich zwei Kategorien zu unterscheiden: 1) Es handelt sich um ein Kleidungsstück. Hier kann weiter differenziert werden zwischen einem leinenen Lendenschurz für Priester[524] und einem Teil des hohepriesterlichen Ornates,[525] wobei eine Weiterentwicklung der ersten zur zweiten Bedeutung in der Priesterschrift naheliegt.[526] 2) Es handelt sich um ein Kultrequisit.

In Ri 17 f. ist eindeutig von einem Kultobjekt die Rede. Als solches begegnet Efod vielerorts in wertfreier Verwendung.[527] In Ri 17 f. hingegen ist der Terminus, wie auch in Ri 8,27, negativ qualifiziert.[528] Die Notiz über die Aufstellung eines Efod in Ofra durch Gideon ist Bestandteil einer kurzen Efod-Erzählung innerhalb der komplexen Gideon-Episode. Diese Efod-Erzählung in Ri 8,24 – 27 wurde für den literarischen Zusammenhang verfasst[529] und ist

---

519 Vgl. Jes 1,13, wo און in einer Aufzählung von israelitischen Kulthandlungen steht, und vor allem die Hos-Stellen, an denen Bet-Awen als Schandname für das Bet-Eler Heiligtum begegnet: Hos 4,15; 5,8; 10,5.8.

520 Vgl. Lev 19,31; 20,6.27; Dtn 18,11; 1 Sam 28,3; 2 Kön 21,6; Jes 8,19; 19,3.

521 Vgl. Dtn 18,11; 2 Kön 21,6 und wohl auch sämtliche Stellen im Heiligkeitsgesetz. גלול begegnet meist in götzenpolemischem Kontext; vgl. Dtn 29,16; 1 Kön 15,12.

522 Vgl. Dtn 7,26; Ez 8,10.

523 Vgl. Ri 17 f.; 1 Sam 15,23; 2 Kön 23,24.

524 Vgl. 1 Sam 2,18; 22,18; 2 Sam 6,14; 1 Chr 15,27.

525 Vgl. Ex 25,7; 28,4.6.12.15.25.26.27(zweimal).31(zweimal); 29,5(dreimal); 35,9.27; 39,2.7 f.18 ff.; Lev 8,7.

526 Vgl. SCHERER, Ephod, 602.

527 Vgl. u. a. 1 Sam 2,28; 14,3; 21,10; 23,6.9; 30,7.

528 Es ist nicht ersichtlich, wie SCHERER, Ephod, 589, zu dem Ergebnis kommt, in Ri 17 f. lasse „[d]ie mangelnde Systematik, mit der [...] diverse Kultaccessoires aufgeführt werden, [...] eine exakte Klassifizierung, die es erlaubte, den Charakter des Ephods genau zu definieren, schlechterdings nicht zu". Zwar stellt die unsystematische Zusammenstellung der vier Kultobjekte in Ri 17 f. in der Tat eine schwer zu erklärende Auffälligkeit dar (s. dazu u. S. 173 ff.), doch lässt sich ungeachtet der Anzahl und Reihenfolge der genannten Kultobjekte die jeweils negative Wertung kaum bestreiten.

529 Die Passage ist als literarisch einheitlich zu betrachten. SCHERER, Ephod, 589, der im Gefolge AMITS V.27aβ.b aussondert, entwickelt seine These unter rein tendenzkritischen Gesichtspunkten.

somit als jung, jedenfalls später als der dtr. Gideonspruch in Ri 8,22f. einzustufen.[530] Die negative Wertung des Geschehens liegt durch die Verwendung von זנה אחרי auf der Hand. Ri 8,24 – 27 dürften auf Ri 9 hin gestaltet sein. Sie entschärfen das Problem, dass Abimelech, der Sohn eines Helden, sein Volk in die Katastrophe führt, indem sie auch Gideon selbst eine Gesetzesübertretung anlasten. Verschiedentlich wurde erwogen, dass mit Ri 8,27 ein Bezug auf Ex 32 vorliege.[531] In der Tat begegnen „goldene Ringe" (Plural von נזם in Kombination mit זהב) nur in Ex 32 und Ri 8, was einen literarischen Querbezug durchaus plausibel erscheinen lässt. Die Bezugnahme auf Ex 32 hätte zwei Implikationen für Ri 8,27: 1) Efod wäre auch hier sehr wahrscheinlich als Kultbild gedacht. 2) Als solches symbolisierte es die Sünde des Volkes Israel als Verstoß gegen das Bilderverbot.

c) Efod und Terafim: Von den 15 Stellen, an denen der Begriff „Terafim" im Alten Testament vorkommt, stehen insgesamt sieben in Verbindung mit Efod. Sechsmal findet sich die Kombination allein in Ri 17f., ein weiteres Mal in Hos 3,4. In diesem mutmaßlich jungen Vers[532] wird der Kult des Nordreichs zusammenfassend durch Schlachtopfer, Mazzebe, Efod und Terafim charakterisiert. Im Horizont der Kultkritik Hoseas, in der auch die ersten beiden Elemente eine zentrale Rolle spielen,[533] sind Efod und Terafim hier sicher ebenfalls negativ konnotiert.

Efod und Terafim sind in Ri 17f. als Kultobjekte zu verstehen, gegen die unverhohlen polemisiert wird. Zwar ist der Kontext nicht im eigentlichen Sinn als dtr. zu bezeichnen, doch setzt die gesamte Episode Ri 17,1 – 6 die dtr. Bestimmungen zum rechtmäßigen Kult voraus. Ri 17,5 ist somit Repräsentant einer späten Tradition, vergleichbar etwa Ri 8,27 oder Hos 3,4, in der „Artefakte aus dem älteren Jahwekult"[534] – unabhängig von ihrer ursprünglichen Funktion – zu Götterbildern stilisiert wurden. An diesen wurde harsche Kritik geübt – sei es im Zusammenhang von Fremdgötterkulten oder des frevelhaften Jahwekultes.

Leitend ist dabei offenbar die Absicht, die negative Bewertung der Herstellung eines Efods erst der Bearbeitung zuzuschreiben. Sollte der vermutete Bezug von Ri 8,24ff. auf Ex 32 zutreffen, wäre eine negative Tendenz auch ohne Abschlussnotiz wahrscheinlich.

530 Die Satzanfänge in 8,23 und 8,24 sind identisch, was für den sekundären Charakter eines der Verse spricht; vgl. VEIJOLA, Königtum, 100. Obwohl 8,22f. den Zusammenhang der Efod-Erzählung in 8,21b.24 – 27 unterbrechen, sind sie älter; vgl. CRÜSEMANN, Widerstand, 45; gegen VEIJOLA, Königtum, 100. V.21b ist als redaktionelles Scharnier gestaltet, das die Efod-Erzählung mit dem Vorangegangenen verknüpfen soll. Für die Priorität von 8,22f. spricht auch die Beobachtung, dass in V.24 ohne V.22f. das Objekt unbekannt bliebe; vgl. MÜLLER, Königtum, 38.

531 Vgl. BECKER, Richterzeit, 181; GROSS, Richter, 458f.

532 Eine nachexilische Entstehung von Hos 3,4 wird in der Hoseaforschung häufig vertreten; vgl. bereits MARTI, Dodekapropheton, 8ff.; in jüngerer Zeit YEE, Composition, 226ff.; WACKER, Figurationen, 233; NISSINEN, Prophetie, 333f.; RUDNIG-ZELT, Hoseastudien, 75ff. (vgl. auch dies., Propheten, 394); VIELHAUER, Werden, 133ff.

533 Vgl. z.B. Hos 6,6 (Schlachtopfer) oder Hos 10,1f. (Mazzebe).

534 RUDNIG-ZELT, Propheten, 385.

5.1.3 V.6: Abschließender Kommentar

V.6 bewertet die vorangegangenen Ereignisse und bildet somit ein sinnvolles Ende der kurzen Episode. Der Vers ist daher zum Grundbestand des Textes zu rechnen.[535] Die „distanziert kommentierende (…) Art"[536] des Kehrverses hebt sich zwar von dem Sprachstil der vorangegangenen Verse ab, doch verdankt sich wohl – analog der nüchternen Einleitung in V.1[537] – einer durch die Kommentarform hervorgerufenen stilistischen Variation.

V.6 verankert die Episode zudem im Kontext und gibt Aufschluss über ihren redaktionsgeschichtlichen Ort. Aussagekräftig ist vor allem die Parallele zu Dtn 12,8.[538] Da die Kombination אִישׁ + determiniertes יָשָׁר + עַיִן im Dual mit Suffix 3. *m. sg.* + עָשָׂה nur an diesen beiden Stellen vorkommt, liegt die Vermutung einer literarischen Bezugnahme nahe. Beide Texte sind zudem auf das Königtum ausgerichtet: In Dtn 12,8 sollen die defizitären Zustände ein Ende haben, sobald der

---

535 Gegen VEIJOLA, Königtum, 15 – 17.25 – 27, und BECKER, Richterzeit, 231 f., die V.6 zusammen mit dem literarisch auffälligen V.5 einem redaktionellen Eingriff zuschreiben, sowie NIEMANN, Daniten, 64, und GROSS, Richter, 756.774, die allein V.6 für sekundär erachten. Die Beobachtung, dass 17,6 Übereinstimmungen mit weiteren, in der Tat z.T. nachgetragenen Versen innerhalb von Ri 17 – 21 (18,1; 19,1; 21,25) aufweist, rechtfertigt (gegen GROSS) noch keine literarkritische Entscheidung. Auf den literarhistorischen Ort des „Kehrverses" und die redaktionsgeschichtliche Frage nach seiner Entstehung ist an späterer Stelle einzugehen; s.u. S. 159.

536 BECKER, Königtum, 232.

537 S. dazu u. S. 148.

538 Über die Entstehung von Dtn 12,2 – 18 herrscht weitgehend Einigkeit; vgl. u.a. SMEND, Entstehung, 72 f.; VEIJOLA, Deuteronomium, 260 ff.; RÖMER, Entstehungsphasen, 55 ff. Das älteste literarische Stadium bilden V.13 – 18. Es dürfte in der späten Königszeit oder (in den Kreisen der Daheimgebliebenen) in frühexilischer Zeit entstanden sein und ist bestrebt, einer „drohende(n) Zersplitterung des Jhwh-Kultes" (PETRY, Entgrenzung, 35; zur exilischen Datierung vgl. auch AURELIUS, Zukunft, 39 ff.) entgegenzuwirken. V.8 – 12 wurden sekundär davor geschaltet. Die Verse kennen das Dtn an seinem kanonischen Ort im Enneateuch (die Landnahme und die Gewährung der Ruhe stehen noch aus) und spannen durch den Bezug auf 1 Kön 8,56 („Gelobt sei Jahwe, der seinem Volk Ruhe gegeben hat") einen weiten Bogen. Doch muss die Ausrichtung auf die noch ausstehende Kultzentralisation nicht nur kompositorischem Interesse entspringen, sondern kann auch reale Verhältnisse der Entstehungszeit widerspiegeln: Das Thema ist aktuell, das Gebot momentan aber nicht in Kraft. Auch die Verortung in der Landnahmezeit, die sich in ähnlicher Weise auf die historischen Verhältnisse der Abfassungszeit deuten lässt, fügt das Gebot geschickt in den kanonischen Zusammenhang ein. Als Entstehungszeit kommt die frühe nachexilische Zeit in Betracht, als die (mit einer zweiten Landnahme vergleichbaren) Erfahrungen der Rückkehr ins Land noch aktuell waren und Jerusalem mit anderen Heiligtümern, z.B. Bet-El, konkurrierte. Für eine relativ späte Datierung sprechen auch die Kenntnis der faktisch bildlosen Verehrung Jahwes und deren Reflexion im Rahmen der dtr. Namenstheologie. V.2 – 7 stellen die späteste Bearbeitung von Dtn 12 dar und geben sich aufgrund ihrer dezidiert separatistischen Tendenz eindeutig als nachexilische Ergänzung zu erkennen.

Kult zentralisiert ist, das heißt eine Ordnung der Verhältnisse wird vom davidisch-salomonischen Königtum erwartet. Auch in Ri 17,6 wird der Umstand, dass jeder tut, was in seinen Augen recht ist, mit dem Fehlen des Königtums begründet.

Ri 17,6 weist neben Dtn 12,8 eine signifikante Entsprechung zu Ri 19,1a auf. Während Dtn 12,8 gewiss zitiert wird, ist das literarhistorische Verhältnis zu Ri 19,1 nicht ohne Weiteres zu bestimmen. Sollte der Verfasser von 17,7 auch Ri 19,1a zitieren,[539] würde dadurch die Epoche der königslosen Zeit auf Ri 17,1–6* ausgedehnt. Da Ri 17,1–6* ursprünglich jedoch direkt vor Ri 19 gestellt worden sein dürften,[540] hätte der Verfasser von Ri 17,6 in diesem Fall die unmittelbare Abfolge von zwei Erwähnungen der königslosen Zeit produziert. Alternativ könnte Ri 19,1a (oder nur 19,1aβ) als redaktionelle Überleitung formuliert worden sein, etwa nachdem Ri 17,7–18,31* in den Zusammenhang eingefügt wurden. Eine endgültige Entscheidung kann (wie auch in der Frage der literarischen Einheitlichkeit von Ri 19,1) nicht getroffen werden. Für die redaktionsgeschichtliche Beurteilung und die Aussageintention von Ri 17,1–6* hat sie ohnehin keine Relevanz; für die kompositionsgeschichtliche Verortung zeigt sich dadurch umso deutlicher, dass mit Ri 19,1 nicht argumentiert werden sollte.

Die Bezugnahme auf Dtn 12,8 legt nahe, dass auch Ri 17,6 nicht das Königtum im Allgemeinen, sondern das davidische Königtum im Blick hat.[541] Die königslose Zeit ist von kultischer Willkür geprägt, Hoffnung auf Abhilfe besteht allein in der Erwartung des davidischen Königtums.

5.1.4 Die Entstehung von Ri 17,1–6

Die Spannungen am Übergang von V.2–4 zu V.5 haben häufig literarkritische Lösungen hervorgerufen. Die Herstellung von Efod und Terafim in V.5 führt zu einer merkwürdigen Gottesbildakkumulation: Nachdem der Goldschmied Pesel und Massecha produziert hat, fertigt Micha zusätzlich noch Efod und Terafim an. Die nachgeschobene Information empfiehlt grundsätzlich eine diachrone Lösung, da sich die Produktion einer möglichst großen Anzahl von Gottesbildern andernfalls weniger umständlich in einem Anlauf berichten ließe. In dieselbe Richtung weist auch der Aufbewahrungsort von Efod und Terafim: Während sich Pesel und Massecha im „Haus Michajehus" befinden, haben Efod und Terafim ihren Ort im בית אלהים Michas. Auch wenn die Gründe für diese Positionierung unmittelbar einleuchten – sie legt den Fokus auf die Etablierung eines eigenen

---

539 Dies ließe sich – je nachdem wie man den redaktionsgeschichtlichen Ort von Ri 17,1–6* und gegebenenfalls Ri 19,1a bestimmt – gleichermaßen für den Fall der literarischen Einheitlichkeit von Ri 19,1 und den Fall einer sekundären Ergänzung von Ri 19,1a in Erwägung ziehen.
540 Zur späteren Entstehung von Ri 17,7 ff. s. im Folgenden, zum redaktionsgeschichtlichen Ort von Ri 17,1–6* innerhalb von Ri 17–21 s.u. S. 190 f.
541 Vgl. MÜLLER, Königtum, 70.

Kultortes – ist die terminologische (und sachliche?) Differenz gegenüber V.4 bemerkenswert.[542]

Das Problem löst sich, indem man entweder V.2–4 oder V.5 als Nachtrag betrachtet.

Im Anschluss an WELLHAUSEN votiert NIEMANN für eine spätere Entstehung der Verse 2–4.[543] Diese Entscheidung entspringt dem Interesse, eine alte, wertfreie Grundschicht zu rekonstruieren. In einer ursprünglichen Abfolge von V.1 und V.5 fehlten der Diebstahl und die Herstellung von Pesel und Massecha aus dem gestohlenen Geld – die Geschehnisse würden somit keiner expliziten Bewertung unterzogen. Es stellte sich dann allerdings die Frage, warum eine solche Erzählung – ein Mann namens Micha besitzt einen Tempel mit dem entsprechenden Inventar und einen Priester – überliefert worden sein sollte. Ohnehin könnten die Einrichtung eines Privatkultes und die Einsetzung eines nicht-levitischen Priesters allenfalls in vor-dtr. Zeit (d.h. ohne Kenntnis der Konzeptionen der Kultzentralisation und der [ausschließlich] levitischen Abstammung des Priestertums[544]) neutral bewertet werden. Wenn die Kombination von Efod und Terafim jedoch auf der theologischen Höhenlinie des späten Verses Hos 3,4 liegt,[545] ist eine derart frühe Entstehungszeit (ebenso wie eine wertneutrale Verwendung der beiden Gottesbildtermini) auszuschließen.

Sodann fehlen belastbare literarkritische Indizien für eine spätere Hinzufügung von V.2–4. Dass der Einstieg in die Erzählung in V.2 „[u]nversehens und reichlich abrupt"[546] erfolgt, ist kaum verwunderlich. Nach dem einleitenden V.1, der in einem „nüchterne[n] Einleitungs- und Vorbereitungsstil"[547] gehalten ist, vollzieht sich in V.2 sachgemäß ein stilistischer Wechsel, der den Beginn der eigentlichen Erzählung markiert.

Löste man V.2–4 aus dem Zusammenhang, würden im direkten Anschluss an V.1 zudem der Satzanschluss durch erneute Nennung des Subjektes in V.5 und vor allem die Namensänderung überraschen. Aus diesem Grund wird מיכה האיש bisweilen als Zusatz betrachtet, der versuche „die Nahtstelle zwischen V.4 und V.5aβ im Blick auf den ursprünglich unmittelbar vorhergehenden V.1 zu überbrücken"[548]. Angesichts der syntaktischen Struktur von V.5a ist diese Lösung allerdings nicht gerade wahrscheinlich.[549]

---

542 Ferner steht die Beschäftigung des Sohnes als Priester in Ri 17,5 in Spannung zur Anstellung des levitischen Priesters in 17,10ff. Für den Zusammenhang der Verse 17,1–6 lässt sich dieser Sachverhalt freilich nicht auswerten, zumal Ri 17,7ff.* gegenüber Ri 17,1–6* sekundär sein dürften; s. dazu im Folgenden. Das diachrone Verhältnis von Ri 17,5 und 17,7ff.* wird an späterer Stelle bestimmt; s. dazu u. S. 157.

543 Vgl. NIEMANN, Daniten, 62f., der in 17,1.5.7.8–10a.11–13 den Beginn seiner noch unpolemischen „danitischen Grundschicht" sieht, wohingegen 17,2–4 zur „Jerobeam-Redaktion" gehören. Vgl. auch MOORE, Judges, 378, der V.2–4 als das einer anderen Quelle zugehörige Pendant zu V.1.5f. interpretiert. Die sperrige Wendung מיכה האיש sei demzufolge ergänzt worden, als die Quellen ineinander gearbeitet wurden.

544 Zu deren dtr. Herkunft vgl. SAMUEL, Levi, 421f.

545 S.o. S. 145.

546 NIEMANN, Daniten, 62.

547 NIEMANN, Daniten, 63.

548 NIEMANN, Daniten, 63. Vgl. auch MOORE, Judges, 378.

Sondert man V.5 aus,[550] der sich ohnehin bereits durch den markanten Versbeginn mit Pendenskonstruktion und Umbenennung des Protagonisten verdächtig macht, ergibt sich ein kohärenter Zusammenhang. Der redaktionelle Vers erweitert das Kultfrevelszenario der Grundschicht. Die Intensivierung erklärt sich am besten vom weiteren Verlauf der Ereignisse her: Michas Kult ist kein beliebiger Privatkult, sondern avanciert in Ri 18 zum Ursprung des Daner Kultes. Er steht somit in direkter Verbindung zum späteren Kult des Nordreichs.

Bisweilen wird erwogen, ob sich in V.5 zusätzlich eine dezidiert Bet-El-kritische Tendenz verbirgt.[551] Bereits auf der Ebene der Grundschicht in 17,1–4.6 ermöglicht die unbestimmte Ortsangabe מהר־אפרים in V.1 eine Deutung auf Bet-El als Ort des Geschehens.[552] Die Lage Bet-Els im Gebirge Efraim wird ausdrücklich in Ri 4,5 genannt; in Jer 4,15 steht das Gebirge Efraim womöglich sogar als Chiffre für Bet-El, da dort anstelle der in 1 Kön 12 angelegten Kontrastierung von Bet-El und Dan[553] das Gebirge Efraim und Dan einander gegenüberstehen.[554]

Einen weiteren Anhaltspunkt liefert die Verwendung des Begriffs Massecha in Ri 17,3f., der an das gegossene Kalb in Ex 32 (und das goldene Kalb in dessen Referenztext 1 Kön 12) erinnert. Weckt das Kultbild Michas somit Assoziationen an eines der Stierbilder Jerobeams, legt der Wohnort Michas im Gebirge Efraim den Vergleich mit dem Bet-Eler Stierbild nahe.[555]

---

549 An Niemanns Darstellung bleibt ferner undurchsichtig, inwiefern V.5 „für die Handlung im Folgenden unentbehrlich" (Daniten, 63) sei und sich darin von V.2–4 unterscheide. Als einziges der Gottesbilder ist im weiteren Erzählverlauf der Pesel vorausgesetzt, der am Ende in Dan aufgestellt wird. Efod und Terafim sind damit ebenso verzichtbar (vgl. Becker, Richterzeit, 231) wie die Erwähnung des בית אלהים Michas. Dass in Michas Haus Kult betrieben wird, wäre durch die Gottesbilder und die Anstellung des levitischen Priesters in V.4 auch ohne Nennung des Privattempels ersichtlich.

550 Vgl. z. B. Veijola, Königtum, 25 f.

551 Vgl. Amit, Hidden Polemic, 12 ff.; Bauer, Geheiß, 179 ff.; Edenburg, Outrage, 70. Für Gross, Richter, 774, verlangt diese Deutung „dem ursprünglichen Leser wohl etwas zuviel Spürsinn" ab. In diesem Zusammenhang ist nicht zuletzt das literarhistorische Verhältnis von V.5 zu Ri 17,7 ff.* aufschlussreich. Sollte die Einfügung von V.5 in Kenntnis von 17,7 ff.* getätigt worden sein, gewönne eine Bet-El-kritische Deutung im Horizont des späteren Kultes Jerobeams I. an Plausibilität, da die Aktion der Daniten ebenfalls die spätere „Sünde Jerobeams" vorwegnimmt; s. dazu u. S. 174 f.184 f.

552 Vgl. Schulz, Richter, 89; Amit, Hidden Polemic, 12 f.; Bauer, Geheiß, 179 f.

553 Vgl. 1 Kön 12,29; 2 Kön 10,29.

554 Für sich allein genommen hat diese Beobachtung jedoch kaum Überzeugungskraft, sonst müsste, wie Bauer, Geheiß, 180, richtig bemerkt, auch bei dem Wohnort des Leviten in Ri 19 direkt an Bet-El gedacht werden.

555 Vgl. Koenen, Schlange, 363 ff.; Dohmen, Exodus, 293 ff.

Während die Deuteronomisten das Errichten zweier Stierbilder in Bet-El und Dan durch Jerobeam I. – eine Aktion, die ursprünglich mitnichten anstößig, sondern ein Ausweis des Engagements des Königs in Sachen Staatskult war[556] – als Verstoß gegen das Gebot der Kultzentralisation werteten, verstößt Micha in Ri 17 f. gegen das Bilderverbot. Dies steht der These jedoch nicht entgegen: Die „Sünde Jerobeams" lässt sich alternativ als Verstoß gegen das Fremdgötterverbot – die Stiere erinnern dann an den Baalskult[557] – oder das Bilderverbot lesen.[558]

An diese Anklänge an Bet-El – seien sie zufällig oder vom Verfasser intendiert – knüpfte der Ergänzer von V.5 nun möglicherweise bewusst an. Er nennt das Haus Michas ausdrücklich und in Spannung zum unmittelbaren Kontext בית אלהים, was für sich genommen schon als Anspielung auf Bet-El verstanden werden könnte. Da ein indeterminiertes und nicht näher durch Gottesnamen, Suffix o. ä. qualifiziertes בית אלהים neben Ri 17,5 außerhalb der Ketubim[559] nur noch in Gen 28,17.22 – der Schauplatz ist Bet-El (!) – begegnet, ist eine literarische Bezugnahme auf Gen 28 in

---

556 Nach der Einführung Jerobeams als fähigem und loyalem Diener Salomos in 1 Kön 11,26 überrascht die Deutung der Errichtung von Stierbildern als Frevel in 1 Kön 12,25 ff. Vermutlich wurde der König, sei es Jerobeam I. oder Jerobeam II. (vgl. dazu KÖHLMOOS, Bet-El, 172), daher in früheren Textstadien als loyaler König gezeichnet. Die von Beginn an mit ihm in Zusammenhang gebrachten Stierbilder in Bet-El und Dan (1 Kön 12,25.28*.29 bilden wohl die Grundschicht von 1 Kön 12; vgl. PFEIFFER, Heiligtum, 26 ff.) waren also anfangs keineswegs negativ konnotiert. Erst durch eine dtr. Überarbeitung wird daraus ein Verstoß gegen die Kultzentralisation. Auf der Ebene von 1 Kön 12,28 – 30 dürfte das Bilderverbot noch nicht im Blick sein; vgl. PFEIFFER, Heiligtum, 26 ff.; gegen BECKER, Richterzeit, 255. BLANCO WISSMANN, Beurteilungskriterien, 131 ff., vermutet in 1 Kön 12 bereits einen Verstoß gegen das Fremdgötterverbot inklusive bildpolemischer Aspekte. Dafür muss er freilich den Plural Elohim sowie die Semantik der Wurzel עשה überbeanspruchen. Aus diesem Befund zieht er sodann in Abgrenzung von KRATZ und AURELIUS den weitreichenden Schluss, dass sich das „redaktionsgeschichtliche Nacheinander der Kriterien der Kultuseinheit und der Kultusreinheit [...] in den Königebüchern [...] nicht nachweisen [lasse]" (246 f.).
557 Vgl. KRATZ, Komposition, 165 f.
558 Die Deutung der „Sünde Jerobeams" als Verstoß gegen das Bilderverbot weist in die nachexilische Zeit; vgl. KÖCKERT, Kultbild, 399 ff. DOHMEN, Bilderverbot, 270 ff., vertritt demgegenüber eine höhere Datierung des Bilderverbotes. Michas Frevelkult stellt keinen Einzelfall dar: Auch Ex 32 verlagert die Ursünde Israels nach vorne in die Wüstenzeit und wertet die Herstellung eines gegossenen Kalbes als Verstoß gegen das Bilderverbot. Bilderverbot und Fremdgötterverbot sind in Ex 32, wie auch im Dekalog, eng miteinander vernetzt. Für die These, dass Ex 32 das Bilderverbot (PFEIFFER, Heiligtum, 48; BLANCO WISSMANN, Beurteilungskriterien, 120 ff.) und nicht etwa das Fremdgötterverbot (MOTZKI, Beitrag, 475; KRATZ, Komposition, 166) im Blick hat, spricht u. U. der Kultruf „Das ist dein Gott, der dich aus Ägypten geführt hat", der kaum eine andere Gottheit als Jahwe meinen wird.
559 Dort begegnet בית אלהים indeterminiert an insgesamt vier Stellen: Ps 42,5; 52,10; 55,15; 2 Chr 34,9. Es bezieht sich stets auf ein legitimes Heiligtum; in 2 Chr 34,9 ist konkret der Tempel in Jerusalem im Visier.

Erwägung zu ziehen.[560] Die (analoge) Identifikation des בית אלהים mit Bet-El in Ri 17,5 gewönne dadurch freilich an Plausibilität. Jakob gelobt die Errichtung eines Gotteshauses in Bet-El, Micha etabliert ein solches, verübt dort aber mit seiner Sammlung fragwürdiger Kultrequisiten einen illegitimen Kult.

Auch die Anstellung des eigenen Sohnes als Priester an diesem Heiligtum könnte auf Jerobeam I. anspielen, der ebenfalls willkürlich nicht-levitische Priester an den von ihm gegründeten Kultorten einsetzt (1 Kön 12,31). Beide missachten die dtr. Bestimmung, dass ausschließlich Leviten den Dienst vor Jahwe versehen sollen.

Wenn Michas Kultfrevel in der Sicht von V.5 die „Sünde Jerobeams" in vorstaatlicher Zeit präludiert, stehen der zentralisierte Jerusalemer Kult, den V.6 anvisiert, und der Bet-Eler Kult, gegen den V.5 polemisiert, einander gegenüber. Die damit verbundene Wertung der Kultorte ginge mit der dtr. Beurteilung der königszeitlichen Verhältnisse konform.

5.2 Der Übergang von Ri 17,1–6 zu Ri 17,7 ff.

Der abschließende Kommentar in Ri 17,6 und der Wechsel der handelnden Personen in 17,7 ff.* gegenüber 17,1–6* deuten eine literarische Naht an. Dass Ri 17 in einem Zuge entstanden ist und redaktionell um Ri 18 erweitert wurde,[561] ist somit unwahrscheinlich. Zwar kämen die Ereignisse um Micha und den Leviten ohne die danitische Landnahme aus, wohingegen letztere auf erstere angewiesen ist, doch resultiert daraus keinesfalls zwangsläufig eine ursprüngliche Zusammengehörigkeit von 17,1–6* und 17,7–13*.

In Ri 17,7 ff.* beginnt folglich ein neuer, gegenüber Ri 17,1–6* sekundärer Erzählabschnitt.[562] Aufbauend auf der prodavidischen und antisaulidischen Perspektive von Ri 19(ff.)* und im Anschluss an den Kultfrevel im Gebirge Efraim ergänzt sie die Polemik um eine Satire auf die danitische Landnahme und die Etablierung des Kultes in Dan. Mit der Errichtung eines Gottesbildes in Dan wird dabei deutlich auf 1 Kön 12 angespielt.[563] Ferner fungiert Ri 17,6 durch die Fort-

---

560 Vgl. AMIT, Hidden Polemic, 13.
561 Vgl. NEEF, Kult.
562 Ob die Fortsetzung ursprünglich mit Ri 17,13 endete oder sich auch auf Ri 18 erstreckt, wird im Zuge der Analyse von Ri 17,7–13 zu klären sein.
563 Auf den ersten Blick verwundert es, dass der Verfasser sich an dieser Stelle für Dan und somit gegen das prominentere Pendant Bet-El entschieden hat. Die Auffälligkeit lässt sich jedoch erklären: Das Bet-Eler Heiligtum ist in der Grundschicht von Ri 20 positiv konnotiert, sodass man nicht ohne Weiteres offen dagegen polemisieren konnte; vgl. PFEIFFER, Sodomie, 270.

schreibung nicht länger bloß als abschließender Kommentar, sondern eröffnet gleichzeitig auch die folgenden Ereignisse,[564] die damit vorab ebenfalls einer negativen Deutung unterzogen werden.

5.3 Ri 17,7 – 13: Der Levit an Michas Heiligtum

5.3.1 V.7: Einleitung

Die Passage Ri 17,7 – 13 zeigt einige literarische Auffälligkeiten.[565] Zunächst sind noch einmal die Parallelen zu Ri 19 in Erinnerung zu rufen. Im Rahmen der Analyse von Ri 19 wurden die levitische Abstammung des Mannes und sein Fremdenstatus im Gebirge Efraim als sekundäre Angleichung an Ri 17,7 ff. ausgewiesen. Während die beiden Charakteristika des Protagonisten in Ri 19,1 nicht spannungsfrei im Kontext stehen, sind sie hier für den Zusammenhang unverzichtbar. Bei der Ortsangabe „Bethlehem, Juda", die ebenfalls beiden Erzählungen gemein ist, verhält es sich hingegen umgekehrt. In Ri 19 repräsentiert Bethlehem in Form von dessen Geburtsort den späteren König David. Die Stadt steht in Opposition zu Gibea, der späteren Residenz Sauls, und ist somit für die Tendenz der Erzählung unentbehrlich. In Ri 17,7 ff. hingegen ist „Bethlehem, Juda" inhaltlich nicht verankert.

> Als Chiffre für David wird „Bethlehem, Juda" an dieser Stelle nicht stehen, da eine Parallelisierung des Leviten mit dem späteren König sinnlos bliebe. Auch die umgekehrte Deutung, dass der Levit als Antitypos Davids stilisiert würde, der dem Begründer des legitimen Jahwekultes durch seine Beteiligung an einem illegitimen Jahwekult gegenüberstehe,[566] bedarf viel Phantasie.

Der Verfasser von Ri 17,7 ff. dürfte den Schauplatz der Ereignisse, der durch die insgesamt dreimalige Nennung des Ortsnamens betont wird, mit Blick auf Ri 19

---

564 Vgl. Amit, Hidden Polemic, 5.
565 Den Spannungen und Unebenheiten im Erzählverlauf begegneten die älteren Kommentatoren meist mit einer Aufteilung des Materials auf zwei parallele Versionen. So eruiert Burney, Judges, 409 f., in 17,7.11b.12a und 17,8 – 11a.12b.13 zwei ursprünglich unabhängige Erzählungen. Nach dem ersten Bericht würde ein junger Levit aus der Sippe Juda von Micha als Priester angestellt, nach der parallelen Darstellung begäbe sich ein (älterer) Levit aus Bethlehem in Juda auf Arbeitssuche und nähme schließlich ein Angebot Michas an. Zu einer ganz ähnlichen Aufteilung gelangen Budde, Richter, 115 ff., und Moore, Judges, 382 ff. Die folgende Besprechung der Passage wird derart umfassende literarkritische Eingriffe als unnötig erweisen.
566 Vgl. Bauer, Geheiß, 262 f., der hier bei der Suche nach intertextuellen Bezügen im Enneateuch Ri 19 außer Acht lässt.

gewählt haben.[567] Die beiden Episoden, die bereits durch den literarischen Konnex zwischen Ri 17,6 und Ri 19,1a in direktem Bezug zueinander stehen,[568] werden dadurch enger miteinander verknüpft. Indem der Ort des Geschehens von Ri 19 in Ri 17,7 ff. eingetragen wird, die Stammeszugehörigkeit und der Fremdenstatus aus Ri 17 hingegen nach Ri 19 übernommen werden, findet eine wechselseitige Verzahnung der beiden Erzählungen statt. Oberflächlich betrachtet entsteht dadurch der Eindruck, als handele es sich um zwei Episoden aus dem Leben ein und desselben Leviten, der zweimal hintereinander auf Wanderschaft geht.[569] Wahrscheinlich hat der Verfasser von Ri 17,7 ff. die entsprechenden Elemente auch in Ri 19,1 (לוי גר) und Ri 20,4 (האיש הלוי) eingetragen, um dem Text insgesamt zu größerer Einheitlichkeit zu verhelfen.

Die Auffälligkeiten in V.7 beschränken sich indes nicht auf den Ort des Geschehens. Wie sich ein Mann, der aus der Sippe Judas stammt, in Bethlehem als Fremder aufhalten und zudem Levit sein kann, leuchtet nicht ohne Weiteres ein. Das Problem wird häufig literarkritisch beseitigt.

Die Streichung von ממשפחת יהודה würde aus dem jungen Leviten einen Wahl-Bethlehemiter machen und dadurch kurzerhand sämtliche Schwierigkeiten beheben.[570] Die Entscheidung wird jedoch selten redaktionsgeschichtlich begründet[571] und kann daher mit Fug und Recht

---

567 Die Annahme, „Bethlehem, Juda" sei eine „spätere, überkorrekte Glosse" (NIEMANN, Daniten, 67, Anm. 27), stellt demgegenüber eine Notlösung dar, die außerdem im Text die Schwierigkeit produzierte, dass העיר in V.8 unbestimmt bliebe.

568 S.o. S. 147.

569 Von Ri 17,7 aus betrachtet würde sich dadurch auch erschließen, wie der Mann vom Gebirge Efraim in Ri 19 an seine bethlehemitische Gattin geraten ist: Er hätte sich zu einem früheren Zeitpunkt selbst einmal dort aufgehalten.

570 Vgl. u. a. BECKER, Richterzeit, 233; NEEF, Kult, 212.

571 Eine Ausnahme stellt STUDER, Richter, 371, dar, der seinerzeit äußerst scharfsinnig, doch bislang kaum beachtet, (vgl. jedoch in jüngerer Zeit auch BAUER, Geheiß, 364 ff.) eine originelle Erklärung für die Glosse ממשפחת יהודה geliefert hat. Er führt sie auf dieselbe Hand zurück, die in 18,30 das *nun suspensum* eingefügt hat. Denn „da Manasse aus dem Stamm Juda gebürtig war, so musste man consequenter Weise auch in unserer Stelle den Leviten aus dem Geschlechte Judas abstammen lassen." Eine ähnliche Erklärung findet sich auch im Talmud: „Weil er handelte wie Manasse, der von Juda abstammte, schrieb der biblische Text seine Abstammung Juda zu" (bBB 109b). Die Glosse würde damit eine Spannung im Text, die durch die Einfügung des *nun suspensum* entstanden wäre, beseitigen. Die Textspannung, die durch die doppelte Stammeszugehörigkeit entsteht, hätte der Glossator allerdings billigend in Kauf genommen. In der königslosen Zeit stellt die Erwähnung eines Enkels des sündigen Königs Manasse zudem einen Anachronismus dar. Man müsste also mit einem Glossator rechnen, der es zugunsten der theologischen Korrektur mit den genealogischen und chronologischen Details nicht allzu eng gesehen hätte. Diese umständliche diachrone Lösung empfiehlt sich daher nur, wenn eine sinnvolle Deutung des vorliegenden Textes nicht gelingt.

als „Umgehung einer Lösung"[572] bezeichnet werden. Auch mit der Aufteilung der Informationen auf zwei Quellen[573] oder etwaigen harmonisierenden und bisweilen willkürlichen Textänderungen[574] ist dem Problem nicht beizukommen.

Bevor eine Entscheidung getroffen werden kann, müssen einige Details des kompakten Verses genauer betrachtet werden. Ungewöhnlich ist zunächst die Bezeichnung Judas als משפחה (determiniert).

> NIEMANN deutet משפחה hier im Sinne von „Territorium".[575] Mit dieser gefälligen Lösung wäre die genealogische Verwurzelung des Leviten in Juda hinfällig und der Text somit widerspruchsfrei, sowohl was die Fremdheit des Mannes als auch was seine Zugehörigkeit zum Stamm Levi angeht. Abgesehen von ihrer semantischen Fragwürdigkeit wirft diese Deutung in Ri 17,7 die Frage auf, warum direkt im Anschluss an die Wendung מבית לחם יהודה die Zugehörigkeit des genannten Territoriums zum Stammesgebiet Judas noch einmal eigens betont werden sollte. NIEMANNs These hat in der Forschung daher kaum Beachtung gefunden.

משפחה könnte an dieser Stelle die Bedeutung „Stamm" haben.[576] Zwischen der Zugehörigkeit des Leviten zum Stamm Juda und seinem גר-Status in Bethlehem bestünde dann kein Widerspruch. Der Mann wäre zur Zeit in Bethlehem ansässig, ursprünglich aber in einer anderen Region Judas beheimatet.[577]

Auch die Zugehörigkeit eines Leviten zum Stamm Juda bereitet nur Probleme, wenn man לוי – wozu keine Notwendigkeit besteht – als Stammesbezeichnung interpretiert. Fasst man לוי in Ri 17 f. hingegen als funktionales Appellativum auf, ergibt sich ein spannungsfreier Text.

> BAUER schließt diese Deutung unter Verweis auf die enge und daher vermutlich literarische Parallele in Dtn 18,6 vorschnell aus.[578] Zwar ist ein Bezug auf Dtn 18,6, wo zum einzigen Mal außerhalb von Ri 17–21 die Formulierung הוא גר שם begegnet, wahrscheinlich, doch stehen in Dtn 18,6–8 nicht die Abstammung der Leviten, sondern ihre (kultischen) Handlungen am Zentralheiligtum im Fokus des Interesses. Erst die Apposition כל-שבט לוי in Dtn 18,1 bringt die Dimension der Stammesbezeichnung zum Ausdruck. Sie steht im Zusammenhang mit der

---

572 NIEMANN, Daniten, 65, Anm. 17.
573 Vgl. BUDDE, Richter, 115 f.; BURNEY, Judges, 410.
574 Vgl. GRESSMANN, Anfänge, 250; HERTZBERG, Richter, 236.
575 Vgl. NIEMANN, Daniten, 65 f.
576 Vgl. GES[18] s.v. משפחה. Stellen, die diese Deutung stützen könnten, sind Ez 20,32 und Nah 3,4. Erzählungsintern findet sie durch Ri 18,19 Bestätigung. Dort bilden משפחה und der geläufige Begriff für „Stamm", שבט, eine Tautologie.
577 Vgl. GROSS, Richter, 776.
578 Vgl. BAUER, Geheiß, 266. Wenn NIEMANN, Daniten, 66, Anm. 19, in Ri 17,7 „den historischen Hintergrund für das dtn Levitenbild" sehen will, steht unzweifelhaft der Wille zur Frühdatierung im Hintergrund.

„Steigerung levitischen Anspruchdenkens"[579] in der dtr. Theologie und dürfte sekundär in den Kontext eingetragen worden sein.[580]

Für die Deutung als Appellativum spricht nicht zuletzt, dass der levitische Stand des Mannes im Folgenden zum zentralen Motiv der Erzählung avanciert.[581] Insgesamt liefert V.7 somit keinen Anlass für einen literarkritischen Schnitt.[582]

5.3.2 V.8–10: Der Weg des Leviten

Mit V.8 beginnt der Weg des Leviten.[583] Er bricht von Bethlehem, Juda, auf, um einen neuen Ort zu finden, an dem er weilen (גור) kann. Reisedetails werden nicht berichtet; der Levit gelangt scheinbar direkt zum Haus Michas im Gebirge Efraim. Dem Verfasser scheint daran gelegen, die beiden Erzählfäden rasch miteinander zu verbinden – die Protagonisten begegnen einander daher ohne Umschweif.

> Dieses Muster wiederholt sich an späterer Stelle. Ebenso wie der Levit, nachdem er losgegangen (הלך) ist, direkt zu Micha ins Gebirge Efraim kommt (ויבא הר־אפרים עד־בית מיכה), werden auch die Kundschafter von ihren Stammesgenossen dazu aufgefordert loszugehen (הלך), um das Land zu inspizieren – und erreichen unmittelbar darauf das Haus Michas (ויבאו הר־אפרים עד־בית מיכה) (18,2 ff.). Ähnlich, aber nicht identisch, beschreibt Ri 18,13 den Weg der Daniten. Sie ziehen hinüber (עבר) und gelangen zum Haus Michas (ויבאו עד־בית מיכה). Die Wanderungen des Leviten, der Kundschafter und der Daniten strukturieren somit den Zusammenhang Ri 17,7–18,31* und verleihen ihm ein einheitliches Gepräge.[584]

In V.9 gibt der Levit auf die Frage nach seiner Herkunft zunächst nicht deren Ort, sondern seine Profession bekannt (לוי אנכי). Er präsentiert sie so als hervorra-

---

579 Samuel, Levi, 130.
580 Vgl. dazu Samuel, Levi, 115.
581 Im Lauf der Erzählung wird der Levit „als Priester" bei Micha angestellt. Während לוי eine allgemeine Kompetenz des Mannes ausdrückt, ist die Bezeichnung als כהן in Ri 17 f. wohl eher als Angabe des Dienstgrades zu verstehen. Entsprechend begegnet כהן vor allem dann, wenn eine kultische Handlung des Leviten im Blick ist (18,6) oder er als Würdenträger agiert (18,20).
582 Vgl. auch Gross, Richter, 775 f.
583 Dieser wird eingangs als איש charakterisiert, was angesichts seiner unmittelbar voranstehenden Bezeichnung als נער und לוי zumindest auffällig ist. Möglicherweise handelt es sich bei האיש daher um eine Glosse, die vom Redaktor von V.5 eingetragen wurde, um neben Micha auch den schändlichen Leviten als exemplarischen איש zu kennzeichnen, der im Sinne von V.6b handelt; s.o. S. 142. Weitere Anhaltspunkte für diese Annahme lassen sich freilich nicht finden.
584 Die beiden Episoden in Ri 17,7–13* und 18,1–31* verbindet neben dieser Parallele auch das Motiv der Wohnungssuche. Während der Levit loszieht, um eine Bleibe zu finden, und sich schließlich entscheidet, dauerhaft bei Micha zu bleiben (ישב), suchen sich die Daniten nach 18,1 einen Erbbesitz zum Wohnen (ישב).

gendes Charakteristikum, gleichsam als Empfehlung seiner selbst. Erst im Anschluss daran teilt er Micha seinen Herkunftsort – Bethlehem, Juda – mit, gefolgt von seinem Anliegen: Er sucht eine Bleibe (גור). Micha fordert ihn daraufhin auf, gegen eine entsprechende Entlohnung dauerhaft als Priester bei ihm zu wohnen (ישׁב).

Die Reaktion des Leviten in V.10b leuchtet nicht unmittelbar ein: Warum geht der Levit, und wohin? Eine Tilgung der strittigen Passage aus dem Zusammenhang[585] lässt sich weder text- noch literarkritisch begründen.

> Eine nachträgliche Einfügung von V.10b ist redaktionsgeschichtlich schlichtweg nicht erklärbar. Auch auf eine Dittographie kann der Übergang von V.10b zu V.11a nur mit Mühe zurückgeführt werden.[586] Notfalls ließe sich V.10b als *lectio varians* zu V.11a betrachten. Doch ist auch diese Lösung angesichts der Lesart der LXX, die zwar durch Auslassung des zweiten Subjekts glättet, jedoch ebenfalls beide Verbformen bezeugt, nicht eben wahrscheinlich.

Die gängige, aber im Hinblick auf die Semantik von הלך nicht gerade naheliegende Deutung, der Levit gehe (hin), um bei Micha seinen Dienst anzutreten, ist nicht alternativlos: Die doppelte Nennung des Subjekts הלוי in V.10b und V.11a erweckt den Anschein, als würden zwei distinkte Handlungen gegenübergestellt,[587] denn der parallele Aufbau mit *imperf. cons.* + Subjekt הלוי markiert eine syntaktische Pause zwischen den Versen.[588] Die semantisch naheliegende Übersetzung – „der Levit ging (weg)" – fügt sich stimmig dazu.

Vergegenwärtigt man sich die Absichten Michas und des Leviten – der eine will einen fest installierten Priester (ישׁב), der andere für eine begrenzte Zeit an einem Ort weilen (גור) –, leuchtet ein, warum der Levit das Angebot zunächst ausschlägt und fortgeht: Seine Unentschlossenheit liegt in seinem ursprünglichen Reiseplan begründet.[589] Das zu Beginn von V.11 darauf folgende Verb יאל kann neben „sich entscheiden"/„beschließen, etwas zu tun" auch die Bedeutung „mit

---

585 Vgl. u. a. BUDDE, Richter, 117; BURNEY, Judges, 423 f.; NÖTSCHER, Richter, 67.

586 Identisch sind drei Konsonanten des Verbs sowie das determinierte Subjekt, doch lassen sich eine Verschreibung von *kaph* in *aleph*, eine Vertauschung der Konsonanten und das zusätzliche *waw* in V.11 nur schwer auf Abschreibfehler zurückführen.

587 Übersetzt man הלך mit „hingehen" im Sinne von „beschließen, sich an einen bestimmten Ort zu begeben", gelingt eine solche Gegenüberstellung nicht. Folgerichtig lässt die LXX die zweite Nennung des Subjekts aus.

588 Vgl. BARTHÉLEMY, Critique I, 113.

589 Auch die angehängte Infinitivkonstruktion לעשׂות דרכו in V.8 weist darauf hin, dass der Levit ursprünglich nicht damit gerechnet hat, im Gebirge Efraim bereits das Ziel seiner Reise erreicht zu haben. Wenn er dorthin kommt, „um seinen Weg zu machen", impliziert dies wohl eine geplante Fortsetzung der Reise.

einer gewissen Selbstüberwindung etwas tun"[590] annehmen. Der auffällige Übergang von V.10b zu V.11a markiert dann den Entscheidungsprozess, der dem Entschluss vorausgeht, das Angebot Michas anzunehmen und bei ihm zu wohnen.[591] In der anfänglichen Unentschlossenheit des Leviten und seiner prinzipiellen Offenheit für einen Ortswechsel zeichnet sich seine Sprunghaftigkeit ab, mit der er später bereitwillig den Daniten folgt.

5.3.3 V.11–13: Der Levit bei Micha

Die Terminologie in V.11 f. erinnert stark an den sekundären V.5: Der Priester wird als בֵּן bezeichnet,[592] Micha hingegen als אִישׁ; die Einsetzung des Priesters wird mit dem *terminus technicus* מִלֵּא יַד ausgedrückt. Der Redaktor von V.5 dürfte sich des Materials aus V.11 bedient und so die unrechtmäßige Anstellung des eigenen Sohnes analog zur legitimen Einsetzung eines Leviten als Priester gestaltet haben.[593]

Michas Votum in V.13 beschließt den Abschnitt. Im Kontext von Ri 18 trägt es unverkennbar tragisch-ironische Züge. Micha ist überzeugt, er habe richtig und im Sinne Jahwes gehandelt, der ihm nun, da er einen (levitischen) Priester habe, sicherlich Gutes tun werde. Im Fortgang der Ereignisse tritt jedoch das genaue Gegenteil ein: Der Levit lässt Micha im Stich, folgt bereitwillig den Daniten und stiehlt seinem früheren Dienstherren bei dieser Gelegenheit dessen Gottesbilder. Als betrogener Betrüger muss Micha in 18,24 schließlich fragen: „Was habe ich noch?" Die Antwort auf diese rhetorische Frage lautet: „Nichts."

---

590 Vgl. Ges[18] *s.v.* יָאַל.

591 Nach ausführlicher Diskussion der Textzeugen kommt auch Barthélemy, Critique I, 113, zu diesem Ergebnis; vgl. auch Bauer, Geheiß, 279; Gillmayr-Bucher, Erzählte Welten, 189. Angesichts der Indizien, die der Kontext liefert, handelt es sich bei dieser Deutung keineswegs bloß um eine „fantasievolle[...] Auslegung" (Gross, Richter, 753).

592 Zwischen der Bezeichnung des Leviten durch Micha als אָב in V.10 und dem Vergleich des Priesters mit einem eigenen Sohn in V.11 besteht kein Widerspruch, da beide unterschiedliche Aspekte fokussieren. אָב ist am ehesten analog Stellen wie Jes 9,5, Gen 45,8 und 2 Kön 6,21 als Ehrenbezeichnung zu verstehen, die eine Hierarchie zwischen Micha und dem geweihten Priester ausdrückt, wohingegen der Vergleich mit der familiären Bindung in V.5 die große Nähe Michas zu seinem Priester demonstrieren soll.

593 Die umgekehrte Abhängigkeitsrichtung ist unwahrscheinlich, da 1) die Bestellung eines levitischen Priesters für den Privatkult in 17,11 die Information aus V.5, dass Micha einen seiner Söhne als Priester angestellt habe, übergeht, und 2) der Sohn aus V.5 in V.7 ff. keine Erwähnung mehr findet.

5.4 Das literarhistorische Verhältnis von Ri 17,7 – 13 und Ri 18

Im Rahmen der Analyse wurden bereits an einigen Stellen Berührungspunkte zwischen Ri 17,7 – 13 und Ri 18,1 ff. sichtbar. Weitere Gemeinsamkeiten, die beide Passagen von 17,1 – 6 abheben, vervollständigen dieses Bild.

Am Übergang von Ri 17,1 – 6 zu Ri 17,7 ff. weitet sich die Perspektive. Während Ri 17,1 – 6 noch kleinräumige Ereignisse im Gebirge Efraim schildern, erfolgt ab Ri 17,7 ein Blick über die Grenzen des Gebirges hinaus. Ri 17,7 – 13 nehmen zunächst Bethlehem im Süden in den Blick, Ri 18,1 ff. anschließend Dan im Norden.

Auch die Platzierung des ersten Teils des Kehrverses in 18,1 am Übergang zwischen zwei Episoden geschieht analog zur Fortsetzung von Ri 17,1 – 6 durch Ri 17,7 – 13, die ebenfalls den in 17,6 vorliegenden, die kurze Episode abschließenden Kehrvers zum Verbindungsstück umfunktioniert. Aus dem zusammenfassenden Kehrvers am Ende einer Episode (17,6) wird in 17,7 – 13 und 18,1 ff. also je eine Leseanweisung zu Beginn einer Sequenz; die endgültige, abschließende Bewertung erfolgt erst in 21,25.[594] Aufgrund dieser Analogien erscheint die Annahme, Ri 17,7 – 13 und Ri 18,1 ff. gingen auf ein und denselben Autor zurück, grundsätzlich plausibel.

Zwei weitere Überlegungen sprechen dafür, dass Ri 17,1 – 6 den Grundbestand der Erzählung in Ri 17 f. bilden, der sekundär um Ri 17,7 – 18,31* erweitert wurde. 1) Ri 17,7 ff.* können keine Erzählung eröffnet haben. Sie sind auf 17,1 – 6* angewiesen, wo einer der Protagonisten sowie Leitworte und -themen wie Kultbild, Haus Michas und Diebstahl eingeführt werden. 2) Die Erwartung Michas, Jahwe werde ihm Gutes tun, muss im Folgenden eingelöst werden. Die Erzählung wird daher kaum ursprünglich mit 17,13 geendet haben.[595]

5.5 Ri 18: Landnahme und Kult der Daniten

5.5.1 V.1 – 2a: Einleitung

Ri 18,1 wiederholt die Situationsangabe des Kommentars aus Ri 17,6, die sich im Anschluss daran als verkürzte Form des Kehrverses[596] liest. Die negative Wertung der aktuellen Lage, die im zweigliedrigen Kehrvers vorgenommen wird, tritt entsprechend auf dieser redaktionellen Ebene vollständig in dem ersten Glied zu Tage. Nach 17,13 bestärkt dies den Verdacht, Micha könnte sich mit der optimis-

---

594 Vgl. Amit, Hidden Polemic, 5.
595 Vgl. auch Becker, Richterzeit, 234; gegen Seidl, Vermittler, 4.
596 Zur Bezeichnung von Ri 17,6 und 21,25 als „Kehrvers" s. den folgenden Exkurs.

tischen Einschätzung seiner Lage geirrt haben. Gleichzeitig werden – analog der rück- wie auch vorausweisenden Funktion, die dem Kommentar in Ri 17,6 auf der literarischen Ebene der Fortsetzung durch Ri 17,7–13 zukommt – die folgenden Ereignisse von vornherein in ein negatives Licht gerückt. An die Stelle des zweiten, wertenden Teils des Kehrverses tritt dabei in 18,1a die Erwähnung der danitischen Landnahme, die damit von Beginn an disqualifiziert wird.[597]

Exkurs: Der sog. „königsfreundliche Kehrvers"

Ri 17,6; 18,1; 19,1 und 21,25 werden in der Forschung meist als „königsfreundlicher Kehrvers" bezeichnet. Inwiefern es sich nicht um eine grundsätzlich königsfreundliche, sondern um eine prodavidische Aussage handelt, wurde bereits dargelegt.[598] Daneben scheint auch die Bezeichnung als „Kehrvers" insgesamt wenig sachgemäß. Allein die abweichende literarische Gestalt zwischen der eingliedrigen Form in 18,1/19,1 und der zweigliedrigen in 17,6/21,25 spricht gegen die Annahme, dass die Verse von derselben Hand eingetragen wurden.[599] Sie knüpfen nicht zwei ansonsten unabhängige Einzelerzählungen zusammen,[600] sondern integrieren sich in die komplexe Redaktionsgeschichte von Ri 17–21. Sollte Ri 19,1 literarisch einheitlich sein,[601] fungiert V.1a innerhalb der Erzählung als wertfreie Situationsangabe. Zu einem wertenden Kommentar wird diese erst durch die Kombination mit Dtn 12,8 in Ri 17,6 und 21,25[602]: Zwei Episoden über kultische Missstände in Israel – der Kultfrevel Michas und der Frauenraub in Schilo – werden einer expliziten Bewertung unterzogen und gleichzeitig in einen größeren (projudäischen) heilsgeschichtlichen Rahmen eingespannt. Der Autor von Ri 17,7 ff. kennt nun eine wertende Aussage in eingliedriger und zweigliedriger Form, denn durch die Ausweitung der Situationsangabe aus Ri 19,1 zu einem zweigliedrigen Kommentar in Ri 17,6 und 21,25 wird auch diese selbst zu einer Kurzform dessen am Beginn einer Erzählung. In dieser Funktion stellt der Autor von Ri 17,7 ff. seiner Danitenerzählung in Ri 18,1 ein Zitat von Ri 19,1 voran. Die Stellungnahme gerät somit in eine mittlere Position zwischen den Erzählungen von Micha und dem Leviten in Ri 17,7 ff. und der Landnahme der Daniten in Ri 18,1 ff. Der Verfasser imitiert darin die Position, die der Kommentar in Ri 17,6 durch die Fortschreibung um Ri 17,7–13 erhalten hat.[603]

---

597 Vgl. Amit, Hidden Polemic, 6.

598 S. o. S. 146 f.

599 Dies vemuten neben Veijola, Königtum, 15 ff., u. a. auch Mayes, Royal Ideology, und Gross, Richter.

600 Vgl. etwa Bertheau, Richter II, 238 f.

601 Zur Problematik s. o. S. 21 f.

602 Ri 17,6 und Ri 21,25 entstammen vermutlich derselben Feder; s. dazu u. S. 190 f. Allenfalls auf dieser redaktionsgeschichtlichen Stufe wäre es sinnvoll, von einem „Kehrvers" zu sprechen.

603 Sollte Ri 19,1a sekundär sein, änderte sich redaktionsgeschichtlich nicht viel: Der „Kehrvers" in Ri 17,6 und 21,25 hätte dann Ri 19,1a nicht zur Vorlage gehabt, sondern den Zustand aus Dtn 12,8 („Jeder tat, was in seinen Augen recht war") auf die Gegenwart, d. h. die königslose (oder besser vormonarchische) Zeit, übertragen. Die verkürzte Form des Kommentars in Ri 19,1 könnte dann auf die Hand des Redaktors von Ri 17,7–18,31* zurückgehen, der auch Ri 18,1 in vergleichbarer Funktion einsetzt.

Nimmt man die redaktionsgeschichtlich zu erklärende Funktionsverschiebung der Situationsangabe in Ri 18,1a ernst, besteht kaum noch die Möglichkeit, die beiden Vershälften in 18,1 aufgrund der doppelten Verwendung von בימים ההם literarkritisch zu sondieren.[604] Die Wiederholung rückt die königslose Zeit und die Landsuche der Daniten in einen engen Zusammenhang – „dergestalt, dass ersteres letzteres bedingt"[605] – und forciert so die Identifikation der danitischen Landsuche mit dem zweiten Teil des Kehrverses aus Ri 17,6.[606]

Die Suche der Daniten nach einem Erbbesitz wird freilich nicht allein durch die Voranstellung von 18,1a negativ bewertet – auch die Erzählung selbst enthält einige polemische Momente.[607]

In Ri 18,2 beginnt eine Landnahmeerzählung, der wie üblich[608] eine Kundschafterepisode vorangestellt ist.

> Ri 18 bietet sämtliche Elemente, die eine Kundschaftergeschichte ausmachen:[609] Auswahl oder Benennung von Kundschaftern in V.2a; Aussendung (mit שלח und meistens imperativisch formuliert) ebenfalls in V.2a; Bericht über die Ausführung des Auftrags – inklusive Vergewisserung durch ein Orakel – in V.2b–7 (hier wie auch andernorts der umfangreichste Punkt); Mitteilung der Rückkehr und Meldung des Ausforschungsergebnisses in V.8–10; Feststellung der Landgabe durch Jahwe in perfektischer Form in V.10a (hier allerdings „Elohim" statt „Jahwe"); Beginn der Eroberung in V.11 ff.

Die negative Konnotation des Berichts lässt sich an den Abweichungen von den Parallelen ablesen. In der Regel geschieht die Landnahme im Auftrag Jahwes: Das in Besitz zu nehmende Land wird den Israeliten von Jahwe „verheißen" oder „gegeben"; er beauftragt einen Anführer für die Landnahme oder die Aussendung der Kundschafter.[610] In Ri 18 hingegen fehlt von Jahwes Protektorat jede Spur: Die Daniten halten eigenmächtig nach einem geeigneten Erbteil Ausschau; die Aussendung der Kundschafter wird nicht von einem durch Jahwe auserwählten Ge-

---

604 Als Nachtrag betrachten 18,1a u. a. BECKER, Richterzeit, 234; GROSS, Richter, 761.779; ferner NIEMANN, Daniten, 71 ff., der allerdings V.1b für einen noch späteren Nachtrag hält.

605 BAUER, Geheiß, 285.

606 War Ri 19,1a bereits bekannt, kann die Dopplung von בימים ההם auch dadurch begünstigt worden sein, dass sie dem Verfasser von Ri 17,7–18,31* am Übergang von Ri 17,1–6* zu Ri 19,1a, den seine Einfügung allererst unterbrochen hätte, vor Augen stand und er sie adaptiert hat.

607 Gegen WAGNER, Kundschaftergeschichten, der keinerlei ironische, die Landnahme pervertierende Momente wahrnimmt, sondern Ri 18 mühelos in den Kontext anderer Kundschaftererzählungen einreiht.

608 Vgl. Num 13 f.; 21,32; Dtn 1,19 ff.; Jos 2; 7 f.

609 Vgl. WAGNER, Kundschaftergeschichten, 259 ff.; BAUER, Geheiß, 289 f.

610 Vgl. Num 13,1; 21,34; Dtn 1,20 f.; Jos 1,2 f.

währsmann, sondern dem Kollektiv der Daniten initiiert. Auch im weiteren Verlauf wird keine Verbindung zwischen den Kundschaftern und Jahwe erkennbar: Sie erbitten ein Orakel von Elohim (18,5) und können ihren daheimgebliebenen Stammesgenossen darum auch nur verkünden, Elohim habe das Land in ihre Hand gegeben (18,10).

Ferner basiert diese optimistische Selbsteinschätzung der Kundschafter in V.10 allein auf dem vagen Orakel eines Götzenpriesters.[611] Im Vergleich dazu gibt es in Jos 2, wo die zurückgekehrten Kundschafter unter Verwendung der Übereignungsformel die gleiche Meldung machen, eindeutige Indizien für den göttlichen Beistand auf der Expedition: Die Späher finden Unterschlupf bei einer jahwefürchtigen Hure,[612] die noch dazu vom Schrecken der Bewohner vor der Übermacht Israels zu berichten weiß.

> Für eine Kenntnis von Jos 2 und die gezielte Übernahme von Motiven spricht eine weitere Parallele: Die Kundschafter schlagen jeweils ein Nachtquartier auf; das Motiv ist jedoch nur in Jos 2 organisch in den Zusammenhang eingebunden. Die Späher übernachten an demjenigen Ort, den sie auskundschaften sollen, und finden Obdach in einem Etablissement, das auf Übernachtungsgäste eingestellt ist. In Ri 18 hingegen verbringen die Kundschafter die Nacht im Haus einer fremden Privatperson. Für die Einholung eines Orakels wäre dieser Zug erzähltechnisch verzichtbar.

Im Gegensatz zu anderen Kundschaftererzählungen werden die Vorbewohner des Landes, in diesem Fall die Einwohner Lajischs, schließlich durchweg positiv charakterisiert.[613] Im Kontrast dazu erscheinen die danitischen Eroberer rücksichtslos und gewalttätig.[614]

In den pointierten Abweichungen zeigt sich ein karikierender Umgang des Verfassers mit vorgegebenen Kundschafter- und Landnahmeerzählungen. Ri 18,1 ff. kann daher mit BAUER als „Anti-Landnahmeerzählung" bzw. „Anti-Kundschaftererzählung" bezeichnet werden.[615] Die Tendenz aus V.1 zieht sich somit durch die gesamte Erzählung: Mit der eigenmächtigen Landnahme lassen die Daniten den göttlichen Willen außer Acht und tun, was in ihren eigenen Augen

---

611 S. dazu u. S. 167 f.

612 Seine exponierte Position innerhalb der Erzählung verdeutlicht die Relevanz des Bekenntnisses: Es steht im Zentrum einer ringförmig angelegten, siebengliedrigen Erzählung; vgl. BIEBERSTEIN, Josua, 358 ff.

613 Bei den Vorbewohnern in Num 13 f. handelt es sich um Enakiter, ein riesenhaftes Volk, vor dem niemand bestehen kann (vgl. Dtn 9,2); in Jos 2 trachten die Bewohner Jerichos den fremden Kundschaftern nach dem Leben.

614 S. dazu auch u. S. 168 f.

615 Vgl. BAUER, Geheiß, 289.

recht ist. Ri 18 stellt folglich keinen historischen Tatsachenbericht, sondern eine Tendenzerzählung dar. Mit historisch zuverlässigen Informationen ist nicht zu rechnen.[616]

V.1b steht inhaltlich in Spannung zu Jos 19,40 – 48. Der Versteil begründet, warum die Daniten nach einem Erbbesitz suchen: Bislang ist ihnen unter den Stämmen Israels kein Besitz zugefallen. Jos 19,40 – 48 listen den Erbbesitz der Daniten jedoch minutiös auf. Unübersehbar ist der Bezug zu Jos 19,47, wonach den Daniten ihr Land verloren ging und sie daraufhin Leschem eroberten. Einige terminologische Übereinstimmungen sprechen für eine literarische Beziehung zwischen Ri 18 und Jos 19,47.[617]

Innerhalb von Jos 19,40 – 48 erweist sich V.47 als Nachtrag,[618] denn V.48 bezieht sich auf den Besitz verschiedener Städte, ohne deren Verlust aus V.47 zu berücksichtigen. Häufig wird Jos 19,47 einer ausgleichenden Einfügung im Horizont von Ri 18 einerseits und Jos 19,40 – 48* andererseits zugeschrieben.[619] Da Ri 18,1 jedoch voraussetzt, dass die Daniten niemals einen Erbbesitz hatten, würde die Spannung durch Jos 19,47 nicht behoben, sondern bestenfalls gemindert: Die Einfügung würde den Eindruck erwecken, als sei die Landnahme der Daniten zumindest nicht problemlos verlaufen. Zudem ist fraglich, wie der Verfasser von Ri 18 ohne Kenntnis von Jos 19,47 auf den Gedanken hätte kommen sollen, dass Dan keinen Erbbesitz hat.[620] Liegt somit eine Priorität von Jos 19,47 gegenüber Ri 18 nahe,[621] muss jenseits der Abfassung von Ri 18 nach einem Grund für die Einfügung von Jos 19,47 gesucht werden. Innerhalb von Jos 19,40 – 48* verlagert V.47 das danitische Stammesgebiet von der Schefela in den Norden des israelitischen Territoriums. Über das Motiv, dass Dan seinen ursprünglichen Besitz verloren und sich einen neuen Wohnsitz gesucht habe, werden hier offenbar zwei verschiedene Traditionen miteinander verbunden: Einerseits die Schefela als Territorium der

---

616 Gegen NIEMANN, Daniten, 129 ff., der hinter seiner literarkritisch erhobenen danitischen Grunderzählung historisch verwertbare Informationen vermutet und auf der Basis von Ri 17 f. sogar die Nordwanderung der Daniten datiert.

617 Zu nennen sind דן בני, עלה, נכה לפי־חרב und besonders die Umbenennung des Ortes mit קרא und שם דן אביהם.

618 Vgl. u. a. BARTUSCH, Understanding, 93; KNAUF, Josua, 167 f.

619 Vgl. NOTH, Josua, 168; BARTUSCH, Understanding, 94. Von derselben Chronologie ging auch bereits BERTHEAU, Richter I, XXV, aus. Mit Vorbehalten vgl. auch NIEMANN, Daniten, 108.

620 Nach der hier vorgeschlagenen kompositionsgeschichtlichen Einordnung von Ri 17,7 ff. wäre Ri 18 in Unkenntnis von Ri 1 abgefasst worden, sodass sich die Landlosigkeit der Daniten in Ri 18,1 auch nicht auf ihren gescheiterten Landnahmeversuch in Ri 1,34 beziehen kann. S. dazu u. S. 223 f.

621 Vgl. auch VEIJOLA, Königtum, 24; BECKER, Richterzeit, 242.

Daniten, andererseits die Lage einer Stadt namens Dan im Norden Israels.[622] Da letztere nur in Jos 19,47 und Ri 18 mit Daniten in Verbindung gebracht wird, dürfte diese Verknüpfung des Stammes Dan mit der gleichnamigen Stadt ein spätes Konstrukt darstellen, das – folgt man den Überlegungen zum literarischen Verhältnis von Jos 19,47 und Ri 18 – erstmals in Jos 19,47 Niederschlag gefunden hätte.[623]

Nebenbei lassen sich so unter Umständen auch die abweichenden Bezeichnungen für den vormaligen Namen Dans – Leschem in Jos 19,47, Lajisch in Ri 18 – erklären. Der Verfasser von Jos 19,47 bringt Dan mit den Daniten in Verbindung, indem er sie in den Norden wandern und die Stadt nach ihrem Eponym benennen lässt. Folglich musste die Stadt bis *dato* einen anderen Namen gehabt haben. Der Name Leschem könnte sich einem Wortspiel in Jos 19,47 verdanken: Die Daniten „nennen Leschem Dan nach dem Namen ihres Vaters Dan (דן כשם)". Möglicherweise hat der Verfasser von Ri 18 mit diesem Kunstnamen nicht viel anfangen können und Dan mit Lajisch identifiziert,[624] um der Eroberung Dans einen historischen Anstrich zu verleihen.[625]

---

622 Vgl. Gen 14,14; 1 Kön 12,30 (und darauf bezogen 2 Kön 10,29); Jer 4,15; 8,16; Am 8,14; 2 Chr 16,4 und als Sonderform die häufige Nennung Dans als nördlichster Punkt des davidischen Territoriums Ri 20,1; 1 Sam 3,20; 2 Sam 3,10; 17,11; 24,2.15; 1 Chr 21,2; 2 Chr 30,5. Unklar ist der Aufenthalt Dans bei den Schiffen in Ri 5,17. Im Blick ist wohl Dan als Stammesgebiet. Ob die Erwähnung von Schiffen allein jedoch den Schluss auf den Norden als Siedlungsgebiet nahelegt, ist fraglich. Auch das südlichere Territorium Dans, das Jos 19,40–48* auflistet, dürfte zu Teilen an der *via maris* und somit in unmittelbarer Küstennähe gelegen haben; vgl. BARTUSCH, Understanding, 129, mit Verweis auf STAGER, Archaeology.
623 Vgl. auch BARTUSCH, Understanding, 190f., der die Richtung der Abhängigkeit zwischen Jos 19,47 und Ri 18 zwar entgegengesetzt bestimmt, dafür aber Ri 18 als ätiologische Erzählung wertet, die den Stamm Dan im Süden mit der Stadt Dan im Norden in Verbindung bringen will. Die – im Anschluss an NIEMANN von sämtlicher Polemik gereinigte – Grunderzählung verortet er nichtsdestotrotz außerordentlich früh in der Geschichte Israels zur Zeit Sauls oder Davids.
624 Dahinter steht womöglich eine Kenntnis der etwa 30 km nördlich von Hazor gelegenen gleichnamigen Siedlung. Der Ort ist außerbiblisch an drei Stellen, einmal in einer Liste aus Mari, zweimal in ägyptischen Ächtungstexten, belegt; vgl. MALAMAT, Northern Canaan, 166ff. Der große zeitliche Abstand zwischen der Entstehung von Ri 18 und den außerbiblischen Belegen muss nicht weiter verwundern, wenn man beachtet, dass sich mit Ortsnamen verbundene Lokaltraditionen häufig überaus lange halten.
625 Zwei weitere Überlegungen lassen sich daran anschließen. 1) Der Name der Stadt Lajisch (= Junglöwe) steht dem Verhalten ihrer Bewohner diametral entgegen: Sie verhalten sich keineswegs wie Junglöwen, sondern sind harmlos und friedliebend; vgl. auch BAUER, Geheiß, 315. In Analogie dazu ließe sich der Name der neugegründeten Stadt Dan (= Recht schaffend) deuten, deren Bewohner ihrem Namen ebensowenig entsprechen. 2) Womöglich steht der Vergleich Dans mit einem Junglöwen in Dtn 33,22 (אריה) trotz terminologischer Abweichung gedanklich im Zusammenhang mit Ri 18. Neben Jos 19,47 und Ri 18 könnte Dtn 33,22 die einzige Stelle im Alten Testament sein, die den Stamm der Daniten ebenfalls im Norden lokalisiert (vgl. BARTUSCH, Understanding, 68ff.), freilich ohne den Namen der Stadt Dan zu erwähnen. Es ist denkbar, dass

Hatte Ri 18 bereits den um Jos 19,47 erweiterten Bestand vor Augen, lässt sich das Kapitel als variierende Erzählung zu Jos 19,40–48 deuten: Der nach Jos 19,47 verloren gegangene Erbbesitz Dans wird in Ri 18 als Erbbesitzlosigkeit interpretiert – Dan verfügte in jenen königslosen Tagen über keine rechtmäßige, von Jahwe zugesprochene נחלה. Der Verfasser nimmt somit Jos 19,47 zum Anlass, in Form einer „Antierzählung" die Schändlichkeit der Landnahme Dans zu skizzieren. In der Darstellung von Ri 18 beginnt die Entgleisung Dans folglich nicht erst in der mittleren Königszeit mit der „Sünde Jerobeams", sondern ist der Ortsgeschichte (die hier mit der Stammesgeschichte identifiziert ist) an die Wurzel gelegt.

Die Belege zum Jakobssohn und Stammvater Dan im Pentateuch sind gemessen an den Berichten über seine Brüder unauffällig.[626] Auch die Stadt Dan begegnet in breiten Teilen der alttestamentlichen Überlieferung zunächst wertfrei als nördlichster Punkt des israelitischen Territoriums, vor allem im Zusammenhang der dtr. Beschreibungen des davidisch-salomonischen Herrschaftsgebietes.

Erst durch die dtr. Bewertung der Aufstellung eines Stierbildes durch Jerobeam I. in Dan als Verstoß gegen die Zentralisationsforderung aus Dtn 12 fällt ein Schatten auf die Stadt, die fortan untrennbar mit der „Sünde Jerobeams" verbunden ist. Die Integration der Stadt in das Territorium des Stammes Dan (mutmaßlich in Jos 19,47)[627] ermöglicht die Ausweitung der Dan-Polemik auf den Stamm Dan. Zeugnisse davon finden sich in Ri 1 und Ri 18. Basierend auf der Hochschätzung des Südens und der Abwertung des Nordens in der dtr. Theologie erscheint eine Glorifizierung Judas dann als Kehrseite der Dan-Polemik (Ri 1). Diese späte kritische Haltung gegenüber Dan kommt nicht innerhalb der Grenzen des hebräischen Kanons zum Stillstand, sondern entfaltet darüber hinaus eine reiche Wirkungsgeschichte. In Offb 7 fehlt Dan als einziger Stamm in der Liste derjenigen, die vor dem Weltende als Got-

der sicherlich spät zu datierende Mosesegen schon auf die Eroberungserzählung Ri 18 zurückblickt; vgl. BARTUSCH, Understanding, 71.

626 Die Bedeutung und Bewertung des Stammes Dan wie auch das Verhältnis der Stadt Dan zum Stamm Dan wurden in der alttestamentlichen Forschung bislang selten traktiert. Neben der Untersuchung NIEMANNS zum Stamm Dan und dem von BIRAN vorgelegten Grabungsbericht von Tell Dan mit dem vielsagenden Namen „Biblical Dan" existiert lediglich eine neuere Monographie von BARTUSCH. Die beiden erstgenannten Publikationen kommen aus exegetischer wie archäologischer Sicht zu dem Ergebnis, die biblische Darstellung der Ereignisse um die Stadt respektive den Stamm Dan sei historisch zuverlässig. Die Aussage BIRANS „(w)e hoped for tangible evidence from the excavation to determine a date for the settlement of the tribe" (Biblical Dan, 125) offenbart ein methodisches Problem: Die Nordwanderung der Daniten wird faktisch vorausgesetzt, die archäologischen Erhebungen tragen lediglich zur Klärung des konkreten Zeitpunktes bei. Es ist offensichtlich, dass diese Prämisse die Archäologie zu einer bloßen Hilfswissenschaft der Exegese degradiert und den alttestamentlichen Texten einen unsachgemäßen historiographischen Wert zumisst.

627 S. dazu o. S. 162 f.

tesknechte versiegelt werden; bei Irenäus und Hippolyt schließlich stammt der Antichrist aus dem Stamm Dan.[628]

In dem auffällig umfangreichen V.2 veranlassen syntaktische und semantische Besonderheiten bisweilen literarkritische Lösungen. In Abweichung von V.1 heißen die Daniten zu Beginn des Verses nicht mehr שבט הדני, sondern בני דן; zudem werden sie als משפחה bezeichnet. BECKER betrachtet den Terminus משפחה an allen Stellen, an denen er in Ri 18 begegnet (V.2.11.19), als sekundär.[629] Zwar ließe sich damit auf der Ebene des Grundtextes die Dopplung des *min separativum* vor משפחה und קצותם – inklusive der dadurch hervorgerufenen syntaktischen Überfülle – in V.2 beheben, doch gibt es keinen plausiblen Grund für die Ergänzung,[630] da die Bezeichnung der Daniten als משפחה inhaltlich keinen neuen Zug in die Erzählung einbringt. ממשפחתם ist daher bis auf weiteres zum ursprünglichen Textbestand zu rechnen.

Die Ortsangabe מצרעה ומאשתאל in V.2 ist – obwohl die Nennung eines Ausgangspunktes der Expedition analog zu den anderen Kundschaftergeschichten (außer Num 21) geschieht – nicht ohne Grund literarkritisch umstritten.[631] Sie bezeichnet das Gebiet, in dem die Daniten nach der Simsonerzählung siedeln (Ri 13,25). Da Zora und Eschtaol auch in der Ortsliste des danitischen Erbteils in Jos 19,40 ff. vertreten sind, handelt es sich dabei möglicherweise tatsächlich um einen einstigen Siedlungsraum der Daniten. In Ri 18 steht die Nennung der Orte allerdings im Widerspruch zu der Erbbesitzlosigkeit der Daniten.[632] Syntaktisch

---

628 Vgl. BARTUSCH, Understanding, 2 f. Irenäus stützt diese Annahme auf Jer 8, wo es jedoch allein um die Stadt Dan geht, die zudem nicht der Herkunftsort des Bösen ist, sondern – aus der Perspektive des judäischen Erzählers – von diesem lediglich früher erreicht wird.

629 Laut BECKER, Richterzeit, 235 f., ist der Terminus zusammen mit der Ortsangabe „Zora und Eschtaol" eingefügt worden, um die Passage an Ri 13,2 anzugleichen. משפחה הדני begegnet tatsächlich nur in Ri 18 und Ri 13, doch erscheint in Ri 18 die Verteilung von משפחה in V.2.11.19 („Zora und Eschtaol": V.2.8.11) zu willkürlich für eine systematische Bearbeitung. An allen drei Stellen ist משפחה zwar inhaltlich und syntaktisch verzichtbar, doch rechtfertigt dies keine literarkritische Operation.

630 Gleiches gilt für die Wendung מקצותם אנשים; eine Streichung würde zwar die Dopplung beheben, ist aber ebenfalls nicht gerechtfertigt.

631 Für die Ursprünglichkeit der Ortsangabe plädiert BAUER, Geheiß, 301. NIEMANN, Daniten, 81 f., und BECKER, Richterzeit, 236, betrachten sie als sekundär.

632 Besonders evident ist diese Spannung in V.8 und V.11. Dort fungieren Zora und Eschtaol als Ausgangs- und Koordinationspunkt der ganzen Aktion. Dies legt eine Ansiedelung des Stammes Dan in diesem Gebiet nahe, die sich allein aus dem Aufbruch der Kundschafter aus Zora und Eschtaol in V.2 so noch nicht erschließt.

wie inhaltlich sind die Ortsnamen zudem an allen drei Stellen auffällig.[633] „Zora und Eschtaol" werden daher an den genannten Stellen als Nachträge angesehen. Sie dürften sich der Absicht verdanken, die Widersprüche auszugleichen zwischen der Simsonerzählung, die die Daniten in Zora und Eschtaol verortet, und Ri 18 (und Jos 19,47), wonach sie landlos in den Norden ziehen.[634] Die Einfügung stammt somit frühestens von derjenigen Hand, die Simson in das Richterbuch integriert hat.[635]

5.5.2 V.2b–6: Die Kundschafter bei Micha

Wie der Levit in Ri 17 gelangen schließlich auch die danitischen Kundschafter ohne Umweg zum Haus Michas und übernachten dort. Die Notiz שם וילינו in V.2bβ ist auffällig. Sie läuft der sonstigen Gewohnheit des Verfassers, auf die Mitteilung von Reisedetails zu verzichten, zuwider. Möglicherweise wollte er mit der Übernachtungsnotiz engere Verbindungen zu verwandten Erzählungen herstellen: Auch in Jos 2 schlagen die Kundschafter ein Nachtquartier auf – wenngleich nicht an einem Ort auf dem Weg, sondern erst am Ziel der Reise – und auch in Ri 19 begegnet die Wurzel לין gehäuft im Zusammenhang von Bewirtungsszenen.[636]

Die Übernachtung greift zudem den folgenden Ereignissen im Gebirge Efraim voraus. In einer sinnvollen Abfolge der Geschehnisse würden die Kundschafter zuerst mit dem Leviten reden und dann bei Micha übernachten. Die Reihenfolge von וילינו שם in V.2bβ und ויסורו שם in V.3b ist daher merkwürdig. Der Übergang von V.2 zu V.3 lässt sich auf zweierlei Weise spannungsfrei deuten. 1) Die Unterbrechung der Reihe der *imperf. cons.* in V.2 durch doppeltes המה, gefolgt von einem Perfekt in V.3a, könnte einen temporalen Einschnitt markieren.[637] V.3–6 nähmen dann den Rang eines Zwischengedankens ein, der die zeitliche Abfolge der Ereignisse nicht fortsetzte. 2) Alternativ könnte der Zusammenhang aufgrund der

---

633 In V.2 wirkt die Ortsangabe nach der doppelten Bestimmung „aus ihrer Sippe [...] aus ihrer Gesamtheit" (ממשפחתם [...] מקצותם) sperrig. In 18,8 wird der *acc. loci* צרעה ואשתאל an die erste Zielangabe אל־אחיהם angehängt und wirkt somit redundant. Ähnlich verhält es sich in 18,11: Die Erwähnung des Aufbruchsortes doppelt sich mit der Ortsangabe „von dort" und – analog V.2 – der Angabe „aus der Sippe des Daniten".

634 Vgl. NIEMANN, Daniten, 134f., und in seinem Gefolge BECKER, Richterzeit, 236. Zur Diskussion vgl. auch BAUER, Geheiß, 263 f.

635 Zum (späten) redaktionsgeschichtlichen Ort der Simsonerzählung innerhalb des Richterkorpus' vgl. WITTE, Simson, 542 ff.; ferner MEURER, Simson.

636 Im Horizont von Ri 19 ließe sich die Kundschafterepisode in Ri 18 nach der exemplarischen Gastfreundschaft in Bethlehem und der Gastfeindschaft in Gibea als ein Beispiel für missbrauchte Gastfreundschaft interpretieren.

637 Vgl. BECKER, Richterzeit, 237.

semantischen Breite der Präposition עַד auch so gedeutet werden, dass sich die Kundschafter in V.2b und V.3aα noch gar nicht im Haus Michas befinden, sondern lediglich bis in dessen Nähe gelangen und dort übernachten.[638]

Während die Kundschafter also entweder im oder beim Haus Michas sind, werden sie der Gegenwart des Leviten gewahr. Dabei erregt nicht die Person des Mannes ihre Aufmerksamkeit, sondern seine Stimme (קוֹל הַנַּעַר). An ihr erkennen sie ihn sogleich als Leviten, sei es aufgrund eines kultischen Vollzugs oder aufgrund persönlicher Kenntnis.[639] Jedenfalls richtet sich das Interesse der Kundschafter direkt auf das im Folgenden relevante Charakteristikum des Mannes, seinen Status als Levit. Aus der Häufung von adverbiellen Bestimmungen des Ortes in den merkwürdig anmutenden Fragen der Kundschafter geht hervor, dass sie in diesem Zusammenhang vor allem der konkrete Ort überrascht, an dem sie auf den jungen Mann treffen.

Der positive Orakelbescheid, den der Levit den Daniten in Ri 18,6 erteilt, wirkt im Zusammenhang der „Antierzählung" befremdlich. Für den weiteren Verlauf der Erzählung ist er jedoch unverzichtbar: Um ihren Brüdern in V.14 melden zu können, dass sich im Haus Michas Kultrequisiten befinden, müssen die Daniten zuvor mit dessen Hauskult in Berührung gekommen sein. Im Vorfeld einer militärischen Aktion dürfte dazu die Wahl eines Orakels nahegelegen haben. Da der Levit explizit als Priester für den Jahwekult angestellt wurde, ist ferner ein Jahweorakel erforderlich. Wenn die Daniten ihren Kult auf den Priester und seinen Kultrequisiten gründen sollen, muss dieses schließlich positiv ausfallen.

Der theologisch brisante Zug wird subtil sogleich wieder entschärft. In sämtlichen anderen Orakelszenen im Alten Testament erteilt Jahwe den Orakelspruch in direkter Rede selbst;[640] hier wird er hingegen nicht ausdrücklich als Agens des Orakels gekennzeichnet. Dahinter verbirgt sich womöglich die Absicht des Verfassers, das Orakel des Priesters als eine rein subjektive Einschätzung der (somit nur vermeintlich göttlich legitimierten) Situation durch eine der Figuren darzustellen.[641]

Auch der Wortlaut des Orakels lässt Spielraum für Interpretationen. נֹכַח יְהוָה bedeutet zunächst schlicht „vor Jahwe" im Sinne von „vor Jahwe offenbar".[642] Das Orakel ist somit nicht zwingend positiv zu verstehen – für den weiteren Erzählverlauf ist lediglich entscheidend, dass die Daniten es so auffassen.

---

638 Die oben erwogene Deutung der Szene als Beispiel missbrauchter Gastfreundschaft wäre mit dieser Deutung freilich hinfällig.

639 Die Frage, wodurch die Kundschafter den Mann als Leviten identifizieren, wird breit behandelt von NIEMANN, Daniten, 82 ff.

640 Vgl. u. a. Ri 1,1 f.; 20,18.23.27 f.; 1 Sam 10,22; 23,2.4.9 – 12; 30,7 f.; 2 Sam 2,1; 1 Chr 14,10.

641 Vgl. GILLMAYR-BUCHER, Erzählte Welten, 204. Eine analoge Deutung legt sich auch für das optimistische Votum Michas in 17,13 nahe.

642 Zu dieser Verwendung von נכח vgl. auch Jer 17,16; Klgl 2,19 und Spr 5,21.

In ähnlicher Weise kann auch die Aufforderung לכו לשלום auf zwei Ebenen gelesen werden. Das Urteil des Leviten basiert auf seiner eigenen Interpretation des Orakels; der anschließende, in keiner Hinsicht fried- oder heilvolle Weg der Daniten steht diesem Votum diametral entgegen.

5.5.3 V.7: Die Kundschafter in Lajisch

Nach dem Empfang des Orakels brechen die Kundschafter vom Gebirge Efraim auf und erreichen Lajisch. Wie eingangs erwähnt, weicht die Darstellung der Stadt und ihrer Bewohner signifikant von anderen Landnahmeerzählungen ab. V.7 schildert die politische und persönliche Konstitution der Bewohner Lajischs und beurteilt sie – im Kontrast zu den Daniten[643] – äußerst positiv.[644] Die Bewohnerschaft setzt sich aus friedlichen und gewaltfreien Zeitgenossen zusammen, was sich in einem entsprechenden Lebensstil widerspiegelt. Selbst unfähig zur Verteidigung, sind die Bewohner Lajischs im Angriffsfall obendrein auf sich allein gestellt: Von ihren nächsten Nachbarn, den Sidoniern, deren Lebensweise ohnehin so harmlos ist wie ihre eigene, leben sie weit entfernt; auch sonst pflegen sie mit niemandem Umgang. Die ausführliche Beschreibung in V.7 betont somit nachdrücklich die Wehrlosigkeit der Stadt. Das anschließende Gespräch zwischen den Kundschaftern und den Daheimgebliebenen offenbart, dass dieser Aspekt auch für die Daniten zentral ist. Zweifellos stellt die Eroberung Lajischs unter diesen Umständen „nicht gerade eine Ruhmestat"[645] der Daniten dar.[646]

5.5.4 V.8–11: Die Kundschafter bei ihren Brüdern

In 18,8 kehren die Späher zur Berichterstattung zu ihren Brüdern zurück.[647] In V.9 fordern sie die Daheimgebliebenen auf, die erkundete Stadt einzunehmen, und führen zu ihrer Motivation die Qualität des Landes an. Da sich dieser Aspekt nicht aus der Erzählung erschließt, die in V.7 weder die Beschaffenheit der Stadt noch die des Landes erwähnt, könnte auch er aus anderen Kundschafterberichten entnommen sein. Die Qualifizierung des ausgespähten Landes als „sehr gut" hat

---

643 Der Gegensatz zeigt sich besonders deutlich darin, dass die Bewohner Lajischs laut V.7 jede gewaltsame Besitzaneignung ablehnen, die Daniten hingegen später brutal und skrupellos über die Stadt herfallen.

644 Vgl. z. B. Jes 32,17, wo בטח und שקט als Ertrag der Gerechtigkeit genannt werden.

645 Noth, Hintergrund, 139.

646 Vgl. auch Becker, Richterzeit, 237; Gross, Richter, 785. Aussagekräftig ist zudem ein Vergleich mit Ez 38,10 f., wo ein militärisches Vorgehen gegen ein ungeschütztes Land, das Ruhe (שקט) gefunden hat und in Sicherheit (בטח) wohnt, verurteilt wird.

647 Zur Angabe „nach Zora und Eschtaol" als Nachtrag s. o. S. 165 f.

eine Parallele in Num 14,7 ff. Gleiches gilt für das Zögern der Brüder, das in dem Appell der Kundschafter („Und ihr seid untätig! Zögert nicht [...]") impliziert ist. Wieder gibt eine Abweichung Aufschluss über die Intention. In Num 14 erfolgt die positive Bewertung des Landes aufgrund der überaus reichen Gaben des Kulturlandes; sie ist somit – analog der Bewertung der Schöpfung als טוב מאד in Gen 1* – als Ausweis der schöpfungsgemäßen Konstitution des Landes zu deuten.[648] Das Urteil der Kundschafter in Ri 18 beruht hingegen allein auf der Erkenntnis, dass Lajisch problemlos einzunehmen ist. Auch hierin lässt sich ein antierzählerisches Element sehen.

Mit einer Infinitivkette instruieren die Kundschafter schließlich ihre Brüder: Sie sollen gehen, erreichen und einnehmen (הלך, בוא, ירש). Die ersten beiden Verben strukturieren die gesamte Erzählung,[649] das dritte betont noch einmal die Differenz zwischen den Daniten und den Bewohnern Lajischs, denen die gewaltsame Inbesitznahme von Gütern (עצר יורש) in V.7 ausdrücklich abgesprochen wird.

V.10 nennt einige Merkmale des Landes, die nur zum Teil aus der Kundschaftererzählung hervorgehen.

Trotz der hohen Informationsdichte kann von der literarischen Einheitlichkeit des Verses ausgegangen werden.[650] Er führt das positive Votum der Kundschafter (והנה טובה מאד) inhaltlich aus. Dabei rekurriert V.10aα auf die Erfahrungen der Kundschafter: Das Volk ist sorglos, das Land weit. In V.10aβ werden diese mit Hilfe der Übereignungsformel gedeutet. V.10b qualifiziert das Land noch einmal besonders positiv. Die Makellosigkeit des Landes (V.10b) wird im Rahmen der Erkundung nicht erwähnt. Unter Umständen zeigt dieser narrative Überhang das taktische Kalkül der Kundschafter an, die ihre Brüder mit allen Mitteln zur Einnahme der Stadt motivieren wollen.[651]

V.11 ist literarisch nicht integer – wie beim Aufbruch der Kundschafter in V.2 und ihrer Rückkehr in V.8 wurde auch hier der Ausgangsort, Zora und Eschtaol, ergänzt.[652] Auffällig ist daneben vor allem die Erwähnung von 600 Bewaffneten. Sie findet sich in V.16 ein weiteres Mal indeterminiert, sodass gewiss eine der beiden Stellen nachträglich ergänzt wurde.[653] Da ein Redaktor in V.16 keinen Anlass ge-

---

648 Vgl. ZENGER, Bogen, 176 f.
649 Vgl. die Kombination von הלך und בוא in Ri 18,2.7.
650 Gegen NIEMANN, Daniten, 89, der V.10aα.b für sekundär erachtet, und BECKER, Richterzeit, 238, der V.10b als Nachtrag aussondert.
651 Vgl. BAUER, Geheiß, 329.
652 S. dazu o. S. 165 f.
653 Gegen BAUER, Geheiß, 339 f.

habt hätte, 600 Mann indeterminiert anzuführen, wenn sie zuvor schon in V.11 erwähnt worden wären, sind sie in V.11 als sekundär zu betrachten.[654]

Die Begrenzung auf 600 Daniten in V.11 läuft ohnehin der Grundschicht zuwider. Wenn sich laut V.21 Wehrunfähige und Vieh bei den Daniten befinden, impliziert dies, dass ursprünglich die gesamte משפחה – und nicht nur ein kleiner Teil derselben – losgezogen ist.[655] Sodann würde der Aufbruch lediglich eines Teils der danitischen Sippe einen Wohnort für die zurückbleibenden Daniten erfordern. Da der Stamm nach V.1 jedoch über keine נחלה verfügt, müssen auf der Ebene der Grundschicht sämtliche Daniten in den Norden aufbrechen, um dort zu siedeln.

Für den Nachtrag der 600 Bewaffneten in V.11 hat GROSS einen ansprechenden redaktionsgeschichtlichen Vorschlag geliefert: Indem nur ein Teil der Daniten in den Norden aufbricht, wird eine Spannung zur Simsonerzählung beseitigt, nach welcher die Sippe Simsons in Zora und Eschtaol ansässig ist.[656] Der Zusatz in V.11 korrespondiert den Ergänzungen von „Zora und Eschtaol", die ebenfalls im Dienst der Vermittlung mit Ri 13,25 stehen,[657] und ist folglich derselben Hand zuzuschreiben. Die Bearbeitung passt die lokalen Gegebenheiten von Ri 13 – 16 und Ri 18 aneinander an: Dan siedelt in beiden Erzählungen in Zora und Eschtaol, in Ri 18 zieht ein Teil der Daniten in den Norden.

5.5.5 V.12 – 13a: Die Daniten im Lager Dans

Die Rast der Daniten in (oder bei) Kirjat-Jearim in V.12 steht quer zur übrigen Erzählung, die stets nur den Ausgangs- und Zielort der Touren angibt, auf Wegnotizen hingegen durchweg verzichtet. Besonders bemerkenswert ist das Fehlen eines Rastortes im Rahmen der Expedition der Kundschafter, da diese dieselbe Strecke zurücklegen. Dennoch ist von einer vorschnellen Aussonderung von V.12 abzuraten,[658] denn immerhin eine weitere geographische Angabe in V.28 demonstriert, dass der Verfasser durchaus in der Lage war, geographische Notizen pointiert zu platzieren.

---

654 Die Nennung der 600 Bewaffneten fügt sich ohnehin nur in V.16 organisch in den Zusammenhang, wo diese tatsächlich eine militärisch-bedrohliche Funktion innehaben.

655 Vgl. GROSS, Richter, 761.

656 Vgl. GROSS, Richter, 785.

657 S. dazu o. S. 166.

658 Vgl. aber BECKER, Richterzeit, 238, und NIEMANN, Daniten, 92 ff. Da die doppelte Angabe משם in V.11 und V.13a nicht direkt aufeinandergefolgt sein dürfte, rechnen beide auch משם in V.13a zu dieser Ergänzung hinzu.

In V.12 hat die Ortsangabe scheinbar ätiologischen Charakter:[659] Sie erklärt, warum Kirjat-Jearim auch Machane Dan genannt wird. Ein inhaltlicher Widerspruch zwischen V.12a und V.12bβ weist dennoch auf eine Bearbeitung hin: Nach V.12a befindet sich das Lager Dans in Kirjat-Jearim, nach V.12bβ liegt es hinter Kirjat-Jearim, d. h. aus Jerusalemer Perspektive westlich von Kirjat-Jearim. Da die Ortslage unbekannt ist, und die Entscheidung, welcher der beiden Angaben der Vorzug zu gewähren ist, nur literarkritisch getroffen werden kann, liegt es nahe, den syntaktisch nachklappenden V.12bβ als sekundär zu betrachten. Wie die Einfügung von „Zora und Eschtaol" dürfte sich auch V.12bβ der Absicht verdanken, Ri 18 an die Simsonerzählung anzugleichen.[660] Ri 13,25 und Ri 18,12 lokalisieren das Lager Dans an unterschiedlichen Orten: Nach Ri 13,25 liegt es zwischen Zora und Eschtaol, nach Ri 18,12 zwar nicht weit davon entfernt, aber eben nicht exakt dort, sondern in Kirjat-Jearim.[661] V.12bβ korrigiert die Lokalisierung von V.12a, indem er das Lager Dans in den Westen Kirjat-Jearims verlegt – dorthin, wo auch Zora und Eschtaol liegen. Nach V.12bβ ziehen die Daniten also aus Zora und Eschtaol hinauf in die Mitte der beiden Orte, in das Lager Dans. Entsprechend markiert die Ortsbezeichnung Machane Dan in Ri 18,12bβ nicht länger einen Lagerplatz der Daniten auf der Wanderung, sondern ihren Versammlungsort vor dem Aufbruch gen Norden.[662]

V.12bβ gehört auf dieselbe redaktionsgeschichtliche Ebene wie die Einfügungen von „Zora und Eschtaol" und den 600 Daniten im vorausgehenden Vers;[663]

---

659 Die Ableitung einer antijudäischen und antijahwistischen Prägung der danitischen Route aus der Lagerstation durch BAUER, Geheiß, 160 ff., trifft nicht zu: Kirjat-Jearim meint in dieser Deutung den Rastort der Lade und steht für die Weisung Jahwes, von der sich die Daniten durch die Fortsetzung ihrer Reise entfernen; vgl. auch ders., Ätiologie. Die Identifikation eines Ortes nahe Kirjat-Jearim mit Machane Dan, die der Text fokussiert, gerät dabei völlig aus dem Blick.

660 Vgl. GROSS, Richter, 785 f.

661 Ob im Hintergrund dieser Notizen die Erinnerung an zwei distinkte Ortslagen mit demselben Namen steht oder beide geographischen Angaben denselben Ort im Blick haben und (mindestens) eine davon nicht exakt ist, lässt sich nicht mehr eruieren. Zur Diskussion darüber vgl. aber dennoch NIEMANN, Daniten, 172 ff.

662 Den Widerspruch zu V.12a musste der Ergänzer in Kauf nehmen. Die Wegstation in Kirjat-Jearim war durch die Einfügung von „Zora und Eschtaol" als Aufbruchsort ohnehin obsolet geworden. Kirjat-Jearim liegt so nah bei den genannten Ortschaften, dass die Daniten dort kaum sinnvoll das erste Zwischenlager hätten aufschlagen können.

663 Die Aussonderung des gesamten V.12 führt auch NIEMANN und BECKER zu derselben redaktionsgeschichtlichen Beurteilung. BECKER, Richterzeit, 238, führt die Einfügungen von „Zora und Eschtaol" in 18,2.8.11 und den sekundären V.12 auf denselben Ergänzer zurück. NIEMANN, Daniten, 93, sieht in V.12 eine Einfügung, die „frühestens aus der gleichen Zeit wie die Zufügungen der Ortsnamen Zora und Eschtaol" stammt, und ordnet beide Ergänzungen später (135 ff.) derselben Redaktionsschicht zu.

sämtliche Eingriffe zielen auf den Ausgleich von Spannungen zwischen Ri 18 und Ri 13.

5.5.6 V.13b–21: Die Daniten bei Micha

Beim Haus Michas angekommen instruieren die Kundschafter ihre Brüder erneut (V.14). Durch die doppelte Verwendung der Wurzel ידע entsteht eine markante Satzstruktur. V.14aβ ist als rhetorische Frage aufzufassen, denn woher sollten die Daniten wissen, dass es dort Gottesbilder gibt? Aufgrund des Erkenntnisgewinns sollen sie sich direkt im Klaren darüber sein, was zu tun ist. Gemeint ist offensichtlich der Raub der Kultobjekte – wenngleich er unausgesprochen bleibt. Diese stille Übereinkunft ist vor allem unter textpragmatischen Gesichtspunkten bemerkenswert: Das Schweigen der Daniten demonstriert, dass es keinerlei Bedenken gegenüber dem Unterfangen gibt, und betont somit die Verschlagenheit der Daniten, die zu allem bereit sind – letztlich auch dazu, den Leviten auszurauben, den sie zuvor noch um Unterstützung für ihre Expedition gebeten hatten.[664]

Sonderbar mutet in V.14 zudem die Wendung ארץ ליש an. Sie könnte sich einer Randglosse verdanken, die das Land, das die Kundschafter gemäß ihrem Auftrag aus 18,2 erkunden sollen, mit Lajisch identifiziert. Zwar besteht keine Spannung zwischen V.2 und V.14 – die Kundschafter wurden ausgesendet, um das Land zu erkunden, nun melden sie den Vollzug – doch liegt zwischen dem Auftrag und dem Bericht der Kundschafter einzig die Erkundung der konkreten Stadt Lajisch. Von einer Erforschung des Landes kann also genau genommen keine Rede sein. Mit der einmaligen Randbemerkung, dass mit „Land" hier Lajisch gemeint sei, beseitigt der Glossator im Handumdrehen sämtliche Schwierigkeiten; entsprechend fehlt der Ortsname in V.17 bei ansonsten identischer Formulierung.

Der Zusammenhang der Verse 14 – 18 ist konfus.[665] Neben sprachlichen[666] und syntaktischen[667] Schwierigkeiten bleibt vor allem unklar, wer den Raub der Kultgeräte ausführt und wo sich die in den Diebstahl involvierten Personen zu

---

664 Der Diebstahl hat noch einen übergeordneten Sinn, der sich vom Ende der Erzählung her erschließt: Nach der Einnahme Lajischs begründen die Daniten mit der Errichtung des Pesel ihren Kult in Dan. Durch den vorangegangenen Diebstahl wird dieser Kult diffamiert, da er sich auf ein gestohlenes Gottesbild stützt.

665 Die Schwierigkeiten werden meist diachron gelöst. Eine Ausnahme stellt BAUER, Lesart, dar.

666 Vor allem ist hier die Wendung פסל האפוד in V.18 zu nennen.

667 Auffällig ist z.B. der unklare syntaktische Bezug des אשר-Satzes in V.16.

diesem Zeitpunkt befinden.[668] Ein übergreifendes Problem stellen die Kombination und die Reihenfolge der Kultgegenstände dar; es tritt in V.14–18 besonders deutlich zu Tage, ist jedoch nicht auf diesen Passus beschränkt. Ihm soll daher im folgenden Exkurs gesondert nachgegangen werden.

Exkurs: Das Kultinventar in Ri 17f.

Auf den ersten Blick erscheint die Verteilung der kombinierten Wendung פסל ומסכה (Ri 17,3f., Ri 18,14), des Vorkommens beider Größen getrennt voneinander (Ri 18,17f.) sowie der Verwendung von פסל allein (Ri 18,20.30f.) in Ri 17f. willkürlich. Bereits die ältere, quellenkritische Forschung gelangte bei der Erklärung dieses Befunds an ihre Grenzen, konnte sie doch allenfalls die abwechselnde Nennung der Paare Pesel und Massecha bzw. Efod und Terafim erklären, nicht jedoch die Abweichungen der Anzahl und Reihenfolge. Auch in aktuelleren redaktionsgeschichtlichen Entwürfen spiegelt sich die Ratlosigkeit angesichts dieser Problematik. So konstatiert BECKER in Ablehnung der literarkritischen Lösung NIEMANNS – die mit der bloßen Aussonderung von Massecha in der Tat zu kurz greift[669] –, die abwechselnde Nennung von פסל allein und פסל in Kombination mit מסכה in Ri 17f. lasse sich literarhistorisch nicht befriedigend erklären.[670] Das Problem verlagert er kurzerhand in den überlieferungsgeschichtlichen Bereich, wo es sich allerdings von vornherein einer Lösung entzieht.

Die redaktionsgeschichtliche Kapitulation scheint vermeidbar zu sein, denn auf der Basis einer konsequenten literarkritischen Erhebung lassen sich die Differenzen durchaus erklären. Im Rahmen der Analyse von Ri 17,1–6 wurde V.5, der die Herstellung von Efod und Terafim berichtet, als sekundär ausgewiesen.[671] Die Reihenfolge der Kultrequisiten in sämtlichen Aufzählungen in Ri 18 spricht sodann für eine nachträgliche Einfügung von Efod und Terafim auch in den Grundbestand von Ri 17,7ff.[672] Die beiden Termini begegnen stets als Paarung und im Rahmen der Grundschicht von Ri 18 (mit Ausnahme von V.18)[673] immer zu Beginn der Aufzählung von Kultobjekten. Die herausgehobene Stellung der – für die Erzählung im Grunde genommen verzichtbaren – Kultobjekte weist darauf hin, dass sie von jemandem nachgetragen wurden, der besonderes Gewicht auf diese beiden Kultgegenstände legen wollte. Der Verdacht fällt auf den Redaktor von Ri 17,5, dem die Fortschreibung von Ri 17,1–4.6 um Ri 17,7ff.* bereits bekannt war.[674]

Allein durch die Aussonderung von Efod und Terafim lässt die Verwendung der Gottesbildtermini in Ri 18 ein System erkennen. In Ri 18,14 standen vor der Einfügung von Efod

---

668 Für eine detaillierte Auflistung aller Probleme und Lösungsvorschläge s. BAUER, Geheiß, 348ff.; GROSS, Richter, 762f.

669 Vgl. NIEMANN, Daniten, 96ff., und jüngst auch wieder GROSS, Hauskapelle.

670 Vgl. BECKER, Richterzeit, 252f.

671 S.o. S. 148ff.

672 Spätestens von V.18 und V.20 her ist eine literarkritische Lösung unumgänglich, da hier doppelt berichtet wird, wie Efod und Terafim ihrem Besitzer Micha abhandenkommen. Die Abfolge von V.18 und V.20 bleibt allerdings auch nach der Aussonderung von Efod und Terafim problematisch; s. dazu im Folgenden.

673 Zu diesem Sonderfall s. im Folgenden.

674 S. dazu o. S. 157. Die relative Chronologie findet durch den Nachtrag von Efod und Terafim in Ri 18 eine Bestätigung.

und Terafim nur Pesel und Massecha. Dass sich der Verfasser hier – in Abweichung von 17,1–4.6, wo פסל ומסכה als Hendiadyoin fungiert[675] – zwei distinkte Gottesbilder vorgestellt hat, belegen die weiteren Stellen. In 18,18 überrascht die Reihenfolge der Kultobjekte: Pesel und Efod stehen in einer *cstr.*-Verbindung voran, auf Terafim folgt Massecha am Ende der Aufzählung. Die unverständliche *cstr.*-Verbindung lässt sich durch einen literarkritischen Eingriff beseitigen: Bei Pesel in V.18 handelt es sich um eine Randglosse, die versehentlich in den Text geraten ist.[676]

Auf der Ebene der Grundschicht ergibt sich so ein sinnvoller Zusammenhang. Während V.18 ursprünglich lediglich Massecha erwähnte, stand in V.20 vor der Ergänzung von Efod und Terafim allein Pesel – Massecha fehlt. Die Daniten raubten also zunächst nur eines der beiden Gottesbilder, und zwar das Wertvollere von beiden, Massecha (V.18).[677] Nach dem Gespräch mit den Daniten nimmt der Priester in V.20 selbst euphorisch das zweite Gottesbild, den Pesel (dasjenige Gottesbild also, das später in Dan als Kultbild aufgerichtet wird), an sich, sodass nun beide Gottesbilder mit den Daniten auf die Reise gehen. Die Ergänzung von Efod und Terafim in V.18 und in V.20 (und die Einfügung von Pesel in V.18) verschleiert diesen an sich klaren Zusammenhang und schafft eine unnötige Dopplung im Text, da der Diebstahl von Efod und Terafim (und in einem späten Stadium der Textgeschichte auch der des Pesel) zweimal hintereinander berichtet wird.

Die letzte Ergänzung in V.18, die Randglosse Pesel, gehört wahrscheinlich bereits in den Bereich der Textüberlieferung. Die ungewöhnliche Reihenfolge der Kultobjekte entspricht derjenigen im sekundären V.17;[678] dort dürfte sie auch ursprünglich beheimatet sein. Die Glosse in V.18 gleicht die Aufzählung somit an den vorangegangenen Vers an.

Nun bleibt freilich zu klären, wie es zu der auffälligen Reihung der Kultrequisiten in V.17 kam. Die Abfolge von Efod, Terafim und Massecha ist identisch mit V.18 und daher wohl von dort übernommen worden. Die Ergänzung von Pesel an exponierter Stelle[679] wird im Zusammenhang mit V.20 stehen, da nur dort vom Pesel die Rede ist. Die Intention, aus der heraus dies geschieht, ist am ehesten als pro-levitisch zu bezeichnen.[680]

Erklärungsbedürftig ist ferner das alleinige Vorkommen von Pesel in 18,30 f. Warum stellen die Daniten von den beiden ergaunerten Gottesbildern nur eines auf? Da beide Texte gegen die Einrichtung des Kultes in Dan polemisieren, liegt es nahe, dass Ri 18 in Analogie zu 1 Kön 12 gesehen werden will. Von den beiden zur Verfügung stehenden Kultbildern stellen

---

675 S. dazu o. S. 141.

676 S. dazu im Folgenden.

677 Da beide Gottesbilder gestohlen werden, obwohl nur eines kultische Verehrung erfährt, soll durch den Diebstahl der Massecha womöglich die Habgier der Daniten demonstriert werden. Im Vordergrund stünde dann der materielle Wert des gegossenen Gottesbildes.

678 S. dazu u. S. 177 f.

679 Die Reihenfolge ist ein sicheres Indiz dafür, dass der Verfasser von V.17 bereits die um Efod und Terafim ergänzten Aufzählungen in V.18.20 kannte, denn andernfalls hätte der mechanistisch verfahrende Redaktor von Ri 17,5 Efod und Terafim gewiss auch hier zu Beginn der Aufzählung eingetragen.

680 S. u. S. 177 f.

die Daniten dann dasjenige auf, das nicht an die Stierbilder in Bet-El und Dan erinnert.[681] In Verbindung mit der zeitlichen Begrenzung des Pesel-Kultes in Dan bis zum Untergang des Heiligtums in Schilo[682] wird so zwischen einem illegitimen Pesel-Kult in der Frühzeit Dans und der „Sünde Jerobeams" mit ihrem (gegossenen) goldenen Kalb differenziert.[683] Diese Unterscheidung erklärt nicht nur, warum die Daniten in V.31 allein den Pesel aufstellen, sondern auch, warum der Verfasser von Ri 17,7 ff.* in Abweichung von 17,1–6* פסל ומסכה als zwei distinkte Gottesbilder auffassen musste.

Zuletzt ist zu klären, aus welchem Grund Efod und Terafim entgegen der sonstigen Gepflogenheit des Bearbeiters in V.31 nicht ergänzt wurden. Wenn er die unnötige Spannung vermeiden wollte, dass nur zwei der vier Kultobjekte aus Ri 17,1–6 in Ri 17,7 ff. weiterhin eine zentrale Funktion haben, musste er spätestens in 18,14 Efod und Terafim ergänzen. Wenn aber die Brüder über die Existenz von vier Kultgegenständen informiert wurden, wäre es verwunderlich, wenn nur zwei davon (eines durch die Daniten und eines durch den Priester) gestohlen würden. Auch in V.18 und V.20 wurden daher – unnötigerweise doppelt – Efod und Terafim ergänzt. Da am Ende der Erzählung allerdings ohnehin von den zwei ursprünglich vorhandenen Gottesbildern nur eines in Dan aufgestellt wird, musste der Ergänzer in 18,30 keine Spannung zum Grundtext ausgleichen. Zudem dürfte auch ihm bewusst gewesen sein, dass Efod und Terafim in der Regel nicht zu denjenigen Kultrequisiten gehörten, die man zwecks kultischer Verehrung aufrichtete.

Ein sinnvoller Ablauf der Ereignisse in V.14 f. ergibt sich nur dann, wenn nicht die fünf Kundschafter als Subjekt von V.15 fungieren[684] – wie freilich später der sekundäre V.17 behauptet[685] –, sondern eine nicht näher bestimmte Gruppe von Daniten aus dem ansonsten als Gegenüber zu den Kundschaftern „Brüder" genannten Kollektiv der Daheimgebliebenen: In V.14 fordern die Kundschafter ihre Brüder auf, tätig zu werden, in V.15 leisten diese der Aufforderung Folge.[686]

---

681 Zwar wird die „Sünde Jerobeams" ausschließlich in ihrer kollektivierten und innerhalb der Geschichte des Volkes Israel nach vorne verlagerten Version von Ex 32 explizit als עגל מסכה bezeichnet, doch stehen in 1 Kön 12 allein durch die Nennung des Materials der Kälber (עגל זהב) ihr Wert sowie ihre Herstellungsart deutlich vor Augen.

682 V.31 bietet den ursprünglichen Abschluss der Erzählung; V.30 ist demgegenüber sekundär; s.u. S. 183 ff.

683 Da in 1 Kön 12,28 die Anfertigung zweier Stierbilder durch den König ausdrücklich genannt wird, blieb die Möglichkeit, in Ri 18 stattdessen auf die Kontinuität der kultischen Verehrung der Massecha abzuheben, von vornherein verwehrt.

684 Vgl. GROSS, Richter, 786; gegen BECKER, Richterzeit, 239; SCHMOLDT, Überfall, 93; NEEF, Kult, 215.

685 S. dazu im Folgenden.

686 Womöglich ist die Begleitung dieser Gruppe durch die fünf Kundschafter intendiert, denn die direkte Gesprächsaufnahme mit dem Leviten lässt an eine persönliche Bekanntschaft denken. Die Gesprächseröffnung mit einer unvermittelten Frage nach dem Befinden unterscheidet sich deutlich von denjenigen in 17,9 und 18,3. Dort wird ersichtlich, wie nach Meinung des Verfassers ein Gespräch mit einem Unbekannten zu eröffnen ist – mit engagierten Fragen nach der Person des Fremden.

Während besagte Gruppe beim Haus des Leviten[687] ist, positionieren sich 600 bewaffnete Daniten im Stadttor[688] (V.16) und verleihen so dem ganzen Unterfangen einen bedrohlicheren Charakter. V.18 hat ursprünglich an V.16 angeschlossen. Die Daniten, die in V.15 dorthin gelangt waren, gehen nun in das Haus Michas hinein und entwenden die Gottesbilder, wogegen der Levit verhalten protestiert.

Das Demonstrativpronomen zu Beginn von V.18 muss sich auf das Subjekt von V.15 zurückbeziehen, da sich andernfalls die Frage stellte, warum die 600 Männer ihren soeben bezogenen Posten sogleich wieder verlassen sollten, um allesamt (!) ins Haus Michas zu gehen.[689] BECKERs These, wonach sich das Demonstrativpronomen auf die unmittelbar zuvor genannten 600 Bewaffneten bezieht,[690] krankt an der Annahme, dass 600 Personen den Diebstahl hätten begehen müssen. Die Unterscheidung von „Haus des Leviten" und „Haus Michas", die vom Text gewissermaßen vorgegeben sei, erfordere, dass die Kundschafter in das eine und die Sechshundert in das andere gingen. Das Gegenteil ist der Fall: Der Protest des Leviten in V.18b setzt seine Anwesenheit im Haus Michas voraus; er kann folglich nicht durch ein Ablenkungsmanöver der Kundschafter in einem anderen Haus getäuscht werden. Auch BECKERs Argument, V.18 sei die Antwort der 600 Daniten auf die Aufforderung der Kundschafter in V.14b, überzeugt nicht. Die der Aufforderung entsprechende Handlung schildert bereits V.15. Als entsprechende Aktion der Sechshundert dürfte – wenn man eine solche überhaupt erwarten will – außerdem das bewaffnete Aufstellen im Stadttor in V.16a gewertet werden.

Wären zwei verschiedene Häuser im Blick, müsste zudem die Identifikation von „Haus des Leviten" und „Haus Michas" in V.15 redaktionell sein, d. h. בית מיכה müsste nachgetragen worden sein. Dies ließe sich allerdings nur umständlich damit erklären, dass die Ergänzung einen Widerspruch ausgleichen wollte, den V.17 zuvor in den Text eingetragen hatte.[691] Ohne בית מיכה in V.15 würde V.17 von dem Diebstahl der Geräte berichten, bevor die Diebe in V.18 in das Haus Michas, d. h. zum Aufbewahrungsort der Gottesbilder, gelangten. Da der Ergänzer von V.17 jedoch gerade nicht von einem Ortswechsel zwischen V.15 und V.18 ausgegangen ist – die fünf Männer kommen an den in V.15 genannten Ort und stehlen dort die Gottesbilder –,

---

Aus der Perspektive der Bearbeitung in V.11, die die danitische Nordwanderung auf 600 Gerüstete und die fünf Kundschafter beschränkt, können sich in V.15 hingegen ausschließlich die fünf Kundschafter dem Haus Michas nähern. Ansonsten wird der Ablauf der Ereignisse durch diese Bearbeitung nicht gestört.

687 Zum Verhältnis der Ortsbezeichnungen „Haus Michas" und „Haus des Leviten" s. im Folgenden.

688 Aus der Erwähnung eines שער im/am/beim Haus Michas lassen sich keine Rückschlüsse auf eine beträchtliche Größe der Siedlung/der Stadt ziehen. Nach OTTO, Art. שער, 368, ist in Ri 18,16 mit שער der „Eingangsbereich des Tores eines Mehrfamilienwohnbereichs" gemeint. Da die 600 Bewaffneten in die Öffnung des Tores treten, das Tor also offenbar passierbar ist, wird es sich eher um eine Begrenzungsanlage als um ein Verteidigungssystem handeln. Zur Abgrenzung von Mehrfamilienkomplexen mittels Mauern vgl. auch STAGER, Family, 18.

689 Vgl. auch NIEMANN, Daniten, 99.

690 Vgl. BECKER, Richterzeit, 239.

691 Zum literarhistorischen Ort von V.17 s. im Folgenden.

kreiert diese Lösung allererst das Problem, das es anschließend wieder behebt. Weder literar- noch tendenzkritisch besteht ein Anlass, בית מיכה in V.15 auszusondern. Die Erzählung funktioniert zudem problemlos ohne einen Ortswechsel. In V.15 gelangen die Daniten zum Haus Michas (אל). Der Levit, dessen Wohnort dies laut 17,12 ebenfalls ist, wird als An- sprechpartner der Daniten an exponierter Stelle erwähnt. Unterbrochen durch die Notiz der Aufstellung 600 Bewaffneter im Tor schließt V.18 daran an, indem nun berichtet wird, wie die Daniten in das Haus Michas hineingehen (adverbieller Akkusativ). Wären die unmittelbar zuvor genannten 600 Bewaffneten als Subjekt vorgestellt, hätte man in V.18 wohl eher im Narrativ fortgesetzt und auf den szenischen Einschnitt, der durch die Inversion *we-x-qatal* entsteht, verzichtet. Der Neueinsatz lässt also darauf schließen, dass V.18 nicht als direkte Fortsetzung von V.16 gelesen werden, sondern gegenüber V.16 einen Subjektwechsel mar- kieren soll. Die Verwendung des Pronomens erklärt sich dabei aus der Unbestimmtheit der Größe; schließlich ist in V.15 eine nicht näher bestimmte und daher namenlose Gruppe von Daniten am Werk. Da das Hebräische nicht immer trennscharf zwischen distalen und pro- ximalen Deiktika differenziert,[692] ist die Verwendung des Demonstrativpronomens anstatt des Personalpronomens grammatikalisch nicht anstößig.

V.17 stört den an sich klaren Erzählzusammenhang. Er ist vor allem aus Teilen der umliegenden Verse zusammengesetzt und gibt sich dadurch als Nachtrag zu er- kennen.[693] Die Einfügung scheint darum bemüht, die Passivität des Leviten zu erklären. Zu diesem Zweck platziert sie ihn zusammen mit den Bewaffneten im Tor – einer denkbar ungünstigen Position für Protest und Widerstand.[694] Gleichzeitig schreibt sie den Diebstahl aller Kultobjekte, auch des Pesel, der sogar an expo-

---

692 Vgl. JOÜON/MURAOKA §143c. Der textimmanente Gebrauch von אלה und המה ist allerdings weiterhin im Blick zu behalten. Während das Demonstrativpronomen an dieser Stelle als distale Deixis fungiert und das Personalpronomen in V.3 und V.22 entsprechend als proximale Deixis, wird durch die Verwendung des Personalpronomens המה in V.27 ein Subjektwechsel gegenüber V.26 angezeigt.

693 Vgl. auch NIEMANN, Daniten, 99 und 132; BECKER, Richterzeit, 238 f.; GROSS, Richter, 763. Die Einwände, die SCHMOLDT, Überfall, 94, gegen diese Lösung vorbringt, können entkräftet werden: Wie gezeigt wurde, ist der Bezug des Demonstrativpronomens von V.18 auf V.15 un- problematisch; die Erwähnung der Kundschafter zu Beginn von V.17 lässt sich ebenfalls be- gründen: Sie klärt (unsachgemäß) die Subjektfrage von V.15; auch die Funktion der 600 Be- waffneten bleibt keineswegs unbestimmt, wenn man V.17 aussondert und das Demonstrativpronomen in V.18 auf V.15 bezieht: Die Situierung von 600 Bewaffneten im Tor wirkt bedrohlich und unterstreicht die Gewalttätigkeit der gesamten Aktion. Die Rekonstruktion der Entstehungsgeschichte durch SCHMOLDT (Grundschicht in 13.17a.bα.18aβ; Erweiterung in 14– 16.17bβ.18aα) stellt demgegenüber eine verdächtig komplexe Lösung dar. Ausgehend von der Beobachtung, V.14 sei als Variante zu V.17 eingefügt worden (die redaktionsgeschichtliche Er- klärung dieses Vorgangs bleibt blass), erfolgt die Aussonderung der weiteren Verse tendenzkri- tisch. SCHMOLDT muss zudem von einer Textänderung in V.17 von ויענו in ויעלו ausgehen. Diese stört jedoch den Textverlauf und erklärt sich somit nicht ohne Weiteres durch die Annahme, man habe eine „Dopplung [...] vermeiden" (96) wollen.

694 Vgl. NIEMANN, Daniten, 99; GROSS, Richter, 787.

nierter Stelle zu Beginn der Aufzählung genannt wird, den fünf Kundschaftern zu; der Priester, der laut V.20 den Pesel (und auf der Ebene des Endtextes auch Efod und Terafim)[695] selbst gestohlen hat, wird dadurch entlastet. Von V.17 aus betrachtet nimmt der Levit in V.20 lediglich noch den Pesel an sich und begibt sich damit in die Mitte des Volkes, ohne zuvor dessen Diebstahl initiiert zu haben.

Die Ergänzung erfolgte freilich recht brachial: Sie steht zum einen im Widerspruch zu V.18, wo der Levit sich offensichtlich bei den Kundschaftern befindet, zum anderen werden der Diebstahl und die Position der 600 Bewaffneten im Tor doppelt berichtet. Mit der Nennung der fünf Kundschafter als Subjekt wollte der Ergänzer womöglich dem Umstand Rechnung tragen, dass ein konkretes Subjekt des Diebstahls in V.15 und V.18 nicht genannt wird, verfehlt aber auch darin die Intention des Textes.

Die nachgeschobene Erklärung in V.16b, bei den 600 Bewaffneten handele es sich um Daniten, ist überflüssig und deplatziert, was Zweifel an ihrer Ursprünglichkeit aufwirft. Syntaktisch bezieht sich der אשר-Satz streng genommen auf das zuvor genannte Tor, sinngemäß sind jedoch die Bewaffneten im Blick. V.16 steht mit der Erwähnung von 600 gerüsteten Männern danitischer Herkunft in engem Konnex zu der nachgetragenen Erwähnung der 600 Bewaffneten in V.11. Sie dürfte von hier entnommen und mit Blick auf die Simsonerzählungen dort eingetragen worden sein, um die Nordwanderung der Daniten auf 600 Männer zu begrenzen.[696] V.16b könnte in einem Zuge mit V.11 ergänzt worden sein. V.11 beschränkte dann die danitische Aktion auf 600 Gerüstete, während in V.16b durch den angehängten Relativsatz betont würde, dass sich diese 600 Daniten nun im Stadttor aufstellten. Der inhaltlich überflüssige Relativsatz gleicht das (im Horizont der Bearbeitung von V.11 überraschende) Fehlen einer Determination der 600 Gerüsteten in V.16 aus, indem er sie über ihre danitische Abstammung mit den 600 Daniten aus V.11 identifiziert. Für die gemeinsame Herkunft der beiden Notizen spricht eventuell auch eine technische Gemeinsamkeit: In beiden Fällen wurde die Ergänzung ungelenk an den jeweiligen Vers angehängt.

In V.19 fordern die Daniten den Leviten autoritativ auf, mit ihnen zu ziehen. Die Wortwahl in V.19aβ entspricht derjenigen Michas aus 17,10 (*imperf. cons.* von היה, suffigierte Präp. ל, לאב ולכהן). Die rhetorische Frage, ob es besser sei, als Priester eines einzelnen Mannes oder eines ganzen Stammes zu walten, soll dem Leviten die Entscheidung erleichtern.

In der Reaktion des Leviten in V.20 – sein Herz erfreut sich ob dieser Offerte – zeigt sich sein Opportunismus. Die Wurzel יטב rekurriert auf 17,13 und bringt den

---

695 Zur literargeschichtlichen Einordnung von Efod und Terafim in 18,20 s. o. S. 173 f.
696 S. dazu o. S. 169 f.

dort eröffneten Spannungsbogen zum Abschluss. Was lange schon im Subtext mitschwang, ist nun offensichtlich. Micha hat sich mit seiner optimistischen Einschätzung geirrt; er verliert seinen Hoffnungsträger an die Daniten.

In seiner Funktion als Priester nimmt der Levit nun den Pesel an sich und tritt damit in die Mitte des Volkes, sodass die wertvollen Errungenschaften der Daniten – Priester und Kultbild – behütet in die noch zu erobernde Heimat geleitet werden.

In V.21 verlangsamt sich die Erzählweise.[697] Entgegen seiner sonstigen Gewohnheit wartet der Verfasser plötzlich mit unwesentlichen Details und erzählerischer Breite auf. So ist die Notiz in V.21, dass das unbewaffnete Volk und die wertvollen Güter an der Spitze des Zuges – und somit im Falle eines Angriffs durch die Verfolger an geschützter Stelle – platziert werden, zwar der Sache nach logisch, bringt aber keinerlei Mehrwert für die Erzählung.

5.5.7 V.22 – 27aα: Ein Konflikt zwischen Micha und den Daniten

Auch die anschließende Verfolgung der Daniten durch Micha und seine Mannen bleibt für den Fortgang der Ereignisse ohne Relevanz. Die Männer, die zur Unterstützung Michas zusammengerufen wurden (V.22), sind den Daniten offensichtlich nicht gewachsen; es bleibt bei einem Wortgefecht, in dem die Daniten ihre Dominanz provokativ zur Schau stellen (V.23 – 25). Micha sieht seine Unterlegenheit ein und zieht unverrichteter Dinge von dannen.

Da nichts auf eine Bearbeitung hinweist, ist anzunehmen, dass der Verfasser mit der Verbreiterung der Erzählweise besonderes Gewicht auf diesen Passus legen wollte. Die Szene kulminiert in einem gekünstelten Dialog zwischen den Daniten und Micha. Auf die unnötige Frage der Daniten, warum Micha sich überhaupt beschwere, nennt dieser bereitwillig den Grund für seinen Unmut: Die Daniten haben seine eigenhändig angefertigten Götter gestohlen. Das Leitwort לקח aus Ri 17,1– 4 wird hier nach Ri 18,17 f.20 an prominenter Stelle wieder aufgegriffen, um Micha als betrogenen Betrüger zu charakterisieren. Er hat seiner Mutter das Geld gestohlen, aus dem das Gottesbild gefertigt wurde; dieses wird ihm nun wiederum durch die Daniten entwendet.

---

697 Die retardierende Passage erstreckt sich bis V.27aα. Die Verse bilden formal eine geschlossene Einheit: zunächst aufgrund der Rahmung durch das Verb פנה in V.21 und V.26, sodann aufgrund des engen Bezugs zwischen V.24 und V.27 durch die Kombination von לקח, עשׂה und כהן. Am Ende der Passage wird mit הלך und דרך dann der Anschluss zum Folgenden hergestellt: Die Daniten ziehen unbeirrt weiter – Micha hat im wahren Sinn des Wortes das Nachsehen.

Ferner markiert die ausdrückliche Betonung der handwerklichen Herstellung der Gottesbilder[698] in dem Relativsatz אֲשֶׁר־עָשִׂיתִי (V.24) die Illegitimität dieser Aktion, denn „gemachte" Götter sind nichtig.[699] Im Kontext sind mit אלהים zweifellos die beiden Gottesbilder Pesel und Massecha gemeint, die Micha nun mit der durch sie repräsentierten göttlichen Macht identifiziert. Unabhängig davon, wie belastbar der Plural im Hinblick auf die verehrte(n) Gottheit(en) ist,[700] hat der Passus in V.21 ff. offenbar die Funktion, die Kritik am Kult (und seinen Objekten) noch einmal ins Zentrum der Erzählung zu rücken.

Das Perfekt in V.27aα ist vorzeitig aufzufassen und schließt den Passus ab.[701]

5.5.8 V.27aβ–31: Die Eroberung Lajischs und die Aufrichtung des Pesel

V.27aβ setzt die Handlung fort: Die Daniten fallen ungestört über Lajisch her, dessen Bewohner bei dieser Gelegenheit wie in 18,7 noch einmal als völlig arg- und wehrlos dargestellt werden. Die Kombination aus kompletter Vernichtung durch das Schwert und Niederbrennen der Stadt begegnet an einigen weiteren Stellen im Kontext der Landnahme: Jos 6,21.24; 8,24.28; 11,10 ff. sowie Ri 1,8 und – nicht im

---

698 Das Moment der handwerklichen Produktion wird auch in V.27aα noch einmal eigens betont, dort allerdings ohne das konkrete Objekt אלהים.
699 Vgl. die Feststellung von GROSS, Richter, 788, „das Allerweltswort עשׂה" erhalte im Zusammenhang mit Gottesbildern „Signalcharakter". Allerdings folgt daraus (gegen GROSS) noch nicht unbedingt, dass hier eine polytheistische Kultpraxis im Blick sein muss; s. dazu im Folgenden.
700 Wären hier zwei distinkte Gottheiten gemeint (zur Diskussion vgl. GROSS, Richter, 787, der jedoch annimmt, die Anzahl der gemeinten Kultbilder sei ausschlaggebend dafür, ob Elohim singularisch oder pluralisch aufzufassen sei), würde Micha gegen das erste Gebot verstoßen. Auch wenn in einem späten literargeschichtlichen Stadium kultpolemischer Texte nicht immer klar zwischen Bilderverbot und Fremdgötterverbot unterschieden werden kann, wäre eine bewusste und explizite Akzentverschiebung auf einen Verstoß gegen das Fremdgötterverbot an dieser Stelle überraschend. Schließlich liegt der Fokus der Kultkritik von 17,1 – 6 her deutlich auf dem Jahwekult und somit einem Verstoß gegen das Bilderverbot. Die Annahme der Verehrung zweier distinkter Gottheiten ist indes auch nicht zwingend, wie der Vergleich mit 1 Kön 12,28 zeigt. Dort werden distinkte Gottesbilder als אלהים bezeichnet, repräsentieren aber ein und dieselbe Gottheit; gegen BLANCO WISSMANN, Beurteilungskriterien, 131 (s. dazu o. S. 150 mit Anm. 556). Nichtsdestotrotz erinnert die Betonung der Fertigung von Göttern an die einschlägigen götzenpolemischen Texte in IIJes, die ebenfalls beim Material und der Herstellung der Götzenbilder ansetzen. Diese Texte setzen einen exklusiven Monotheismus gedanklich bereits voraus und resultieren aus der Konfrontation dieses Konstrukts mit dem Bilderverbot. Die Übertragung dieser Kultbildkritik auf den bilderlosen Jahwekult stellt dann lediglich eine Neuakzentuierung des Bilderverbotes dar und erscheint beinahe als logische Konsequenz der Formulierung besagter götzenpolemischer Texte in IIJes.
701 Vgl. BECKER, Richterzeit, 241; GROSS, Richter, 752.

Zusammenhang mit Gebietseroberungen – Ri 20,48.[702] In Jos 6 und 8 besteht der Zweck des Niederbrennens der Städte darin, ein weiteres Bewohnen zu verhindern. Im Fall von Jericho wird dies *qua* Fluch gewährleistet (Jos 6,26); bei der Eroberung Ais ist die gesamte Aktion von vornherein ätiologisch orientiert, erklärt sie doch, warum sich in Jerichos Nachbarschaft ein Trümmerhaufen befindet. In Jos 11,10 ff. ist die Kombination aus Vernichtung und Niederbrennen der Stadt wohl Ausdruck einer besonders radikalen Eroberung im Zusammenhang des Banngeschehens: Nicht nur die Bevölkerung und die Güter der Stadt werden der Gottheit geweiht, auch die architektonischen Strukturen werden für den profanen Gebrauch untauglich gemacht. Im Unterschied zu diesen Jos-Stellen wird die Stadt Lajisch direkt im Anschluss an die Brandstiftung wieder aufgebaut, was die Sinnhaftigkeit der Aktion erheblich in Frage stellt. Ri 18,27 lässt sich daher ebenfalls als eine Karikatur vergleichbarer Landnahmestellen verstehen.[703]

> Ein weiteres karikierendes Moment der Erzählung wird im Vergleich mit der Anordnung zur Vollstreckung des Banns an einer dem Götzendienst verfallenen Stadt in Dtn 13,16 f. greifbar. Auch wenn der Bann in Ri 18 nicht explizit genannt wird, sind Anklänge daran („Schlagen mit der Schärfe des Schwertes" und anschließendes Niederbrennen [= שׂרף] der Stadt) kaum von der Hand zu weisen. Während sich die Anordnung in Dtn 13,16 f. gegen eine Stadt richtet, deren Bewohner dem Götzendienst verfallen sind, sind es in Ri 18 die danitischen Eroberer selbst, die einen illegitimen Kult praktizieren. Es ist gut vorstellbar, dass der Verfasser das dtr. Material zur Eroberung des Landes kannte und es (auch hier) im Sinne seiner „Antierzählung" variiert hat.

Angesichts der sonstigen Zurückhaltung des Verfassers gegenüber der Verwendung konkreter Ortsangaben verdient die detaillierte geographische Angabe in V.28, Lajisch liege in einer Ebene nahe Bet-Rehob,[704] Beachtung. Wahrscheinlich soll sie noch einmal die begrenzten Verteidigungsmöglichkeiten der Bewohner

---

702 Während das Verbrennen der Stadt an allen Jos-Stellen mit שׂרף ausgedrückt wird, steht in Ri 1,8 und Ri 20,48 die Wendung שׁלח באשׁ. Die terminologische Übereinstimmung lässt an eine enge Beziehung zwischen diesen beiden Stellen denken. Der Frage wird an anderer Stelle gesondert nachgegangen; s.u. S. 217 ff.

703 Für eine literarkritische Aussonderung von V.27aβ.b, wie sie von NIEMANN, Daniten, 103 ff., vorgeschlagen wurde, gibt es keine Indizien, sieht man von dem methodisch fragwürdigen Kriterium der historischen Plausibilität ab.

704 Da die Lokalisierung von Bet-Rehob unsicher ist (2 Sam 10,6 rechnet es zu Aram, weshalb es sich eventuell um einen aramäischen Kleinstaat gehandelt haben könnte), erübrigt sich die Diskussion darüber, wie die Wendung zu übersetzen ist: „in der Ebene, die zu Bet-Rehob gehört" oder „in der Ebene, die auf Bet-Rehob hinführt" – beides ist möglich. Der Sache nach muss die Hule-Ebene um den gleichnamigen See herum gemeint sein, an dessen nördlichsten Ausläufern Dan liegt.

Lajischs veranschaulichen, denn eine Ortslage in einer Ebene ist automatisch „weit nach allen Seiten" (V.10).[705]

In V.29 wird die etymologische Notiz der Benennung der Stadt nach dem Eponym Dan (Jos 19,47) von Leschem auf Lajisch übertragen.[706] Der Vers wird verschiedentlich in literarkritischen Zusammenhängen diskutiert, obwohl an seiner Integrität grundsätzlich nicht zu zweifeln ist.

BECKERS Begründung für die Aussonderung des אשר-Satzes in V.29a, der entsprechende Part fehle in der literarischen Vorlage Jos 19,47, bleibt unzureichend.[707] Auch wenn ein literarischer Bezug sehr wahrscheinlich ist, da nur an diesen beiden Stellen die Vorstellung einer Besiedlung Dans durch Daniten begegnet,[708] muss sich der Verfasser keinesfalls sklavisch an seine literarische Vorlage halten. Die zusätzliche Erwähnung der Abstammung von „Israel" betont die Verortung der Erzählung in einem großen heilsgeschichtlichen Zusammenhang: Die Daniten agieren als ein Teil des Gottesvolkes Israel; ihr Verhalten muss daher umso härter verurteilt werden.[709]

Zusammen mit dem אשר-Satz in V.29a sondern NIEMANN und BECKER auch V.29b als „inhaltlich überflüssige Glosse"[710] aus.[711] In der Tat weiß der Leser bereits um den früheren

---

705 Der Personenwechsel in V.28 von 3. *f. sg.* zu 3. *m. pl.* und wieder zurück zu 3. *f. sg.* ist auffällig. Es ist kaum auszumachen, ob die pluralische Formulierung ודבר אין־להם עם־אדם mit Blick auf Ri 18,7 ergänzt wurde, oder ob der Vers literarisch einheitlich ist. Da die Entscheidung für die weitere Argumentation nicht viel austrägt, sollen die jeweiligen Hauptargumente nur am Rande genannt werden. Der Numeruswechsel an sich rechtfertigt keine Aussonderung, da sich der Singular auf die Stadt, der Plural hingegen auf die Bewohner der Stadt bezieht, und die jeweiligen Aspekte sinnvoll der Stadt bzw. ihren Bewohnern zugeordnet werden: Geschildert werden die geographische Lage der Stadt und die sozialen Verhältnisse ihrer Bewohner. Irritierend ist jedoch die Reihenfolge, denn zwei die Stadt betreffende geographische Angaben werden von einer auf die Bewohner bezogenen, nicht geographischen Angabe getrennt. Zudem erschwert die pluralische Formulierung das Verständnis von V.28b. Aus inhaltlichen Gründen ist das nicht näher bestimmte pluralische Subjekt mit den Daniten zu identifizieren; in grammatikalischer Hinsicht bietet sich jedoch mit den unmittelbar zuvor genannten Bewohnern Lajischs eine Alternative. Die Aussonderung des Versteils würde diese Schwierigkeit beheben. Eliminierte man die pluralische Formulierung, würde anderseits der syntaktische Zusammenhang durch die aufeinanderfolgende doppelte Nennung des Personalpronomens 3. *f. sg.* erheblich gestört. Da eine literarkritische Lösung die syntaktischen Probleme nicht vollständig beheben würde, ist der Vers (mit Vorbehalten) als literarisch einheitlich zu betrachten.

706 S. dazu o. S. 163.

707 Vgl. BECKER, Richterzeit, 242. Er führt hier eine Überlegung von NIEMANN, Daniten, 107, weiter, die als literarkritisches Kriterium abermals nur das gehäufte späte Vorkommen der Bezeichnung Jakobs als „Israel" zugrunde legt und damit ebenfalls nicht haltbar ist.

708 S. dazu o. S. 162 ff.

709 Ein über die Erzählung hinausgehender Bogen wird freilich nicht erst an dieser Stelle in den Schlusskapiteln des Richterbuches gespannt. Die Technik erinnert an das Ende von Ri 19, wo ebenfalls auf ein heilsstiftendes Ereignis der Vergangenheit, den Exodus, rekurriert wird.

710 NIEMANN, Daniten, 108.

Namen der Stadt, doch wird die Notiz – gerade weil sie inhaltlich verzichtbar ist – vom Verfasser eher als Mittel eingesetzt worden sein, die Aufmerksamkeit des Lesers zu erregen und zu lenken. V.29b ist exakt analog zu Gen 28,19 formuliert. Dort erfährt der Leser erst am Ende der Erzählung, dass Lus ehemals der Name des Ortes war, der nun Bet-El heißt; die entsprechende Notiz ist somit sinnvoll eingebunden. Vielleicht hat der Verfasser von Ri 18 V.29b in Anlehnung an Gen 28,19 formuliert, um Parallelen zwischen der Benennung Dans und der Benennung Bet-Els zu ziehen. Im Hintergrund stünde dann auch hierbei die Erzählung in 1 Kön 12, die beide Städte miteinander verbindet.

Am Ende mündet die Erzählung über die danitische Landnahme und den Raub der Gottesbilder in die Aufrichtung des Pesel in Dan. Eine eklatante Textspannung, die eine literarkritische Lösung verlangt, entsteht durch die doppelte Mitteilung der Kultgründung in V.30 f.

Nachdem in V.30a die Aufstellung des Pesel berichtet wurde,[712] nennt V.30b den Namen des Priesters am danitischen Heiligtum. Will man diesem Vermerk nicht von vornherein jeden Sinn absprechen, ist Jonathan ben Gerschom ben Mose mit dem bislang namenlosen levitischen Priester zu identifizieren;[713] der Name wird freilich überraschend spät im Erzählverlauf mitgeteilt, was wohlgemerkt bereits auf eine nachträgliche Einfügung hinweisen könnte. Die einzige Person, die in Ri 17 f. außerdem namentlich genannt wird, ist Michajehu („Wer ist wie Jahwe"). Ebenso wie der Eigenname dieses Kultfrevlers[714] könnte auch derjenige des Priesters Jonathan („Jahwe hat gegeben") ironisch zu verstehen sein. Immerhin wurden durch die gesamte Erzählung hindurch das Verhalten des Priesters sowie der Kult, den er praktiziert, subtil kritisiert. Für eine tendenziöse Lesart spricht schließlich, dass die gesamte Genealogie eine „freie Konstruktion"[715]

---

711 Vgl. Niemann, Daniten, 108 (und die dort genannte ältere Kommentarliteratur in Anm. 178); Becker, Richterzeit, 242. Wie diese überflüssige Notiz in den Text geraten sein soll, erklären beide allerdings nicht.

712 Becker, Richterzeit, 243 f., wertet im Gefolge Noths die Verwendung der Wurzel קום als Indiz für die neutrale Bewertung der Kultgründung in V.30. Angesichts des Konkordanzbefundes überrascht diese Einschätzung. In Lev 26,1, der einzigen Stelle, an der Pesel außerdem noch als Objekt von קום fungiert, ist das Verb eindeutig negativ konnotiert. Zu beachten sind auch Dtn 16,22; 1 Kön 15,32 und 2 Kön 21,3, wo קום mit kultischem Objekt (Mazzebe oder Altar/Altäre) ebenfalls negativ verwendet wird; vgl. dazu Bauer, Geheiß, 392 f. Ob die Wurzel positiv oder negativ belegt ist, entscheidet sich also immer am Objekt. An der Polemik gegen den Pesel kann im vorliegenden Zusammenhang wahrlich kein Zweifel bestehen.

713 Gegen Derby, Jonathan, der V.30 Jerobeam I. zuschreibt. Der König habe mit der Situierung des Moseenkels Jonathan in Dan sein neues Heiligtum bewerben wollen.

714 S. o. S. 137.

715 Becker, Richterzeit, 245.

darstellt – zwar ist an einigen Stellen Gerschom als Sohn des Mose belegt,[716] ein Priester namens Jonathan oder ein Jonathan ben Gerschom wird jedoch nirgends erwähnt.

Neben dem Namen des Priesters gibt insbesondere seine mosaische Abstammung Rätsel auf, wobei die häufig bezeugte Lesart mit *nun suspensum* anzeigt, dass Tradenten und Ausleger bereits früh Anstoß an dieser Genealogie genommen haben.[717] Die Involvierung eines Moseenkels in einen derart schändlichen Kult mutet in der Tat zunächst befremdlich an. Da sich daraus keine positive Bewertung des danitischen Kultes ableiten lässt[718] – schließlich würde V.30b damit in Widerspruch zur gesamten restlichen Erzählung treten – , muss die Genealogie anderweitig motiviert sein. Chronologisch stimmt sie mit dem redaktionellen Vers Ri 20,28a*[bis ההם] überein, der die Legitimität des Bet-Eler Heiligtums durch die Anwesenheit eines Aaronenkels begründet.[719] Während der aaronidische Priester Pinhas auf dieser redaktionellen Ebene somit durchaus positiv bewertet wird (und die spätere, kultkritische Bet-El-Redaktion diesen Umstand nicht ändert, sondern allenfalls merkwürdig erscheinen lässt),[720] wird die zweite Generation nach Mose und Aaron in 18,30 durch die Beteiligung eines Moseenkels am danitischen Frevelkult diskreditiert.

V.30bβ gibt das Ende der durch den Moseenkel begründeten Götzenpriesterdynastie an: Sie besteht bis zur Exilierung der Bewohnerschaft des Landes, d. h. sie umfasst die gesamte Geschichte des Stammes Dan.[721]

V.31a hebt mit der Notiz über die Aufstellung des Pesel dublettenhaft neu an. Das Gottesbild heißt hier nicht einfach Pesel, sondern „Pesel Michas, den er gemacht hatte". Durch diese Formulierung, die stark an V.24 und V.27 erinnert, ist V.31a fest im Kontext verankert. Mit der Kombination von Pesel, שים und עשה steht wohl wie in 17,3 f. auch hier Dtn 27,15 im Hintergrund.[722] Die Daniten missachten das Verbot sich ein Pesel anzufertigen; wenn sie das Kultbild schließlich nicht

---

716 Vgl. Ex 2,22; 18,3; 1 Chr 23,14 – 16; 26,24.

717 Zum Phänomen des *nun suspensum* vgl. zuletzt WEITZMAN, Suspended Nun, und BÖHLER, Interpretationsgeschichte, 359 f.

718 So aber BECKER, Richterzeit, 245 f.

719 S. dazu o. S. 79 ff.

720 S. dazu o. S. 82 f.

721 Die Lage Dans im Territorium des Nordreichs lässt vermuten, es würde auf den Untergang des Nordreichs Israels 722 v. Chr. angespielt.

722 S. auch o. S. 142. Die Kombination der beiden Ausdrücke Pesel und שים begegnet außer in Dtn 27,15 und Ri 18,31 nur noch mit Bezug auf Manasse in 2 Kön 21,7 (פסל האשרה) und 2 Chr 33,7 (פסל הסמל). Diese Übereinstimmung könnte die Identifikation des Dynastiegründers der danitischen Priesterschaft mit dem sündigen judäischen König in Ri 18,30 durch Einfügung eines *nun suspensum* befördert haben.

einmal im Verborgenen, sondern öffentlich aufstellen, übertrifft dies sogar das in Dtn 27,15 anvisierte Vergehen.[723]

Analog zu V.30b wird auch in V.31b die Zeit des Pesel-Kultes in Dan begrenzt: Der Pesel stand so lange in Dan, wie sich das Haus Gottes in Schilo befand. Der Gehalt dieser Aussage ist schwer zu erfassen. Da sich die Preisgabe des Schiloer Heiligtums inneralttestamentlich kaum niedergeschlagen hat, dürfte die Zeitangabe in V.31b jedenfalls nicht im Sinne einer konkreten Datierung zu verstehen sein.

Die zeitliche Limitierung des Schiloer Kultes speist sich womöglich aus der Erinnerung an ein altes Heiligtum in Schilo, das irgendwann entweder vernichtet wurde oder auf andere Weise an Relevanz verlor und schließlich in Vergessenheit geriet. Über die Art und die Gründe des Untergangs lässt sich kaum Gesichertes sagen. Aus Ps 78,60 ließe sich u.U. ableiten, dass Jahwe sein eigenes Heiligtum vernichtet hat. נטש kann jedoch auch einfach als „aufgeben" verstanden werden,[724] sodass eine tätliche Zerstörung nicht zwingend impliziert ist. In die Richtung einer gewaltsamen Vernichtung des Heiligtums weisen dann allerdings Jer 7,14; 26,6.9. Diese Deutung steht im Horizont der Parallelisierung des Untergangs des Heiligtums in Schilo mit dem Untergang des Jerusalemer Tempels: Jerusalem wird es ergehen, wie es einst Schilo ergangen ist.[725] Auch an anderen Stellen werden Schilo und Jerusalem in Zusammenhang gebracht. So löst Jerusalem Schilo als Aufbewahrungsort der Bundeslade ab: In 1 Sam 4 wird die Bundeslade in Schilo lokalisiert; nachdem sie an die Philister verloren gegangen und auf Umwegen nach Kirjat-Jearim gekommen war, holt David sie in 2 Sam 6 schließlich nach Jerusalem. Die gleiche Abfolge findet sich auch in priesterlich gefärbten Kreisen: Jos 18,1 verortet das Zelt der Begegnung, das Heiligtum der Priesterschrift, zur Zeit der Landverteilung in Schilo. Die Beobachtung, dass Schilo in breiten literar- und theologiegeschichtlichen Kreisen kein beliebiges Heiligtum, sondern den Vorläufer Jerusalems darstellt,[726] ist maßgeblich für die Deutung von Ri 18,31: Bereits zur Zeit des ersten von Jahwe erwählten Heiligtums in Schilo fand in Dan (analog zur „Sünde Jerobeams" zur Zeit des Jerusalemer Tempels) unrechtmäßiger Kult statt.[727] Der danitische Kult wird damit noch einmal deutlich als jahwefern charakterisiert.[728]

723 Vgl. Bauer, Geheiß, 223.
724 Vgl. zu diesem Verständnis von Ps 78,60 auch Bauer, Geheiß, 406.
725 S. dazu auch o. S. 115, Anm. 422.
726 Zu dieser Deutung der Erwähnung Schilos in V.31 vgl. auch Bertheau, Richter II, 255 f.; Veijola, Königtum, 26.
727 Vgl. auch Auberlen, Anhänge, 546; Veijola, Königtum, 26; Becker, Richterzeit, 247 ff.; Gross, Richter, 793.

Die passgenaue kontextuelle Einbindung von V.31 sowie die ganz auf der Linie der restlichen Erzählung liegende dankritische Aussage des Verses sprechen dafür, in V.31 den ursprünglichen Abschluss der Erzählung zu sehen. Folglich ist V.30 als Nachtrag zu betrachten.[729] V.30a nimmt als redaktionelles Scharnier V.31a auf, damit eine sinnvolle Abfolge der erzählten Ereignisse gewahrt bleibt: Erst wird mit der Aufrichtung des Pesel der Kult installiert, dann wird Auskunft über die am Heiligtum waltende Priesterdynastie gegeben. Die Zeit des Götzendienstes in Dan wird in dem redaktionellen V.30 ausgeweitet von der zweiten Generation nach Mose bis zum Exil. In Abweichung von V.31, wonach der danitische Frevelkult (aus sachlichen Gründen) zeitlich limitiert ist, wollte der Redaktor offensichtlich betonen, dass die danitische Abgötterei die maximale Ausdehnung erreichte, d. h. so lange währte wie die Epoche der Staatlichkeit selbst. In der ursprünglichen Version des Verses wird das mosaische Geschlecht in die *massa perditionis* der Israeliten (17,6) integriert, indem ein Moseenkel den schändlichen Kult versieht.

5.6 Ergebnis: Die Entstehung von Ri 17 f.

1) Die Grundschicht von Ri 17 f. bilden 17,1 – 4.6. Die Verse präsentieren eine Satire über einen innerfamiliären Diebstahl und die Herstellung eines Kultbildes im Gebirge Efraim. Auf einen formal einwandfreien Einstieg in die Erzählung in V.1 folgt abrupt eine skurrile Episode, die auffällig breit geschildert wird. Das Verhalten der Handlungsträger, vor allem aber ihr Werk, Pesel und Massecha, wird subtil kritisiert, sodass die Grundschicht die Richtung der gesamten folgenden „chronique scandaleuse"[730] in Ri 17,7 – 18,31 vorgibt.

Die kurze Episode legt dem Protagonisten Michajehu einen Verstoß gegen das Pesel- und Massechaverbot aus Dtn 27,15 zur Last.[731] Da das Bilderverbot im Hintergrund steht, ist von einer nachexilischen Abfassung auszugehen.

---

[728] Auch in kompositorischer Hinsicht fügt sich die Erwähnung Schilos sinnvoll in den Zusammenhang ein: Sämtliche Episoden in Ri 17 – 21 spielen im Gebirge Efraim, der Frauenraub in Ri 21 findet sogar ebenfalls in Schilo statt. Auch in 1 Sam ist zunächst das Heiligtum von Schilo der Schauplatz der Ereignisse. Eine interessante Parallele besteht schließlich zu Jos 18,1, wonach sich das von Jahwe erwählte Heiligtum zur Zeit der Landverteilung – wozu selbstverständlich auch Ri 18 als verspätete Landnahmeerzählung noch zu rechnen ist – in Schilo befindet. Auf die konzeptionellen Ähnlichkeiten zwischen der Landverteilung in Jos und Ri 17 – 21 wird an späterer Stelle zurückzukommen sein; s.u. S. 231 ff.

[729] Vgl. bereits STUDER, Richter, 387; WELLHAUSEN, Composition, 228, aber auch BECKER, Richterzeit, 250; GROSS, Richter, 763.

[730] NOTH, Hintergrund, 137.

[731] S. dazu o. S. 142.

Der abschließende Kehrvers in 17,6 qualifiziert die königslose Zeit als Zeit der kultischen Willkür in Israel. Durch den Rekurs auf Dtn 12,8 ist die Perspektive vor allem auf das davidisch-salomonische Königtum gerichtet, das den chaotischen Zuständen durch die Zentralisierung des Kultes Einhalt gebieten soll. Die engsten redaktionsgeschichtlichen Berührungen weist die Passage zur Grundschicht von Ri 21 auf, die in V.25 mit dem identischen Kommentar schließt. Der Tendenz nach passen Ri 17,1–6* jedoch auch gut zu Ri 19. Die im Folgenden vertretene Annahme der literarischen Zusammengehörigkeit von Ri 17,1–6* und Ri 21,1.15–23.25[732] hat Konsequenzen für das literarhistorische Verhältnis zu Ri 19: Ri 17,1–6* wurden sicher in Kenntnis von Ri 19 verfasst und bildeten ursprünglich womöglich eine Art Vorspann dazu.

2) Die Grundschicht wurde zunächst durch eine umfängliche Fortschreibung in Ri 17,7–18,31* erweitert. Sie knüpft schlüssig an das vorgegebene Material an: Michas zweifelhafte Kultgegenstände werden zur Grundlage des Kultes in Dan; als Bindeglied fungiert ein levitischer Priester, der im Lauf der Erzählung sein opportunistisches Wesen offenbart und schließlich den Kult in Dan besorgt. Insgesamt zielt die Episode auf die Disqualifikation des Daner Kultes. Im Rahmen einer Landnahmeepisode werden die fragwürdigen Ereignisse geschildert, die schließlich zu seiner Gründung führen. Bevor die Daniten die Stadt Lajisch, das nachmalige Dan, rücksichtslos dem Erdboden gleich machen, entwenden sie Michas – aus gestohlenem Geld hergestelltes – Kultinventar, Pesel und Massecha, und ziehen damit in den Norden. Die Ereignisse demonstrieren, dass der Kult in Dan von Beginn an dem Jahwekult zuwider läuft. Die Etablierung des Kultes in Dan und seine Begrenzung auf die Zeit des Heiligtums in Schilo (18,31) setzen den danitischen Frevelkult schließlich deutlich in Analogie zur späteren „Sünde Jerobeams" in 1 Kön 12.

3) Im Anschluss an die Erweiterung der Grundschicht um 17,7 ff. ergänzte ein Redaktor 17,5 und fügte an einigen Stellen in Ri 18 Efod und Terafim ein. Die Bearbeitung bewirkt eine ungewöhnliche Akkumulation negativ konnotierter Kultobjekte, die vordergründig den Kultfrevel im Gebirge Efraim steigert. Auch sie dürfte auf die Dankritik abzielen, denn immerhin erhöht die Bearbeitung die Schändlichkeit desjenigen Kultes, aus dem letztlich der Daner Kult hervorgeht. Es ist zu erwägen, ob Ri 17,5 darüber hinaus einen weiteren (polemischen) Aspekt in die Gesamterzählung einbringt. Der Vers weckt Assoziationen an spätere Handlungen Jerobeams I. und regt so den Vergleich des Protagonisten Micha mit dem Nordreichskönig an. Trifft die Vermutung zu, würde nicht nur in Ri 18 durch den Pesel-Kult in Dan eine Verbindung zu 1 Kön 12 hergestellt, sondern auch durch

---

732 S.u. S. 190 f.

Michas Taten im Gebirge Efraim (= Bet-El?), von wo der infame Kult dann – analog dem Prozessionsweg in 1 Kön 12,29 f. – auch seinen Ausgang genommen hätte.

4) Durch Ri 18,30 weitet ein (womöglich) späterer Bearbeiter die Zeitspanne des schändlichen Daner Kultes aus und integriert sogar das mosaische Geschlecht in den allgemeinen Verfall.[733] Passend zur Landnahmethematik in Ri 18 datiert der Bearbeiter den Beginn der Priesterdynastie des Daner Heiligtums in die zweite Generation nach Mose; zu ihrem Ende kommt sie erst durch das Exil. Es gibt keine Indizien, die Aufschluss über das literarhistorische Verhältnis von Ri 17,5 und Ri 18,30 geben. Für die Kompositionsgeschichte des Richterbuches ist Ri 18,30 jedoch durchaus relevant: Die Verortung der Ereignisse in der zweiten Generation nach Mose ist mit einer Jahrhunderte währenden vorausgehenden Retterzeit nicht vereinbar – was eventuell darauf hinweist, dass dem Redaktor von 18,30 das Richterkorpus noch nicht bekannt war.

5) Mit Ri 18,17 liegt schließlich ein punktueller pro-levitischer Nachtrag vor, der den Priester entlastet. Die Reihenfolge der Gottesbilder weist darauf hin, dass die Ergänzung von Efod und Terafim bereits bekannt war. Mit einer gewissen Wahrscheinlichkeit kennt 18,17 auch den redaktionellen Vers 18,30. Eine Entlastung des Leviten ist schließlich dann besonders naheliegend, wenn er direkt von Mose abstammt.

6) Eine spätere Bearbeitung erweitert den Text punktuell um die Ortsangabe „Zora und Eschtaol" (18,2.8.11), fügt die 600 Kriegsgerüsteten in 18,11 ein, korrigiert die Lage von Machane Dan in 18,12bβ und ergänzt den אשר-Satz in 18,16b. Die Zusätze verfolgen allesamt die Intention, Spannungen zur Simsonerzählung auszugleichen. Sollte der sekundäre Vers 18,30 das Richterkorpus noch nicht kennen, wären sie entsprechend nach diesem anzusetzen.[734]

7) Die Glossen in 18,7.14.18 gehören vermutlich schon nicht mehr in den Bereich der Textentstehung, sondern wurden im Zuge der Überlieferung des Textes ergänzt.

---

[733] Dieser überraschende Zug lässt sich redaktionsgeschichtlich erklären. S. dazu u. S. 193.

[734] Unabhängig davon, wie der Zyklus der Rettererzählungen in Ri 2,6 – 16,31* im Einzelnen entstanden sein mag, setzt die Kenntnis Simsons eine gewachsene Komposition voraus, die sich über mehrere Generationen von Rettern erstreckt.

D Synthese: Die Entstehung von Ri 17 – 21[735]

1) Der älteste Kern von Ri 17–21 liegt in Ri 19.[736] Das Kapitel präsentiert eine literarisch weitgehend einheitliche und in sich abgeschlossene Erzählung, die hexateuchisches Material assoziiert und im Horizont der Samuelbücher als prodavidische und antisaulidische Tendenzerzählung zu lesen ist.

Unter Rekurs auf ein schändliches Ereignis der frühen Volksgeschichte (Gen 19) läutet die Erzählung die Königszeit ein. Ri 19 verlängert damit die Sündengeschichte des Nordreichs nach vorne um eine drastische Episode: Sie nimmt ihren Ausgang nicht erst bei der „Sünde Jerobeams" in 1 Kön 12 und bahnt sich auch nicht länger erst in dem Dauerkonflikt zwischen David und Saul in 1 Sam an, sondern ragt hinein in die vormonarchische Zeit, in der sich die Gibeatiter aufführen wie einst die Sodomiten.

Die literarischen Bezugnahmen in Ri 19 (mindestens Gen 18 f. und 1 Sam 11)[737] und die Einspielung von dtr. Gedankengut[738] weisen insgesamt auf eine nicht allzu frühe Abfassungszeit hin. Eventuell ist mit dem abschließenden Votum in 19,30 auch bereits die literarische Abfolge von Gen und Ex impliziert.[739]

2) Diese Tendenzerzählung wurde zunächst um die priesterlich geprägte Grundschicht von Ri 20 und einige Ergänzungen in Ri 19 erweitert (20,1f*.3 – 14.15*.17.20 – 22.24 – 26.27a.28a*[ab לאמר].b.30.31*.32f.34*.35 – 36a.42 – 46 + 19,16b + ופילגשהו in 19,24 + 19,30b?). Die Fortschreibung trägt analog 1 Sam 11 die Ahndung der Schandtat nach. Im Vergleich zu Ri 19 ist sie universal und stärker theologisch ausgerichtet. Das Verbrechen kontaminiert nun das gesamte Gottesvolk (vgl. 20,13); die antisaulidische Tendenz wird auf den ganzen Stamm Benjamin ausgeweitet, der sich mit Gibea solidarisiert und somit aus der Stämmegemeinschaft Israels ausscheidet. Um das Böse aus Israel auszurotten (20,13) wird dadurch ein Krieg zwischen Israel und Benjamin unumgänglich. In diesem erleiden die kräftemäßig haushoch überlegenen Israeliten zunächst zwei überraschende Niederlagen. Erst nachdem das Kampfgeschehen durch eine Orakelan-

---

735 Der Übersichtlichkeit halber beschränkt sich die Skizze auf die übergreifenden, redaktions- und theologiegeschichtlich relevanten Bearbeitungen und lässt punktuelle und auf den Nahkontext begrenzte Eingriffe in den Text außer Acht. Diese können dem folgenden, mit Erläuterungen versehenen Schichtenblatt entnommen werden.

736 Ri 19 bildet das älteste Stratum in Ri 19 – 21. Die Grundschicht von Ri 17 f. in Ri 17,1 – 6* gehört mit der Schilo-Episode in Ri 21 auf eine literarhistorische Ebene und wurde daher bereits in Kenntnis von Ri 19 verfasst.

737 S. dazu o. S. 37 ff. 44 ff.

738 S. dazu o. S. 30 f.

739 S. o. S. 50 f.

frage in den Rang eines Jahwekrieges erhoben wurde, verbuchen sie entsprechend der Übereignungsformel schließlich einen Sieg.

Durch (mindestens) zwei kleine Eingriffe in Ri 19 bereitet der Redaktor seine Fortschreibung vor. Ein punktueller Nachtrag in 19,16b („die Männer des Ortes aber waren Benjaminiten") geht über die in Ri 19 übliche Kontrastierung des fremden Gastgebers und der Ortsansässigen hinaus und kündigt vorab die Ausweitung des Strafhandelns auf den gesamten Stamm Benjamin an. Die Einfügung von „und seine geliebte (Frau)" in 19,24 exkulpiert den Ehemann der Geschändeten, indem sich deren Auslieferung nun dem Gastgeber anhängen lässt – ein Detail, das für die Anhörung des Mannes in der Versammlung (20,4 ff.) durchaus relevant ist. Eventuell geht auch der sekundäre Teilvers 19,30b, der am Ende von Ri 19 einen neuen Handlungsspielraum eröffnet, auf die Hand dieses Redaktors zurück.[740]

3) In einem nächsten Schritt wurde die Erzählung Ri 19 f.* durch zwei Episoden gerahmt (Ri 17,1–4.6 und 20,48; 21,1.15–23.25). Zwei Gemeinsamkeiten sprechen für ihre redaktionsgeschichtliche Zusammengehörigkeit: 1) In beiden steht ein Diebstahl resp. Raub im Zusammenhang mit dem Jahwekult: Micha stiehlt seiner Mutter Geld und lässt daraus Bilder für den Jahwekult anfertigen; die Israeliten rauben während eines Jahwefestes am Schiloer Heiligtum Jungfrauen. 2) Beide schließen mit einem identisch formulierten Kommentar, der (nur) hier in der Tat als Kehrvers fungiert.[741]

Durch die Rahmung mit kultischen Vergehen kennzeichnet die Fortschreibung einen Verfall gegenüber Ri 19 f.* Während Ri 20 die Schuld Gibeas zunächst auf den gesamten Stamm Benjamin ausweitete und die Ahndung des Verbrechens im Rahmen eines Jahwekrieges nachtrug, ist nun bereits ganz Israel vom kultischen Chaos durchwirkt. Ri 17,1–4 demonstrieren diesen Zustand exemplarisch anhand eines individuellen Vergehens; in Ri 21,1.15–23 ist das gesamte Gottesvolk in den Frauenraub involviert. Der Kommentar in 17,6 und 21,25 bringt abschließend sowohl die Universalität als auch die kultische Komponente der Vergehen noch einmal zum Ausdruck: Die königslose Zeit ist von allgemeiner Willkür geprägt. Der erste Teil der Wendung entspricht Ri 19,1a,[742] der zweite Teil zitiert Dtn 12,8. Die literarische Bezugnahme rückt die Kultzentralisation, auf die Dtn 12,8 zielt, auch in Ri 17 ff. in den Blick und legt dar, dass eine Besserung der desolaten Zustände nur vom davidisch-salomonischen Königtum zu erwarten ist. Damit fügen sich die rahmenden Episoden gut zur prodavidischen Ausrichtung von Ri 19. Gleichzeitig

---

740 Zur Problematik der redaktionsgeschichtlichen Beurteilung von 19,30b s. o. S. 67 f.
741 S. dazu o. S. 159.
742 Zur literargeschichtlichen Problematik dieser Stelle s. o. S. 147.

bewirkt die Rahmung auch im Verlauf der Komposition eine Steigerung des Verfalls. Am Beginn steht ein Vergehen eines einzelnen Efraimiten (17,1–4), gefolgt von der Schandtat der ganzen Stadt Gibea (Ri 19*); diese wird in einem weiteren Schritt auf den Stamm Benjamin ausgeweitet (Ri 20*), bevor am Ende die Gesamtheit Israels von dem Frevel betroffen ist (Ri 21*): Ohne die regulierende Instanz des davidischen Königtums greift das Chaos unaufhaltsam um sich.

4) Auf der nächsten redaktionellen Ebene wird die Polemik verlagert, diesmal mit Dan auf einen weiteren Brennpunkt der Geschichte des späteren Nordreiches (17,7–18,31* + לוי גר in 19,1 und האיש הלוי in 20,4 + 20,27b.28a*[bis ההם]). Der Redaktor arbeitet subtil mit dem vorgegebenen Material und lässt Bemühungen erkennen, das bisweilen disparate Textmaterial zu vereinheitlichen. Von der vorangehenden Redaktionsschicht übernimmt er das Motiv des Verbrennens einer Stadt sowie den Ortsnamen Schilo. Durch die Einfügung des Leviten in 19,1 und 20,4 werden die einzelnen Teile der Komposition enger miteinander verzahnt.

Die kriminelle Beschaffung des illegitimen Kultbildes (mitsamt seines opportunistischen Priesters) und seine Errichtung in Dan karikieren die „Sünde Jerobeams" in 1 Kön 12. Ähnlich wie in Ri 19 zeigt sich darin die Tendenz, den Abfall des Nordreiches nach vorn zu verlagern: Der Kult im Norden basiert von Beginn an auf einem Verstoß gegen das Pesel- und Massecheverbot aus Dtn 27,15 – schon in der Landnahmezeit trat der danitische Kult damit in Kontrast zum legitimen Heiligtum, das sich damals noch nicht in Jerusalem, sondern in Schilo befand (18,31).

Auch die Ergänzung von 20,27b.28a*[bis ההם] lässt sich auf dieser Ebene verorten. Die tendenziöse Gründungslegende des Daner Kultes erschwert eine wertneutrale Lektüre der Bet-Eler Orakelszene in Ri 20,26–28. Da beide Orte in der Tradition des Nordreiches eng miteinander verbunden sind (1 Kön 12), zieht die Stigmatisierung Dans als Ort des illegitimen Kultes automatisch die Frage nach der Legitimität des Bet-Eler Heiligtums nach sich. Vor dem Hintergrund von Ri 17,7–18,31* muss daher erklärt werden, inwiefern in Bet-El rechtmäßiger Kult möglich war, während in Dan bereits Frevelkult betrieben wurde. Der Redaktor löst das Problem geschickt durch die Einfügung von 20,27b.28a*[bis ההם], die den Bet-Eler Kult durch die Bundeslade und den aaronidischen Priester aufwertet. Im Horizont der Samuelbücher ist dies gänzlich unproblematisch. Das unverhoffte Auftauchen der Bundeslade in Schilo zu Beginn von 1 Sam begrenzt diese Phase der rechtmäßigen Kultpraxis in Bet-El auf eine denkbar kurze Zeitspanne.

5) Im Anschluss an die beiden vorangegangenen Ergänzungsschichten, die sukzessiv die Thematik des Kultfrevels in die bestehende Erzählung eingeschrieben haben, ergänzt ein Redaktor in Ri 20 f. schließlich drei Kultszenen in Bet-El (20,18 f.23; 21,2–4). Die kultischen Handlungen der Israeliten bieten dabei ein groteskes Bild: In Ri 20 werden die Orakel nicht befolgt (V.18 f.) oder zur formalen

Nebensache degradiert (V.23), in Ri 21 beklagen die Israeliten plötzlich den Sieg über Benjamin, den sie zuvor erbeten hatten. Die Aufstockung der beiden Orakelszenen in Ri 20 überlagert die Tendenz der Grundschicht – die Israeliten erleiden die zweimalige Niederlage nun offenbar aufgrund der falschen Kultpraxis, in der Grundschicht erklärt sie sich hingegen dadurch, dass die Israeliten keinerlei kultische Handlungen vollzogen haben. Der Fokus der Redaktion ist in erster Linie kultkritisch; gegen Bet-El als Ort des schändlichen Kultes wird nicht explizit polemisiert. Gleichwohl ist die Fortschreibung auf eine negative Interpretation Bet-Els hin transparent.

Aufschluss über den redaktionsgeschichtlichen Ort dieser Ergänzung gibt ihr Verhältnis zu den umliegenden literarischen Strata. Für die Einfügung von 21,2–4 muss die Grundschicht von Ri 21 selbstverständlich vorgelegen haben. Die Ergänzung fügt sich nahtlos in den Zusammenhang dieser Grundschicht (V.1.15–23.25) ein, da V.2–4 wie V.15 die Dezimierung der israelitischen Gemeinschaft beklagen. Für eine Einfügung vor V.5–14 hätte es hingegen weniger Anknüpfungspunkte gegeben, sodass der Bann an Jabesch möglicherweise noch nicht bekannt war. Die Bearbeitung setzt andererseits sicher 20,27b.28a*[bis ההם] voraus, da die Situierung von Pinhas und der Lade in Bet-El nach der kritischen Redaktion nicht mehr nahe gelegen haben dürfte.[743]

6) Die redaktionsgeschichtliche Verortung von Ri 17,5 sowie „Efod und Terafim" in 18,14.18.20 bleibt unsicher. Bei 17,5 handelt es sich um einen sekundären Nachtrag innerhalb von 17,1–6. Die Fortsetzung dieser kurzen Episode durch 17,7–18,31* ist bekannt, da diese durch die dreimalige Einfügung von „Efod und Terafim" nachträglich an die Aufstockung der Kultrequisiten angeglichen wird.[744] Die Bearbeitung steigert den Kultfrevel, den Micha auf dem Gebirge Efraim verübt, und somit auch die Kritik an dem danitischen Kult, der aus diesem erwächst. Ob 17,5 die Absicht hat, Micha und Jerobeam I. bzw. den Kult auf dem Gebirge Efraim und den Bet-Eler Kult zu parallelisieren (Installation eines „Bet-Elohim", Anstellung eines nicht-levitischen Priesters), kann erwogen werden, lässt sich naturgemäß aber nicht mit Sicherheit beweisen.[745] Sollte dies tatsächlich die Intention gewesen sein, ließe sich die Schicht mit einiger Wahrscheinlichkeit nach der Ergänzung der Bet-El-Szenen in Ri 20 f. verorten, da diese erstmals eine negative Sicht auf das Bet-Eler Heiligtum ermöglichen.

7) (Definitiv) nachdem die Rahmung von 19 f.* durch 17,1–6* und 20,48; 21,1.15–23.25 erstmals die Perspektive von dem Vergehen Gibeas/Benjamins auf

---

743 S. dazu o. S. 84.
744 S. dazu o. S. 173, Anm. 674.
745 S. dazu o. S. 149 ff.

den kultischen Abfall Gesamtisraels ausgeweitet hat und (eventuell)[746] nachdem die weiteren Bearbeitungen diesen Verfall auf den danitischen Kult konzentriert (17,7 – 18,31* und 17,5) bzw. grundsätzlich ausgebaut (20,18 f.23; 21,2 – 4) haben, rückt eine übergreifende Fortschreibung in Ri 20 f. in zwei Bann-Episoden den alten Fokus der Komposition, die Kritik am saulidischen Königtum, erneut in das Zentrum (20,1*[nur הגלעד וארץ].29.31aβ.b* [nur בישראל איש כשלשים בשדה].34b. 36b.37 – 41.47; 21,5.9 – 14.24). Die Zusammengehörigkeit der beiden Episoden erweist sich nicht nur anhand der vergleichbaren inhaltlichen Ausrichtung, sondern auch anhand derselben technischen Vorlieben: Neben dem gemeinsamen und naheliegenden Bezugstext Dtn 13 greifen beide Texte umfassend auf weiteres hexateuchisches Textmaterial (Jos 7 f. bzw. Num 31) zurück.

In Ri 21 knüpft der Redaktor an die Wiederherstellung Benjamins durch den Frauenraub in Schilo an und fügt als weitere Maßnahme den Bann an einer Saul nahe stehenden Stadt, Jabesch in Gilead, hinzu. Auch der Nachtrag der Vollstreckung des Banns an Gibea in Ri 20 erweitert die Saulkritik um ein weiteres Kapitel. Unter Aufnahme der Bannthematik aus 20,48 wird die Leerstelle gefüllt, dass die Forderung von 20,13, das Böse aus Israel auszurotten, bislang zumindest nicht explizit eingelöst wurde.

8) Durch die Eintragung der Bet-El-Szenen an den ersten beiden Kampftagen gerät die Verortung der Bundeslade und des Aaroniden Pinhas in Bet-El unweigerlich ins Zwielicht – es entsteht der Eindruck, als sei der Priester maßgeblich an dem kritisierten Kult beteiligt. Diese Lesart dürfte die Einfügung von 18,30 begünstigt haben, die den danitischen Frevelkult zeitlich ausdehnt von der zweiten Generation nach Mose bis zum Exil und nun auch das mosaische Geschlecht selbst in den schändlichen Kult involviert. Die Chronologie spricht eher dagegen, dass die Rettererzählungen in Ri 2,6 – 16,31* in diesem redaktionsgeschichtlichen Stadium bereits bekannt waren.

9) Auf einer späteren Ebene gleicht ein Redaktor durch punktuelle Eingriffe Spannungen zur Simsonerzählung aus (Zora und Eschtaol in Ri 17,7 – 18,31* + 600 Kriegsgerüstete in 18,11 + 18,12bβ + 18,16b). Durch die Einfügung von Zora und Eschtaol wird den Daniten neben dem Siedlungsgebiet im Norden noch ein wei-

---

746 Zwischen den genannten kultkritischen Fortschreibungen und der zu verhandelnden Bearbeitung in Ri 20 f. besteht keine literarische Verbindung, sodass sich die relative Chronologie der Schichten, an der wohlgemerkt für die Redaktionsgeschichte kein großes Gewicht hängt, nicht mit Sicherheit bestimmen lässt. Die Betonung der saulkritischen Tendenz der Erzählung ist grundsätzlich direkt im Anschluss an die Rahmung von Ri 19 f.* durch 17,1 – 6* und 20,48;21,1.15 – 23.25 vorstellbar, lässt sich aber vielleicht besonders gut nachvollziehen, wenn zuvor weitere Bearbeitungen die Perspektive ausgeweitet und den Fokus auf andere Themen gelenkt haben.

teres in der Schefela (analog Ri 13) zugeschrieben. V.11b begrenzt die Nordwanderung auf 600 Kriegsgerüstete (plus die fünf Kundschafter), damit noch Daniten in der Schefela zurückbleiben; V.16 verdeutlicht durch den angehängten Relativsatz, dass diese 600 Daniten sich im Stadttor aufstellen. V.12bβ passt die geographischen Gegebenheiten an den Simsonzyklus an. Wenn Ri 18,30 die Rettererzählungen noch nicht kennt, ist die Bearbeitung noch einmal später anzusetzen, da nun die Rettererzählungen (inkl. Simsonzyklus!) vorausgesetzt sind.

Die Analyse der fünf Kapitel hat die grundsätzliche Zusammengehörigkeit der beiden Erzählungen Ri 17 f. und Ri 19 – 21 nahegelegt, die auch zu Beginn der kritischen Erforschung des Richterbuches (bis zu WELLHAUSEN) meist bejaht wurde (vgl. STUDER, BERTHEAU, AUBERLEN).[747] Ri 17 f. und Ri 19 – 21 werden nicht etwa bloß durch einen redaktionell eingefügten „Kehrvers" nachträglich lose miteinander verbunden,[748] sondern weisen über die Grenzen der Erzählungen hinaus redaktionelle Verflechtungen auf. Dass Ri 17 f. und Ri 19 – 21 in ihrer kanonischen Form dennoch als vornehmlich distinkte Erzählungen erscheinen, liegt maßgeblich an der Fortschreibung von Ri 17,1 – 6* um Ri 17,7 – 18,31*, die der bis *dato* vorherrschenden prodavidischen und antisaulidischen Tendenz eine dankritische Erzählung an die Seite stellt.

Blickt man auf die Redaktionsgeschichte von Ri 17 – 21, ist auf sämtlichen entstehungsgeschichtlichen Ebenen eine proleptische Funktion im Blick auf die Samuel-Könige-Komposition erkennbar. Ausgehend von einer prodavidischen und antisaulidischen Erzählung, die eine Leseperspektive für die folgende Zeit des Königtums eröffnet, wird die königslose Zeit nach und nach mit Episoden gefüllt, die den Verfall des Gottesvolkes oder einzelner seiner Teile in dieser Epoche demonstrieren. Auf sämtlichen redaktionsgeschichtlichen Ebenen bleibt eine Überzeugung konstant: Hoffnung auf Besserung besteht allein in der Erwartung des davidischen Königtums.

In diesem Sinne ließen sich Ri 17 – 21 in kompositionsgeschichtlicher Hinsicht als Vorspann zu 1 Sam – 2 Kön bezeichnen.[749] Ob darüber hinaus auch nach vorne bereits eine literarische Anbindung besteht, ist auf der Grundlage der bisherigen Untersuchungen kaum entscheidbar. Bereits Ri 19 assoziiert mit Gen 18 f. und dem Exodus hexateuchisches Material. Geht man von der literarischen Integrität von Ri 19,1 aus, ist die Anbindung an einen vorangehenden Kontext vorausgesetzt. Zwar gibt es keine zwingenden Gründe für einen literarkritischen Schnitt zwischen 19,1a und 19,1b, doch ist der Erzähleinstieg insgesamt so auffällig, dass man an

---

747 S. dazu o. S. 2.
748 Zur Problematik des „Kehrverses" s. o. S. 159.
749 Vgl. auch MAYES, Deuteronomistic Ideology.

eine Entscheidung in dieser Frage kein allzu großes Gewicht hängen sollte. Eine literarische Anbindung von Ri 19 an den Hexateuch ist daher möglich, aber nicht zweifelsfrei nachzuweisen. Im Zuge des redaktionellen Wachstums der Komposition verdichten sich die Bezüge zum Hexateuch. Indem Ri 20,27b.28a*[bis ההם] die Ereignisse in der zweiten Generation nach Aaron, d. h. in der auf Josua folgenden Generation ansetzen, und Ri 18 auf derselben literarhistorischen Ebene die Landnahmethematik einspielt, fügt sich die Darstellung chronologisch nahtlos an den Hexateuch an. Für die weitere Untersuchung ist die Frage nach dem literarischen Verhältnis von Hexateuch und Ri 17–21 im Blick zu behalten.

17,1) Es war ein Mann vom Gebirge Efraim und sein Name war Michajehu.
2) Der sprach zu seiner Mutter: „Die 1.100 (Stücke) Silber, die dir genommen worden sind, und (deretwegen) du einen Fluch ausgesprochen und (ihn) auch vor meinen Ohren gesagt hast, siehe, das Silber ist bei mir. Ich habe es genommen." Da sprach seine Mutter: „Von Jahwe gesegnet sei mein Sohn!"
3) Und er gab die 1.100 (Stücke) Silber seiner Mutter zurück und seine Mutter sagte: „Ich weihe das Silber nachdrücklich Jahwe, aus meiner Hand für meinen Sohn, um Pesel und Massecha anzufertigen. Somit gebe ich es dir zurück."
4) Also gab er das Silber seiner Mutter zurück und seine Mutter nahm 200 (Stücke) Silber und gab es dem Goldschmied. Der verarbeitete es zu Pesel und Massecha und es war im Haus Michajehus.
5) **Und der Mann Micha hatte ein Gotteshaus. Er stellte Efod und Terafim her und füllte die Hand eines seiner Söhne und der wurde für ihn Priester.**
6) In jenen Tagen gab es keinen König in Israel. Jeder tat, was in seinen Augen recht war.
7) *Und es war ein junger Mann aus Bethlehem, Juda, aus der Sippe Judas. Er war Levit und weilte dort.*
8) *Und* **der Mann(?)** *ging fort aus der Stadt, aus Bethlehem, Juda, um zu weilen, wo er (etwas) fände. Und er kam ins Gebirge Efraim bis zum Haus Michas, um seinen Weg zu machen.*
9) *Und Micha sagte zu ihm: „Woher kommst du?" Er sagte zu ihm: „Ich bin ein Levit aus Bethlehem, Juda, und ich bin unterwegs, um zu weilen, wo ich (etwas) finde."*
10) *Da sagte Micha zu ihm: „Bleib doch bei mir und sei mir Vater und Priester! Dann werde ich dir zehn (Stücke) Silber für ein Jahr geben und eine Ausstattung mit Kleidern und deinen Lebensunterhalt." Aber der Levit ging fort.*
11) *Der Levit überwand sich aber, bei dem Mann zu bleiben, und der junge Mann war für ihn wie einer von seinen Söhnen.*
12) *Und Micha füllte die Hand des Leviten und der junge Mann wurde für ihn Priester. Und er war im Haus Michas.*

13) Und Micha sagte: „Nun weiß ich, dass Jahwe mir Gutes tun wird, denn der Levit ist Priester für mich geworden."

18,1) In jenen Tagen gab es keinen König in Israel. Und in jenen Tagen suchte sich der Stamm des Daniten einen Erbbesitz zum Wohnen, denn bis zu jenem Tag war ihm nichts als Erbbesitz zugefallen inmitten der Stämme Israels.

*2) Und die Daniten schickten aus ihrer Sippe fünf Männer aus ihrer Gesamtheit, tapfere Männer, **aus Zora und aus Eschtaol**, um das Land auszukundschaften und es zu erforschen. Und sie sagten zu ihnen:˙ „Geht! Erforscht das Land!" Da kamen sie ins Gebirge Efraim bis zum Haus Michas und übernachteten dort.*

3) Als sie beim Haus Michas waren, erkannten sie die Stimme des jungen Mannes, des Leviten. Da bogen sie dorthin ab. Und sie sagten ihm: „Wer hat dich hierher gebracht? Was tust du hier? Was hast du hier verloren?"

4) Und er sagte zu ihnen: „So und so hat Micha mir getan. Er hat mich angeworben und ich bin für ihn Priester geworden."

5) Da sagten sie ihm: „Befrage doch Gott, damit wir erfahren: Lässt du unseren Weg, den wir gehen, gelingen?"

6) Und der Priester sagte zu ihnen: „Geht in Frieden. Vor Jahwe ist euer Weg, auf dem ihr geht."

7) Und die fünf Männer gingen und kamen nach Lajisch und sahen das Volk, das in seiner Mitte war, ^{in Sicherheit wohnend,} *nach Sitte der Sidonier, ruhig und sorglos. Es gab niemanden, der einer Sache Schande machte im Land und Eigentum mit Gewalt in Besitz nahm. Sie waren fern von den Sidoniern und sie hatten mit keinem Menschen etwas zu tun.*

*8) Und sie kamen zu ihren Brüdern **nach Zora und Eschtaol** und ihre Brüder sagten ihnen: „Was habt ihr?"*

9) Da sagten sie: „Auf! Wir wollen gegen sie hinaufziehen! Denn wir haben das Land gesehen und siehe, es ist sehr gut. Und ihr seid untätig! Zögert nicht, euch aufzumachen, hineinzugehen und das Land einzunehmen.

10) Wenn ihr hinkommt, werdet ihr zu einem sorglosen Volk kommen und das Land ist weit nach zwei Seiten. Ja, Gott hat es in eure Hand gegeben – einen Ort, an dem es keinen Mangel an irgendetwas gibt, was auf der Erde ist."

*11) Da brach(en) auf von dort die/aus der Sippe des Daniten, **aus Zora und aus Eschtaol, 600 Mann, gegürtet mit Kriegsgeräten.***

*12) Und sie zogen hinauf und lagerten in Kirjat-Jearim in Juda, daher nennt man jenen Ort Lager Dans bis zum heutigen Tag. **Siehe, er ist hinter Kirjat-Jearim.***

13) Und sie zogen von dort hinüber zum Gebirge Efraim und kamen zum Haus Michas.

14) Und die fünf Männer, die gegangen waren, um das Land ^{Lajisch} *auszukundschaften, hoben an und sagten zu ihren Brüdern: „Wisst ihr, dass es in diesen*

Häusern **Efod und Terafim und** Pesel und Massecha gibt? Und nun bedenkt, was ihr tun werdet!"

15) Da bogen sie dorthin ab und kamen zum Haus des jungen Mannes, des Leviten, dem Haus Michas und fragten ihn nach seinem Wohlergehen.

16) Sechshundert Mann aber, gegürtet mit ihren Kriegsgeräten, stellten sich in die Öffnung des Tores, **die von den Daniten waren.**

17) Und die fünf Männer, die gegangen waren, um das Land auszukundschaften, stiegen hinauf, kamen dorthin, nahmen den Pesel und den Efod und den Terafim und die Massecha. Der Priester aber stellte sich in die Öffnung des Tores und die 600 Männer, die mit Kriegsgeräten gegürtet waren.

18) Diese aber waren in das Haus Michas hineingegangen, und sie nahmen den ^Pesel^**-Efod und den Terafim und** die Massecha. Da sagte der Priester zu ihnen: „Was tut ihr?"

19) Und sie sagten ihm: „Schweig! Leg deine Hand auf deinen Mund! Geh mit uns und werde uns zum Vater und zum Priester. Ist es besser, dass du Priester für das Haus eines Mannes bist oder dass du Priester für einen Stamm und eine Sippe in Israel bist?"

20) Da wurde das Herz des Priesters froh und er nahm **den Efod und den Terafim und** den Pesel und ging in die Mitte des Volkes hinein.

21) Und sie wandten sich und gingen und stellten die Kampfunfähigen und das Vieh und den wertvollen Besitz vor sich.

22) Sie hatten sich vom Haus Michas entfernt, da wurden die Männer, die in den Häusern waren, die bei dem Haus Michas waren, zusammengerufen und sie verfolgten die Daniten.

23) Und sie riefen zu den Daniten. Da wendeten sie sich um und sagten zu Micha: „Was hast du, dass du dich aufbietest?"

24) Und er sagte: „Meinen Gott, den ich gemacht habe, und den Priester habt ihr genommen und seid gegangen. Was habe ich noch? Und warum sagt ihr da zu mir: Was hast du?"

25) Die Daniten aber sagten zu ihm: „Lass deine Stimme nicht bei uns hören, damit nicht Männer bitteren Wesens über euch herfallen und du dein Leben und das Leben deines Hauses verlierst."

26) Und die Daniten gingen ihres Weges und Micha sah, dass sie stärker waren als er. Da wandte er sich um und kehrte in sein Haus zurück.

27) Nachdem jene aber genommen hatten, was Micha gemacht hatte, und den Priester, der ihm gehörte, kamen sie über Lajisch, über ein ruhiges und sorgloses Volk, und sie schlugen sie mit der Schärfe des Schwertes. Und die Stadt verbrannten sie mit Feuer.

28) Und es gab keinen Retter, denn sie war fern von Sidon und sie hatten mit keinem Menschen etwas zu tun – sie war in der Ebene, die nach Bet-Rehob führt. Sie bauten aber die Stadt wieder auf und wohnten in ihr.
29) Und sie nannten den Namen der Stadt Dan nach dem Namen Dans, ihres Vaters, der Israel geboren worden war. Früher dagegen war Lajisch der Name der Stadt.

30) Und die Daniten richteten sich den Pesel auf, und Jonathan, der Sohn Gerschoms, der Sohn Moses, er und seine Söhne, waren Priester für den Stamm des Daniten bis zum Tag der Wegführung des Landes.

31) Und sie stellten sich den Pesel Michas auf, den er gemacht hatte, alle Tage, in denen das Haus Gottes in Schilo war.

19,1) Und es geschah in jenen Tagen – einen König aber gab es nicht in Israel – da war/*weilte* ein Mann, *ein Levit, (als Fremder)* im entferntesten Teil des Gebirges Efraim und er nahm sich eine geliebte Frau aus Bethlehem, Juda.

2) Aber seine geliebte (Frau) zürnte gegen ihn und ging von ihm fort zum Haus ihres Vaters nach Bethlehem, Juda. Und sie war dort eine Zeit lang, (nämlich) vier Monate.

3) Da machte sich ihr Mann auf und ging ihr nach, um zu ihrem Herzen zu reden und es umzukehren, und er hatte seinen Burschen und ein Gespann Esel mit sich. Und sie führte ihn in das Haus ihres Vaters. Und der Vater des Mädchens sah ihn und freute sich, ihm zu begegnen.

4) Und sein Schwiegervater, der Vater des Mädchens, hielt ihn fest. So blieb er drei Tage bei ihm und sie aßen und tranken und übernachteten dort.

5) Und es geschah am vierten Tag, da standen sie früh am Morgen auf und er erhob sich, um fortzugehen. Da sprach der Vater des Mädchens zu seinem Schwiegersohn: „Stärke dein Herz mit einem Bissen Brot – danach mögt ihr gehen."

6) So blieben sie und die beiden aßen und tranken miteinander und der Vater des Mädchens sagte zu dem Mann: „Überwinde dich doch und bleib über Nacht, damit du dein Herz erquicken kannst."

7) Der Mann aber machte sich auf, um fortzugehen. Doch sein Schwiegervater nötigte ihn und so übernachtete er wieder dort.

8) Da machte er sich am fünften Tag früh am Morgen auf, um fortzugehen, aber der Vater des Mädchens sagte: „Stärke doch dein Herz! Wartet, bis der Tag sich ausbreitet!" Da aßen die beiden.

9) Dann machte sich der Mann auf, um zu gehen – er, seine geliebte (Frau) und sein Bursche. Aber sein Schwiegervater, der Vater des Mädchens, sagte zu ihm: „Sieh doch, der Tag hat sich geneigt, sodass es dämmert. Bleibt doch über Nacht! Siehe, der Tag beugt sich. Übernachte hier, damit du dein Herz erquicken kannst. Morgen aber mögt ihr euch früh aufmachen auf euren Weg und du wirst zu deinem Zelt gehen."

10) Aber der Mann wollte nicht über Nacht bleiben und er machte sich auf und ging fort. Da kam er bis gegenüber Jebus, das ist Jerusalem. Mit ihm war ein Gespann gesattelter Esel und auch seine geliebte (Frau) war mit ihm.

11) Als sie bei Jebus angekommen waren, hatte sich der Tag weit geneigt. Da sprach der Bursche zu seinem Herrn: „Komm doch! Wir wollen in diese Stadt des Jebusiters abbiegen und in ihr übernachten.“

12) Aber sein Herr sprach zu ihm: „Wir werden nicht in eine Stadt von Fremden abbiegen, die nicht von den Israeliten sind. *Wir werden vorüberziehen bis nach Gibea.*“

13) Und er sprach zu seinem Burschen: „Komm! Wir werden uns einem der Orte nähern und in Gibea oder Rama übernachten.“

14) So zogen sie vorüber und gingen weiter und der Sonnenuntergang ereilte sie neben Gibea, das zu Benjamin gehört.

15) Da bogen sie dort ab, um hineinzugelangen und in Gibea zu übernachten. Und er ging hinein und setzte sich auf den Platz der Stadt, doch es gab niemanden, der sie zu Hause zum Übernachten aufnahm.

16) Aber siehe, am Abend kam ein alter Mann von seinem Werk vom Feld. Der Mann war vom Gebirge Efraim und weilte (als Fremder) in Gibea. *Die Männer des Ortes aber waren Benjaminiten.*

17) Und er hob seine Augen und sah den wandernden Mann auf dem Platz der Stadt. Da sagte der alte Mann: „Wohin gehst du und woher kommst du?“

18) Und er sagte zu ihm: „Wir ziehen vorüber von Bethlehem, Juda, bis zum entferntesten Teil des Gebirges Efraim, von dort stamme ich. Ich ging nach Bethlehem, Juda, und nun gehe ich in mein Haus, aber es gibt niemanden, der mich zu Hause aufnimmt.

19) Es gibt sogar Stroh und Futter für unsere Esel und auch Brot und Wein haben ich, deine Magd und der Bursche, der bei deinen Knechten ist. Es mangelt an nichts.“

20) Da sagte der alte Mann: „Friede sei mit dir. Dein gesamter Bedarf geht jedenfalls auf mich. Keinesfalls sollst du auf dem Platz übernachten!“

21) Und er führte ihn in sein Haus und gab den Eseln Futter und sie wuschen sich die Füße und aßen und tranken.

22) Als sie ihr Herz erquickten, siehe, da hatten die Männer der Stadt, schlechte Leute, das Haus umstellt – sie schlugen an die Tür und sagten zu dem Mann, dem alten Hausherrn: „Führe den Mann heraus, der in dein Haus gekommen ist. Wir wollen ihn erkennen!“

23) Da ging der Mann, der Hausherr, zu ihnen heraus und sagte zu ihnen: „Nicht, meine Brüder, tut doch nichts Böses! Nachdem dieser Mann in mein Haus gekommen ist, begeht nicht diese Schandtat!

24) Siehe, meine jungfräuliche Tochter *und seine geliebte (Frau)!* Sie will ich herausführen. Demütigt sie und tut ihnen, was in euren Augen gut ist! Diesem Mann aber sollt ihr nicht diese schändliche Sache antun!"

25) Doch die Männer wollten nicht auf ihn hören. Da ergriff der Mann seine geliebte (Frau) und führte (sie) heraus zu ihnen nach draußen. Und sie erkannten sie und trieben Mutwillen mit ihr die ganze Nacht bis zum Morgen. Beim Aufgang des Morgenrotes aber verstießen sie sie.

26) Und die Frau kam beim Morgengrauen und fiel an der Türöffnung des Hauses des Mannes, in dem ihr Herr war, hin (und lag dort) bis zum Morgenlicht.

27) Und ihr Herr machte sich am Morgen auf und öffnete die Türen des Hauses und trat heraus, um seines Weges zu gehen. Und siehe, die Frau, seine geliebte (Frau), lag im Eingang des Hauses, ihre Hände auf der Schwelle.

28) Und er sagte zu ihr: „Steh auf, wir wollen gehen!" Aber niemand antwortete. Da lud er sie auf den Esel. Und der Mann machte sich auf und ging an seinen Ort.

29) Er kam in sein Haus, nahm das Messer, ergriff seine geliebte (Frau), zerlegte sie gemäß ihrer Glieder in zwölf Stücke und schickte sie ins ganze Gebiet Israels.

30) Und es geschah, dass jeder, der es sah, sagte: „Derartiges ist nicht geschehen und gesehen worden von dem Tag an, als die Israeliten aus dem Land Ägypten hinaufgezogen sind, bis auf den heutigen Tag. *Richtet euch darauf, beratet und sprecht.*"

20,1) Da zogen alle Israeliten hinaus und die Gemeinde versammelte sich einmütig von Dan bis nach Beer-Scheba – und das Land Gilead – *zu Jahwe nach Mizpa.*

2) Und die Anführer des ganzen Volkes, aller Stämme Israels, traten zusammen in der Versammlung des Volkes Gottes, 400.000 Mann zu Fuß, die das Schwert ziehen konnten.

3) Da hörten die Benjaminiten, dass die Israeliten nach Mizpa hinaufgezogen waren. Und die Israeliten sagten: „Redet! Wie ist dieses Übel geschehen?"

4) Da antwortete der Mann, der Levit, *der Mann der getöteten Frau, und sagte: „Nach Gibea, das zu Benjamin gehört, bin ich mit meiner geliebten (Frau) gekommen, um (dort) zu übernachten.*

5) Die Herren Gibeas aber haben sich wider mich erhoben und gegen mich nachts das Haus umstellt. Mich gedachten sie zu töten und meine geliebte (Frau) haben sie misshandelt und sie ist gestorben.

6) Da habe ich meine geliebte (Frau) ergriffen, zerlegt und ins ganze Gebiet des Erbbesitzes Israels geschickt. Denn sie haben eine Schandtat und Schlechtigkeit verübt in Israel.

7) Siehe, ihr alle seid Israeliten! Schafft euch hier und jetzt Wort und Rat herbei!"

8) Da erhob sich das ganze Volk einmütig und sagte: „Keiner von uns soll zu seinem Zelt gehen und keiner von uns soll zu seinem Haus zurückkehren!

9) Und nun, dies ist die Sache, die wir Gibea antun wollen: Über es nach dem Los!

10) Wir wollen zehn Männer von 100 nehmen in allen Stämmen Israels und 100 von 1.000 und 1.000 von 10.000, <u>um Reisekost für das Volk zu nehmen,</u> *damit sie, wenn sie hinkommen, an Geba, Benjamin, entsprechend der Schandtat handeln, die man in Israel verübt hat."*

11) So hatten sich alle Männer Israels zu der Stadt hin versammelt, einmütig verbunden.

12) Und die Stämme Israels sandten Männer im ganzen Stamm Benjamin umher: „Was hat es mit diesem Übel auf sich, das bei euch geschehen ist?

13) Und nun gebt die schlechten Männer (heraus), die in Gibea sind! Wir wollen sie töten und so das Übel aus Israel wegschaffen." Aber die Benjaminiten wollten nicht auf die Stimme ihrer Brüder, der Israeliten, hören.

14) Und die Benjaminiten versammelten sich aus den Städten nach Gibea, um hinauszuziehen zum Kampf mit den Israeliten.

15) Und die Benjaminiten aus den Städten wurden an jenem Tag gezählt, 26.000 Männer, die das Schwert ziehen konnten, abgesehen von den Bewohnern Gibeas wurden sie gezählt <u>: 700 ausgewählte Männer</u>.

<u>*16) Unter all diesem Volk waren 700 ausgewählte Männer, deren rechte Hand gelähmt war. Jeder von diesen schleuderte mit dem Stein auf das Haar (genau) und verfehlte (es) nicht.*</u>

17) Und die Männer Israels wurden gezählt, abgesehen von Benjamin: 400.000 Männer, die das Schwert ziehen konnten, jeder von diesen ein Kriegsmann.

18) Aber sie machten sich auf und zogen nach Bet-El hinauf und fragten Gott. Und die Israeliten sprachen: „Wer soll zuerst für uns hinaufziehen zum Kampf mit den Benjaminiten?" Und Jahwe sprach: „Juda zuerst."

19) Da machten sich die Israeliten am Morgen auf und lagerten sich gegen Gibea.

20) Und die Männer Israels rückten zum Kampf mit Benjamin aus und die Männer Israels ordneten sich zum Kampf mit ihnen, auf Gibea hin.

21) Da rückten die Benjaminiten aus Gibea aus und schlugen in Israel an jenem Tag 22.000 Mann zu Boden.

22) Das Kriegsvolk aber fasste Mut, die Männer Israels, und sie ordneten sich wieder zum Kampf an dem Ort, an dem sie sich am ersten Tag geordnet hatten.

23) Und die Israeliten zogen hinauf und weinten vor Jahwe bis zum Abend und fragten Jahwe: „Soll ich mich wieder dem Kampf mit den Benjaminiten, meinem Bruder, nähern?" Und Jahwe sagte: „Zieht gegen ihn hinauf!"

24) Und die Israeliten näherten sich den Benjaminiten am zweiten Tag.

25) Und Benjamin rückte am zweiten Tag aus Gibea aus, ihnen entgegen, und sie schlugen unter den Israeliten nochmals 18.000 Mann zu Boden; all diese zogen das Schwert.

26) Da zogen alle Israeliten hinauf und das ganze Kriegsvolk und sie kamen nach Bet-El. Und sie weinten und saßen dort vor Jahwe und fasteten an jenem Tag bis zum Abend und ließen Brandopfer und Friedensopfer aufsteigen vor Jahwe.

27) Und die Israeliten fragten Jahwe, denn dort war die Lade des Bundes Gottes in jenen Tagen.

28) Und Pinhas, der Sohn Eleasars, der Sohn Aarons, stand vor ihr in jenen Tagen: „Soll ich ein weiteres Mal hinausziehen zum Kampf mit den Benjaminiten, meinem Bruder, oder soll ich aufhören?" Da sagte Jahwe: „Zieht hinauf, denn morgen werde ich ihn in deine Hand geben."

29) Da legte Israel Hinterhalte ringsum Gibea.

30) Und die Israeliten zogen hinauf gegen die Benjaminiten am dritten Tag und ordneten sich gegen Gibea wie Mal um Mal.

31) Und die Benjaminiten rückten aus, dem Kriegsvolk entgegen; so waren sie von der Stadt abgeschnitten. *Und sie begannen, (einige) vom Volk zu schlagen, sodass sie tödlich verletzt waren, wie Mal um Mal, auf den Straßen, von denen eine hinaufführt nach Bet-El und eine nach Gibea,* auf dem Feld, etwa dreißig Mann in Israel.

32) Da sagten die Benjaminiten: „Sie sind vor uns geschlagen wie zuvor!" Die Israeliten aber hatten gesagt: „Wir wollen fliehen und ihn (so) von der Stadt weglocken zu den Straßen hin."

33) Und alle Männer Israels hatten sich von ihrem Ort aufgemacht und ordneten sich nun bei Baal-Tamar, während der Hinterhalt Israels hervorbrach aus seinem Ort, aus der Lichtung von Geba.

34) Und 10.000 aus ganz Israel ausgewählte Männer kamen von der Gibea gegenüberliegenden Seite heran, während der Kampf hart war. Sie aber erkannten nicht, dass das Übel sie erreicht hatte.

35) Da schlug Jahwe Benjamin vor Israel und die Israeliten töteten in Benjamin an jenem Tag 25.100 Mann; all diese zogen das Schwert.

36) Da sahen die Benjaminiten, dass sie geschlagen waren. Und die Männer Israels gaben Benjamin Raum, denn sie vertrauten auf den Hinterhalt, den sie bei Gibea gelegt hatten.

37) Und der Hinterhalt, sie eilten und breiteten sich aus gegen Gibea, und der Hinterhalt zog hin und schlug die ganze Stadt mit der Schärfe des Schwertes.

38) Da war für die Männer Israels die mit dem Hinterhalt verabredete Zeit gekommen, um das Rauchsignal aus der Stadt hinaufsteigen zu lassen.

39) Und die Männer Israels kehrten um im Kampf. Benjamin aber hatte gerade begonnen (einige) unter den Männern Israels zu schlagen, sodass sie tödlich verletzt waren, etwa dreißig Mann – ja, sie hatten gesagt: „Er ist gewiss vor uns geschlagen wie im ersten Kampf!"

40) Da begann das Signal aufzusteigen aus der Stadt als Rauchsäule. Und als Benjamin sich rückwärts wandte, siehe, da war die ganze Stadt zum Himmel aufgestiegen.

41) Die Männer Israels waren umgekehrt und die Männer Benjamins wurden erschreckt, denn sie hatten gesehen, dass das Übel sie erreicht hatte.

42) Und sie wandten sich vor den Männern Israels zum Weg der Wüste, aber der Kampf holte ihn ein, und wer aus den Städten kam, den töteten sie in seiner Mitte.

43) Sie hatten Benjamin (also) umzingelt, es verfolgt und von Nucha an niedergetreten bis gegenüber von Gibea von Osten her.

44) Und es fielen von Benjamin 18.000 Mann, all diese kriegstüchtige Männer.

45) Und sie kehrten um und flohen in die Wüste zum Fels Rimmon. Sie aber hielten Nachlese an ihm auf den Straßen, 5.000 Mann. Und sie verfolgten ihn bis nach Gideom und schlugen von ihm 2.000 Mann.

46) Alle Gefallenen von Benjamin an jenem Tag waren 25.000 Mann, die das Schwert zogen, all diese kriegstüchtige Männer.

47) Und 600 Mann kehrten um und flohen in die Wüste zum Fels Rimmon und blieben vier Monate beim Fels Rimmon.

48) Und die Männer Israels waren umgekehrt zu den Benjaminiten und schlugen sie mit der Schärfe des Schwertes, von der Bewohnerschaft bis zum Vieh, bis zu allem, was sich fand. Auch alle Städte, die sich fanden, steckten sie in Brand.

21,1) Die Männer Israels aber hatten in Mizpa geschworen: „Keiner von uns wird seine Tochter Benjamin zur Frau geben."

2) Da kam das Volk nach Bet-El und sie saßen dort bis zum Abend vor Gott und erhoben ihre Stimme und weinten sehr.

3) Und sie sagten: „Warum, Jahwe, Gott Israels, ist dies geschehen in Israel, dass heute ein Stamm von Israel vermisst wird?"

4) Und es geschah am folgenden Tag, da machte sich das Volk früh auf und sie bauten dort einen Altar und ließen Brandopfer und Friedensopfer aufsteigen.

5) Und die Israeliten sprachen: „Wer ist es, der nicht in die Versammlung von allen Stämmen Israels hinaufgezogen ist zu Jahwe?" Denn es war der große Schwur ergangen gegen denjenigen, der nicht zu Jahwe nach Mizpa hinaufgezogen war: „Er soll unbedingt getötet werden."

6) Und die Israeliten hatten Mitleid mit Benjamin, ihrem Bruder. Und sie sagten: „Abgehauen wurde heute ein Stamm von Israel.

7) Wie sollen wir ihnen, den Übriggebliebenen, Frauen beschaffen? Wir haben bei Jahwe geschworen ihnen keine von unseren Töchtern zu Frauen zu geben."

8) Und sie sagten: „Wer ist der eine von den Stämmen Israels, der nicht zu Jahwe nach Mizpa hinaufgezogen ist?" Und siehe, es war kein Mann aus Jabesch, Gilead, in das Lager, in die Versammlung, gekommen.

9) Und das Volk wurde gemustert und siehe, es war kein Mann dort von den Bewohnern Jabeschs, Gilead.

10) Da schickte die Versammlung 12.000 Mann von den kriegstüchtigen Männern dorthin und befahl ihnen: „Geht und schlagt die Bewohner Jabeschs, Gilead, mit der Schärfe des Schwertes mitsamt den Frauen und Kindern!

11) Dies ist die Sache, die ihr tun sollt: Jeden Mann und jede Frau, die männlichen Beischlaf kennt, sollt ihr der Vernichtung weihen."

12) Sie fanden aber von den Bewohnern Jabeschs, Gilead, 400 jungfräuliche Mädchen, die keinen Mann vom männlichen Beischlaf her kannten. Und sie brachten sie in das Lager Schilo, das im Land Kanaan war.

13) Und die ganze Versammlung schickte hin und sie redeten mit den Benjaminiten, die beim Fels Rimmon waren, und sagten ihnen Frieden zu.

14) Da kehrte Benjamin um in jener Zeit und sie gaben ihnen die Frauen, die sie leben gelassen hatten von den Frauen Jabeschs, Gilead. Aber sie reichten ihnen so nicht.

15) Und das Volk hatte es sich leid tun lassen um Benjamin, denn Jahwe hatte eine Lücke in die Stämme Israels gerissen.

16) Und die Ältesten der Versammlung sprachen: „Wie sollen wir den Übriggebliebenen Frauen beschaffen? Denn vertilgt ist die Frau aus Benjamin."

17) Und sie sagten: „Besitz zur Rettung sei für Benjamin! Ein Stamm soll nicht aus Israel ausgerottet werden.

18) Aber wir können ihnen keine Frauen aus unseren Töchtern geben, da die Israeliten geschworen haben: Verflucht sei, wer Benjamin eine Frau gibt."

19) Und sie sagten: „Siehe, das Jahwe-Fest ist von Jahr zu Jahr in Schilo, das nördlich von Bet-El liegt, nach Sonnenaufgang von der Straße, die von Bet-El nach Sichem hinaufführt, und südlich von Lebona."

20) Und sie befahlen den Benjaminiten: „Geht und lauert in den Weinbergen!

21) Und seht, siehe, wenn die Töchter Schilos hinausgehen, um im Reigen zu tanzen, dann sollt ihr hinausgehen aus den Weinbergen und euch jeder seine Frau rauben von den Töchtern Schilos und ins Land Benjamin gehen.

22) Und es wird geschehen, wenn ihre Väter oder ihre Brüder kommen, um gegen uns zu streiten, dann werden wir zu ihnen sagen: Erbarmt euch ihrer um unseretwillen! Denn sie haben ihre Frauen nicht im Kampf genommen und ihr habt sie ihnen nicht gegeben. Jetzt würdet ihr euch verschulden."

23) Und die Benjaminiten taten so und nahmen Frauen nach ihrer Zahl von den Tanzenden, die sie an sich gerissen hatten, gingen und kehrten zurück in ihr Erbteil. Und sie bauten die Städte wieder auf und wohnten in ihnen.

24) Und die Israeliten gingen weg von dort in jener Zeit, jeder zu seinem Stamm und zu seiner Sippe, und sie zogen aus von dort, jeder in sein Erbteil.

25) In jenen Tagen gab es keinen König in Israel. Jeder tat, was in seinen Augen recht war.

Legende:

12 pt: übergreifende Bearbeitungen

10 pt: auf den Nahkontext begrenzte Bearbeitungen

eingerückt: relative Chronologie unsicher; der jeweils früheste mögliche Zeitpunkt ist angegeben.

19*: Literarischer Grundbestand der Komposition

> *19,12b: Theologische Korrektur. Der Protagonist trifft die Entscheidung für den Übernachtungsort, die vorher durch den Sonnenuntergang besiegelt wurde, nun selbst.*

20* + 19,16b + ופילגשהו in 19,24 + 19,30b?: Universale und theologisierende Fortschreibung von Ri 19. Der Konflikt wächst sich zum Bruderkrieg aus; Jahwe ergreift Partei für Israel und gegen Benjamin.

> *20,2b: Punktueller Eingriff, der die militärische Dimension direkt zu Beginn der Verhandlungen betont.*

17,1–4.6 und Ri 20,48; 21,1.15–23.25: Rahmung der bisherigen Erzählung durch zwei Erzählungen, die den kultischen Verfall eines Individuums bzw. Gesamt-Israels schildern und durch den „Kehrvers" in 17,6 und 21,25 einen prodavidischen Fokus erkennen lassen.

17,7–18,31* + „Levit" in 19,1 (לוי גר) und in 20,4 (האיש הלוי) + 20,27b.28a*[bis ההם]: Fortschreibung, die den kultischen Verfall ausbaut und am Beispiel des Daner Kultes konkretisiert.

20,18f.23; 21,2–4: Nachtrag von drei in Bet-El lokalisierten Kultszenen, der die Kritik am falschen Kult befördert.

> *20,16: Punktuell nachgetragene Notiz, die den überraschenden Schlachtausgang an den ersten beiden Tagen mit Hilfe einer benjaminitischen Spezialeinheit erklärt. Die Eintragung scheint die sekundären Bet-El-Szenen vorauszusetzen, da erst diese den auf der Ebene der Grundschicht offensichtlichen Zusammenhang von Jahwe-Krieg und Sieg verschleiern.*

> *20,15bβ: Dittographie nach 20,16.*

17,5 + „Efod und Terafim" in 18,14.18.20 + האיש in 17,8(?): Fortschreibung, die den Kultfrevel auf dem Gebirge Efraim steigert.

18,17: Nachträgliche Exkulpation des Leviten. Die Platzierung inmitten der Bewaffneten erklärt die Passivität des Leviten. Der Diebstahl sämtlicher Gottesbilder (auch des Pesel!) wird nun den fünf Kundschaftern zugeschrieben.

20,1b*[nur הגלעד וארץ].29.31aβ.b*[nur איש כשלשים בשדה בישראל].34b.36b.37–41.47; 21,5.9–14.24: Bearbeitung, die unter Rückgriff auf hexateuchisches Textmaterial (Jos 7f.; Num 31) zwei saulkritische Bannepisoden nachträgt.

21,6–8: Nachtrag, der durch die Einfügung der Jabesch-Episode entstandene Spannungen ausgleicht.

18,30: Nachtrag, der den allgemeinen Verfall der zweiten Generation nach Mose/Aaron kennzeichnet.

Zora und Eschtaol in 17,7–18,31* + 600 Kriegsgerüstete in 18,11 + 18,12bβ + 18,16b: Bearbeitung, die Spannungen zur Simson-Erzählung ausgleicht.

Einige Glossen in 18,7.14.18; 20,10

E Der kompositionsgeschichtliche Ort der sog. „Richteranhänge"

1 Anhänge zum Richterbuch? Das literarhistorische Verhältnis von Ri 17–21 zum Korpus des Richterbuches in Ri 2,6–16,31*

1.1 Forschungsgeschichtliche Perspektiven

Mit der Frage nach dem kompositionsgeschichtlichen Ort der Schlusskapitel gerät man unweigerlich in das Spannungsfeld verschiedener Theorien zur Kompositionsgeschichte des Richterbuches. Für die ältere Forschung war hierbei vor allem der Ansatz BUDDES wegweisend, wonach sich die vorliegende Gestalt des Richterbuches der Abfolge eines Subtraktions- und eines Additionsprozesses verdankt. In diesem Zusammenhang sei das Richterbuch zeitweise in zwei unabhängigen Versionen in Umlauf gewesen. Trotz streckenweise eigenständigem redaktionellem Wachstum einiger Teile nimmt BUDDE einen alten Erzählzusammenhang von Ri 1–21* an. Dieser Zusammenhang, in dem Ri 17–21 weiter vorn in der Sammlung gestanden haben sollen (!), sei ursprünglich in zwei durchgehenden Quellen umgelaufen, der alten judäischen Quelle J und der späteren israelitischen Quelle E.[750] Um 650 v. Chr. sei durch die redaktionelle Zusammenbindung der beiden Quellen (Rje) das Doppelwerk JE entstanden, das in der Folge zweimal dtr. überarbeitet worden sei (D1 und D2), wobei der größere redaktionelle Anteil, u. a. der dtr. Rahmen im Korpus des Richterbuches, auf das Konto von D2 gehe.[751] Um sein Programm durchhalten zu können, habe D2 jedoch diverse Texte streichen müssen, nämlich Ri 1,1–2,5, Ri 9, den Tod Simsons in Ri 16 und eben auch Ri 17–21. Da neben D2 auch die Version des Richterbuchs nach D1 weiter kursiert sei, konnten diese Stücke schließlich um 400 v. Chr. „von einer unter dem Einfluss der priesterlichen Schrift P stehenden Redaktion (Rp) wieder herzugetragen"[752] werden.[753] Die Überlegung, ob das Richterbuch durch die Addition verschiedener

---

750 Vgl. BUDDE, Richter, XV.

751 Vgl. BUDDE, Richter, XVf.

752 BUDDE, Richter, XVI.

753 Ihm folgen MOORE, Judges, XXX und XXXIVf.; NOWACK, Richter, XVIII; BURNEY, Judges, XXXVII, und mit zeitlichem Abstand auch MYERS, Book, 146. Durchweg wurde anerkannt, dass die Schlusskapitel nicht zum dtr. Richterbuch zu rechnen seien, wenn auch Einige Zweifel gegen die Annahme hegten, der (oder ein) dtr. Bearbeiter habe diesen Textbereich vorgefunden, aber ausgelassen. So stellt KITTEL, Richter, 367 f., unverfänglich fest, bei Ri 17 f. und Ri 19–21 handle

Fassungen entstanden sein könnte, liegt angesichts des disparaten Textmaterials durchaus nahe. Problematisch ist jedoch die Annahme einer vorausgegangenen Subtraktion: Dass ein ursprünglicher literarischer Zusammenhang von Ri 1–21* erst im Zuge der Redaktion aufgelöst wurde, lässt sich naturgemäß nicht nachweisen. Sehr wahrscheinlich ist dies allerdings nicht: Wie die folgende Durchsicht zeigen sollte, sind Ri 17–21 jedenfalls nicht „von gleichem Korn wie die Richtergeschichten von Cap. 3–16"[754].

Neben der Lösung Buddes kursierten in der älteren Forschung Ansätze, die Richterkorpus und Schlusskapitel von vornherein zu zwei distinkten Werken zählten. So sieht Bertheau in Ri 17f., Ri 19–21 und Rut drei Anhänge zum Richterbuch, die „ohne Verbindung neben einander" stehen.[755] Zwischen Ri 17–21 und dem Richterkorpus bestünden keinerlei sachliche oder literarische Beziehungen. Nichts spräche daher gegen die Annahme, „dass unser Geschichtsschreiber diese zwei Erzählungen ganz so wie sie uns jetzt vorliegen in einem anderen Werke vorfand und in sein Buch aufnahm".[756] Zu diesem Werk habe auch Ri 1 gehört. Auch Buber geht von einer unabhängigen Entstehung der Rettererzählungen und der Schlusskapitel aus: „Wir haben an ‚Richter' das Ergebnis eines kompositionellen Ausgleichs zweier entgegengesetzter Redaktionstendenzen, von

---

es sich um je „selbständige Erzählungen oder Stücke aus selbständigen Erzählungsbüchern", die erst um 350 v. Chr. von einem letzten Redaktor des Richterbuches an ihre Stelle gesetzt worden seien. Auch Zapletal, Richter, XXIII, vermerkt lediglich, einige Teile des Richterbuches, darunter die Schlusskapitel, seien später an das von einem dtr. Redaktor aus einzelnen Richtererzählungen zusammengefügte Richterbuch angehängt worden, da sie „die wertvollen Nachrichten über die Richterzeit vervollständigen [sollten]". Nach Bertheau, Richter II, 237 f., wurden die beiden Erzählungen nachträglich zwischen die Simsonerzählungen und 1 Sam geschaltet. Sie störten zwar den Zusammenhang zwischen dem Beginn der Philisterkriege durch Simson und dessen Ende durch David, seien aber dennoch an dieser Stelle gut untergebracht, denn der Kehrvers weise auf die Entstehung des Königtums voraus. Bertheau lehnt die Bezeichnung der Schlusskapitel als „Anhang" ab: „Man nennt diese zwei Erzählungen wohl einen Anhang oder einen Nachtrag zum Buch der Richter; aber da sie die Geschichten der Richter durchaus nicht ergänzen und in gar keiner Beziehung zu ihnen stehen [...], so ist der Abschnitt c. 17–c. 21 für einen dritten selbständigen Teil des Richterbuches zu halten" (Richter II, 237 f.). Zu einem gänzlich abweichenden Ergebnis gelangt Eissfeldt, Quellen, 109 ff. Nach ihm bildeten Ri 17–21 in den Quellenschriften den Übergang von der Richterzeit zum Königtum. „Denn L und J haben das Aufkommen des Königtums als eine gütige Fügung Jahwes verstanden, die der unerfreulichen Zeit, da es noch keinen König in Israel gab, ein erwünschtes Ende machte" (109). Im heutigen Zusammenhang sei diese Scharnierfunktion durch die Einfügung der Quelle E verstellt, die das Königtum negativ werte und Samuel nun nicht länger als Propheten und Seher betrachte, sondern als „letzte[n] Richter von seinen Vorgängern los[reiße]" (109).

754 Budde, Richter, 110.
755 Bertheau, Richter I, XIV.
756 Bertheau, Richter I, 193.

denen jede sich in einer geschlossenen Buchgestalt dargestellt hatte.“[757] Im Richterbuch seien eine antimonarchische Schrift in Ri 1–12 und eine monarchistische in Ri 17–21 miteinander verbunden; im Zuge des „kompositionellen Ausgleichs" seien die Simsonserzählungen hinzugekommen.[758]

In der gegenwärtigen Forschung werden die Berührungen zwischen Ri 1 und Ri 17–21[759] häufig redaktionsgeschichtlich erklärt. Vorherrschend ist die Meinung, Ri 1 und Ri 17–21 seien – etwa zum Zweck der „editorischen Verselbständigung"[760] des Richterbuches – nachträglich als Rahmen um die Rettererzählungen gestellt worden. Die Ansätze unterscheiden sich vor allem darin, ob den Schlusskapiteln oder Teilen derselben literarische Eigenständigkeit beigemessen wird. Nach BECKER sind die fünf Rahmenkapitel sukzessiv redaktionell an den älteren Kern der Rettererzählungen angelagert worden. Die Fortschreibung sei in zwei Stufen erfolgt: In spät-dtr. Kreisen seien Ri 17f. entstanden, aus nach-dtr. Kreisen stammten die priesterlich gefärbten Kapitel Ri 19–21, wobei Ri 19 eine alte Erzählung bewahrt habe. Ri 1 ließe sich jeweils in Teilen einer der beiden späten Schulen zuordnen.[761] Auch GROSS geht von einer nachträglichen Rahmung aus, stellt jedoch kompositionsgeschichtlich andere Weichen.[762] In nachexilischer Zeit seien Ri 17–21 zusammen mit Ri 1 als Rahmen um das Richterkorpus gelegt worden.[763] Der entsprechende Redaktor, auf den nach GROSS auch der Kehrvers und die Bet-El-Redaktion zurückgehen, habe Ri 1 verfasst, in Ri 17–21 hingegen auf zwei Erzählungen, Ri 17f. und Ri 19–21, zurückgegriffen. Als „Redaktor des Richterbuches insgesamt"[764] profiliere er „die Darstellung der Ereignisse zwischen dem Tod Josuas und dem Auftreten Samuels und der Einrichtung des Königtums als eigene literarische Größe innerhalb der bis zum Ende Jerusalems und dem Exil reichenden Großerzählung"[765]. Am Ende des Richterbuches leite er durch seine Bearbeitung zu den Samuelbüchern über. „Die kultische (17–18) und moralische (19) Verkommenheit und die Tendenz zur bürgerkriegsartigen Selbstzerstörung bei

---

757 BUBER, Königtum, 16.

758 Vgl. BUBER, Königtum, 28 ff.

759 S. dazu u. S. 217 ff.

760 BLUM, Knoten, 207. Vgl. auch KRATZ, Komposition, 203; RÖMER, Deuteronomistic History, 138; FREVEL, Wiederkehr, 37.

761 Vgl. BECKER, Richterzeit, 296.

762 Eine ähnliche These vertritt SCHULZ, Richter, 10. Nach ihm hätten dem Verfasser des Richterbuches sowohl die Rettererzählungen als auch die Schlusskapitel vorgelegen; er habe dann um erstere seinen dtr. Rahmen gelegt, Ri 1,1–3,6 hinzugefügt und Ri 17–21, zwei Erzählungen, die nicht in sein Schema passten, angefügt.

763 Vgl. GROSS, Richter, 91.

764 GROSS, Richter, 884.

765 GROSS, Richter, 883.

ungeeigneten Versuchen, solcher Verkommenheit zu wehren, sieht er im Fehlen der königlichen Zentralgewalt begründet. [...] Durch seine projudäische Tendenz und durch die Rolle Benjamins in Ri 20 – 21 verdeutlicht er indirekt, daß dieses Königtum nicht das saulidische, sondern das davidische sein wird."[766]

Zusammenfassend lässt sich festhalten: Die Disparatheit des Textmaterials im Richterbuch ist seit jeher unbestritten. In der Frage nach dem kompositionsgeschichtlichen Ort der Schlusskapitel, die untrennbar mit der Kompositionsgeschichte des Richterbuches verbunden ist, zeichnet sich jedoch kein Konsens ab. Für weiterführende Überlegungen ist ein Blick auf die Anlage des Richterkorpus' erforderlich.

1.2 Das Richterkorpus (Ri 2,6 – 16,31*)

Die neuere Forschung schreibt dem Richterkorpus mit großer Plausibilität eine Scharnierfunktion im Enneateuch zu. Ri 2,6 – 16,31*[767] verbinden nach dieser Sicht

---

766 Gross, Richter, 885.

767 Die Literargeschichte des Komplexes wird unterschiedlich beurteilt. Seit Richters „Traditionsgeschichtliche[n] Untersuchungen zum Richterbuch" kursiert die Frage nach der vor-dtr. Gestalt der Rettererzählungen. Gab es eine programmatische vor-dtr. Bearbeitung des mutmaßlich alten Textmaterials (vgl. auch Richter, Bearbeitungen, und zuletzt wieder Gross, Richter), oder wurden die einzelnen Sagen erstmals von dtr. Hand in einen sachlichen Zusammenhang gebracht; vgl. u. a. Becker, Richterzeit; Kratz, Komposition? Darüber hinaus wäre zu klären, ob dem Korpus des Richterbuches überhaupt eine Sammlung von (unverbundenen) Heldenerzählungen zugrunde lag. Zwar integrieren die einzelnen Episoden sicher älteren Stoff, doch spricht neben der Disparatheit des (ohnehin nicht mehr überall zweifelsfrei zu eruierenden) alten Textmaterials auch die mutmaßlich komplexe Entstehungsgeschichte des Richterkorpus' gegen eine dtr. Bearbeitung sämtlicher Rettererzählungen in einem Zug. Es wäre daher ferner zu prüfen, ob das Richterkorpus von einem begrenzten literarischen Kern seinen Ausgang genommen hat und vielfach (dtr.) bearbeitet und um weitere Retterepisoden ergänzt wurde. Eine Rekonstruktion der Entstehung des Richterkorpus' kann hier nicht geleistet werden; für die Frage nach dem kompositionsgeschichtlichen Ort von Ri 17 – 21 – und damit zusammenhängend dem literarhistorischen Verhältnis von Korpus und Schlusskapiteln – ist sie ohnehin zweitrangig. Die Bearbeitung, die in der oben zu skizzierenden Weise den Hexateuch mit der Sam-Kön-Komposition verbindet, ist eindeutig dtr. geprägt – die literarische Vorgeschichte des übernommenen Textmaterials sowie die Frage, welchen Umfang und welche Gestalt das Richterkorpus auf dieser literarhistorischen Ebene hatte, stehen dahinter zurück. Die Übersicht konzentriert sich daher auf die Anlage und die theologische Ausrichtung der Komposition; von der redaktionsgeschichtlichen Verortung einzelner Bearbeitungen wird abgesehen.

redaktionell zwei ursprünglich selbständige Erzählwerke miteinander: den Hexateuch[768] und die Sam-Kön-Komposition.[769]

Verantwortlich für diesen redaktionellen Anschluss ist allem Anschein nach eine dtr. Hand, die an Jos 11,23b anknüpft.[770] Die Israeliten tun das Böse in den Augen Jahwes,[771] der sie daraufhin in die Hand der Völker ringsum ausliefert.[772] Der mit Jos 11,23b erreichte Heilszustand der Ruhe (שקט) wird somit zunächst rückgängig gemacht. Daraufhin schreit Israel um Hilfe und Jahwe erwählt einen militärischen Anführer, der den Frieden für eine begrenzte Zeit wieder herstellt. Zwischen die heilvolle Landnahmezeit in Jos und die von militärischen Auseinandersetzungen geprägte und schließlich im Exil mündende Zeit des Königtums tritt somit eine Zwischenphase, die von Israels Ungehorsam, gerechter göttlicher Strafe und gnädigem Eingreifen Jahwes bestimmt ist. In der existenziellen Bedrohung durch äußere Feinde klingt der Landverlust an, in dem die Geschichte

---

768 Die Bezeichnung „Hexateuch" meint dabei, wie auch in der folgenden Untersuchung, nicht zwingend den kompletten Zusammenhang Gen–Jos*. Eine Minimalversion des Hexateuch könnte in einer vorpriestergrundschriftlichen Ausgabe von Ex–Jos* bestehen, die abgesehen vom Tod des Mose in Dtn 34,5 f., nicht einmal das Buch Dtn enthalten haben müsste.

769 Vgl. vor allem KRATZ, Komposition, 196; daneben SCHMID, Erzväter, 220; KNAUF, Priesterschrift, 111; GUILLAUME, Waiting, 227 ff.; RÖMER, Ende, 534 f.; GROSS, Richter, 85 ff.; ders. Richterbuch, 201.

770 Nach KRATZ, Komposition, 198 f., stellt Jos 11,23b eine sekundäre dtr. Erweiterung des womöglich vor-dtr. Hexateuch dar. Folgt man dieser Annahme, ist V.23b zum ältesten dtr. Kern des Richterkorpus zu rechnen: Die Ruhe wird festgestellt und gleich darauf wieder gefährdet. Außerdem dürfte in 11,23a die Anordnung כמחלקתם לשבטיהם mit Blick auf Jos 13 ff. nachgetragen worden sein (vgl. auch Komposition, 199). Auf der älteren Ebene wäre ein Anschluss von V.23a* an V.15 vorstellbar. Jos 11,15.23a* greifen den Sukzessionsgedanken des Dtn auf: Jahwe hat Mose befohlen, Mose hat Josua befohlen, Josua hat alles vollständig ausgeführt – die Mission war erfolgreich. V.16 ff. unterbrechen diesen Zusammenhang und setzen nach V.15 mit einer erneuten Zusammenfassung der erfolgten Landnahme ein. Sie dürften daher später anzusetzen sein. Auf den älteren Abschluss der Landnahme in 11,15.23a* könnten noch eine Entlassungsnotiz und die Todesnotiz Josuas gefolgt sein; s. dazu u. S. 225 f.

771 In Ri 3,7 und 10,6 konkretisiert sich diese formelhafte Aussage in der Verehrung anderer Götter.

772 Auch die Generationenfolge, die sich in Ri 2,7 – 10 ereignet, wird zu diesem frühen Stadium zu rechnen sein, da sie die Voraussetzung für die sich anschließenden Retterzählungen formuliert. Solange Josua und seine Generation am Leben sind, dienen die Israeliten Jahwe (V.7). Allein diese Information scheint bereits einen Wechsel der Verhältnisse nach dem Tod Josuas (V.8) zu implizieren. V.10 bringt diesen Sachverhalt demgegenüber noch einmal explizit zum Ausdruck: Nach dem Tod der gesamten Generation kommt eine neue Generation auf, die Jahwe nicht kennt. Ob 2,7 und 2,10 auf dieselbe literarische Ebene gehören, oder ob 2,10 gegenüber 2,7 noch einmal später anzusetzen ist, lässt sich nicht ohne Weiteres entscheiden, ist für den vorliegenden Zusammenhang aber auch von geringerem Interesse.

Israels in 2 Kön 17–25 gipfelt; die Sünde der Könige, die in der älteren dtr. Bewertung in 1 Sam–2 Kön für den Untergang Israels und Judas verantwortlich ist,
wird nun auf das gesamte Volk übertragen und somit kollektiviert.[773]

Auf der Ebene des Endtextes ist der Ablauf durch die mehrfache Wiederholung
des oben genannten Schemas grundsätzlich zyklisch angelegt; darüber hinaus
lässt sich jedoch ein Verfall im Verlauf der Ereignisse feststellen.[774] Die Ruhefor-
mel, die nach erfolgter Rettung aus Feindeshand bei Ehud, Debora und Gideon auf
den Stand von Jos 11,23b zurücklenkt, fehlt bei Jeftah und Simson. In Übereinstimmung damit besiegen die beiden Rettergestalten die Feindvölker nicht mehr
endgültig, sondern „beginnen" (חלל *hif.*) lediglich den Kampf gegen sie und
wehren dadurch die akute Bedrohung ab (Ri 10,18; 13,5).[775]

> Nur zum Auftakt der Jeftaherzählung liefert Jahwe die Israeliten in die Hände von zwei
> Fremdvölkern aus, den Ammonitern und den Philistern. Jeftah kämpft dann im Anschluss
> allerdings bloß gegen die Ammoniter, von den Philistern geht aktuell offenbar keine Gefahr
> aus. Er soll zudem die Ammoniter nicht abschließend bezwingen, sondern auf ausdrückli-
> chen Wunsch der Gileaditer den Kampf gegen sie lediglich beginnen (10,18: יחל להלחם בבני
> עמון). Die Jeftahepisode dürfte damit auf die frühe Königtumsgeschichte hin gestaltet sein,[776]
> wonach auch Saul in 1 Sam 11 und nach ammonitischem Herrschaftswechsel David in
> 2 Sam 10 gegen die Ammoniter kämpfen. Da die beiden genannten Könige später auch mi-
> litärische Auseinandersetzungen mit den Philistern haben, könnte auch die zweite feindliche
> Nation in Ri 10,6f. mit Blick auf die frühe Königtumsgeschichte erwähnt worden sein. Die
> Einfügung des vermutlich zunächst außerhalb des Kontextes entstandenen Simsonzyklus'[777]
> an dieser Stelle könnte durch dessen Konflikte mit den Philistern motiviert sein.

---

773 Meist wird der Sündenformel in den Königebüchern ein früherer Ursprung zugedacht als
ihrem Pendant im Richterkorpus; vgl. KRATZ, Komposition; ferner BLANCO WISSMANN, Beurteilungskriterien, und trotz einigem Unbehagen auch GROSS, Richterbuch. Nach nahezu einhelliger
Meinung handelt es sich bei den drei Stellen in Kön, die die Formel auf das Volk anwenden
(1 Kön 14,22; 2 Kön 17,7; 21,15) um Nachträge später Herkunft. Mit dem Kollektiv „Israel" als
Subjekt findet sich die Formel auch an einigen Stellen im Dtn, wobei dem Verfasser dieser Stellen
das Richterkorpus wahrscheinlich bereits bekannt war; vgl. GROSS, Richterbuch, 191.
774 Wie GROSS, Richterbuch, 188, bemerkt, deutet auch das zyklische Schema an sich bereits
einen Verfall an, indem es den Epochenwechsel nach dem Tod Josuas weiterführend wiederholt.
Auch die Generation nach dem jeweiligen Retter erinnert sich nicht mehr an die Heilstaten, die
Jahwe während der Amtszeit des Retters für Israel vollbracht hat. Einen Verfall im Verlauf der
Ereignisse nimmt auch OLSON, Buber, wahr, bezieht sich dabei allerdings auf den gesamten
Umfang Ri 1–21.
775 Die Bedrohung ist nur in der Jeftaherzählung substantiell verankert. Die Befreiung Israels aus
der Hand der Philister spielt im Korpus des Simsonzyklus' hingegen keine Rolle und ist daher
vermutlich redaktionell.
776 Vgl. u. a. MÜLLER, Königtum, 64f.
777 Vgl. u. a. WITTE, Simson; MEURER, Simson.

Redaktionsgeschichtlich erklärt sich diese Verschiebung durch die Absicht der Jeftahepisode (und in einem späteren Stadium auch der Simsonerzählungen), einen sachlichen Anschluss zur frühen Königtumsgeschichte zu schaffen; der im heutigen Erzählverlauf damit verbundene Verfall wäre somit zu einem gewissen Maß ein zufälliges Nebenprodukt.

Die Deterioration gegenüber Gideon manifestiert sich bei Jeftah jedoch in dessen Herkunft: Ein vertriebener Hurensohn wird als der geeignete Retter angesehen und im Handstreich rehabilitiert. Auch die Opferung der eigenen Tochter dürfte im heutigen, dtr. Textzusammenhang eine eher kritische Perspektive auf den Protagonisten eröffnen.[778] Hinter diesem so angedeuteten sukzessiven Verfall in der Abfolge der Rettererzählungen könnte sich eine kritische Haltung gegenüber der Monarchie verbergen: Je näher das Königtum rückt, desto verheerender werden die Zustände.

Explizite Monarchiekritik findet sich im Richterkorpus im Zusammenhang der Gideonepisode. Die ihm von den Männern Israels in 8,22f. angetragene Königswürde[779] lehnt Gideon entschieden ab. Aus seiner Begründung geht hervor, dass eine dynastische Monarchie der Theokratie zuwiderläuft.[780]

---

778 Ein Verfall ist unter Umständen auch in Jeftahs Umgang mit den Efraimiten in Ri 12,1 – 6 zu erkennen: Während es Gideon noch gelungen war, den Konflikt mit den aufmüpfigen Efraimiten friedlich beizulegen (8,1ff.), eskaliert die Situation im Anschluss an den Ammoniterfeldzug in Ri 12 und mündet in einen innerisraelitischen Krieg. Da es sich bei 12,1 – 6 jedoch wahrscheinlich um einen Nachtrag handelt (vgl. GROSS, Richter, 565f.), wäre dieser Aspekt erst sekundär und in Fortsetzung der übrigen Verfallsmomente angefügt worden.

779 Die dynastische Konzeption an dieser Stelle verdeutlicht, dass eine Königsherrschaft impliziert ist. Die Verwendung des untypischen משל anstelle von מלך erklärt sich eventuell durch eine Übernahme des Verbs aus der alten, ursprünglich selbständigen Abimelecherzählung (Ri 9,2); vgl. MÜLLER, Königtum, 42f.

780 Auch die dtr. Ausgestaltung einer alten Altarätiologie zur Berufung des Retters in Ri 6,1 – 24 ist in kompositionsgeschichtlicher Hinsicht interessant. Sie definiert das Verhältnis zwischen Retter und berufender Gottheit: Auf den Auftrag, Israel aus der Hand Midians zu befreien, reagiert Gideon mit der Beteuerung der eigenen Unzulänglichkeit; Jahwe spricht ihm daraufhin seinen Beistand zu, der den erfolgreichen Ausgang der bevorstehenden Mission garantiert (6,14 – 16). Die Machtverhältnisse sind dadurch klar definiert: Der militärische Anführer siegt nicht aus eigener Kraft gegen die Feinde, sondern wird erst durch den göttlichen Beistand mit den nötigen Kompetenzen ausgerüstet. Das charismatische Retteramt präsentiert sich so als eine „jahwegemäße Alternative" (BECKER, Richterzeit, 98) zum Königtum in vorstaatlicher Zeit. Es bereitet die Königtumskritik in Ri 8,22f. und 1 Sam 8 – 12 vor, denn ein Herrschaftsamt, das ohne Jahwes Zutun dynastisch vererbt wird, wirkt im Vergleich dazu *per se* minderwertig. Da sich diese Interpretation der Berufung somit erst im Zusammenspiel mit dem Gideonspruch anbietet, stellt sich die Frage, ob Ri 8,22f. tatsächlich einen gegenüber der dtr. Berufung späteren Einschub darstellen, wie VEIJOLA, Königtum, 100ff.; KRATZ, Komposition, 211, und MÜLLER, Königtum, 67, annehmen.

Als königskritischer Text kann weiterhin die Abimelecherzählung betrachtet werden, die an zentraler Stelle die Jotamfabel integriert. Sie stellt wahrscheinlich eine alte, ursprünglich unabhängige Erzählung dar. Ungeachtet der Frage, ob auch die Fabel ehemals als selbständige Überlieferung kursierte oder für den vorliegenden literarischen Zusammenhang verfasst wurde, liegt die monarchiekritische Tendenz des Stückes im heutigen Verwendungszusammenhang (spätestens von 8,22 f. her gelesen) auf der Hand. „Mit Abimelechs Königtum in Sichem wird die Schandhaftigkeit des gesamten Königtums präludiert."[781]

So ergibt sich insgesamt folgendes Bild: Das Richterkorpus in Ri 2,6 – 16,31* verbindet den Hexateuch mit der Königtumsgeschichte, indem es an den (vermutlich gleichzeitigen) Vers Jos 11,23b anknüpft, den dort postulierten Zustand der Ruhe in der folgenden konstruierten Epoche durch Israels Versagen gefährdet und durch Jahwes Gnade für einen (jeweils) befristeten Zeitraum wiederherstellt. Damit werden die unheilvolle Geschichte des Königtums in Israel und vor allem dessen Ende vorbereitet. Diverse monarchiekritische Züge unterziehen die folgende Epoche daneben einer expliziten Wertung, um das Scheitern des Königtums im Vorfeld theologisch zu begründen: Spätestens mit dem Zusammenspiel von Gideons Berufung in Ri 6 und dem Gideonspruch in Ri 8,22 f. steht die Monarchie der Theokratie, die durch Ex–Ri als ideale Herrschaftsform ausgewiesen wird, diametral entgegen.

1.3 Das literarhistorische Verhältnis von Richterkorpus und Schlusskapiteln

Der geläufigen Annahme, die Schlusskapitel stellten im literarhistorischen Sinn Anhänge zum Richterkorpus dar, widerspricht vor allem die in Ri 17–21 selbst angelegte Chronologie. Weder die Verortung der Ereignisse im Landnahmezusammenhang (Ri 18*) noch ihre Datierung in die zweite Generation nach Mose/Aaron (Ri 18,30; 20,28a) legen eine Kenntnis der Rettererzählungen nahe.[782] Hätte das Richterkorpus in der eben skizzierten Weise bereits einen enneateuchischen

---

781 Müller, Königtum, 226.
782 Das Problem wurde oft bemerkt; vgl. zuletzt Böhler, Interpretationsgeschichte. Eynikel, Judges 19 – 21, 102, benennt den chronologischen Widerspruch, wertet ihn aber kompositionsgeschichtlich nicht aus: „Judges 20,27 says that Phinehas son of Eleazar, son of Aaron, ministered before the ark in those days. This means that the time of these events is only two generations later than Moses and Aaron. This is not in accordance with the overall image of the book of Judges as a period of a considerable number of generations." Vgl. auch die eingangs zitierte Beobachtung von Kratz; s. o. S. 5.

Zusammenhang hergestellt, wäre die Platzierung der Schlusskapitel am Ende der Rettererzählungen äußerst merkwürdig.

Nun ließe sich umgekehrt erwägen, dass die Rettererzählungen auf die Schlusskapitel hin bzw. in Kenntnis derselben formuliert wurden.[783] Nachdem Ri 17–21 einen Vorspann zu Sam/Kön geliefert hätten, wäre durch die Rettererzählungen in Ri 2,6–16,31* dann zum ersten Mal eine literarische Verbindung zwischen Hexateuch und Sam-Kön-Komposition (inkl. Vorspann) hergestellt worden. Abgesehen davon, dass sich die chronologischen Auffälligkeiten dadurch keinesfalls besser erklären ließen, spricht auch die Konzeption des Richterkorpus' in Ri 2,6–16,31* gegen diese Annahme. Wenn die Erzählungen von Jeftah und Simson auf eine Fortsetzung in der frühen Königszeit ausgerichtet sind,[784] intendiert dies einen ursprünglichen literarischen Zusammenhang, was wiederum eine Kenntnis von Ri 17–21 nicht eben nahelegt.[785]

Lassen sich die chronologischen Probleme des Richterbuches somit in keiner Richtung durch die Annahme eines redaktionsgeschichtlichen Nacheinanders von Richterkorpus und Schlusskapiteln erklären, liegt es nahe, dass beide Kompositionen unabhängig voneinander entstanden sind.[786] Für diese Lösung sprechen neben den widersprüchlichen Datierungen der Ereignisse auch konzeptionelle Differenzen:

1) Beide Darstellungen sind sachlich auf die folgende Epoche des Königtums bezogen und unterziehen sie einer kritischen Wertung. Während Ri 2,6–16,31* jedoch eine grundsätzlich negative Sicht auf das Königtum eröffnen und Kritik an der Institution als solcher üben, nehmen Ri 17–21 eine differenzierte Haltung ein: Sie kritisieren das saulidische Königtum, glorifizieren hingegen das davidische.[787]

---

783 Pfeiffer, Sodomie, 285, etwa zieht im Gefolge von Jepsen, Quellen, die Priorität von Ri 19 (Jepsen: Ri 1.17–21) gegenüber Ri 2,6–16,31* in Betracht.

784 S. o. S. 212 f.

785 Der vordere Zusammenhang mit Jos 11,23b ist ohnehin gestört durch Jos 12–24* und Ri 1,1–2,5*. Auf die möglichen redaktionsgeschichtlichen Gründe hierfür wird im Folgenden zurückzukommen sein.

786 Vgl. bereits die oben skizzierten Positionen von Bertheau, Buber und Gross, die dabei allerdings die enge Vernetzung der beiden Kompositionen mit ihrem literarischen Kontext nicht hinreichend beachten. Die Ergebnisse der Analyse von Ri 17–21 vertragen sich jedenfalls nicht mit der eingangs zitierten Einschätzung Bertheaus, der Verfasser des Richterbuches habe „diese zwei Erzählungen (scil. Ri 17 f. und 19–21) ganz so wie sie uns jetzt vorliegen in einem anderen Werk [vorgefunden]". Ri 17–21 sind auf die Fortsetzung durch die Königtumsgeschichte angewiesen und für diesen Kontext verfasst worden.

787 Brettler, Book, vertritt eine Minderheitenmeinung, wonach das gesamte Richterbuch prodavidisch ausgerichtet sei.

2) In den Schlusskapiteln ist die Existenz von Vorbewohnern im israelitischen Territorium vorausgesetzt.[788] Das Richterkorpus hingegen kennt im Kern keine Vorbewohner.[789] Anders als in Ri 2,6 – 16,31 ist folglich in Ri 17– 21 die Landnahme noch nicht abgeschlossen und die Bann-Thematik spielt eine Rolle.[790]

3) In Ri 17– 21 sind sämtliche Konflikte, die den Verfall in der vorstaatlichen Epoche kennzeichnen, innerisraelitisch, wohingegen Israel im Korpus des Richterbuches wiederkehrend die feindliche Bedrohung von außen zu schaffen macht.

4) Während im Richterkorpus überwiegend Einzelgestalten als Anführer Israels oder mehrerer Stämme Israels handeln, stehen in Ri 17– 21 mit Dan und Benjamin (als Gegenüber zum Kollektiv der Israeliten) einzelne Stämme Israels im Fokus.

5) Hinsichtlich der Vergehen Israels unterscheiden sich die beiden Textbereiche in ihrer theologischen Ausrichtung. Die Schlusskapitel sind auf das davidisch-salomonische Königtum und die Durchsetzung des Zentralisationsgebotes angelegt (Ri 17,6 und 21,25) und lasten Michajehu (und in einem nächsten Schritt auch den Daniten) einen Verstoß gegen das Bilderverbot an. Im Richterkorpus hingegen konkretisiert sich das verwerfliche Handeln der Israeliten im Verstoß gegen das erste Gebot. Jahwe gibt die Israeliten in die Hand von Feinden, da sie fremden Göttern hinterher hurten (Ri 3,7 und 10,6).

Für die kompositionsgeschichtliche Verortung von Ri 17– 21 haben sich bislang zwei Hinsichten ergeben: 1) Die Schlusskapitel des Richterbuches sind auf die folgende Zeit des Königtums ausgerichtet und bilden einen Vorspann zur Sam-Kön-Komposition.[791] Allerdings bleibt zu klären, ob damit der kompositionsgeschichtliche Ort der Schlusskapitel hinreichend erfasst ist: Im Verlauf der Untersuchung wurden an einigen Stellen Verbindungen zum Hexateuch sichtbar;[792] bislang konnte jedoch nicht entschieden werden, ob diese literarischer Natur sind. Die Frage ist daher für die folgenden Untersuchungen im Blick zu behalten. 2) Richterkorpus und Schlusskapitel stehen in keinem erkennbaren sachlichen oder

---

788 Sie sind in Ri 17 – 21 (anders als in Ri 1, wo ihre Existenz begründet wird) selbstverständliche Realität; vgl. etwa Lajisch in Ri 18, Jebus in Ri 19 oder auch Schilo in Ri 21, wo augenfällig von der Kohabitation der Israeliten mit Kanaanäern ausgegangen wird, wenn in der zu Kanaan gehörenden Stadt ein Jahwefest veranstaltet wird.

789 Ri 4 erwähnt Kanaanäer, dürfte aber insgesamt spät in den Zusammenhang des Richterkorpus' gelangt sein; vgl. Pfeiffer, Jahwes Kommen, 91 ff.

790 In allen drei Aspekten stimmen Ri 17 – 21 mit Ri 1 überein. Auf das Verhältnis zwischen Anfang und Ende des Richterbuches wird im Folgenden besonderes Augenmerk zu richten sein.

791 S. dazu o. S. 194.

792 S. dazu o. S. 194 f.

literarhistorischen Bezug zueinander.[793] Durch klassische Fortschreibungsprozesse lassen sich gravierende (chronologische) Probleme nicht erklären; eine Abfassung der einen Komposition in Kenntnis der anderen liegt zudem angesichts der hohen Dichte konzeptioneller Unterschiede nicht eben nahe. Daher ist im Folgenden zu prüfen, inwiefern die Annahme eines literarhistorischen Nebeneinanders dem komplizierten Sachverhalt besser gerecht werden kann.

Eine Schlüsselrolle bei der nun anstehenden kompositionsgeschichtlichen Verortung von Ri 17 – 21 im Enneateuch spielt das erste Kapitel des Richterbuches, das in mancherlei Hinsicht eng mit den Schlusskapiteln verwandt ist.

2 Der kompositionsgeschichtliche Ort von Ri 17 – 21 im Enneateuch

2.1 Das literarhistorische Verhältnis von Ri 17 – 21 und Ri 1

2.1.1 Bezüge zu Ri 1

Eine enge Verbindung zwischen Ri 1 und Ri 17 – 21 offenbart bereits das Zitat von Ri 1,2 im Rahmen der Bet-El-Redaktion (20,18).[794] Da sich die Gemeinsamkeiten jedoch nicht in dem direkten Zitat erschöpfen, sondern vielfältig sind,[795] wird für Ri 1 und Ri 17 – 21 gelegentlich eine Herkunft aus demselben Verfasserkreis erwogen.[796] Einige besonders aussagekräftige Übereinstimmungen fallen unmittelbar ins Auge: In beiden Teilen handeln vorwiegend einzelne Stämme, die Israeliten vollstrecken hier wie dort den Bann (vgl. Ri 1,8.25; 18,27; 20,37.48; 21,10)

---

793 Eine Ausnahme stellt die späte Bearbeitung von Ri 18 im Horizont der Simsonerzählungen dar; s. dazu u. S. 229.
794 S.o. S. 77.
795 Vgl. vor allem die Zusammenstellung bei WONG, Strategy, 27 ff.
796 Vgl. BERTHEAU (s. dazu o. S. 208), der Ri 1 und Ri 17 – 21 einen vom Richterkorpus getrennten, gemeinsamen Entstehungskontext zuweist. Von einer redaktionsgeschichtlichen Verbindung der Kapitel im Horizont des Richterbuches geht WONG, Strategy, 74 ff. aus; vgl. ferner BECKER, Richterzeit, 296, der sich letztendlich jedoch „aufgrund der Verschiedenheit der Darstellung" für den Grundbestand von Ri 1 f. dagegen entscheidet, die sekundär hinzugefügten, projudäischen Stücke aber in einen redaktionsgeschichtlichen Zusammenhang mit Ri 19 – 21 stellt. Zwar bildeten auch der Grundbestand Ri 1,21.27 ff.; 2,1 – 5 zusammen mit Ri 17 f. einen spät-dtr. Rahmen um die Richtererzählungen, doch ließe sich ihre Herkunft allenfalls dem Umkreis von „DtrN" zuordnen. Die Bearbeitung verortet er im Umfeld der Pentateuchredaktion; ihre Intention sei es, das Richterbuch durch die Rahmung als eigenständiges literarisches Korpus auszugliedern. Zu GROSS' kompositionsgeschichtlicher Erklärung des Problems im Horizont von Ri 1 – 21 s.o. S. 209 f.

und Israel lebt inmitten der kanaanäischen Vorbewohner. Weitere Berührungen zeigen sich bei genauerer Betrachtung der Anlage und Aussageintention von Ri 1. Die Datierung der Ereignisse nach dem Tod Josuas schließt sinnvoll an die Todesnotiz in Jos 24,29 ff.* an.[797] Nach dem Tod seines Anführers[798] macht sich Israel notgedrungen auf eigene Faust daran, das Land zu erobern. Das Konzept der führerlosen Landnahme erinnert an Ri 18, und auch die in Ri 17–21 vorherrschende projudäische Tendenz findet eine Entsprechung in Ri 1: Direkt zu Beginn in V.2 wird Juda von Jahwe zum ersten unter den Stämmen Israels designiert. Verlief die israelitische Landnahme bislang unter der Leitung Josuas, tritt nach dessen Tod nun Juda an seine Stelle. Doch ist die Suprematie Judas nicht nur eingangs greifbar, sondern durchzieht konzeptionell das gesamte Kapitel. Sie zeigt sich u. a. in zwei korrigierenden Aufnahmen von Textgut aus Jos 13 ff.*[799]: 1) Ri 1,21 schreibt die versäumte Einnahme Jerusalems Benjamin zu[800] und korrigiert damit Jos 15,63, wo dieselbe Verfehlung Juda angelastet wird.[801] Der privilegierte Stamm wird so von einem Makel befreit, der gerade im Kontext der misslungenen Landnahme von Ri 1 stark zu Lasten der projudäischen Tendenz ginge.

> Aus eindeutig projudäischer Perspektive ist auch V.8 formuliert. Die Behauptung, Juda habe Jerusalem erobert, steht dabei eklatant im Widerspruch zu V.21. Der Sachverhalt erfordert vermutlich eine redaktionsgeschichtliche Lösung, wenngleich eine solche das Problem natürlich nicht zu erklären vermag. Da V.8 neben V.21 auch mit V.1–7 und der Bet-El-Episode in V.22–26[802] in engem Zusammenhang steht, kann eine Entscheidung nur auf der Grundlage einer detaillierten literargeschichtlichen Analyse von Ri 1 getroffen werden, die hier nicht geleistet werden kann und – da an der Aussageintention der genannten Passagen kaum zu

---

797 Für einen Vorschlag zur Redaktionsgeschichte und zum literarhistorischen Ort von Jos 24,29 – 33 s.u. S. 235 ff.

798 Der Tod Josuas in Ri 1,1aα ist ein essentieller Bestandteil der Erzählung, denn zu Lebzeiten des Anführers wäre nicht einsichtig, warum die Befragung Jahwes durch das Kollektiv der Israeliten vorgenommen werden sollte. Die Konstellation findet sich neben Ri 1,1 nur noch in den Bet-El-Szenen in Ri 20 – auch hierin zeigt sich der enge Zusammenhang von Ri 1 und den Schlusskapiteln.

799 Zum mutmaßlichen literarhistorischen Verhältnis von Ri 1 und Jos 13 ff.* s.u. S. 231 ff. Zur literarischen Beziehung zwischen Ri 1 und Jos 13 – 19 vgl. u. a. YOUNGER, Configuring.

800 Die Zugehörigkeit Jerusalems zu Benjamin ist gestützt durch Jos 18,16.28.

801 Aus dem direkten Textvergleich zwischen Jos 15,63 und Ri 1,21 ergeben sich weder in textkritischer noch in literarkritischer Hinsicht eindeutige Indizien für die relative Chronologie. Aus sachlichen Gründen ist jedoch die hier vorgeschlagene Richtung plausibler; vgl. dazu RAKE, Juda, 35 – 42; WONG, Strategy, 31; GROSS, Richter, 139 f. Jos 15,63 war seinerseits wohl nicht als Kritik an Juda, sondern im Hinblick auf die Eroberung der Stadt durch David in 2 Sam 5 verfasst worden; vgl. RAKE, Juda, 41.

802 S. dazu u. S. 220 f.

zweifeln ist – muss. Sollte V.8 nachgetragen worden sein,[803] könnte der Redaktor Anstoß daran genommen haben, dass Jerusalem in einer projudäischen Erzählung im Zusammenhang der Landnahme Judas keine Rolle spielt, und daher ungeachtet des dadurch entstehenden Widerspruchs seine Eroberung nachgetragen haben.[804] V.8 steht gleichzeitig im Kontrast zu Ri 19 (und 2 Sam 5), wo Jebus noch von Kanaanäern besiedelt ist.

2) Ferner dürften Ri 1,10 – 15.20 eine projudäische Bearbeitung der Parallele in Jos 15,13 – 19 darstellen.[805] Im Gegensatz zu Jos 15,13 ff. oder auch Jos 10,36 ff. und Jos 11,21 f. ist in Ri 1 Juda der ausführende Part der Eroberungen Hebrons und Debirs sowie des Siegs über die drei, hier mit Eigennamen genannten, Anakiter.[806] Letztere werden in Abstufung von der Tat Judas und in Abweichung von der Vorlage durch Kaleb schließlich nur noch aus Hebron vertrieben.[807] Zudem werden sowohl Kaleb als auch Othniel in der Darstellung von Ri 1 dem Stamm Juda zugerechnet, sodass ihre Eroberungen ohnehin auf das Landnahmekonto Judas verbucht werden können.[808] Die Modifikation behebt den Makel, dass nach Jos 15 die einzigen berichteten Gebietseroberungen mit Kaleb und Othniel zwei Nichtjudäern zugeschrieben werden.[809]

Auch die Dankritik aus Ri 18 hat ein Korrelat in Ri 1. Die Anordnung der Stämme im sog. „negativen Besitzverzeichnis" ist geprägt von zunehmendem Versagen. Wie SMEND bemerkte: „Juda und Simeon setzen sich durch, im Bereich von Benjamin, Manasse, Ephraim und Sebulon bleiben die Kanaanäer wohnen, Asser und Naphtali umgekehrt wohnen inmitten der Kanaanäer, Dan schließlich kommt zu überhaupt keinem Landbesitz. Das sieht nicht recht nach einer in irgendeinem Sinne amtlichen Liste aus."[810] Durch die Endstellung steht Dan als Gegenpol zu dem erfolgreichen Stamm Juda, mit dem die Aufzählung einsetzt.

---

803 Dies gilt unabhängig von der Frage nach dem literarischen Zusammenhang von V.8 mit der voranstehenden Adoni-Besek-Episode in V.2 – 7. Vgl. RAKE, Juda, 85 ff.; GROSS, Richter, 124 f.

804 Vgl. RAKE, Juda, 147.

805 Zu den literarhistorischen Überlegungen, die zu dieser Ansicht führen, vgl. GROSS, Richter, 109 – 111 und 126 – 135.

806 Die drei genannten Personen sind als bekannt vorausgesetzt. Dass es sich um die in 1,20 erwähnten Anakiter handelt, erschließt sich nur vor dem Hintergrund von Jos 15,14 bzw. Num 13,22; vgl. GROSS, Richter, 127 f.

807 Vgl. GROSS, Richter, 129.

808 Vgl. GROSS, Richter, 130.

809 Die erfolglosen Eroberungsversuche Judas in Ri 1,19 werden hingegen durch die Übermacht der Gegner begründet – die Wagen aus Eisen dürften dabei ebenfalls aus Jos stammen und sekundär auf Juda übertragen worden sein, denn nach Jos 17,16 sind die Gegner Josefs mit Eisenwagen ausgerüstet.

810 SMEND, Land, 228. Nebenbei sei angemerkt, dass ein hohes Alter der Liste vor diesem Hintergrund wenig wahrscheinlich ist; vgl. auch FRITZ, Besitzverzeichnis.

Passend dazu belegt der knappe Bericht über Dan in Ri 1,34 f. das Unvermögen des Stammes. In Abweichung von den sonstigen missglückten Landnahmeversuchen der Nordstämme (V.27 ff.) wird hier nicht mit לא הוריש und dem entsprechenden Stamm als Subjekt angeführt, welche Vorbewohner nicht vertrieben werden konnten. Vielmehr bleibt die Landnahme von vornherein unversucht; die Daniten agieren nicht, sondern verkommen zum Spielball der Aktionen der Amoriter.

> Aufschlussreich ist in diesem Zusammenhang die Anordnung der Stämme von Süden nach Norden.[811] Dan gilt damit als der nördlichste Stamm Israels, was angesichts der Auflistung seines Stammesgebietes in der Schefela überrascht. Auch darin besteht ein Konnex zu Ri 18, wo berichtet wird, wie Dan zu seiner נחלה im Norden kommt. Ri 1 offenbart eine Kenntnis der Gebietsliste Dans in Jos 19,40–48*, aus der einige Orte aus der Schefela übernommen werden. Die Verdrängung der Daniten ins Gebirge scheint auf den Verlust des Erbteils nach Jos 19,47 zu rekurrieren, sodass auch dieser redaktionelle Vers bereits bekannt sein dürfte.[812] Ri 1,34 f. erklären, inwiefern und wodurch den Daniten ihr Erbteil verloren ging. Die Auflistung Dans am Ende der Stammesliste, wo der nördlichste Stamm zu erwarten wäre, dürfte hier Ri 18 im Bick haben und die Nordwanderung der Daniten geschickt vorbereiten. Die Daniten siedeln schon nicht mehr in der Schefela, da sie von den Amoritern verdrängt wurden; die Endstellung in Ri 1 deutet an, wohin die Reise gehen wird: nach Norden.

Für die literarhistorische Beurteilung von Ri 1 (und dessen Verhältnis zu Ri 17–21) ist weiterhin die Bet-El-Episode in 1,22–26 aussagekräftig.

> Eine nordreichskritische Tendenz der Passage ist nicht erkennbar.[813] Im Gegenteil: Die Eroberung Bet-Els geschieht mit Jahwes Beistand, und dieser Sachverhalt lässt sich allenfalls durch tollkühne literarkritische Entscheidungen beheben.[814] In der Auskundschaftung Bet-Els und der Kooperation mit einem Ortsansässigen ist ferner keine eigenmächtige Erpressung zu sehen, die die Josefiten in Kontrast zu den Kundschaftern aus Jos 2 stellte.[815] Hier wie dort

---

811 Die einzige Abweichung von dieser Ordnung stellt die Vertauschung von Efraim und Manasse dar. Sie dürfte untendenziös sein und eher auf eine Nachlässigkeit des Verfassers zurückgehen, der immerhin auch Issachar vergessen zu haben scheint.

812 Zum redaktionellen Charakter von Jos 19,47 s.o. S. 162 f.

813 Vgl. GUILLAUME, Waiting, 198 ff.; GROSS, Richter, 143. Anders freilich RAKE, Juda, 92 ff., und mit stärkerem Fokus auf der Unvollständigkeit der Landnahme durch die Wiedererrichtung Lus' WONG, Strategy, 51 ff.

814 Vgl. RAKE, Juda, 94 f., die V.22aβ.b.23a als sekundär betrachtet. BECKER, Richterzeit, 46 f., vermutet in V.22 einen Nachtrag. Die literarkritische Entscheidung ergibt sich unmittelbar aus der Annahme, V.23–26 seien als selbständiges Stück erst nachträglich in den Zusammenhang eingefügt worden. Die auffälligen Übereinstimmungen mit der Juda-Episode verleihen V.22 dann den Charakter einer redaktionellen Brücke. Rechnet man die Bet-El-Episode hingegen zum Grundbestand von Ri 1, sprechen besagte Parallelen für die literarische Integrität der fünf Verse. Auch textkritisch ist die Auffälligkeit nicht zu beheben; gegen GOMES, Sanctuary, 114.

815 Gegen BECKER, Richterzeit, 47; anders RAKE, Juda, 93 f.

ziehen die Kundschafter ihren Nutzen aus der Kooperationsbereitschaft eines Bewohners bzw. einer Bewohnerin der Stadt. Auch die Verschonung des Komplizen ist in diesem Zusammenhang konsequent. Dass der Kollaborateur bei den Hethitern, also inmitten der Feinde Israels, eine neue Stadt gründet, dürfte ebenfalls kaum negativ zu bewerten sein:[816] Die Kanaanäerstadt Lus wird *qua* Eroberung von israelitischem Territorium vertilgt und im entlegenen Hethiterland wieder errichtet. Die Gefahr der Kohabitation ist damit gebannt.

Josef ist neben Juda der einzige Stamm, über den Ri 1 überhaupt Positives, nämlich die Vernichtung der Bewohner Bet-Els, zu berichten weiß.[817] Weiterhin spricht die parallele Gestaltung zur Einnahme Jerusalems durch Juda für eine positive Haltung des Verfassers gegenüber dem Geschehen. Ebenso wie Juda zuerst gegen Kanaan hinaufziehen sollte (V.2), zieht nun auch Josef hinauf (עלה), und ebenso wie Juda Jerusalem mit der Schärfe des Schwertes schlug (V.8), verfährt nun auch Josef in Bet-El (נכה לפי־חרב).[818]

Der Sinn dieser Darstellung erschließt sich erst im Zusammenhang mit den Schlusskapiteln, insbesondere Ri 20.[819] Dort versammelt sich Israel wie selbstverständlich in Bet-El zum Orakel. Wenn Ri 18 dem Verfasser von Ri 1,22 – 26 bekannt war und die ganze Komposition somit bereits im Zusammenhang der Landnahme stand,[820] ist das Bedürfnis, vorab die Eroberung des Versammlungsortes zu berichten, grundsätzlich nachvollziehbar. Doch ein weiterer Aspekt verdient Beachtung. In Ri 20 versammeln sich die Israeliten in Bet-El gegen Benjamin, zu dessen Territorium die Stadt nach Jos 18,22 gehört. In diesem Kontext muss demnach erklärt werden, wie Bet-El zu einem Heiligtum werden konnte, auf das ganz Israel (und zwar ohne Benjamin!) Anspruch erheben kann.[821] Da eine

---

816 Gegen RAKE, Juda, 94; GOMES, Sanctuary, 115.

817 Die positive Haltung gegenüber Josef hat sich auch in 1,35b niedergeschlagen, wonach Josef nun die im danitischen Gebiet ansässigen Amoriter unterdrückt. Die Notiz unterbricht den Zusammenhang von V.35a und V.36, die das von den Amoritern beherrschte Gebiet beschreiben, und könnte daher nachgetragen sein. Die Ergänzung verdankte sich dann wahrscheinlich dem Interesse, der pessimistischen Darstellung von Ri 1 am Ende noch eine positive Wende zu geben. Eine Zuschreibung der Tat an Juda, die angesichts der sonstigen Darstellung nahegelegen hätte, wäre schon allein aus geographischen Gründen nicht in Frage gekommen.

818 Unabhängig davon, wie man in der ein oder anderen Frage literar- und redaktionsgeschichtlich entscheidet, sind die Parallelen signifikant, da eine intendierte Bezugnahme auf der Ebene des vorliegenden Textes kaum von der Hand zu weisen ist. Auf welcher entstehungsgeschichtlichen Stufe man sie ansetzt, liegt letztlich u. a. daran, ob man V.8 als Nachtrag gegenüber V.1 – 7 betrachtet, oder in V.23 – 26 mit BECKER eine ältere Überlieferung vermutet. Daran, dass die Eroberung Bet-Els in Ri 1 positiv bewertet wird, ändert dies nichts.

819 Vgl. BECKER, Richterzeit, 48; GROSS, Richter, 143.

820 S. dazu im Folgenden.

821 Die konkurrierende Sicht, wonach Bet-El zu Juda gehört, setzt unabhängig von der Entstehungszeit des Textes den Bericht über die Gebietserweiterungen durch Joschija (2 Kön 22 f.)

Zuschreibung der Eroberung an Benjamin somit ausgeschlossen war, verbuchen Ri 1,22–26 sie auf das Konto der unkonkreten Größe „Haus Josef",[822] möglicherweise um Bet-El in den Rang einer exterritorialen Größe zu erheben.[823]

Der Befund spricht für einen engen redaktionsgeschichtlichen Bezug zwischen Ri 1 und Ri 17–21. Anfang und Ende des Richterbuches weisen zahlreiche konzeptionelle Berührungspunkte und sachliche Querbezüge zueinander auf, unterscheiden sich hingegen in sämtlichen Gemeinsamkeiten von dem dazwischenliegenden Richterkorpus.[824] Die rekonstruierte Entstehungsgeschichte von Ri 17–21 ergänzt dieses Bild um einen weiteren Aspekt. Das Zitat von Ri 1,2 in Ri 20,18 liegt auf einer literarhistorisch älteren Ebene als der späte Zusatz Ri 18,30,[825] der die danitische Kultgründung noch so selbstverständlich in der Zeit des Moseenkels Jonathan, d. h. in der Generation nach Josuas Tod verortet, dass eine Kenntnis voranstehender Rettererzählungen nicht eben naheliegt.[826] Dies deutet nicht bloß auf eine redaktionsgeschichtliche Nähe zwischen Anfang und Ende des Richterbuches, sondern spricht dafür, dass ursprünglich ein literarischer Zusammenhang zwischen Ri 1 und Ri 17–21 bestanden hat.[827] Für die folgenden

---

voraus. Eine Einnahme Bet-Els durch Juda, welche sich andernfalls hervorragend zur projudäischen Tendenz fügen würde, schied daher von vornherein aus.

822 Zu den verschiedenen Möglichkeiten, welche Bereiche der Sammelbegriff „Haus Josef" umfassen kann, vgl. GROSS, Richter, 143.

823 Vgl. KÖHLMOOS, Bet-El, 281. Für diese Deutung spricht unter Umständen, dass der Bericht im Folgenden durchaus zwischen Efraim und Manasse unterscheidet und die andernfalls naheliegende Deutung als Oberbegriff für diese beiden Stämme somit unwahrscheinlich ist.

824 Für Ri 1 bestätigt diese Sicht auch der kurze Forschungsüberblick bei EDERER, Ende, 7 ff., wonach Ri 1,1–3,6 in diachronen und synchronen Untersuchungen als „*zweigeteilter* Eröffnungstext" (9, Hervorhebung im Original) in die beiden Passagen Ri 1,1–2,5 und Ri 2,6–3,6 geschieden wird.

825 Zur Chronologie der beiden Bearbeitungen S. o. S. 193.

826 Mit Sicherheit ausschließen lässt sich eine Kenntnis des Richterkorpus' für die ältere Filiation in 20,27b.28a*[bis הזה]. Theoretisch wäre vorstellbar, dass 18,30 an diese Datierung angelehnt ist, obwohl das Richterkorpus bereits bekannt ist. Zwar würde 18,30 keinen chronologischen Widerspruch verursachen, sondern nur an einen bereits vorhandenen anknüpfen, doch wahrscheinlich ist diese Lösung nicht. Die Einfügung erklärt sich weitaus besser, wenn das Richterkorpus nicht bekannt ist.

827 Ein literarischer Zusammenhang zwischen Ri 1 und Ri 17–21 (anstelle eines redaktionsgeschichtlichen Zusammenhangs im Kontext einer redaktionellen Rahmung des Richterkorpus' o. ä.) wurde bislang nicht – oder zumindest nicht literargeschichtlich konsequent – vertreten; die Idee ist gleichwohl seit langem vorhanden und scheint hier und da in der Geschichte der Auseinandersetzung mit den Kapiteln auf. Besonders prominent ist das Beispiel von JOSEPHUS, der als Geschichtsschreiber eine chronologisch sinnvolle Abfolge der Ereignisse bieten wollte und Ri 17–21 in Ant 2,8–12 kurzerhand vor Ri 2,6 stellte. Die bereits mehrfach erwähnte Vermutung BERTHEAUS, wonach Ri 1 und Ri 17–21 „auf dasselbe Werk" (vgl. Richter, 193) zurückgehen, hebt

redaktionsgeschichtlichen Überlegungen soll versuchsweise von dieser These ausgegangen werden.

2.1.2 Der redaktionsgeschichtliche Ort von Ri 1

Ri 1 kombiniert die in Ri 19 – 21 vorherrschende projudäische Perspektive mit der Landnahmethematik aus Ri 17 f. Dabei zeigen sich die weitaus größten Übereinstimmungen und Ähnlichkeiten mit Ri 18. Dass die gesamte Komposition von Ri 1 ihren Ausgang genommen hat und die beiden Themen nachträglich in Ri 19 – 21 bzw. Ri 17 f. entfaltet wurden, ist unwahrscheinlich. In Kenntnis der Gebietseroberungen in Jos 1 – 11 (und der Landverteilung in Jos 14 – 19, die in 19,51 zu einem erfolgreichen Abschluss kommt[828]) ist eine Fortsetzung des Erzählfadens durch einen Bericht über die missglückte Landnahme keinesfalls selbstverständlich, zumal die Darstellung von Ri 1 für sich allein betrachtet recht unpointiert zum Ende kommt. Die Danerzählung in Ri 18 steht hingegen zu den Berichten in Jos nicht im Widerspruch, sondern funktioniert – wie oben gezeigt wurde – als variierende Erzählung zu Jos 19,47[829]: Dan hat im Zuge der Landverteilung keinen Erbbesitz erhalten und beschafft ihn sich daher auf eigene Faust. Ri 1 hingegen korrigiert die durchweg positive Darstellung der Landnahme im Josuabuch und stellt somit eine nachholende Erzählung unter negativen Vorzeichen dar. Ihr Ende verdeutlicht, dass sie auf Ri 17 f. hin angelegt sein dürfte: Mit Dan ist der Tiefpunkt der misslungenen Landnahme erreicht; die anschließende polemische Erzählung über die Nordwanderung des Stammes liest sich vor diesem Hintergrund als Verlängerung der führerlosen, unglücklichen Landnahme um eine weitere Episode.[830]

Wurde Ri 1 somit allem Anschein nach in Kenntnis der danitischen Landnahme in Ri 17,7 – 18,31* verfasst, ist sein redaktionsgeschichtlicher Ort innerhalb

---

die Kapitel zwar literarisch deutlich von den Rettererzählungen ab, äußert sich aber nicht zum sachlich-literarischen Verhältnis von Ri 1 und Ri 17 – 21. Moore, Judges, XXIXf., sieht ebenfalls einen sachlichen Zusammenhang zwischen dem Beginn und dem Ende des Richterbuches („the natural place for them [sc. Anhänge] in his [sc. Dtr.] book would have been immediately after the introduction"), kann diesen Befund aber literarhistorisch nicht erklären.

828 Zum redaktionsgeschichtlichen Ort von Jos 14,1 – 19,51* s.u. S. 231 ff. Zur Kenntnis von Jos 19,40 – 48 auf Seiten des Verfassers von Ri 18 s.o. S. 162 ff.

829 S.o. S. 163 f.

830 Es könnte in Erwägung gezogen werden, dass Ri 1 und Ri 18 auf dieselbe Hand zurückgehen. Gegen eine ursprüngliche Zusammengehörigkeit sprechen jedoch terminologische Differenzen: In Ri 18,1 heißt der Erbbesitz der Daniten analog Jos 19,41.48 נחלה. Der Terminus wird gleich doppelt verwendet und scheint dem Verfasser daher wichtig gewesen zu sein. Ri 1 verwendet für das zugeteilte Land jedoch nicht נחלה, sondern גורל.

der Komposition zwischen der Fortschreibung um Ri 17,7–18,31* und der unmittelbar darauffolgenden Bet-El-Redaktion anzusetzen, die aufgrund des Zitats von Ri 1,2 den *terminus ante quem* der Einfügung von Ri 1 darstellt.[831]

2.2 Die kompositionsgeschichtliche Funktion von Ri 1.17 – 21

Im Verlauf der Analyse von Ri 17–21 wurden bereits an einigen Stellen direkte Bezugnahmen auf hexateuchisches Material (Gen 18 f. in Ri 19) oder konzeptionelle Verbindungen mit dem Hexateuch (Datierung der Ereignisse in der Generation nach Josua in 20,28a [und später auch 18,30]; Landnahmethematik in [Ri 1 und] Ri 18) greifbar, die je für sich genommen bereits an eine literarische Abfolge von Hexateuch und Schlusskapiteln des Richterbuches denken ließen. Bezieht man Ri 1 in die kompositionsgeschichtlichen Überlegungen ein, ist ein literarischer Anschluss der gesamten Komposition spätestens im literargeschichtlichen Stadium der Vorschaltung dieses Kapitels vorausgesetzt. Die Verortung der Ereignisse nach dem Tod Josuas in Ri 1,1, die ein unentbehrlicher Bestandteil der folgenden Erzählung ist,[832] präsentiert die folgende Komposition als unmittelbare Fortsetzung der zuvor berichteten Begebenheiten zu Josuas Lebzeiten. Ri 1.17–21 fungieren demnach nicht (nur) als Vorspann zur folgenden Königszeit, sondern haben ähnlich wie das Richterkorpus eine Scharnierfunktion im Enneateuch: Sie verbinden (spätestens auf der literarhistorischen Ebene von Ri 1, eventuell aber auch früher durch Ri 19 oder die Fortschreibung um Ri 17,7–18,31*, zu der auch 20,27b.28a*[bis ההם] zu rechnen sind) den Hexateuch mit der Sam-Kön-Komposition.

Der redaktionell gewachsene Komplex Ri 1.17–21 schildert im Anschluss an den Tod Josuas ein misslungenes Nachspiel zur Landnahme, hat dabei aber stets die folgende Epoche im Blick und unterzieht sie vorab einer im weitesten Sinne als antisaulidisch/nordreichskritisch bzw. prodavidisch/judafreundlich zu bezeichnenden Wertung. Indem die Zustände in Israel im Verlauf des redaktionellen Wachstums der Komposition immer verheerender werden, und nach und nach auf

---

831 Das solide Leben der Israeliten im Land nach Ri 19–21 steht nicht im Widerspruch zu der Konzeption von Ri 1. Die Nordstämme (mit Ausnahme von Dan) besiedeln das Land, vertreiben aber nicht sämtliche Vorbewohner. Das passt letztlich auch zu der Erwähnung von Jebus in Ri 19. Unproblematisch ist ferner die Besiedlung Gibeas offenbar ausschließlich durch Benjaminiten in Ri 19. Die Darstellung von Ri 1 ist auf die misslungenen Landnahmeaktionen beschränkt. Gebietseroberungen werden (entsprechend der Aussageabsicht) nur im Falle von Juda und Josef erwähnt, sind aber selbstverständlich auch für die restlichen Stämme (außer Dan) impliziert.
832 S. dazu o. S. 218, Anm. 797.

das gesamte Gottesvolk ausgreifen, wird die Notwendigkeit des davidischen Königtums eindrücklich vor Augen geführt.

Im Folgenden ist nach den literarischen Anschlussstellen dieser Scharnierkomposition im Hexateuch und der Sam-Kön-Komposition zu fragen.

2.3 Ri 1.17 – 21 zwischen Hexateuch und Sam-Kön-Komposition

Die Bezugnahmen, die Ri 1.17 – 21 auf vielen Ebenen zur Sam-Kön-Komposition aufweisen (1 Sam 11 in Ri 19; 1 Kön 12 in Ri 17f.), sprechen insgesamt dafür, dass diese in einer (mehrfach) dtr. bearbeiteten Version vorlag und vermutlich bereits den Umfang 1 Sam 1 – 2 Kön 25 hatte.[833] Es spricht daher nichts gegen einen ursprünglichen literarischen Anschluss des ältesten Kerns in Ri 19 an 1 Sam 1,1.

Die literarische Anknüpfung an den Hexateuch könnte auf der literarhistorischen Ebene von Ri 19, Ri 17,7 – 18,31* oder Ri 1 zustande gekommen sein. Entsprechend der redaktionsgeschichtlichen Rekonstruktion lägen die literarischen Anschlüsse in Ri 19,1 (von einer literarkritischen Zäsur zwischen 19,1a und 19,1b wäre in diesem Fall abzusehen), Ri 17,1 oder Ri 1,1.

Als gelungener Abschluss des Hexateuch kommt Jos 11,15.23a*[834] in Betracht. Am Ende der Landnahme würde noch einmal auf die Legitimation Josuas rekurriert – der Auftrag wurde von Jahwe über Mose an Josua übermittelt. Damit schlügen die Verse eine Brücke zu Dtn 34,9, dem Amtsantritt Josuas als Nachfolger Moses. An diese Bilanz seiner Amtszeit könnte ursprünglich noch eine Todesnotiz Josuas (in diesem Fall wohl Jos 24,29)[835] angeschlossen haben. Sie war spätestens in dem Moment erforderlich, als der Hexateuch eine redaktionelle Fortsetzung erfuhr; als abschließende Notiz integriert sie sich unter Umständen aber auch sinnvoll in einen selbständigen Hexateuch. Zum ursprünglichen Hexateuch dürfte ferner eine Entlassungsnotiz (Jos 24,28) gehört haben. Nach der Eroberung des Landes mit Hilfe göttlichen Beistands entlässt Josua die Israeliten, „einen jeden in sein Erbteil". Dies korrespondiert mit Jos 11,23a*, der Übergabe des Landes an

---

833 Zwar liefert die Komposition keine Hinweise auf eine Kenntnis der Figur Samuel, doch legt der geographische Konnex „Gebirge Efraim" bzw. „Schilo" in Verbindung mit der späten Entstehung bereits von Ri 19 die Vermutung nahe, dass die Sam-Kön-Komposition ab 1 Sam 1,1ff. bekannt war. Für einen frühen literarischen Zusammenhang 1 Sam 1 – 2 Kön 25 spricht sich im Gefolge von KRATZ, Komposition, 174f., auch BLANCO WISSMANN, Beurteilungskriterien, 246, aus.

834 S. dazu o. S. 211, Anm. 770.

835 S. dazu u. S. 235ff.

Israel als Erbbesitz, und bildet einen gänzlich unauffälligen Abschluss der Landnahme.

3 Grundlinien der Entstehung des Richterbuches

Die Analyse von Ri 17–21 sowie die anschließenden Überlegungen zum Richterkorpus in Ri 2,6–16,31* und zu Ri 1 legen die Annahme nahe, dass sich im Richterbuch zwei ehedem selbständige Kompositionen literarisch voneinander scheiden lassen, die letztlich beide dieselbe kompositionsgeschichtliche Absicht verfolgen: die ursprünglich sachlich wie literarisch weitgehend unverbundenen Erzählkomplexe des Hexateuch und der Sam-Kön-Komposition miteinander zu verbinden. Die Konsequenzen dieses Vorschlags für die Entstehung des Richterbuches und des Enneateuchs liegen auf der Hand: Beide hätten ihre endgültige und letztlich kanonisierte Form durch die redaktionelle Verknüpfung von Ri 1.17– 21* und Ri 2,6–16,31* erhalten. Bis zu diesem Zeitpunkt wäre der Enneateuch in zwei Versionen im Umlauf gewesen, die sich (mindestens) im redaktionellen Übergangsbereich vom Hexateuch zur Sam-Kön-Komposition voneinander unterschieden.

Der Vollständigkeit halber sei zumindest knapp auf Ri 2,1–5 verwiesen, zumal dieser Passage häufig eine große redaktionsgeschichtliche Nähe zu Ri 1 attestiert wird.[836]

Die Eigenwilligkeit des Abschnitts hat viele, teilweise radikale literarkritische Lösungen provoziert. WELLHAUSEN etwa rechnet nur den äußeren Rahmen in V.1a.5b zur Grundschicht, die ursprünglich zu Ri 1 gehört haben soll,[837] dabei aber verdächtig farblos bleibt. Soll der Bote Jahwes nicht gänzlich unmotiviert nach Bochim gezogen sein, liegt eine von vornherein ätiologische Ausrichtung der Passage nahe. Ein sinnvoller Textzusammenhang erfordert dann neben der Reaktion der Israeliten in V.4 und der Benennung des Ortes (V.5a) auch eine Anklage des Volkes durch den Boten. Diese findet sich in V.1b.2. Entgegen der Annahme GROSS'[838] dürfte der Text jedoch nicht literarisch einheitlich sein. V.3 fällt durch die Redeeinleitung mit וגם auf und klappt durch die unterlassene Vertreibung der Völker auch inhaltlich nach. Der Vers stellt daher vermutlich einen Nachtrag dar, der an den Verstoß gegen das Bündnisverbot die versäumte Vertreibung der Völker als Strafe anfügt.[839]

---

836 Eine differenzierte kompositionsgeschichtliche Beurteilung von Ri 2,1–5 bedürfte weiterer Untersuchungen, u. a. einer Analyse von Jos 23. Aufgrund des tentativen Charakters der folgenden Überlegungen wird Ri 2,1–5 in der abschließenden Übersicht zur Entstehung der Scharnierkomposition (s. u. S. 242 ff.) nicht berücksichtigt.
837 Vgl. WELLHAUSEN, Composition, 210.
838 Vgl. GROSS, Richter, 158.
839 Vgl. RAKE, Juda, 116 f.

Einige Differenzen sprechen gegen die gleichzeitige Entstehung von Ri 2,1–5* und Ri 1.[840] Der Auftritt des Jahweboten, ohne den sich eine sinnvolle Grundschicht in Ri 2,1–5 nicht eruieren lässt, kündigt sich in Ri 1 nicht an und kommt daher im Anschluss daran unvermittelt; mit den Motiven „Exodus" und „Bund" ist die Episode im Vergleich zu Ri 1 zudem viel stärker theologisiert; im Gegensatz zum Bericht der misslungenen Landnahme ist der Abschnitt schließlich unverkennbar dtr. geprägt. Hingegen fehlt die in Ri 1 vorherrschende projudäische Tendenz – Israel wird von dem Boten Jahwes als Kollektiv angeklagt.

Häufig anzutreffen ist die Meinung, Ri 2,1–5 seien früher entstanden als Ri 1.[841] Problematisch daran ist vor allem der fehlende Bezug in Ri 1 auf den Verstoß gegen das Bündnisverbot in Ri 2,1–5: „Wie einfach wäre in Ri 1 eine ausdrückliche Rede vom ‚Bundesschluß' gewesen!"[842] BLUM vertritt die Meinung, Ri 2,1–5 hätten einmal direkt an den älteren Grundbestand von Jos 23 angeschlossen.[843] Dagegen spricht jedoch vor allem das Fehlen eines Berichts über den Abfall Israels, der das Votum des Boten in 2,1–5 hätte auslösen können. BLUM findet zwar einen Bezugstext von Ri 2,1–5 in Jos 9,[844] allerdings erschließt sich dieser Zusammenhang nicht, wenn – wie BLUM annimmt – Jos 23 bereits dazwischensteht. Jos 23 formuliert ein Verbot; Ri 2,1–5 beschuldigt Israel dessen Übertretung – *ergo* muss auf der literargeschichtlichen Ebene von Jos 23 der Verstoß zwischen diesen beiden Episoden berichtet werden. Insgesamt legt sich die umgekehrte relative Chronologie von Jos 23, Ri 1 und Ri 2,1–5 nahe. Ri 1 dürfte älter sein als Ri 2,1–5, da kein Bezug auf das Bündnisverbot erkennbar ist. In Ri 2,1–5 wird Israel angeklagt, einen Bund mit den Völkern geschlossen zu haben. Auf dieser literarhistorischen Ebene ist nun (ohne Kenntnis von Jos 23) in der Tat ein Bezug zu den vorderen Teilen von Jos anzunehmen, denn durch den Bezug auf Ri 1 erklärt sich z. B. nicht, warum der Bote Jahwes von Gilgal nach Bochim hinaufzieht, um

───────

840 Vgl. auch BLUM, Knoten, 182; RAKE, Juda, 102; GROSS, Richter, 157; gegen O'DOHERTY, Problem, 3, und KÖHLMOOS, Bet-El, 280, die Ri 1,1–2,5 als Werk eines Verfassers ansehen. BECKER, Richterzeit, 55 f., rechnet den Abschnitt zusammen mit Jos 23 und Ri 1,21.27–35* zum ältesten Eingang in das Richterbuch (dessen Anfang nicht erhalten ist), kann dabei aber die im Folgenden traktierten Probleme nicht erklären.

841 Vgl. NOTH, Überlieferungsgeschichtliche Studien, 9; BLUM, Knoten, 207 f.; RAKE, Juda, 102 ff.; GROSS, Richter, 158.

842 BLUM, Knoten, 208, Anm. 123.

843 Vgl. BLUM, Knoten, 188. Jos 23 formuliert am Ende des Wirkens Josuas Jahwes Auflagen für eine gelungene Landnahme: In gut dtr. Manier muss Israel das Gesetz halten, um sich den göttlichen Beistand während der Landnahme zu sichern. Konkretisiert wird die Forderung der Toratreue im Verbot, sich mit den Vorbewohnern zu verbinden. Verstößt Israel gegen diese Auflage, hat dies den sofortigen Landnahmestopp zur Folge. Die übrigen Vorbewohner werden den Israeliten dann zum Verhängnis, das schließlich im Landverlust gipfelt. Jos 23 legt so einerseits die Basis für eine negative Bewertung der unvollständigen Landnahmeaktion und der daraus resultierenden Kohabitation in Ri 1, spannt andererseits aber auch einen Bogen bis zum Exil. Konzeptionelle Unterschiede sprechen dagegen, Jos 23 und Ri 2,1–5 derselben Hand zuzuschreiben. In Ri 2,1–5 wird im Zusammenhang des Bündnisverbots nicht die Exogamie genannt, sondern das Niederreißen von Altären. Darüber hinaus bestehen terminologische Abweichungen bezüglich des Vernichtens der Vorbewohner (גרש [Ri 2,3]/כרת *hif.* [Jos 23,4]; הדף [Jos 23,5] und ירש *hif.* [Jos 23,5.9.13]).

844 Vgl. BLUM, Knoten, 188.

Israel anzuklagen. Gilgal begegnet im näheren Kontext nicht,[845] sondern spielt als zentraler Versammlungsplatz Israels eher im Zusammenhang der Landnahme in Jos 4 ff.* eine Rolle.[846] Eventuell sollen die beiden Landnahmeepisoden in Jos 1–11* und Ri 1 durch die Nennung von Gilgal in ein Verhältnis zueinander gesetzt werden: Während Jahwe bzw. der Bote Jahwes den Israeliten in den militärischen Auseinandersetzungen in Jos 1–11* beistand, klagt er sein Volk nun in Bochim an. Ri 2,1–5 wollten in dieser Logik mit dem Abzug des Boten aus Gilgal womöglich signalisieren, dass die jahwegemäße Landnahme abgeschlossen ist. Der Schwerpunkt von Ri 2,1–5 läge dann auf der Anklage Israels, die durch den sprechenden Namen des Ortes, an dem sie ergeht, besonders betont würde. Zwei mögliche Referenztexte kommen für den Vorwurf in 2,1–5 in Betracht: 1) Beziehen sich Ri 2,1–5 auf Jos 9, würde der Bundesschluss mit den Gibeoniten den Israeliten als Vergehen angelastet werden. Im Anschluss an Ri 1 würden 2,1–5 damit die missglückte Landnahme erklären. 2) Alternativ könnten Ri 2,1–5 auch die misslungene Landnahme aus Ri 1 und die daraus resultierende Kohabitation selbst als unzulässige Verbündung mit den übriggebliebenen Völkern deuten, obwohl dies in Ri 1 sicher nicht intendiert ist. Spätestens diejenige Hand, die Jos 23 in den Zusammenhang eingetragen hat, legt sich jedenfalls auf diese zweite Deutung fest, indem sie das Bündnisverbot im unmittelbar vorausgehenden Kontext von Ri 1,1–2,5 platziert.

Der redaktionsgeschichtliche Ort von Ri 2,1–5 im größeren Kontext ist schwer zu bestimmen. Unter Umständen könnten sie zu einem relativ späten Zeitpunkt (nach der Fortschreibung um Ri 1) zu der entsprechenden Scharnierkomposition hinzugefügt worden sein. Die Vorbewohner, die in Ri 1.17–21 bekannt sind, würden nun in einer unzweifelhaft dtr. geprägten Redaktion auf Israels Abfall von Jahwe zurückgeführt werden. Eine Verbindung zu den Schlusskapiteln des Richterbuches besteht immerhin durch das Weinen und Opfern der Israeliten in Bochim, denn diese Motive spielen auch in Ri 20 f. (sowohl auf der Ebene der Grundschicht von Ri 20 als auch in der späteren Bet-El-Redaktion) eine zentrale Rolle. Auch die mögliche Deutung des Abzugs des Jahwebotens aus Gilgal als Zeichen für das Ende der unter Jahwes Protektorat stehenden Landnahme fügte sich gut in dieses Bild, da die fragwürdige Landnahme Dans in Ri 18 sinnvoll daran anschlösse.

Rechnete man die Grundschicht von Ri 2,1–5 zu Ri 1.17–21, ließe sich der sekundäre V.3 vielleicht als nachträgliche Angleichung an die alternative Scharnierkomposition in Ri 2,6–16,31* verstehen. Er betont Aspekte, die im Richterkorpus zentral sind. So wie Jahwe im Richterkorpus fremde Völker gegen Israel erstarken lässt, ist er nach Ri 2,3 für die übriggebliebenen Vorbewohnervölker verantwortlich. Auch die Feindseligkeit der fremden Völker und die Verführung der Israeliten zum Verstoß gegen das erste Gebot durch deren Götter haben Entsprechungen in den Rettererzählungen.

Die Addition der beiden unabhängig voneinander entstandenen Kompositionen hätte notwendig zu den eingangs genannten Spannungen im Textverlauf ge-

---

845 Zuletzt wurde Gilgal in Jos 14,6 genannt; ab Jos 18,1 ist Israel in Schilo versammelt, wo das Zelt der Begegnung errichtet wird; in Jos 21,1 f. ist dieser Zustand immer noch vorausgesetzt.
846 Dieser geographische Konnex weist jedoch nicht automatisch auf eine ursprüngliche literarische Abfolge hin; gegen RAKE, Juda, 104.

führt.[847] Bei der Aufspaltung von Ri 1.17–21 zum Zweck der Rahmung der Rettererzählungen könnten in der Tat, wie eingangs erwähnt, bucheditorische Absichten eine Rolle gespielt haben. Darüber hinaus scheint der Redaktor Rücksicht auf die (wenigen) literarischen Anschlussstellen im disparaten Textmaterial genommen zu haben. An der hinteren Nahtstelle besteht ein offensichtlicher Konnex zwischen dem Daniten Simson (Ri 16) und der danitischen Landnahme (Ri 17 f.). Die Fuge ließe sogar notdürftige redaktionelle Angleichungen erkennen, denn wie gezeigt werden konnte, wurden die geographischen Widersprüche an ihren Rändern durch einige punktuelle Zufügungen in Ri 18 ausgeglichen.[848] Eine weitere, freilich marginale Übereinstimmung zwischen Ri 16 und Ri 17 besteht in der Summe „1100 Silber(stücke)" (Ri 16,5; 17,2). Will man die Deckungsgleichheit nicht dem Zufall zuschreiben, läge auch hier eine redaktionelle Anpassung der einen Stelle an die andere nahe.[849]

Eine thematische Verbindung findet sich in der vorliegenden Gestalt des Richterbuches auch an der vorderen Nahtstelle zwischen der Erwähnung Othniel ben Kenas' in Ri 1 und der Episode des gleichnamigen Retters in 3,7 ff. Sie ist literargeschichtlich jedoch problematisch.

Exkurs: Der redaktionsgeschichtliche Ort von Ri 3,7 – 11

Innerhalb des Richterkorpus' stellt die „eigentümlich blasse und wenig konkrete"[850] Othniel-Episode in Ri 3,7–11 eindeutig einen redaktionell formulierten Eingang in die Rettererzählungen dar. Vom Richterkorpus aus betrachtet ist eine Motivation der Einfügung nicht klar erkennbar. Eine Vorschaltung Othniels vor die Reihe von Rettern aus dem Norden durch einen judäischen dtr. Redaktor[851] ist in zweifacher Hinsicht fraglich: Erstens wäre der Ver-

---

847 S. o. S. 215 ff. Im Rahmen einer additiven Kombination von Texten ist dies – anders als bei der Annahme von Fortschreibungen – nicht weiter verwunderlich. Der redaktionelle Vorgang ist nicht ohne Analogie im Alten Testament. Auch bei der Kompilation von P und nicht-P im Pentateuch handelt es sich um einen „[r]ein literarische[n] Additionsvorgang [...], in dem nicht nur die Erzählungsstoffe, sondern auch die theologischen Anliegen schlicht und unausgeglichen nebeneinander stehen und ineinander verschränkt sind" (Noth, Pentateuch, 270). Eventuell kann auch das Hiobbuch als Analogie gesehen werden, das nach Meinung einiger Exegeten durch die redaktionelle Verzahnung der ursprünglich selbständigen Teile Erzählung und Dichtung entstanden ist; vgl. z. B. van Oorschot, Entstehung, 179 ff.

848 S. dazu o. S. 165 f.169 ff.188.

849 Die auffällige Zahl ließe sich dann am ehesten durch die Addition zweier runder Zahlen, 100 und 1.000, erklären. Ginge man davon aus, dass in Ri 17 ursprünglich nur von 100 Silber(stücken) die Rede war, ließe sich vielleicht das im jetzigen Zusammenhang unklare Verhältnis der gestohlenen Summe zu 200 Silber(stücken) zur Herstellung des Gottesbildes bestimmen: Michas Mutter würde dem Goldschmied doppelt soviel Geld geben, wie ihr zuvor gestohlen worden war. Dies entspräche immerhin ihrem großen Engagement in der gesamten Szene.

850 Becker, Richterzeit, 104.

851 Vgl. Becker, Richterzeit, 104; Kratz, Komposition, 210; Gross, Richter, 218.

such, den illustren Erzählungen von Nordrichtern durch die blutarme Episode ein judäisches Pendant entgegenzusetzen, wenig gelungen. Zweitens müsste erklärt werden, warum der dtr. Redaktor zu diesem Zweck keinen eindeutigen Judäer, sondern den Kalebiter Othniel ausgewählt hätte.

Die Personenwahl ist in der Tat auffällig, denn Othniel, der Sohn des Kenas und jüngere Bruder Kalebs (עתניאל בן־קנז אחי כלב הקטן ממנו), begegnet auch in Ri 1,13. Die exakte und exklusive Übereinstimmung der Titulatur legt dabei eine literarische Abhängigkeit nahe. In diesem Fall wird der Primat bei Ri 1 liegen, denn dort wird die Othniel-Episode aus Jos 15 mit projudäischer Tendenz appliziert,[852] wohingegen die Wahl Othniels in Ri 3,7 ff. willkürlich, wenn nicht aus dem genannten Grund gar merkwürdig, erscheint.[853] Zudem laufen Ri 3,7–11 der Anlage von Ri 2,6–10 zuwider, da die Rettererzählungen nun mit dem jüngsten Bruder Kalebs noch in der ausgestorbenen Josuageneration einsetzen.

Die Othniel-Perikope in Ri 3,7 ff. kennt also Ri 1 und lässt sich nicht ohne Weiteres dem Richterkorpus zuweisen. Im Rahmen des vorgeschlagenen Additionsmodells könnten die Verse einem späten Redaktor zugeschrieben werden, der die Verbindung der beiden Teilkompositionen bereits kennt und nun an den vorderen Rändern durch die Einfügung eine thematische Verknüpfung herstellt. Eventuell kann auch das Ende von Jos nach LXX für diese Annahme herangezogen werden, die den Beginn der Rettererzählungen in einem späten Stadium der Entstehung des Enneateuch noch mit Ehud ansetzt.

Mit der Frage nach dem redaktionsgeschichtlichen Ort von Ri 3,7–11 ist untrennbar das Problem des literarischen Anschlusses in Ri 3,12 verbunden. Es lässt sich indes beheben: Auf die Hand dessen, der Othniel in das Richterkorpus eingefügt hat, geht auch V.12a zurück. Als Nachtrag kann der Teilvers relativ leicht identifiziert werden, da die Mitteilung, dass die Israeliten das Böse in den Augen Jahwes tun, eine Dublette zu V.12bβ darstellt.[854] Der redaktionelle Anschluss ahmt nach der Vorschaltung Othniels die Einleitungen von Debora und Jeftah nach, die jeweils auf Ehud bzw. Gideon folgen und die Wiederholung des Abfalls Israels mit Hilfe des Formverbs יסף zum Ausdruck bringen. Der Nachtragscharakter von V.12a zeigt noch einmal deutlich, dass die Othniel-Episode gegenüber der dtr. Rahmung der Ehud-Episode sekundär ist. Eine Abfassung durch „den" dtr. Bearbeiter des Richterkorpus', sei es „DtrH" (BECKER) oder „DtrR" (KRATZ), liegt damit nicht eben nahe.

---

852 S. dazu o. S. 219.
853 Vgl. KRATZ, Komposition, 210, Anm. 112.
854 Die Einfügung von V.12bβ als Glosse (vgl. BECKER, Richterzeit, 109) ließe sich hingegen redaktionsgeschichtlich kaum erklären.

F Ausblick auf die literarischen Horizonte von Ri 1.17 – 21 am Übergang von Jos zu Ri

Während der Anschluss von Ri 1.17 – 21 an die Sam-Kön-Komposition reibungslos funktioniert, verbinden sich im Bereich des „kompositionellen Knotens"[855] zwischen Josua- und Richterbuch sachliche und literarische Probleme zu einer unübersichtlichen Gemengelage. Auf der Grundlage der bisherigen Überlegungen zur Kompositionsgeschichte des Richterbuches ließe sich das Sinnbild des redaktionellen Knotens modifizieren: Der Knoten beschränkt sich nicht auf das Ende des Josuabuches und den Beginn des Richterbuches; vielmehr erscheint das gesamte Richterbuch als Produkt einer doppelten redaktionellen Verknotung: In einem ersten Schritt wären Hexateuch und Königtumsgeschichte durch je eine Brückenkomposition, Ri 2,6 – 16,31* resp. Ri 1.17 – 21*, zu einem enneateuchischen Zusammenhang verknüpft worden; in einem zweiten Schritt wären die beiden Ausgaben des Enneateuch zusammengearbeitet worden, wobei auch das Richterbuch seine abschließende, in vielerlei Hinsicht komplexe Form erhalten hätte. In anschließenden Untersuchungen könnte geprüft werden, ob sich weitere Schwierigkeiten am Übergang von Jos zu Ri auf die Kompilation der beiden Ausgaben zurückführen ließen. Für Ri 1.17 – 21 wären folglich insbesondere die Texte zwischen dem mutmaßlichen Ende des Hexateuch in Jos 11,15.23a* und Ri 1 in den Blick zu nehmen. Indem der folgende Ausblick mit Jos 13 ff.* und Jos 24,28 ff. zwei redaktionsgeschichtlich problematische Passagen umreißt,[856] vermag er vielleicht eine erste Groborientierung zu bieten.

1 Jos 13 ff.*

Neben der priesterlichen Färbung, die sowohl Jos 13 ff.*[857] als auch große Teile von Ri 1.17 – 21 aufweisen, sprechen vor allem einige literarische Bezugnahmen in

---

855 Der Ausdruck ist dem gleichnamigen programmatischen Aufsatz BLUMs entnommen. Selbst BLUM stellt zu Beginn seiner Ausführungen fest, dass „die Textbildung an dieser Stelle primär ‚additiv', also nicht so sehr ‚transformativ' erfolgte und daß die verschiedenen ‚Fäden' hinreichendes Eigenprofil aufweisen" (Knoten, 181) – was eher auf eine Addition selbständiger Texte denn auf Fortschreibungen hinweist.

856 Die Darstellung bleibt fragmentarisch, da sie sich auf die redaktionsgeschichtliche Beurteilung der Passagen im Horizont von Ri 1.17 – 21 konzentriert. Die Texte im Schnittfeld zwischen dem Hexateuch, den beiden zu untersuchenden Passagen und Ri 1.17 – 21 (z. B. Jos 12 f., Jos 20 – 22, Jos 23 oder Jos 24,1 – 27) bleiben weitgehend unberücksichtigt.

857 Vgl. etwa KRATZ, Komposition, 200.

Ri 1.17–21, die Jos 13 ff.* (vgl. die Bezüge in Ri 1)[858] oder schon deren bearbeitete Version (vgl. den Bezug von Ri 18 auf Jos 19,40–48 [inklusive V.47])[859] voraussetzen, für eine große Nähe zwischen den beiden Komplexen. Betrachtete man Jos 13 ff.* als Fortschreibung im Horizont von Ri 1.17–21*,[860] löste sich zudem ein weiteres kompositionsgeschichtliches Problem: Jos 13 ff. müssten nicht in Kenntnis von Ri 2,6 ff. verfasst worden sein; die Unterbrechung des Zusammenhangs von Jos 11,23* und Ri 2,6 ff.[861] durch den ausführlichen Bericht der Landverteilung nach dem Los in Jos 13 ff.* wäre folglich nicht durch Fortschreibungsprozesse, sondern im Zuge der Kompilation der beiden Enneateuch-Ausgaben entstanden.

Der Umfang des ursprünglichen Berichts über die Landverteilung nach dem Los kann nur auf der Basis einer eingehenden literarischen Analyse bestimmt werden. Ausdrücklich sei daher auf den tentativen Charakter der folgenden Abgrenzungen verwiesen. Der Beginn des ursprünglichen Berichts könnte in Jos 14,1 zu finden sein.

Bereits Noth entdeckte in 14,1 die „alte (...) Überschrift des Ganzen", d. h. des dtr. bearbeiteten Komplexes Jos 13–22.[862] Die Überschrift des „stämmegeographischen Abschnitts"[863] finde ihr Pendant in der Abschlussnotiz 19,49a. Das so gebildete Rahmenwerk habe schon einen Großteil des dazwischen stehenden „mixtum compositum"[864] umfasst und grenze eine selbständige vordeuteronomistische literarische Einheit ab, die dann nacheinander dtr. und priesterlich bearbeitet worden sei. Die literarische Zäsur in Jos 19,49 verdankt sich wohl in erster Linie dem Interesse, Josua als Subjekt der Landverteilung sowie sämtliche priesterlichen Einflüsse aus dem Geschehen zu eliminieren. Fragt man nicht nach einem alten, literarisch selbständigen Zusammenhang,[865] sondern geht davon aus, dass Jos 14,1 ff.* von vornherein für den Kontext nach Jos 11,23a* geschaffen wurden, kann Jos 19,51 als das natürliche Ende der Grundschicht betrachtet werden.[866] Die Frage nach dem Verhältnis von dtr. und priesterlichen Elementen in diesem Komplex bleibt davon unberührt. Sollte es sich, wie Noth annimmt, bei den offensichtlich priesterlichen Teilen tatsächlich bloß um punktuelle

---

858 S. dazu o. S. 218 ff.

859 S. dazu o. S. 162 ff.

860 Dabei ist es unerheblich, in welchem literargeschichtlichen Stadium der literarische Anschluss von Ri 1.17–21 an den (dann möglicherweise bereits um Jos 13 ff.* erweiterten) Hexateuch erfolgte.

861 S. dazu o. S. 210 ff.

862 Vgl. Noth, Überlieferungsgeschichtliche Studien, 46.

863 Noth, Überlieferungsgeschichtliche Studien, 186.

864 Noth, Überlieferungsgeschichtliche Studien, 187.

865 Die neuere Forschung geht überwiegend von einer insgesamt nach-dtr. Entstehung des gesamten Komplexes aus; vgl. de Vos, Los, 300; Kratz, Komposition, 200; Römer, Deuteronomistic History, 82.

866 S. im Folgenden.

Bearbeitungen handeln, spräche auch dies nicht gegen die im Folgenden vorgebrachten Erwägungen. Sehr wahrscheinlich ist diese Annahme indes nicht.

Als idealer Endpunkt dieser Darstellung der Landnahme kommt Jos 19,51 in Betracht.[867] Der Vers konstatiert die Vollendung der Landverteilung. Das Werk Josuas (und Eleasars) ist damit beendet; die Entlassungs- sowie die Sterbenotiz des älteren Hexateuch[868] (Jos 24,28 f.) schlössen sinnvoll daran an.

Mit Jos 14,1–19,51*[869] würde zwischen Jos 11,23a* und Jos 24,28 ein ausführlicher Bericht über die Verteilung des Landes eingefügt. Die Darstellung von Ri 1

---

867 Schwer zu bestimmen ist das Verhältnis zu Jos 21,43 – 45. Am Ende der Landnahme wird dort das Eintreten der Ruheverheißung aus Dtn 12,9 f. konstatiert. Mit Jos 21,43 – 45 ist somit die erste der beiden Verheißungen aus Dtn 12,8 ff. erfüllt: Israel hat Ruhe vor den Feinden ringsum. Damit ist die Ausgangsposition für die Erwählung des Heiligtums durch Jahwe erreicht. Diese zweite Ankündigung realisiert sich in 1 Kön 8,56, wobei die Bezugnahme auf Dtn 12,10 und vor allem Jos 21,44 unübersehbar ist. Jos 21,43 – 45 ist damit Teil eines kompositorischen Bogens, der von Dtn 12 seinen Ausgang nimmt und mit dem Tempelbau durch Salomo sein Ziel erreicht. In diesen dem davidisch-salomonischen Königtum wohlgesonnenen Zusammenhang fügen sich die Schlusskapitel des Richterbuches mit dem Rückbezug auf Dtn 12,8 in Ri 17,6; 21,25 stimmig ein. Es wäre daher im Rahmen der angestellten Überlegungen zur Entstehung des Enneateuch durchaus vorstellbar, dass Jos 21,43 – 45 einmal (auf der literarhistorischen Ebene von Jos 14,1 – 19,51* oder früher oder später) als strukturierender Text die Darstellung der Landnahme (und damit einen irgendwie gearteten hexateuchischen Zusammenhang, vgl. den Bezug auf die Verheißungen an die Väter in 21,43) abgeschlossen, gleichzeitig aber mit Blick auf 1 Kön 8 zu den folgenden Ereignissen übergeleitet haben. In diesem Zusammenhang fällt außerdem auf, dass die Ruhe an sämtlichen Stellen (Dtn 12,9 f.; Jos 21,44; 1 Kön 8,56 und neben Jos 23,1 auch in 2 Sam 7,1.11!) mit der Wurzel נוח ausgedrückt wird. Die Ruhekonzeption von Jos 11,23b und dem Richterkorpus (Wurzel שקט statt נוח) wäre dann als Alternative dazu zu verstehen. Dort würde die Landnahme ebenfalls mit Ruhe (=Abwesenheit von Krieg) in Zusammenhang gebracht (eine im Rahmen der militärischen Landnahme naheliegende Vorstellung). Diese punktuelle Verwirklichung eines Heilszustands zielt dort jedoch nicht auf dessen endgültige Konkretisierung, sondern (im oben erläuterten pejorativen Sinn, s.o. S. 210 ff.) auf dessen partiellen und sukzessiven Verlust durch den Ungehorsam der Israeliten.

868 S.o. S. 225 ff.

869 Selbstverständlich ist der Komplex literarisch nicht aus einem Guss, sondern wurde im Laufe der Überlieferung mit zahlreichen Ergänzungen versehen. Da dem hier nicht weiter nachgegangen werden kann, seien lediglich zwei Details angemerkt: 1) Der Fokus der Kapitel liegt auf der Auslosung und Verteilung des Erbbesitzes. Von einer Eroberung dieser Gebiete ist über weite Strecken nicht die Rede. Einige versprengte Informationen in Jos 14,1 – 19,51* über Misserfolge bei der Inbesitznahme des Landes (15,63; 16,10; 17,12) fallen daher ins Auge. Die Notiz in 15,63, Juda habe die Jebusiter nicht vertrieben, könnte im Hinblick auf 2 Sam 5 (und Ri 19?) formuliert sein; s. o. S. 218, Anm. 801, und u. S. 235, Anm. 872. Die anderen beiden Stellen tragen punktuelle Misserfolge Efraims und Manasses ein, stehen unverbunden im Zusammenhang und sind wahrscheinlich sekundär; vgl. schon Noth, Josua. Die Ergänzungen könnten die Intention

böte im Anschluss daran eine *lectio varians* der Landeroberung und -verteilung im Josuabuch: Das Land wurde von den Stämmen allenfalls lückenhaft in Besitz genommen.

Als *terminus ante quem* für die redaktionsgeschichtliche Verortung von Jos 14,1– 19,51* im Verhältnis zu Ri 1.17– 21* hätte die Eintragung der danitischen Landnahme (Ri 17,7– 18,31*) zu gelten.[870] Da sie mit Jos 19,47 sogar bereits einen Nachtrag zur Auslosung des danitischen Gebietes in Jos 19,40 – 46.48 kennt,[871] dürfte mit einigem zeitlichen Abstand zu rechnen sein. Insgesamt legt sich so ein früher redaktionsgeschichtlicher Ort nahe. Bereits zwischen Ri 19 und Jos 14,1– 19,51* besteht ein unübersehbarer Bezug durch die Erwähnung der Jebusiter in Jos 15,63. Allerdings sprechen die fehlende priesterliche Prägung und die fehlende

---

verfolgen, dem Versagen Judas wenigstens einige weitere Misserfolge an die Seite zu stellen. Dazu passte auch die Position der beiden Eintragungen im näheren Kontext von Jos 15,63. Ri 1 dürfte dann bereits bekannt gewesen sein, denn ohne die misslungene Landnahme wäre man wohl kaum auf den Gedanken gekommen, punktuelle Misserfolge in den ansonsten positiven Bericht einzufügen; vgl. CORTESE, Josua, 114 f. 2) Unabhängig von der Frage, wie sich das weitere redaktionelle Wachstum zwischen Jos 11,23a* und Ri 1.17 – 21* vollzogen haben könnte, verdient die redaktionelle Verzahnung zwischen Jos 13,1 und Jos 23,1 im vorliegenden Zusammenhang eine kurze Besprechung. Jos 13,1 stilisiert die gesamte Landverteilung zum Alterswerk Josuas. Die Wendung ויהושע זקן בא בימים hat eine wörtliche Parallele in Jos 23,1, die durch redaktionelle Aufnahme zu erklären ist; vgl. NOTH, Überlieferungsgeschichtliche Studien, 45. Allerdings ist die Richtung der Bezugnahme umstritten: MOWINCKEL, Tetrateuch, 61 ff., plädiert mit NOTH für den Primat von Jos 23; vgl. auch KRATZ, Komposition, 205. SMEND, Gesetz, 500, entscheidet umgekehrt. Die Lösung SMENDs vermag die Übertragung der Notiz besser zu erklären. Ihren sinnvollen Ort hat die Erwähnung des hohen Alters im heutigen Erzählzusammenhang unzweifelhaft in Jos 23,1 am Beginn der „Abschiedsrede" Josuas; gerade deshalb ist eine Eintragung von Jos 23,1 in Jos 13,1 weniger plausibel als der umgekehrte Fall. Wenn das fortgeschrittene Lebensalter zu Beginn der Landverteilung erwähnt wurde (was alles andere als abwegig ist, wenn auf die Landverteilung ursprünglich direkt die Todesnotiz Josuas folgte), kann es in der Einleitung der Abschiedsrede, die den bisherigen Erzählzusammenhang um eine Episode verlängert, nicht fehlen. Jos 23,1 kombiniert dann in einem Zug geschickt den *status quo* von Jos 11,23b – Jahwe hat Israel Ruhe vor den Feinden verschafft – und Jos 13,1 – Josua ist alt und hochbetagt – und präsentiert sich somit als Abschluss eines im Großen und Ganzen zweigeteilten Josuabuches. Da Jos 13 in einen Zusammenhang mit Jos 14,1 – 19,51* gehört und jedenfalls nicht älter als dieser Komplex sein dürfte, könnte die simultane Bezugnahme auf Jos 11,23b und Jos 13,1 dafür sprechen, dass 23,1 nach der Kompilation der beiden Enneateuch-Ausgaben verfasst wurde.

870 Dies (sowie die folgenden Überlegungen zum redaktionsgeschichtlichen Ort) gilt wiederum unabhängig davon, ob ein literarischer Anschluss an den Hexateuch bereits mit Ri 19 bestand, durch die Ergänzung von Ri 17,7 ff. hergestellt wurde oder erst später durch Ri 1 erfolgte. Die Bezüge zwischen den Episoden sind insgesamt freilich aussagekräftiger, wenn ein literarischer Zusammenhang bestand.

871 S. dazu o. S. 162 f.

Stämmethematik in Ri 19 eher gegen eine Kenntnis von Jos 14,1 – 19,51*.[872] Weitaus engere Verbindungen weist der Komplex mit Ri 20 auf. Zu nennen sind hier vor allem das priesterliche Vokabular sowie die Organisation Israels als Stämmeverband. Auch die sperrige Formulierung „über es nach dem Los" in Ri 20,9[873] steht in direktem Bezug zu Jos 14,1 – 19,51* und könnte von dort inspiriert sein. Eine Abfassung von Ri 20 in Kenntnis der Landverteilung liegt somit nahe.

Eine literargeschichtliche Ansetzung von Jos 14,1 – 19,51* zwischen Ri 19 und Ri 20 – oder, was (im Falle einer bereits bestehenden literarischen Anbindung von Ri 19 f.* an den Hexateuch) theoretisch auch möglich wäre, auf der Ebene von Ri 20 – könnte zudem erklären, wie der Verfasser von Ri 20 zu seinem Vorzugsvokabular und seiner Israel-Konzeption kam und somit auch die diesbezügliche Diskrepanz zwischen Ri 19 und Ri 20 verständlich machen.

2 Jos 24,28 – 33

„Noch das blödeste Auge kann nach Rudolf Smend sen. am doppelten Tod Josuas erkennen, dass im Übergang zwischen Josua- und Richterbuch literarische Bruchlinien verlaufen, doch bis heute ist es selbst den klügsten Augen nicht gelungen, das Wachstum dieses Übergangsbereiches so zu rekonstruieren, dass es zu einem breiteren Konsens geführt hätte."[874] Dieser Befund ist nicht verwunderlich: Angesichts des doppelten Todes Josuas am Übergang vom Josua- zum Richterbuch kommen auf Fortschreibungen basierende Modelle schnell an ihre Grenzen, da mit dem schwer erklärbaren Umstand der Abfassung der einen Notiz in Kenntnis der anderen umgegangen werden muss.[875] Ginge man von der Existenz zweier unabhängig voneinander entstandenen Scharnierkompositionen im Bereich Jos und Ri aus, ließen sich die beiden Entlassungs- und Todesnotizen hingegen problemlos darauf aufteilen.[876] Möglicherweise ließen sich im Rahmen dieses Modells

---

872 Wie die Analyse zu Ri 19 gezeigt hat, lässt sich die Bezeichnung Jerusalems als Jebus auch ohne Kenntnis von Jos 15,63 aus der Erzähllogik heraus (und mit Blick auf 2 Sam 5) erklären; s.o. S. 30 f. Es wäre dann umgekehrt zu erwägen, ob Jos 15,63 nicht bewusst auf Ri 19 hin formuliert wurde.

873 S. dazu o. S. 70 f.

874 FREVEL, Josua-Palimpsest, 49, unter Verweis auf SMEND, Hexateuch, 274.

875 Vgl. u. a. JERICKE, Tod; BLUM, Knoten; KRATZ, Komposition; KNAUF, Buchschlüsse; FREVEL, Wiederkehr, und FOCKEN, Landnahme, 68 ff.

876 Von zwei parallelen Quellen (Jos 24; Ri 1,1 – 2,5 und Jos 23; Ri 2,6 ff.) am Übergang von Jos zu Ri gingen auch bereits EISSFELDT, Einleitung, 340, und RÖSEL, Überleitungen, aus.

darüber hinaus sogar einige Spannungen innerhalb der beiden Passagen sowie ihre spezifischen Abweichungen voneinander erklären.[877]

Da der Tod Josuas notwendig vor der führerlosen Landnahme in Ri 1 mitgeteilt worden sein muss, sind von den beiden zur Auswahl stehenden Passagen sicher Jos 24,28 – 33* zu Ri 1.17 – 21* zu rechnen.[878] An Jos 24,28 f. als Abschluss eines alten hexateuchischen Zusammenhangs[879] wären die restlichen Verse sukzessive angehängt worden.[880] Für die Konstitution des Hexateuch in seinem Umfang Gen–Jos ist zunächst V.32 von großer Bedeutung. Das Begräbnis der Gebeine Josefs übernimmt die Beschreibung des Begräbnisortes wörtlich aus Gen 33,19 und bezieht sich auf die Bitte Josefs um Mitnahme seiner Gebeine in Gen 50,25 und Ex 13,19, die wohl beide nachträglich in den Zusammenhang eingetragen wurden.[881] Nun ist eine Einfügung von Gen 50,25 und Ex 13,19 nur sinnvoll, wenn der Wunsch Josefs schließlich auch erfüllt wird. Jos 24,32 wird daher auf eine literarische Ebene mit Gen 50,25 und Ex 13,19 gehören. Die Einschübe verfolgen wohl die Absicht, das Buch Genesis, das nach der Verbindung mit der Exodus-Landnahme-Erzählung in vielerlei Hinsicht spannungsvoll zum Folgenden stand, besser in den Zusammenhang zu integrieren.[882] Der redaktionsgeschichtliche Ort

---

[877] S. dazu den Exkurs u. S. 238 f.

[878] Im Rahmen der oben vorgeschlagenen kompositionsgeschichtlichen Situierung von Jos 14,1 – 19,51* fügt sich die Abfassung von Jos 24,30.33 in Kenntnis der Landverteilung nach dem Los (s. im Folgenden) stimmig dazu.

[879] Zum Abschluss des Hexateuch durch eine Entlassungs- und eine Todesnotiz s. o. S. 225 f.

[880] Bei den folgenden redaktionsgeschichtlichen Überlegungen wird der Übersichtlichkeit halber versuchsweise angenommen, dass eine Verbindung von Hexateuch und Schlusskapiteln bereits auf der literarhistorischen Ebene von Ri 19 zustande kam. Sollte sie späteren Datums sein, änderte sich dadurch nichts an der relativen Chronologie der rekonstruierten Entstehungsgeschichte der Verse Jos 24,28 ff. oder deren literarhistorischem Verhältnis zu der alternativen Passage in Ri 2,6 ff. Bei einem späten literarischen Anschluss von Ri 1.17 – 21 an den Hexateuch wäre entsprechend von einem längeren separaten Wachstum am Ende des Hexateuch und in Ri 1.17 – 21 auszugehen, bevor die Ränder schließlich literarisch miteinander verbunden wurden. Jos 24,28 f. wären dann entsprechend zunächst um V.30.32 f. erweitert worden, bevor auf der Ebene der Fortschreibung um Ri 17,7 ff. bzw. Ri 1 der Anschluss von Ri 17,1 bzw. Ri 1,1 an Jos 24,28 – 30.32 f. hergestellt worden wäre. Grundsätzlich ist dies vorstellbar, da sich alle Ergänzungen in Jos 24,28 – 33 (bis auf V.31) im Horizont des Hexateuch erklären lassen. Der Tod des Eleasar und die Erwähnung seines Sohnes Pinhas in Jos 24,33 stehen jedoch in engem sachlichen Bezug zu Ri 20,27b.28a*[bis הזה], was eventuell nicht nur für eine Kenntnis von Jos 24,33 auf Seiten des Redaktors von Ri 20,27b.28a*[bis הזה], sondern eher für eine literarische Abfolge spricht.

[881] Vgl. Blum, Knoten, 202.

[882] Gegenüber dem Korpus des Kapitels in Jos 24,1 – 27* mit seiner feinsinnigen theologischen Reflexion über die eigene Geschichte von den Erzvätern bis zur Landnahme hebt sich diese punktuelle Bearbeitung in Gen 50,25, Ex 13,19 und Jos 24,32, die einen eher oberflächlichen

dieses Zusatzes innerhalb der Komposition lässt sich nur tentativ bestimmen. Die größten Ähnlichkeiten in Ri 1.17– 21, die zufälliger Art sein können, aber nicht müssen, liegen in Ri 19. Hier ließen sich die Bezugnahmen auf Material der Gen (Gen 18 f.) sowie die abschließende Korrelation der gegenwärtigen Situation mit dem Datum des Exodus als Versuch werten, das Geschehene durch den Vergleich mit dem Hexateuch (Gen–Jos!) zu qualifizieren. Eventuell kennt also bereits Ri 19 die literarische Verbindung von Gen und Ex.[883] Wenn Jos 24,32 der Abgrenzung des Hexateuch als eigenständigem literarischem Gebilde dient und Ri 19 auf diese Größe Bezug nimmt, kann für Jos 24,32 – unabhängig von der Frage, ob Ri 19 allein die Sam-Kön-Komposition im Blick hat oder diese bereits mit dem Hexateuch verbindet – eine Entstehung noch vor Ri 19 erwogen werden.

V.30 ist redaktionsgeschichtlich schwer zu beurteilen. Da im Anschluss an die Todesnotiz in der Regel das Begräbnis der Person mitgeteilt wird,[884] könnte V.30 gut die ursprüngliche Fortsetzung von 24,28 f. gebildet haben. Allerdings setzt das Begräbnis Josuas in seinem Erbbesitz eigentlich voraus, dass ihm zuvor ein Erbbesitz zugeteilt wurde. Davon berichten aber erst Jos 19,49 ff., die – folgt man den bisherigen Überlegungen – zu einer Erweiterung der alten Landnahmeerzählung zu rechnen sind. Da Josua nicht die einzige Ausnahme von der oben genannten Regel darstellt,[885] ist der Vers eher als gegenüber Jos 24,28 f. nachgetragen zu betrachten. Es spricht nichts dagegen, Jos 24,30 auf derselben literargeschichtlichen Ebene wie Jos 19,49 ff. zu verorten. Insgesamt wäre somit von einer zeitlichen Nähe zu Ri 20 auszugehen.[886]

Sollten die Überlegungen zu Jos 14,1 – 19,51* zutreffen und die Verteilung des Landes ursprünglich in Jos 19,51 geendet haben, wäre Jos 24,33 nochmals später

---

literarischen Zusammenhang herstellt, qualitativ ab. Gegen BLUM, Knoten, 202, ist daher von der übereinstimmenden hexateuchischen Perspektive nicht vorschnell auf die Gleichzeitigkeit zu schließen. Das Begräbnis Josefs in Sichem könnte als Ende eines redaktionellen roten Fadens im Hexateuch auf einer älteren Ebene den Abschluss des Buches gebildet haben. Der spätere Redaktor, der das Kapitel zum „Hexateuch in kleinster Form" (VON RAD) ausgestaltet hat, hat seine Reflexion sinnvollerweise im unmittelbar vorangehenden Kontext platziert, um so dem Hexateuch zu größerer (Ab-)Geschlossenheit zu verhelfen.

883 Weder Ri 19 noch Jos 24,32 lassen dabei eine Kenntnis der Priesterschrift erkennen. Die Annahme einer vorpriesterschriftlichen Verbindung von Gen und Ex (vgl. BERNER, Exoduserzählung) erscheint somit auch vor dem Hintergrund dieser Passagen erwägenswert. Das Fehlen priesterschriftlicher Einflüsse ist umso auffälliger, als die unmittelbar anschließenden Bearbeitungen, Jos 14,1 – 19,51* bzw. Ri 20*, eine stark priesterschriftliche Prägung aufweisen.

884 Vgl. u. a. Gen 25,8 f.; Ri 8,32; 12,7.

885 Auch die Begräbnisse Aarons in Num 20,28 und Othniels in Ri 3,11 werden nicht explizit erwähnt.

886 Zur redaktionsgeschichtlichen Verbindung zwischen Jos 14,1 – 19,51* und Ri 20 s.o. S. 234 f.

ergänzt worden.[887] Eleasar ist zwar bereits in Jos 14,1– 19,51* neben Josua der maßgebliche Akteur im Zusammenhang der Landverteilung, seine Sippe bekommt allerdings erst in Jos 21,13 ff. Land zugeteilt. Darunter befindet sich auch die benjaminitische Stadt Geba. Die Differenz zwischen Geba in Jos 21,17 und Gibea in Jos 24,33 muss dabei nicht überbewertet werden – schließlich wird auch in Ri 20 an mehreren Stellen nicht zwischen den beiden Ortslagen unterschieden. Von Jos 21,13 ff. aus betrachtet, musste es nun defizitär erscheinen, dass der Begräbnisort Josuas genannt wird, der des Eleasar aber nicht. Die Todes- und Begräbnisnotiz wurde daher am Ende nachgetragen, wo sich im Übrigen durch die Erwähnung des Gebirges Efraim die Schlusskapitel nahtlos anschließen. Eine redaktionsgeschichtliche Einordnung von Jos 24,33 (und damit zusammenhängend eventuell auch der entsprechenden Passagen in Jos 21) fällt schwer. Ri 20,27b.28a*[bis ההם] setzen den Tod Eleasars sachlich voraus und wurden daher wahrscheinlich in Kenntnis von Jos 24,33 verfasst. Will man darüber hinaus aus dem Wechsel zwischen Geba und Gibea eine Kenntnis von Ri 20 ableiten, ließe sich der redaktionsgeschichtliche Ort näherungsweise zwischen der Grundschicht von Ri 20 und ihrer Erweiterung durch V.27b.28a*[bis ההם] bestimmen.

Der folgende Exkurs legt nahe, dass Jos 24,31 bereits auf die Kompilation von Ri 1.17– 21* und Ri 2,6– 16,31* zurückblickt. Damit dürfte der Vers die jüngste Ergänzung in Jos 24,28 – 33 darstellen.

Exkurs: Die Dublette zwischen Jos 24,28 – 31 und Ri 2,6 – 9

Jos 24,28 f. und Ri 2,6.8 entsprechen einander weitgehend. Die Abfolge von Entlassung des Volkes und Tod Josuas dürfte einmal einen älteren hexateuchischen Zusammenhang abgeschlossen haben. Die wenigen Abweichungen innerhalb der parallelen Verse lassen sich erklären: 1) Gegenüber Ri 2,6 fehlt in Jos 24,28 die Angabe לרשת את-הארץ. Sie könnte in dem Moment getilgt worden sein, als Jos 24 um den Bericht der misslungenen Landnahme in Ri 1 fortgesetzt wurde. Ri 2,6 hätte demnach die ursprüngliche Form bewahrt. 2) Der Versbeginn von Jos 24,29 weicht von Ri 2,8 ab. ויהי אחרי הדברים האלה dürfte in Jos 24,29 hinzugefügt worden sein, um die sachliche Anbindung des Verses an seinen Kontext zu gewährleisten. Dies könnte notwendig geworden sein, nachdem (umfangreiche) Fortschreibungen den ursprünglichen Zusammenhang von Jos 11,23a* und 24,28 f. unterbrochen hatten.

Der bei Weitem auffälligste Unterschied zwischen den beiden Transit-Passagen betrifft die Reihenfolge der Verse: In Jos 24 werden zunächst Tod und Begräbnis Josuas erwähnt (V.29 f.), darauf folgt die resümierende Notiz, dass die Israeliten während der Amtszeit Josuas Jahwe dienten (V.31); in Ri 2 hingegen steht die Zusammenfassung der Amtszeit (V.7) vor der Todes- und Begräbnisnotiz (V.8 f.). Das Resümee in Jos 24,31 (= Ri 2,7) lässt sich nicht ohne Weiteres als positive Würdigung des Werkes Josuas verstehen, sondern ist mit dem Verweis

---

887 Die Abfolge von der Bestattung der Gebeine Josefs als Abschluss des Hexateuch und dem Begräbnis Eleasars spricht dafür, dass zumindest V.32 vor V.33 ergänzt wurde, denn der Redaktor von V.32 hätte seine Abschlussnotiz wohl kaum vor das Begräbnis Eleasars gestellt.

auf die Kenntnis der Taten Jahwes auf eine Fortsetzung angelegt: Sie richtet sich auf eine Zeit, in der die Werke Jahwes nicht mehr bekannt waren.[888] Eine solche Phase schließt sich an Jos 24 mit Ri 1.17 – 21* jedoch nicht an. Anders verhält es sich in Ri 2,7. Die Todesnotiz wird hier gerahmt durch die Mitteilung, dass die Generation Josuas Jahwe diente, und die Notiz über den Tod dieser gesamten Generation. Der Tod Josuas wird somit zur Epochengrenze. Das Richterkorpus, in dem Israel von den Heilstaten Jahwes nichts mehr weiß, fügt sich nahtlos daran an.[889]

Ri 2,9 passt indes nicht recht an den Beginn des Richterkorpus'. Der Bericht über das Begräbnis Josuas im eigenen Erbbesitz setzt Jos 19,49 ff. voraus, wo diesem ein Erbteil verliehen wird, und dürfte somit – folgt man der vorgeschlagenen kompositionsgeschichtlichen Verortung von Jos 14,1 – 19,51* im Zusammenhang mit Ri 1.17 – 21 – außerhalb des Horizontes von Ri 2,7 ff. liegen. Die entsprechende Notiz in Jos 24,30 hingegen könnte zusammen mit der Fortschreibung um Jos 14,1 – 19,51* nachgetragen worden sein.[890]

Der Befund legt eine nachträgliche Verzahnung der beiden je für sich redaktionell gewachsenen Todesnotizen nahe: Nach (oder im Zuge) der Addition der beiden Brückenkompositionen wurde Jos 24,30 (mit versehentlicher Vertauschung der Konsonanten des Begräbnisortes)[891] als Ri 2,9 am Beginn des Richterbuches nachgetragen, Ri 2,7 wurde am Ende des Josuabuches als Jos 24,31 ergänzt.[892]

Die gegenüber der Vorlage in Ri 2,7 abweichende Position von Jos 24,31 nach Tod und Begräbnis Josuas ließe sich erklären: Nachdem Jos 24,29 irgendwann im Lauf der Überlieferung durch ein redaktionelles Scharnier (ויהי אחרי הדברים האלה) enger mit dem Kontext vernetzt worden war, war eine Vorschaltung der Abschlussnotiz syntaktisch nicht mehr möglich.

Die LXX bezeugt auch in Jos 24 die Reihenfolge aus Ri 2. Dieses Phänomen erklärt sich kaum durch die Annahme einer Umstellung der Verse in Jos 24,29 ff. (MT),[893] da dies schlechterdings nicht nachvollziehbar wäre. Weder kann mit dem auf Fortsetzung angelegten Vers Jos 24,31 ein hexateuchischer Zusammenhang geendet haben, noch wäre ein nachträglicher Einschub zwischen die Begräbnisnotizen Josuas und Josefs sinnvoll. Der Schluss von Jos 24 nach LXX, der freilich gravierendere Probleme bereithält als die vom MT abweichende Reihenfolge, erklärt sich womöglich als Versuch einer Harmonisierung: Die Reihenfolge des Berichteten aus Ri 2,7 ff. wird an das Ende des Josuabuches gestellt, die Disharmonie zwischen Jos 24 (MT) und Ri 2 (MT) dadurch beseitigt.

---

888 Vgl. MILSTEIN, Ancient Texts, 146 f.

889 Die Abweichungen von Jos 24,31 gegenüber Ri 2,7 können vielleicht erklärt werden: Dass die Israeliten Jahwes Werk nicht wie in Ri 2,7 gesehen haben (ראה), sondern es kennen (ידע), könnte auf eine Kenntnis von Ri 2,10 hinweisen, wo in ähnlichem Kontext dieselbe Wurzel begegnet. Entsprechendes gilt für die fehlende Qualifikation des Werkes Jahwes als הגדול (Jos 24,31 und Ri 2,10 gegenüber Ri 2,7). Der Verfasser von Jos 24,31 könnte sich somit auf Ri 2,7 und 2,10 gleichermaßen bezogen haben.

890 S. dazu o. S. 237.

891 Jos 19,50 und 24,30 lesen סרח, Ri 2,9 liest חרס. Für alternative Deutungen der Abweichung vgl. NOORT, Jos 24,28 – 31.

892 Vgl. RUDOLPH, Elohist, 241.

893 Vgl. aber AULD, Judges I, 264.

Ein abschließendes Wort zur Doppelüberlieferung der Todesnotiz: Im Rahmen des vorgeschlagenen Modells hätten die Entlassungs- und Todesnotiz in Jos 24,28 f. = Ri 2,6.8 als einzige Verse des Hexateuch trotz identischem Wortlaut in beide Kompositionen Eingang gefunden und damit die gravierenden Spannungen im Textverlauf produziert. Die Erklärung für diesen Sachverhalt könnte in der umfassenden redaktionellen Arbeit am Ende des Hexateuch liegen, die den Tod Josuas in beiden Kompositionen konzeptionell verankert. Da Ri 1 zu Beginn bereits auf den Tod Josuas zurückblickt und dieser für den führungslosen Landnahmeversuch konstitutiv ist, wäre eine Streichung von Jos 24,28 ff. nicht möglich gewesen. In Ri 2,6 ff. wird der Tod Josuas hingegen zum Epochenmarker stilisiert. Als solcher ermöglicht er allererst den Beginn der Retterzeit und wäre somit ebenfalls unverzichtbar gewesen.

G Fazit zum kompositionsgeschichtlichen Ort von Ri 17 – 21

Die kompositionsgeschichtliche Verortung von Ri 1.17–21 hat das Richterbuch insgesamt als Resultat eines doppelten Knotens ausgewiesen: Es integriert zwei Scharnierkompositionen, die einst jeweils den Hexateuch und die Sam-Kön-Komposition miteinander vertäuten und in einem sekundären Akt miteinander verflochten wurden.[894] Für Ri 1.17–21 deutete sich darüber hinaus an, dass zumindest dieser Strang des Knotens nicht abrupt an den Rändern des Richterbuches geendet, sondern darüber hinaus gereicht haben könnte.[895]

---

[894] Einige zentrale Texte am Übergang von Jos zu Ri – allen voran Jos 23 und Jos 24 – sind in der vorliegenden Arbeit nicht zur Sprache gekommen. Auch hier wäre zu überprüfen, ob sich eine Zugehörigkeit zu einer der beiden Kompositionen erkennen lässt oder es sich um ausgleichende Bearbeitungen im Horizont ihrer Addition handeln könnte, wie es bereits für Jos 24,31/Ri 2,9, Ri 3,7 – 11; Ri 2,3 und einige punktuelle Ergänzungen in Ri 17,7 – 18,31 in Erwägung gezogen wurde.

[895] Entsprechend wäre zu prüfen, ob sich auch die alternative Scharnierkomposition über das Richterkorpus hinaus erstreckt. Besonders ertragreich dürfte in diesem Zusammenhang die Untersuchung der augenfälligen Berührungspunkte zwischen der Königtumskritik im Richterkorpus, vor allem Ri 8,22 f., und den einschlägigen monarchiekritischen Bearbeitungen in 1 Sam 8 – 12 sein. Bei sämtlichen Passagen in 1 Sam 8 – 12, die institutionelle Kritik am Königtum äußern, scheint es sich um dtr. Nachträge in einen älteren, ursprünglich wertneutralen Zusammenhang zu handeln; vgl. KRATZ, Komposition, 176 ff.; MÜLLER, Königtum, 130 ff.162 ff. 1 Sam 8,18 f. lesen sich wie eine Verschärfung gegenüber der Situation in den dtr. Rahmenstücken des Richterkorpus'. Wenn Israel zu Jahwe schreit, nachdem es sich einen König erbeten hat, wird Jahwe – anders als noch in der Retterzeit – nicht mehr auf sein Schreien hören. Dies ist aufgrund der Deutung der Königsbitte, die 1 Sam 8,7b analog Ri 8,22 f. vorträgt, auch nicht weiter verwunderlich: Immerhin kommt die Bitte nach einem König der Verwerfung Jahwes gleich. Ähnlich formulieren es auch 1 Sam 10,18 f. Zunächst wird auf die Heilstaten Jahwes für sein Volk rekurriert, die die Wahl einer theokratischen Herrschaftsform nahelegen würden; Israel aber setzt auf die Monarchie. 1 Sam 8,8 schließlich spitzt die Aussage zu: Der Wunsch nach einem König wird in die Geschichte des permanenten Abfalls Israels eingereiht, der sich wie im Richterkorpus im Verstoß gegen das erste Gebot konkretisiert. Die Forderung eines Königs und der Fremdgötterkult werden somit gleichgeordnet. Am Beginn der Königszeit in Israel wird dadurch betont, dass der Bund Jahwes mit seinem Volk aufgrund der steten Sünde Israels hinfällig ist und die folgende Epoche nicht unter Jahwes Protektorat steht; Israel ist damit in letzter Konsequenz für sein Unheil, das sich am Ende der Königebücher im Verlust der politischen Eigenständigkeit konkretisiert, selbst verantwortlich. Die frappierenden Parallelen legen einen redaktionsgeschichtlichen Zusammenhang zwischen den Texten nahe; vgl. HENTSCHEL, Saul. Sollten die königtumskritischen Passagen in 1 Sam im Horizont des Richterkorpus' verfasst worden sein, ließe sich auch dadurch eine (theologische) Spannung im Endtext erklären: Der Kontrast zwischen den grundsätzlich monarchiekritischen Aussagen und der prodavidischen Konzeption von Ri 1.17 – 21 wäre dann durch die Addition der

Die folgende Übersicht veranschaulicht, wie sich – eingedenk aller Unwäg-barkeiten und Unsicherheiten, die in den beiden vorangegangenen Kapiteln zur Sprache gekommen sind – die Verbindung von Hexateuch und Sam-Kön-Kom-position durch diejenige Brückenkomposition, die Ri 17–21 integriert, vollzogen haben könnte:

Übersicht: Die mutmaßliche Verbindung von Gen 1–Jos 11,15.23a* + 24,28f. und 1 Sam 1–2 Kön 25* durch Jos 14,1–19,51*.24,30ff.*; Ri 1*.17–21

Jos 24,32: Rahmung des Hexateuch durch Bestattung der Gebeine Josefs.

Ri 19*: Prodavidische und antisaulidische Erzählung, die eine Leseperspektive für die sich anschließende Zeit der Monarchie vorgibt.

Ri 19,12b: Theologische Korrektur. Der Protagonist trifft die Entscheidung für den Übernachtungsort, die vorher durch den Sonnenuntergang besiegelt wurde, nun selbst.

Jos 14,1–19,51* + 24,30 + כמחלקתם לשבטיהם in 11,23a(?): priesterliche Bear-beitung, die die Landverteilung an die Stämme nachträgt.

Ri 20* (+ 19,16b + ופילגשהו in 19,24 + 19,30b?): Universale und theologisierende Fortschreibung von Ri 19: Der Konflikt wächst sich zum Bruderkrieg aus; Jahwe ergreift Partei für Israel und gegen Benjamin.

Jos 21*(?) + 24,33: Nachtrag des Erbbesitzes der Aaroniden(?) sowie der Todes- und Begräbnisnotiz Eleasars.

Ri 20,2b: Punktueller Eingriff, der die militärische Dimension von Beginn an betont.

---

beiden Brückenkompositionen entstanden. Eine Erklärung durch Fortschreibungsprozesse fiele auch hier schwer: In Kenntnis der (anschließenden) institutionellen Kritik am Königtum hätte die Idealisierung des davidischen Königtums nicht eben nahegelegen. Auch andersherum hätte man im Anschluss an die prodavidische Komposition Ri 1.17–21 vermutlich nicht ohne Weiteres das Königtum als Herrschaftsform diskreditiert. Interessant ist in diesem Kontext auch der Ansatz von ROFÉ, History, der dem DtrG eine „Ephraimite Historiography" entgegenstellt, die sich über Jos 24; Ri 3–16 und 1 Sam 1–12 erstreckt. ROFÉ erkennt somit eine konzeptionelle Zusammengehö-rigkeit von Richterkorpus und 1 Sam 8–12 (Fehlen der Kultzentralisation, antimonarchische Ausrichtung), datiert diese jedoch noch vor 720 v.Chr.

Ri 17,1– 4.6 und Ri 20,48; 21,1.15 – 23.25: Rahmung der bisherigen Erzählung durch zwei Erzählungen, die den kultischen Verfall eines Individuums bzw. Gesamt-Israels schildern und über den „Kehrvers" in 17,6 und 21,25 einen prodavidischen Fokus erkennen lassen.

Ri 17,7– 18,31* + „Levit" in 19,1 (לוי גר) und in 20,4 (האיש הלוי) + 20,27b.28a*[bis ההם]: Fortschreibung, die den kultischen Verfall ausbaut und am Beispiel des Daner Kultes konkretisiert.

Vorschaltung der misslungenen Landnahme in Ri 1*.

Ri 20,18 f.23; 21,2 – 4: Nachtrag von drei in Bet-El lokalisierten Kultszenen, der die Kritik am falschen Kult befördert.

Ri 20,16: Punktuell nachgetragene Notiz, die den überraschenden Schlachtausgang an den ersten beiden Tagen mit Hilfe einer benjaminitischen Spezialeinheit erklärt.

Ri 20,15bβ: Dittographie nach 20,16.

Ri 17,5 + „Efod und Terafim" in 18,14.18.20 + האיש in 17,8(?): Fortschreibung, die den Kultfrevel auf dem Gebirge Efraim steigert. /

Ri 18,17: Nachträgliche Exkulpation des Leviten.

Ri 20,1b*[nur וארץ הגלעד]. 29.31aβ.b*[nur איש בישראל כשלשים בשדה].34b.36b.37– 41.47; 21,5.9 –14.24: Bearbeitung, die unter Rückgriff auf hexateuchisches Textmaterial zwei saulkritische Bannepisoden nachträgt.

Ri 21,6 – 8: Nachtrag, der durch die Einfügung der Jabesch-Episode entstandene Spannungen ausgleicht.

Ri 18,30: Nachtrag, der den allgemeinen Verfall der zweiten Generation nach Mose / Aaron kennzeichnet.

Addition mit dem Richterkorpus

Zora und Eschtaol in Ri 17,7–18,31* + 600 Kriegsgerüstete in 18,11 + 18,12bβ + 18,16b: Bearbeitung, die Spannungen zur Simsonerzählung ausgleicht. /

Nachtrag von Jos 24,31.

Einige Glossen in Ri 18,7.14.18; 20,10.

H Schluss

Als Teil einer Scharnierkomposition, die den Übergang vom Hexateuch zur Sam-Kön-Komposition strukturiert, stehen die Schlusskapitel des Richterbuches an einer zentralen Stelle im Enneateuch. Entsprechend lassen sie ein theologisch ausgereiftes Konzept erkennen, dessen Tiefenschärfe sich allerdings erst vor dem Hintergrund ihrer kompositionsgeschichtlichen Verortung erschließt. Ri 1.17–21 sind klar projudäisch geprägt; an einigen Stellen, namentlich Ri 19 und dem Kommentar in Ri 17,6 und 21,25, konkretisiert sich diese Tendenz in einer prodavidischen Haltung. Gegenüber dem davidischen Königtum stehen die Königtümer sowohl Sauls (Ri 19–21) als auch Jerobeams I. (Ri 17 f.) deutlich zurück. Die Kapitel unterziehen folglich die anschließende Zeit der Staatlichkeit einer Bewertung. Die Suprematie Judas sowie sämtliche prodavidischen Elemente in Ri 17–21 können als Zeugen einer Idealisierung des davidischen Königtums gesehen werden. Sie weisen die Komposition nicht nur als ein Beispiel fortgeschrittener theologischer Reflexion über die Geschichte des Volkes Israel aus, sondern stellen sie auch diametral in Gegensatz zum Korpus des Richterbuches, das von Kritik am Königtum als Staatsform durchzogen ist. Der theologischen Diskrepanz entspricht hierbei eine literarische Naht: Die Rahmenkapitel des Richterbuches (Ri 1.17–21) und dessen Korpus (Ri 2,6–16,31) bilden unabhängig voneinander entstandene, je für sich redaktionell gewachsene Kompositionen. Die Frontstellung der kontroversen Beurteilungen des Königtums im Richterbuch ist das Resultat ihrer nachträglichen Kompilation. Beide Kompositionen sind somit Teil des Diskurses um eine angemessene Erklärung des Untergangs der Staaten Israel und vor allem Juda. Nach Maßgabe der Königtumskritik im Richterkorpus (und in 1 Sam 8–12) führte die Wahl einer grundsätzlich ungeeigneten Herrschaftsform Israel ins Verderben: Mit dem Wunsch nach einem König verwirft das Volk seinen Gott. Eine geeignete Alternative zum Königtum bildet das mit dem theokratischen Ideal verträgliche charismatische Führertum durch punktuell von Jahwe auserwählte und befähigte Männer. Nach Mose und Josua zeigt sich dies beispielhaft an der Retterfigur Gideon, der am Ende seiner Regentschaft in Ri 8,22 f. den wechselseitigen Ausschluss von Gottes- und Königsherrschaft formuliert. Unvermittelt neben dieser Kritik an der Monarchie steht eine alternative Deutung der eigenen Vergangenheit, die sich neben Ri 1.17–21 und der chronistischen Literatur auch in weiteren Texten im Enneateuch und dem *corpus propheticum* niedergeschlagen hat. Anders als die Königtumskritik dient sie nicht primär der Vergangenheitsbewältigung, sondern entwirft angesichts des Verlustes der politischen Eigenständigkeit Judas eine Vision für die Zukunft. In Aufnahme und Weiterführung prodavidischer Tendenzen entstehen schließlich proto-messianische und messianische Strömungen, die allen politischen Realitäten zum Trotz an der Hoffnung auf einen zukünftigen, bald auch eschatologischen Herrscher auf dem Thron Davids festhalten. Die Verheißung eines solchen *David redivivus* sahen einige Jahrhunderte später schließlich auch diejenigen Juden als erfüllt an, die Jesus für den Christus hielten – freilich ohne dabei das eschatologische Moment der messianischen Hoffnung aufzugeben.

Abkürzungsverzeichnis

Die Abkürzungen für Zeitschriften, Lexika und Reihen richten sich nach SCHWERTNER, S. M., Internationales Abkürzungsverzeichnis für Theologie und Grenzgebiete, Berlin/New York ²1992. Zusätzlich oder abweichend werden folgende Abkürzungen verwendet:

1 Literatur

ABG   Arbeiten zur Bibel und ihrer Geschichte, Leipzig.
BibInt   Biblical Interpretation, Leiden.
BIS   Biblical Interpretation Series, Leiden.
HBS   Herders Biblische Studien, Freiburg.
OBT   Overtures to Biblical Theology, Philadelphia.
Occ.pub Occasional publications of the Department of Near Eastern Studies and the Program of Jewish Studies, Bethesda.
SBL   Studies in Bilbical Literature, Leiden.

2 Textkritische Sigla

S   Peschitta
Syh Syrohexapla
T   Targum
V   Vulgata

3 Sonstige Abkürzungen

acc.   Akkusativ/ accusativi
akk.   akkadisch
adh.   Adhortativ
Anm.   Anmerkung
c.   *genus commune*
cons.   *consecutivum*
cstr.   *constructus*
dat.   Dativ
f.   *genus femininum*
hif.   Hif'il
imp.   Imperativ
imperf.   Imperfekt

inf.	Infinitiv
iuss.	Iussiv
m.	*genus masculinum*
part.	Partizip
perf.	Perfekt
plusquamperf.	Plusquamperfekt
pi.	Pi'el
pl.	Plural
sc.	*scilicet*
sg.	Singular
s.v.	*sub verbo*

Literaturverzeichnis

1 Quellen

1.1 Bibelausgaben

KITTEL, R. (Hg.), Biblia Hebraica, Stuttgart 1973. (= BHK)

SCHENKER, A., u. a. (Hg.), Biblia Hebraica quinta editione cum apparatu critico novis curis elaborato. Fascicle 20: Ezra and Nehemiah. Prepared by D. MARCUS, Stuttgart 2006. (= BHQ)

—— Biblia Hebraica quinta editione cum apparatu critico novis curis elaborato. Fascicle 5: Deuteronomy. Prepared by C. MCCARTHY, Stuttgart 2007. (= BHQ)

—— Biblia Hebraica quinta editione cum apparatu critico novis curis elaborato. Fascicle 13: The Twelve Minor Prophets. Prepared by A. GELSTON, Stuttgart 2010. (= BHQ)

—— Biblia Hebraica quinta editione cum apparatu critico novis curis elaborato. Fascicle 7: Judges. Prepared by N. FERNÁNDEZ MARCOS, Stuttgart 2011. (= BHQ)

ELLIGER, K./RUDOLPH, W. (Hg.), Biblia Hebraica Stuttgartensia, Stuttgart 1977. (= BHS)

RAHLFS, A. (Hg.), Septuaginta. Id est Vetus Testamentum graece iuxta LXX interpretes edidit A. RAHLFS. Editio altera quam recognovit et emendavit R. HANHART. Duo volumina in uno, Stuttgart 2006.

WEBER, R., u. a. (Hg.), Biblia Sacra iuxta Vulgatam Versionem. Tomus I: Genesis – Psalmi, Stuttgart 1969.

1.2 Sonstige Quellen

COHEN, M. (Hg.), Mikra'ot Gedolot – ,Haketer' – Joshua–Judges. A Revised and Augmented Scientific Edition, Tel Aviv 2010.

CROSS, F.M./PARRY, D.W./SALEY, R.J, 51. 4QSam^a (Pls. I–XXII), DJD XVII, Qumran Cave 4.XII: 1–2 Samuel, Oxford 2008, 1–216.

GOETZE, A., The Hittite Ritual of Tunnawi, AOS 14, New Haven 1938.

JANOWSKI, B./WILHELM, G. (Hg.), Texte aus der Umwelt des Alten Testaments. Neue Folge. Band 1: Texte zum Rechts- und Wirtschaftsleben, Gütersloh 2004. (= TUAT)

KNUDTZON, J.A., Die El-Amarna-Tafeln, VAB, Leipzig 1915. (= EA)

MASON, S. (Hg.), FLAVIUS JOSEPHUS. Translation and Commentary. Volume 3: Judean Antiquities 1–4. Translation and Commentary by L. H. FELDMAN, Leiden 2000. (= JOSEPHUS, Ant.)

—— FLAVIUS JOSEPHUS. Translation and Commentary. Volume 4: Judean Antiquities Books 5–7. Translation and Commentary by C. BEGG, Leiden 2005. (= JOSEPHUS, Ant.)

ECKSTEIN, F. (Hg.), PAUSANIAS, Reisen in Griechenland. I. Athen, Bücher I–IV, Attika, Argolis, Lakonien, Messenien, Zürich/München 1986. (= PAUSANIAS, Hellados Periegesis)

RADT, S., STRABONS Geographika. Bd. 2: Buch V–VIII: Text und Übersetzung, Göttingen 2003. (= STRABON, Geographika)

SMELIK, W., The Targum of Judges, OTS 36, Leiden 1995.

The Talmud of Babylonia. An American Translation. Volume XXII.D: Tractate Baba Batra, Chapters Seven and Eight. Translated by J. NEUSNER, BJSt 239, Atlanta 1994. (= bBB)

MÖLLER, L. (Hg.), TITUS LIVIUS, Römische Geschichte – Von der Gründung der Stadt an. Übersetzt von O. GÜTHLING, Wiesbaden 2009. (= LIVIUS, Ab urbe condita)

TREBOLLE BARRERA, J., 50. 4QJudg^b (Pl. XXXVII), DJD XIV, Qumran Cave 4.IX: Deuteronomy, Joshua, Judges, Kings, Oxford 1995, 165–169.

ULRICH, E., 47. 4QJosh^a (Pls. XXXII–XXXIV), DJD XIV, Qumran Cave 4.IX: Deuteronomy, Joshua, Judges, Kings, Oxford 1995, 143–152.

2 Hilfsmittel

BARTHÉLEMY, D., Critique textuelle de l'Ancien Testament. Volume I: Josue, Juges, Ruth, Samuel, Rois, Chroniques, Esdras, Nehemie, Esther, OBO 50/1, Fribourg 1982.

BENFEY, T., Griechische Grammatik, Erste Abtheilung. Griechisches Wurzellexikon, als Grundlage der Griechischen Grammatik; erster Band, Berlin 1839.

Wilhelm GESENIUS' Hebräische Grammatik. Völlig umgearbeitet von E. KAUTZSCH, Hildesheim [28]1977. (= GK[28])

Wilhelm GESENIUS' Hebräisches und Aramäisches Handwörterbuch über das Alte Testament, bearbeitet von F. BUHL, Berlin [17]1962. (= GES[17])

Wilhelm GESENIUS Hebräisches und Aramäisches Handwörterbuch über das Alte Testament, bearbeitet von D. R. MEYER und H. DONNER, Berlin [18]2013. (= GES[18])

GROSS, W., Die Pendenskonstruktion im Biblischen Hebräisch, ATSAT 27, St. Ottilien 1987.

JENNI, E., Die hebräischen Präpositionen, Band 1 (Beth), 2 (Kaph) und 3 (Lamed), Stuttgart 1992; 1994; 2000.

JOÜON, P./MURAOKA, T., A Grammar of Biblical Hebrew I–III, Subsidia Bib. 14,1–2, Rom 1991. (= JOÜON/MURAOKA)

KÖHLER, L./BAUMGARTNER, W., Hebräisches und Aramäisches Lexikon zum Alten Testament, Leiden [3]1967. (= KÖHLER/BAUMGARTNER)

KÖNIG, E., Syntax der Hebräischen Sprache. Schlusstheil des historisch-kritischen Lehrgebäudes des Hebräischen, Leipzig 1897.

KUTSCHER, E. Y., A History of the Hebrew Language, Jerusalem 1982.

LETTINGA, J. P., Grammatik des biblischen Hebräisch, Basel 1982. (= LETTINGA)

ROST, V. C. F./PALM, F. (Hg.), Handwörterbuch der Griechischen Sprache. Begründet von F. PASSOW. 2. Band, 1.Abtheilung, Leipzig 1852 (= ROST/PALM).

3 Sekundärliteratur

ACHENBACH, R., Der Pentateuch, seine theokratische Bearbeitung und Josua–2 Könige, in: RÖMER, T./SCHMID, K. (Hg.), Les dernières rédactions du Pentateuque, de l'Hexateuque et de l'Ennéateuque, BEThL 203, Leuven 2007, 225–253.

—— gêr – nåkhrî – tôshav – zār: Legal and Sacral Distinctions on Foreigners in the Pentateuch, in: ACHENBACH, R./ALBERTZ, R./WÖHRLE, J. (Hg.), The Foreigner and the Law.

Perspectives from the Hebrew Bible and the Ancient Near East, BZAR 16, Wiesbaden 2011, 29–52.

ADAM, K.-P., Saul und David in der judäischen Geschichtsschreibung, FAT 51, Tübingen 2007.

ALBRIGHT, W. F., Excavations and Results at Tell el-Fûl (Gibeah of Saul), AASOR 4, New Haven 1924.

AMIT, Y., Hidden Polemic in the Conquest of Dan. Judges XVII–XVIII, VT 40 (1990), 4–20.

—— Literature in the Service of Politics. Studies in Judges 19–21, in: GRAF REVENTLOW, H./UFFENHEIMER, B. (Hg.), Politics and Theopolitics in the Bible and Postbiblical Literature, Sheffield 1994, 28–40.

AUBERLEN, C. A., Die drei Anhänge des Buches der Richter in ihrer Bedeutung und Zusammengehörigkeit, ThStKr 33 (1860), 536–568.

AULD, A. G., Judges I and History. A Reconsideration, VT 25 (1975), 261–285.

AURELIUS, E., Zukunft jenseits des Gerichts. Eine redaktionsgeschichtliche Studie zum Enneateuch, BZAW 319, Berlin 2003.

AVIOZ, M., The Role and Significance of Jebus in Judges 19, BZ 51 (2007), 249–256.

BACH, A., Rereading the Body Politic. Women and Violence in Judges 21, BibInt 6 (1998), 1–19.

BAL, M., Death and Dissymmetry. The Politics of Coherence in the Book of Judges, Chicago Studies in the History of Judaism, Chicago 1988.

BARTUSCH, M. W., Understanding Dan. An Exegetical Study of a Biblical City, Tribe and Ancestor, JSOT.S 379, London 2003.

BAUER, U. F. W., Eine synchrone Lesart von Ri 18,13–18, in: TALSTRA, E./BLOK, H., u. a. (Hg.), Narrative and Comment. Contributions to Discourse Grammar and Biblical Hebrew presented to Wolfgang Schneider on the Occasion of his Retirement as a Lecturer of Biblical Hebrew at the „Theologische Hochschule" in Wuppertal, TLQ 49, Amsterdam 1995, 53–63.

—— „Warum nur übertretet ihr sein Geheiß!" Eine synchrone Exegese der Anti-Erzählung von Richter 17–18, BEAT 45, Frankfurt a. M. 1998.

—— Judges 18 as an Anti-Spy Story in the Context of an Anti-Conquest Story. The Creative Usage of Literary Genres, JSOT 88 (2000), 37–47.

—— Eine metaphotische Ätiologie in Richter 18:12, in: DYK, J.W./VAN MIDDEN, P.J., u. a. (Hg.), Unless some one guide me... Festschrift for Karel A. Deurloo, ACEBT supplement series 2, Maastricht 2001, 107–113.

BECKER, U., Richterzeit und Königtum. Redaktionsgeschichtliche Studien zum Richterbuch, BZAW 192, Berlin 1990.

—— Endredaktionelle Kontextvernetzungen des Josua-Buches, in: WITTE, M./SCHMID, K., u. a. (Hg.), Die deuteronomistischen Geschichtswerke. Redaktions- und religionsgeschichtliche Perspektiven zur „Deuteronomismus"-Diskussion in Tora und Vorderen Propheten, BZAW 365, Berlin 2006, 139–161.

BEGG, C., The Function of Josh 7,1–8,29 in the Deuteronomistic History, Bib 67 (1986), 320–334.

BERNER, C., Die Exoduserzählung. Das literarische Werden einer Ursprungslegende Israels, FAT 73, Tübingen 2010.

BERTHEAU, E., Das Buch der Richter und Ruth, KEH 6, Leipzig 1845 (^{2}1883).

BEYER, A., Hoffnung in Bethlehem. Innerbiblische Querbezüge als Deutungshorizonte im Ruthbuch, BZAW 463, Berlin 2014.

BIEBERSTEIN, K., Josua – Jordan – Jericho. Archäologie, Geschichte und Theologie der Landnahmeerzählungen Josua 1–6, OBO 143, Fribourg 1995.

BIRAN, A., Biblical Dan, Jerusalem 1994.

BLANCO WISSMANN, F., „Er tat das Rechte …" Beurteilungskriterien und Deuteronomismus in 1Kön 12 – 2Kön 25, AThANT 93, Zürich 2008.

BLUM, E., Die Komposition der Vätergeschichte, WMANT 57, Neukirchen-Vluyn 1984.

———— Der kompositionelle Knoten am Übergang von Josua zu Richter. Ein Entflechtungsvorschlag, in: VERVENNE, M./LUST, J. (Hg.), Deuteronomy and Deuteronomic Literature. Festschrift C.H.W. Brekelmans, BEThL 133, Leuven 1997, 181 – 212.

BÖHLER, D. SJ, Zur Interpretationsgeschichte von Ri 18,30 und 20,28, in: GASS, E./STIPP, H.-J. (Hg.), Ich werde meinen Bund mit euch niemals brechen (Ri 2,1). Festschrift für Walter Groß zum 70. Geburtstag, HBS 62, Freiburg 2011, 357 – 376.

BOLING, R. G., Judges. Introduction, Translation and Commentary, AncB 6 A, New York 1975.

BRAULIK, G., Die deuteronomistische Landeroberungserzählung aus der Joschijazeit in Deuteronomium und Josua, in: STIPP, H.-J. (Hg.), Das deuteronomistische Geschichtswerk, ÖBS 39, Frankfurt a.M. 2011, 89 – 150.

BRETTLER, M. Z., The Book of Judges. Literature as Politics, JBL 108 (1989), 395 – 418.

BUBER, M., Königtum Gottes, Heidelberg 1956.

BUDDE, K., Die Bücher Richter und Samuel. Ihre Quellen und ihr Aufbau, Gießen 1890.

———— Das Buch der Richter, KHC 7, Freiburg 1897.

BURNEY, C. F., Notes on the Hebrew Text of the Book of Kings, Oxford 1903.

———— The Book of Judges with Introduction and Notes, LBS, London 1920.

CHENG, P. S., Multiplicity and Judges 19: Constructing a Queer Asian Pacific American Biblical Hermeneutic, Semeia 90 (2002), 119 – 133.

CARDEN, M., Homophobia and Rape in Sodom and Gibeah: A Response to Ken Stone, JSOT 82 (1999), 83 – 96.

CARR, D. M., Reading the Fractures of Genesis. Historical and Literary Approaches, Louisville 1996.

COETZEE, J. H., The 'Outcry' of the Dissected Woman in Judges 19 – 21: Embodiment of a Society, OTEs 15 (2002), 52 – 63.

CORTESE, E., Josua 13 – 21. Ein priesterschriftlicher Abschnitt im deuteronomistischen Geschichtswerk, OBO 94, Göttingen 1990.

CROSS, F. M., The Ammonite Oppression of the Tribes of Gad and Reuben. Missing Verses from 1 Samuel 11 Found in 4QSamuelᵃ, in: Tov, E. (Hg.), The Hebrew and Greek Texts of Samuel, Jerusalem 1980, 105 – 120.

CRÜSEMANN, F., Der Widerstand gegen das Königtum. Die antiköniglichen Texte des Alten Testamentes und der Kampf um den frühen israelitischen Staat, Neukirchen-Vluyn 1978.

DERBY, J., Who was Jonathan Son of Gershom in Judges 18:30?, JBQ 30 (2002), 191 – 195.

DE VOS, J. C., Das Los Judas. Über Entstehung und Ziele der Landbeschreibung in Josua 15, VT.S 95, Leiden 2003.

DEXINGER, F., Ein Plädoyer für die Linkshänder im Richterbuch, ZAW 89 (1977), 268 – 269.

DOHMEN, C., Art. מסכה, ThWAT IV, Stuttgart 1984, 1009 – 1015.

———— Das Bilderverbot. Seine Entstehung und seine Entwicklung im Alten Testament, BBB 62, Bonn 1985.

———— Art. פסל, ThWAT VI, Stuttgart 1989, 688 – 697.

———— /RICK, D, Art. רעע, ThWAT VII, Stuttgart 1993, 582 – 612.

———— Exodus 19 – 40, HThK.AT, Freiburg 2004.

DUMERMUTH, F., Zur deuteronomistischen Kulttheologie und ihren Voraussetzungen, ZAW 70 (1958), 59 – 98.

EDENBURG, C., The Story of the Outrage at Gibeah (Jdg. 19–21) (Diss. Tel Aviv University 2003).

EDERER, M., Ende und Anfang. Der Prolog des Richterbuches (Ri 1,1–3,6) in „Biblischer Auslegung", HBS 68, Freiburg 2011.

EHRLICH, A. B., Randglossen zur hebräischen Bibel. Textkritisches, Sprachliches und Sachliches. Dritter Band: Josua, Richter, I. u. II. Samuelis, Hildesheim 1968.

EILERS, W., Zur Funktion von Nominalformen. Ein Grenzgang zwischen Morphologie und Semasiologie, WdO 3 (1964–66), 80–145.

EISSFELDT, O., Die Quellen des Richterbuches, in synoptischer Anordnung ins Deutsche übersetzt samt einer in Einleitung und Noten gegebenen Begründung, Leipzig 1925.

—— Einleitung in das Alte Testament, Tübingen ⁴1964.

EWALD, H., Geschichte des Volkes Israel, Bd. 1 und 2, Göttingen ³1864 f.

EYNIKEL, E., „Judges 19–21, an Appendix": Rape, Murder, War and Abduction, CV 47 (2005), 101–115.

EXUM, C., Was sagt das Richterbuch den Frauen?, SBS 169, Stuttgart 1997.

—— Das Buch der Richter. Verschlüsselte Botschaften für Frauen, in: SCHROTTROFF, L./WACKER, M.-T. (Hg.), Kompendium Feministische Bibelauslegung, Gütersloh 1998, 90–103.

FABRY, H.-J./HOSSFELD, F.-L./KINDL, E.-M., Art. קהל,ThWAT VI, Stuttgart 1989, 1204–1222.

FINKELSTEIN, I., The Great Wall of Tell en-Nasbeh (Mizpah), the First Fortification in Judah, and 1 Kings 15:16–22, VT 62 (2012), 14–28.

—— Tell el-Ful Revisited: The Assyrian and Hellenistic Periods (with a New Identification), PEQ 143 (2011), 106–118.

—— The Forgotton Kingdom. The Archaeology and History of Northern Israel, Atlanta 2013.

FOCKEN, F. E., Zwischen Landnahme und Königtum. Literarkritische und redaktionsgeschichtliche Untersuchungen zum Anfang und Ende der deuteronomistischen Richtererzählungen, FRLANT 258, Göttingen 2014.

FREEDMAN, D. N./OVERTON, S. D., Omitting the Omissions. The Case for Haplography in the Transmission of the Biblical Texts, in: GUNN, D. M./McNUTT, P. M. (Hg.), 'Imagining' Biblical Worlds. Studies in Spatial, Social and Historical Constructs in Honor of James W. Flanagan, JSOT.S 359, London/New York 2002, 99–116.

FREVEL, C., Die Wiederkehr der Hexateuchperspektive. Eine Herausforderung für die These vom deuteronomistischen Geschichtswerk, in: STIPP, H.-J. (Hg.), Das deuteronomistische Geschichtswerk, ÖBS 39, Frankfurt a.M. 2011, 13–53.

—— Das Josua-Palimpsest. Der Übergang vom Josua- zum Richterbuch und seine Konsequenzen für die These eines Deuteronomistischen Geschichtswerks, ZAW 125 (2013), 49–71.

FRITZ, V., Das Buch Josua, HAT 7, Tübingen 1994.

—— Das „negative Besitzverzeichnis" in Judicum 1, in: WITTE, M. (Hg.), Gott und Mensch im Dialog. Festschrift für Otto Kaiser zum 80. Geburtstag, BZAW 345/1, Berlin 2004.

GASS, E., Die Ortsnamen des Richterbuchs in historischer und redaktioneller Perspektive, ADPV 35, Wiesbaden 2005.

—— Perisiter – Hiwiter – Jebusiter. Gentilizia in Zentral- und Nordpalästina, in: GROSS, W./GASS, E., (Hg.), Studien zum Richterbuch und seinen Völkernamen, SBAB 54, Stuttgart 2012.

GENETTE, G., Palimpseste. Die Literatur auf zweiter Stufe, Frankfurt a.M. 1993.

GESE, H., Der bewachte Lebensbaum und die Heroen. Zwei mythologische Ergänzungen zur Urgeschichte der Quelle J, in: DERS./RÜGER, H. P. (Hg.), Wort und Geschichte. Festschrift für Karl Elliger zum 70. Geburtstag, AOAT 18, Kevelaer 1973.

GILLMAYR-BUCHER, S., Erzählte Welten im Richterbuch: narratologische Aspekte eines polyfonen Diskurses, BIS 116, Leiden 2013.

GNUSE, R. K., Abducted Wives: a Hellenistic Narrative in Judges 21?, SJOT 21 (2007), 228–240.

GOMES, J. F., The Sanctuary of Bethel and the Configuration of Israelite Identity, BZAW 368, Berlin 2006.

GÖRG, M., piggul und pilaegaeš – Experimente zur Etymologie, BN 10 (1979), 7–11.

—— Josua, NEB.AT 26, Würzburg 1991.

—— Richter, NEB.AT 31, Würzburg 1993.

—— Art. Mizpa, NBL II, Zürich 1995, 826.

—— Terafim: tragbare Göttinnenfigur(en), BN 101 (2000), 15–17.

GRANERØD, G., Abraham and Melchizedek. Scribal Activity of Second Tempel Times in Genesis 14 and Psalm 110, BZAW 406, Berlin 2010.

GRESSMANN, H., Die Anfänge Israels von 2. Mosis bis Richter und Ruth. Mit Namen- und Sachregister und einer Doppelkarte, SAT 1,2, Göttingen 1914.

GROSS, W., Die Herausführungsformel. Zum Verhältnis von Formel und Syntax, ZAW 86 (1974), 425–453.

—— Richter, HThK.AT, Freiburg 2009.

—— Das Richterbuch zwischen Deuteronomistischem Geschichtswerk und Enneateuch, in: STIPP, H.-J. (Hg.), Das deuteronomistische Geschichtswerk, ÖBS 39, Frankfurt a.M. 2011, 177–205.

—— Michas überfüllte Hauskapelle. Bemerkungen zu Ri 17+18, in: DERS./GASS, E. (Hg.), Studien zum Richterbuch und seinen Völkernamen, SBAB.AT 54, Stuttgart 2012, 72–88.

GÜDEMANN, M., Tendenz und Abfassungszeit der letzten Kapitel des Buches der Richter, MGWJ 18 (1869), 357–368.

GUILLAUME, P., Waiting for Josiah. The Judges, JSOT.S 385, London 2004.

HALPERIN, D. M., Is There a History of Sexuality?, in: ABELOVE, H., u. a. (Hg.), The Lesbian and Gay Studies Reader, New York/London 1993, 416–431.

HENTSCHEL, G./NIESSEN, C., Der Bruderkrieg zwischen Israel und Benjamin (Ri 20), Bib 89 (2008), 17–38.

—— Saul und das deuteronomistische Geschichtswerk. Die Kritik an Saul und die Abkehr von der Monarchie, in: STIPP, H.-J. (Hg.), Das deuteronomistische Geschichtswerk, ÖBS 39, Frankfurt a.M. 2011, 207–224.

HERTZBERG, H. W., Die Bücher Josua, Richter, Ruth, ATD 9, Göttingen 1953.

HOFFMAN, Y., The Deuteronomistic Concept of the Herem, ZAW 111 (1999), 196–211.

HÜBNER, U., Jerusalem und die Jebusiter, in: DERS./KNAUF, E.A. (Hg.), Kein Land für sich allein. Studien zum Kulturkontakt in Kanaan, Israel/Palästina und Ebirnâri. Festschrift für Manfred Weippert, OBO 186, Freiburg 2002, 31–42.

JAPHET, S., 1 Chronik, HThK.AT, Freiburg 2002.

JEPSEN, A., Die Quellen des Königsbuches, Halle 1953.

JERICKE, D., Josuas Tod und Josuas Grab. Eine redaktionsgschichtliche Studie, ZAW 108 (1996), 347–361.

JOST, R., Gender, Sexualität und Macht in der Anthropologie des Richterbuches, BWANT 164, Stuttgart 2006.

JÜNGLING, H.-W., Richter 19 – Ein Plädoyer für das Königtum. Stilistische Analyse der Tendenzerzählung Ri 19,1–30a; 21,25, AnBib 84, Rom 1981.

KANG, S.-M., Divine War in the Old Testament and in the Ancient Near East, BZAW 177, Berlin 1989.

KEDAR-KOPFSTEIN, B., Art. חג, ThWAT II, Stuttgart 1977, 730–744.

KELLERMANN, D., Art. גור, ThWAT I, Stuttgart 1973, 979–991.

KILIAN, R., Die vorpriesterlichen Abrahamsüberlieferungen literarkritisch und traditionsgeschichtlich untersucht, BBB 24, Bonn 1966.

KIM, U. Y., „Where is the Home for the Man of Luz?", Interpretation 65 (2011), 250–262.

KITTEL, R., Das Buch der Richter, in: BERTHOLET, A. (Hg.), Die Heilige Schrift des Alten Testaments. Band 1. 1 Mose bis Ezechiel, Tübingen ⁴1922, 367–407.

KLEIN, L. R., The Triumph of Irony in the Book of Judges, JSOT.S 68, Sheffield 1988.

KNAUF, E. A., Die Priesterschrift und die Geschichten der Deuteronomisten, in: RÖMER, T. (Hg.), The Future of the Deuteronomistic History, BEThL 147, Leuven 2000, 101–118.

—— Buchschlüsse in Josua, in: RÖMER, Th./SCHMID, K. (Hg.), Les dernières rédactions du Pentateuque, de l'Hexateuque et de l'Ennéateuque, BEThL 203, Leuven 2007, 217–224.

—— Josua, ZBK.AT 6, Zürich 2008.

KÖCKERT, M., Die Geschichte der Abrahamüberlieferung, in: LEMAIRE, A. (Hg.), Congress Volume Leiden 2004, VT.S 109, Leiden 2006, 103–128.

—— Vom Kultbild Jahwes zum Bilderverbot. Oder: Vom Nutzen der Religionsgeschichte für die Theologie, ZThK 106 (2009), 371–406.

KOENEN, K., Eherne Schlange und goldenes Kalb. Ein Vergleich der Überlieferungen, ZAW 111 (1999), 353–372.

KÖHLMOOS, M., Bet-El – Erinnerungen an eine Stadt. Perspektiven der alttestamentlichen Bet-El-Überlieferung, FAT 49, Tübingen 2006.

—— Ruth, ATD 9,3, Göttingen 2010.

KRATZ, R. G., Die Komposition der erzählenden Bücher des Alten Testaments. Grundwissen der Bibelkritik, UTB 2157, Göttingen 2000.

—— Das Alte Testament und die Texte vom Toten Meer, ZAW 125 (2013), 198–213.

KRISTEVA, J., Bakhtine, le mot, le dialogue et le roman. Critique 23 (1967), 438–465.

KUENEN, A., Historisch-kritische Einleitung in die Bücher des alten Testaments hinsichtlich ihrer Entstehung und Sammlung. Erster Theil. Zweites Stück (Autorisierte deutsche Ausgabe von Prof. Dr. T. WEBER), Leipzig 1890.

LAGRANGE, M.-J., Le livre des Juges, EtB, Paris 1903.

LETELLIER, R. I., Day in Mamre, Night in Sodom. Abraham and Lot in Genesis 18&19, BIS 10, Leiden 1995.

LEVY, D. J./MILGROM, J./RINGGREN, H./FABRY, H. J., Art. עדה, ThWAT V, Stuttgart 1986, 1079–1093.

LEWIS, T. J., Art. Teraphim, in: DDD, Leiden ²1999, 844–850.

LIPIŃSKI, E., Art. נחל, ThWAT V, Stuttgart 1986, 342–360.

LOHFINK, N., Darstellungskunst und Theologie in Dtn 1,6–3,29, Bib 41 (1960), 105–134.

—— Die deuteronomistische Darstellung des Übergangs der Führung Israels von Mose auf Josue. Ein Beitrag zur alttestamentlichen Theologie des Amtes, Schol 37 (1962), 32–44.

—— Art. חרם, ThWAT III, Stuttgart 1982, 192–213.

LORETZ, O., Die Teraphim als „Ahnen-Götter-Figur(in)en" im Lichte der Texte aus Nuzi, Emar und Ugarit, UF 24 (1992), 133–178.

MALAMAT, A., Northern Canaan and the Mari Texts, in: SANDERS, J. A. (Hg.), Near Eastern Archaeology in the Twentieth Century. Essays in Honor of Nelson Glueck, New York 1970.

MARTI, K., Das Dodekapropheton. 1. Hosea–Obadja, KHC 13,1, Tübingen 1904.

MARX, A., Sacrifice de Réparation et Rites de Levée de Sanction, ZAW 100 (1988), 183–198.

MAYES, A. D. H., Deuteronomistic Ideology in Judges 17–21, BibInt 9 (2001), 241–258.

MEURER, T., Die Simson-Erzählungen. Studien zu Komposition und Entstehung, Erzähltechnik und Theologie von Ri 13–16, BBB 130, Berlin 2001.

MICHEL, A., Theologie aus der Peripherie. Die gespaltene Koordination im Biblischen Hebräisch, BZAW 257, Berlin 1997.

MILLER, J. M., Jebus and Jerusalem: A Case of Mistaken Identity, ZDPV 90 (1974), 115–127.

MILSTEIN, S. J., Reworking Ancient Texts. Revision through Introduction in Biblical and Mesopotamian Literature (Diss. New York University, 2010).

MOMMER, P., Samuel. Geschichte und Überlieferung, WMANT 65, Neukirchen-Vluyn 1991.

MONROE, L. A. S., Israelite, Moabite and Sabaean War-hērem Traditions and the Forging of National Identity. Reconsidering the Sabaean Text RES 3945 in Light of Biblical and Moabite Evidence, VT 57 (2007), 318–341.

MOORE, G. F., A Critical and Exegetical Commentary on Judges, ICC, Edinburgh ⁶1949.

MOTZKI, H., Ein Beitrag zum Problem des Stierkultes in der Religionsgeschichte Israels, VT 25 (1975), 470–485.

MOWINCKEL, S., Tetrateuch, Pentateuch, Hexateuch. Die Berichte über die Landnahme in den drei altisraelitischen Geschichtswerken, BZAW 90, Berlin 1964.

MUELLER, E. A., The Micah Story. A Morality Tale in the Book of Judges, SBL 34, New York u. a. 2001.

MÜLLER, R., Königtum und Gottesherrschaft. Untersuchungen zur alttestamentlichen Monarchiekritik, FAT II 3, Tübingen 2004.

—— Jahwekrieg und Heilsgeschichte, ZThK 106 (2009), 265–283.

MYERS, J. M./ELLIOTT, P. P., The Book of Judges, in: BUTTRICK, G. A. (Hg.), The Interpreter's Bible. The Holy Scriptures in the King James and Revised Standard Versions with General Articles and Introduction, Exegesis, Exposition for Each Book of the Bible. Vol. 2 Leviticus, Numbers, Deuteronomy, Joshua, Judges, Ruth, First and Second Book of Samuel, New York 1953, 675–826.

NA'AMAN, N., Beth-aven, Bethel and Early Israelite Sanctuaries, ZDPV 103 (1987), 13–21.

—— The Danite Campaign Northward (Judges xvii–xviii) and the Migration of the Phocaeans to Massalia (Strabo iv 1,4), VT 55 (2005), 47–60.

NEEF, H. D., Michas Kult und Jahwes Gebot: Jdc 17,1–18,31. Vom kultischen Pluralismus zur Alleinverehrung JHWHs, ZAW 116 (2004), 206–222.

NELSON, R. D., Herem and the Deuteronomic Social Conscience, in: VERVENNE, M./LUST, J. (Hg.), Deuteronomy and Deuteronomic Literature. Festschrift C.H.W. Brekelmans, BEThL 133, Leuven 1997, 39–54.

NEUFELD, E., Ancient Hebrew Marriage Laws. With Special References to General Semitic Laws and Customs, London 1944.

NIDITCH, S., The „Sodomite Theme" in Judges 19–20. Family, Community, and Social Disintegration, CBQ 44 (1982), 365–378.

NIEMANN, H. M., Die Daniten. Studien zur Geschichte eines altisraelitischen Stammes, FRLANT 135, Göttingen 1985.

NISSINEN, M., Prophetie, Redaktion und Fortschreibung im Hoseabuch. Studien zum Werdegang eines Prophetenbuches im Lichte von Hos 4 und 11, AOAT 231, Neukirchen-Vluyn 1991.

—— Homoeroticism in the Biblical World. A Historical Perspective, Minneapolis 1998.

NOORT, E., Josua 24,28 – 31, Richter 2,6 – 9 und das Josuagrab. Gedanken zu einem Straßenschild, in: ZWICKEL, W. (Hg.), Biblische Welten. Festschrift für Martin Metzger zu seinem 65. Geburtstag, OBO 123, Freiburg 1993, 109 – 130.

NORTH, F. S., Aaron's Rise in Prestige, ZAW 66 (1954), 191 – 199.

NOTH, M., Das System der 12 Stämme Israels, BWANT 52, Stuttgart 1930.

—— Das Buch Josua, HAT I/7, Tübingen 1953.

—— Überlieferungsgeschichte des Pentateuch, Stuttgart ³1966.

—— Überlieferungsgeschichtliche Studien. Die sammelnden und bearbeitenden Geschichtswerke im Alten Testament, Tübingen ³1967.

—— Der Hintergrund von Ri 17 – 18, in: DERS./WOLFF, H. W. (Hg.), Aufsätze zur biblischen Landes- und Altertumskunde. Band 1: Archäologische, exegetische und topographische Untersuchungen zur Geschichte Israels, Neukirchen-Vluyn 1971, 133 – 147.

NÖTSCHER, F., Josua. Das Buch der Richter, EB 3, Würzburg ⁴1965.

NOWACK, W., Richter, Ruth u. Bücher Samuelis, HK I/4, Göttingen 1902.

O'DOHERTY, E., The Literary Problem of Judges 1:1 – 3:6, CBQ 18 (1956), 1 – 7.

OEMING, M., Art. פנה, ThWAT VI, Stuttgart 1989, 626 – 629.

OLSON, D. T., Buber, Kingship and the Book of Judges. A Study of Judges 6 – 9 and 17 – 21, in: BATTO, B. F./ROBERTS, K. L. (Hg.), David and Zion. Biblical Studies in Honor of J. J. M. Roberts, Winona Lake 2004, 199 – 218.

OLYAN, S. M., Some Neglected Aspects of Israelite Interment Ideology, JBL 124 (2005), 601 – 616.

OSWALD, W., Staatstheorie im Alten Israel. Der politische Diskurs im Pentateuch und in den Geschichtsbüchern des Alten Testaments, Stuttgart 2009.

OTTO, E., Art. ערשׁ, ThWAT VIII, Stuttgart 1995, 358 – 403.

—— Das Deuteronomium. Politische Theologie und Rechtsreform in Juda und Assyrien, BZAW 284, Berlin 1999.

—— Das Deuteronomium im Pentateuch und Hexateuch. Studien zur Literaturgeschichte von Pentateuch und Hexateuch im Lichte des Deuteronomiumrahmens, FAT 30, Tübingen 2000.

PETRY, S., Die Entgrenzung JHWHs. Monolatrie, Bilderverbot und Monotheismus im Deuteronomium, in Deuterojesaja und im Ezechielbuch, FAT II 27, Tübingen 2007.

PFEIFFER, H., Das Heiligtum von Bethel im Spiegel des Hoseabuches, FRLANT 183, Göttingen 1999.

—— Jahwes Kommen von Süden. Jdc 5; Hab 3; Dtn 33 und Ps 68 in ihrem literatur- und theologiegeschichtlichen Umfeld, FRLANT 211, Göttingen 2005.

—— Sodomie in Gibea. Der kompositionsgeschichtliche Ort von Jdc 19, in: HAGEDORN, C./DERS. (Hg.), Die Erzväter in der biblischen Tradition, Festschrift Matthias Köckert, BZAW 400, Berlin 2009, 267 – 289.

PORZIG, P., Die Lade Jahwes im Alten Testament und in den Texten vom Toten Meer, BZAW 397, Berlin 2009.

RABIN, C., The Origin of the Hebrew Word Pīlegeš, JJS 25 (1974), 353 – 364.

RAKE, M., „Juda wird aufsteigen!" Untersuchungen zum ersten Kapitel des Richterbuches, BZAW 367, Berlin 2006.

RECHENMACHER, H., „Außer mir gibt es keinen Gott!". Eine sprach- und literaturwissenschaftliche Studie zur Ausschließlichkeitsformel, ATSAT 49, St. Ottilien 1997.

REIS, P. T., The Levite's Concubine, SJOT 20 (2006), 125–146.

RENDSBURG, G. A., Israelian Hebrew in the Book of Kings, Occ.pub 5, Bethesda 2002.

REVELL, E. J., The Battle with Benjamin (Judges XX 29–48) and Hebrew Narrative Techniques, VT 35 (1985), 417–433.

RICHTER, W., Traditionsgeschichtliche Untersuchungen zum Richterbuch, BBB 18, Bonn 1963.

—— Die Bearbeitungen des „Retterbuches" in der deuteronomischen Epoche, BBB 21, Bonn 1964.

ROFÉ, A., The Acts of Nahash according to 4QSamᵃ, IEJ 32 (1982), 129–133.

—— Ephraimite versus Deuteronomistic History, in: KNOPPERS, G. N./McCONVILLE, J. G. (Hg.), Reconsidering Israel and Judah. Recent Studies on the Deuteronomistic History, SBTS 8, Winona Lake 2000, 462–474.

RÖMER, T., The So-Called Deuteronomistic History. A Sociological, Historical and Literary Introduction, London 2005.

—— Das doppelte Ende des Josuabuches: einige Anmerkungen zur aktuellen Diskussion um „deuteronomistisches Geschichtswerk" und „Hexateuch", ZAW 118 (2006), 523–548.

—— Entstehungsphasen des „deuteronomistischen Geschichtswerkes", in: WITTE, M./SCHMID, K. u. a. (Hg.), Die deuteronomistischen Geschichtswerke. Redaktions- und religionsgeschichtliche Perspektiven zur „Deuteronomismus"-Diskussion in Tora und Vorderen Propheten, BZAW 365, Berlin u. a. 2006, 45–70.

—— Homosexualität in der Hebräischen Bibel? Einige Überlegungen zu Leviticus 18 und 20, Genesis 19 und der David-Jonathan-Erzählung, in: BAUKS, M./LIESS, K. u. a. (Hg.), Was ist der Mensch, dass du seiner gedenkst? (Psalm 8,5). Aspekte einer theologischen Anthropologie. Festschrift für Bernd Janowski zum 65. Geburtstag, Neukirchen-Vluyn 2008, 435–454.

RÖSEL, H. N., Studien zur Topographie der Kriege in den Büchern Josua und Richter, ZDPV 92 (1975), 109–130.

—— Studien zur Topographie der Kriege in den Büchern Josua und Richter, ZDPV 91 (1976), 10–46.

—— Die Überleitungen vom Josua- ins Richterbuch, VT 30 (1980), 342–350.

ROTH, W. M. W., Hinterhalt und Scheinflucht. Der stammespolemische Hintergrund von Jos 8, ZAW 75 (1963), 296–304.

RUDNIG-ZELT, S., Hoseastudien. Redaktionskritische Untersuchungen zur Genese des Hoseabuches, FRLANT 213, Göttingen 2006.

—— Vom Propheten und seiner Frau, einem Ephod und einem Teraphim – Anmerkungen zu Hos 3:1–4:5, VT 60 (2010), 373–399.

RUDOLPH, W., Der „Elohist" von Exodus bis Josua, BZAW 68, Berlin 1938.

—— Textkritische Anmerkungen zum Richterbuch, in: FÜCK, J. (Hg.), Festschrift Otto Eissfeldt zum 60. Geburtstage, Halle 1947, 199–212.

RUPPERT, L., Genesis. Ein kritischer und theologischer Kommentar. 2. Teilband: 11,27–25,18, FzB 106, Würzburg 2002.

SAMUEL, H., Von Priestern zum Patriarchen. Levi und die Leviten im Alten Testament, BZAW 448, Berlin 2014.

SATTERTHWAITE, P. E., Narrative Artistry in the Composition of Judges xx 29 ff., VT 42 (1992), 80–89.

SCHARBERT, J., Art. אלה, ThWAT I, Stuttgart 1973, 279 – 285.

SCHERER, A., Das Ephod im alten Israel, UF 35 (2003), 589 – 604.

SCHMID, K., Erzväter und Exodus. Untersuchungen zur doppelten Begründung der Ursprünge Israels innerhalb der Geschichtsbücher des Alten Testaments, WMANT 81, Neukirchen-Vluyn 1999.

SCHMIDT, L., Das vierte Buch Mose. Numeri 10,11 – 36,13, ATD 7,2, Göttingen 2004.

SCHMOLDT, H., Der Überfall auf Michas Haus (Jdc 18,13 – 18), ZAW 105 (1993), 92 – 98.

SCHMITT, R., Der „Heilige Krieg" im Pentateuch und im deuteronomistischen Geschichtswerk. Studien zur Forschungs-, Rezeptions- und Religionsgeschichte von Krieg und Bann im Alten Testament, AOAT 381, Münster 2011.

SCHREINER, J., Septuaginta-Massora des Buches der Richter. Eine textkritische Studie, AnBib 7, Rom 1957.

SCHULZ, A., Das Buch der Richter und das Buch Ruth, HSAT 2,4/5, Bonn 1926.

SCHUNCK, K.-D., Benjamin. Untersuchungen zur Entstehung und Geschichte eines israelitischen Stammes, BZAW 86, Berlin 1963.

SEEBASS, H., Genesis II/1. Vätergeschichte I (11,27 – 22,24), Neukirchen-Vluyn 1997.

——— Numeri. 3. Teilband, Kapitel 22,2 – 36,13, BK.AT IV/3, Neukirchen-Vluyn 2007.

SEIDL, T., Vermittler von Weisung und Erkenntnis. Priester ausserhalb der Priesterschrift. Eine Textstudie, ATSAT 81, St. Ottilien 2006.

SMEND, R., Die Erzählung des Hexateuch auf ihre Quellen untersucht, Berlin 1912.

——— Das Gesetz und die Völker. Ein Beitrag zur deuteronomistischen Redaktionsgeschichte, in: WOLFF, H. W. (Hg.), Probleme biblischer Theologie. Gerhard von Rad zum 70. Geburtstag, München 1971, 494 – 509.

——— Das uneroberte Land, in: DERS. (Hg.), Zur ältesten Geschichte Israels. Gesammelte Studien. Bd. 2, BevTh 100, München 1987, 217 – 228.

——— Die Entstehung des Alten Testaments. Vierte, durchgesehene und durch einen Literaturnachtrag ergänzte Auflage, ThW 1, Stuttgart ⁴1989.

SOGGIN, J. A., Judges. A Commentary, OTL, London ²1987.

SPRONK, K., From Joshua to Samuel: Some Remarks on the Origin of the Book of Judges, in: VAN RUITEN, J./DE VOS, C. J. (Hg.), The Land of Israel in Bible, History, and Theology. Studies in Honour of Ed Noort, VT.S 124, Leiden 2009, 137 – 149.

STAGER, L. E., The Archaeology of the Family in Ancient Israel, BASOR 260 (1985), 1 – 35.

——— Archaeology, Ecology, and Social History. Background Themes to the Song of Deborah, in: EMERTON, J.A. (Hg.), Congress Volume Jerusalem 1986, VT.S 40, Leiden 1988, 221 – 234.

STÄHELIN, J. J., Kritische Untersuchungen über den Pentateuch, die Bücher Josua, Richter, Samuels und der Könige, Berlin 1843.

STIPP, H.-J., **Richter 19.** Ein frühes Beispiel schriftgestützter Propaganda in Israel, in: GILLMAYR-BUCHER, S./GIERCKE, A./NIESSEN, C. (Hg.) Ein Herz so weit wie der Sand am Ufer des Meeres. Festschrift Georg Hentschel, EthST 90, Würzburg 2006.

——— **Beobachtungen** zur ehemaligen literarischen Selbstständigkeit von Ri 19, in: ÓLASON, K. (Hg.), „Ruft nicht die Weisheit...?" (Spr 8,1). Alttestamentliche und epigraphische Textinterpretationen. Symposion in Skálholt, 1.–3. Juni 2009, ATSAT 94, St. Ottilien 2011.

——— Schriftgestützte politische **Propaganda** im davidischen Israel, in: DERS., Alttestamentliche Studien. Arbeiten zu Priesterschrift, Deuteronomistischem Geschichtswerk und Prophetie, BZAW 442, Berlin 2013, 171 – 244.

STONE, K., Gender and Homosexuality in Judges 19: Subject–Honor, Object–Shame? JSOT 67 (1995), 87 – 107.

STUDER, G. L., Das Buch der Richter grammatisch und historisch erklärt, Bern 1835.

SWEENEY, M. A., Davidic Polemics in the Book of Judges, VT 47 (1997), 517–529.

THON, J., Pinhas ben Eleasar – der levitische Priester am Ende der Tora. Traditions- und literargeschichtliche Untersuchung unter Einbeziehung historisch-geographischer Fragen, ABG 20, Leipzig 2006.

TRIBLE, P., Texts of Terror. Literary-Feminist Readings of Biblical Narratives, OBT 13, Philadelphia 1984.

TROPPER, J., Nekromantie. Totenbefragung im Alten Orient und im Alten Testament, AOAT 223, Neukirchen-Vluyn 1989.

VAN DER TOORN, K./LEWIS, T. J., Art. תרפים, ThWAT VIII, Stuttgart 1995, 765–778.

VAN OORSCHOT, J., Die Entstehung des Hiobbuches, in: KRÜGER, T./OEMING, M., u. a. (Hg.), Das Buch Hiob und seine Interpretationen. Beiträge zum Hiob-Symposium auf dem Monte Verità vom 12.–19. August 2005, AThANT 88, Zürich 2007, 165–188.

VEJIOLA, T., Das Königtum in der Beurteilung der deuteronomistischen Historiographie. Eine redaktionsgeschichtliche Untersuchung, STAT 198, Helsinki 1977.

—— Verheißung in der Krise. Studien zur Literatur und Theologie der Exilszeit anhand des 89. Psalms, AASF.B 220, Helsinki 1982.

—— Das 5. Buch Mose. Deuteronomium. Kapitel 1,1–16,17, ATD 8,1, Göttingen 2004.

VIELHAUER, R., Das Werden des Buches Hosea. Eine redaktionsgeschichtliche Untersuchung, BZAW 349, Berlin 2007.

VON RAD, G., Theologie des Alten Testaments. Band 1, Die Theologie der geschichtlichen Überlieferungen Israels, München ⁶1969.

WACKER, M.-T., Figurationen des Weiblichen im Hosea-Buch, HBS 8, Freiburg 1996.

WAGNER, S., Die Kundschaftergeschichten im Alten Testament, ZAW 76 (1964), 255–269.

WALLIS, G., Art. שדה, ThWAT VII, Stuttgart 1993, 709–718.

WEBB, B. G., The Book of the Judges. An Integrated Reading, JSOT.S 46, Sheffield 1987.

WEIPPERT, M., „Heiliger Krieg" in Israel und Assyrien. Kritische Anmerkungen zu Gerhard von Rads Konzept des „Heiligen Krieges" im alten Israel, ZAW 84 (1972), 460–493.

WEITZMAN, S., Reopening the Case of the Suspiciously Suspended Nun in Judges 18:30, CBQ 61 (1999), 448–460.

WELLHAUSEN, J., Die Composition des Hexateuchs und der historischen Bücher des Alten Testaments, Berlin ⁴1963.

—— Prolegomena zur Geschichte Israels, Berlin ⁶2001.

WENNING, R., Bestattungen im eisenzeitlichen Juda, in: MAYER, B. (Hg.), Jericho und Qumran. Neues zum Umfeld der Bibel, Est 45, Regensburg 2000, 73–87.

—— „… und begruben ihn im Grab seines Vaters". Zur Bedeutung von Bestattungen im Alten Israel, BiKi 61 (2006), 8–15.

WESTERMANN, C., Genesis, 2. Teilband. Genesis 12–36, BK, Neukirchen-Vluyn 1981.

—— Die Geschichtsbücher des Alten Testaments. Gab es ein deuteronomistisches Geschichtswerk?, TB 87, Gütersloh 1994.

WILLI-PLEIN, I., Opfer und Kult im alttestamentlichen Israel. Textbefragungen und Zwischenergebnisse, SBS 153, Stuttgart 1993.

—— Anmerkungen zur Frage der Herkunft des Terafim, ZAH (2003), 172–175.

WITTE, M., Wie Simson in den Kanon kam. Redaktionsgeschichtliche Beobachtungen zu Jdc 13–16, ZAW 112 (2000), 526–549.

WONG, G. T. K., Compositional Strategy of the Book of Judges. An Inductive, Rhetorical Study, VT.S 111, Leiden 2006.

WÜRTHWEIN, E., Erwägungen zum sog. deuteronomistischen Geschichtswerk. Eine Skizze, in:
DERS. (Hg.), Studien zum Deuteronomistischen Geschichtswerk, BZAW 227, Berlin 1994,
1–11.

YEE, G. A., Composition and Tradition in the Book of Hosea. A Redaction Critical Investigation,
SBL.DS 102, Atlanta 1987.

YOUNGER, K. L. Jr., The Configuring of Judicial Preliminaries. Judges 1.1–2.5 and its
Dependance on the Book of Joshua, JSOT 68 (1995), 75–92.

ZAPLETAL, V., Das Buch der Richter, EHAT VII,1, Münster 1923.

ZENGER, E., Gottes Bogen in den Wolken. Untersuchungen zu Komposition und Theologie der
priesterschriftlichen Urgeschichte, SBS 112, Stuttgart 1983.

—— Das Buch Ruth, ZBK.AT 8, Zürich ²1992.

ZIEMER, B., Abram – Abraham. Kompositionsgeschichtliche Untersuchungen zu Genesis 14, 15
und 17, BZAW 350, Berlin 2005.

Sach- und Personenregister

Stellenregister (in Auswahl)